SONG HONGBING

LA GUERRE DES MONNAIES III

Les frontières de la Haute Finance

OMNIA VERITAS

Song Hongbing

Song Hongbing est un jeune chercheur en économie qui a émigré aux États-Unis. Il y travaille comme consultant pour les fonds de pension américains Freddie Mac et Fanny Mae, fonds de pension qui vont disparaître lors de la crise financière de 2008.

货币战争③金融高边疆

LA GUERRE DES MONNAIES III
Les frontières de la Haute Finance

Traduit du chinois et publié par Omnia Veritas Limited

OMNIA VERITAS.

www.omnia-veritas.com

© Omnia Veritas Ltd — 2021

AVANT-PROPOS

Les frontières de la Haute Finance

Au cours de mes recherches sur l'histoire de la monnaie aux États-Unis et en Europe, un filon est apparu de plus en plus clairement, à savoir que l'émission de monnaie est l'un des pouvoirs les plus importants de la société humaine. La convoitise et la contestation de ce pouvoir clé ont été tissées tout au long de l'histoire européenne et américaine récente. Cette perspective sur les changements politiques, économiques, culturels et militaires dans le monde aura un effet similaire à celui d'une radiographie. Il s'avère que la racine de toutes les contradictions sociales réside dans la distribution inégale des avantages, et que le moyen le plus important de distribuer les avantages est l'émission d'argent.

Comme l'a dit l'historien monétaire américain Jack Weatherford,

> *"Contrôler l'argent est un grand combat, contrôler l'émission et la distribution de l'argent, c'est contrôler les richesses, les ressources, et l'humanité tout entière."*

Alors que *La guerre des monnaies I* se concentre sur la manière dont les luttes répétées pour le droit d'émettre de la monnaie aux États-Unis ont affecté la société américaine et l'histoire du monde, *La guerre des monnaies II* se concentre sur la manière dont la concurrence féroce autour du droit d'émettre de la monnaie dans les pays européens a façonné les guerres et la paix, ainsi que la formation et le déplacement du pouvoir mondial. Au cours de cette "expédition de recherche" de six ans, les questions suivantes me sont venues à l'esprit de temps à autre : Quel type d'influence le jeu de l'émission de monnaie a-t-il eu sur la formation de la société chinoise moderne dans l'histoire de la Chine, en particulier dans l'histoire moderne récente de la Chine ? En quoi le pouvoir de cette monnaie diffère-t-il de son influence dans les pays européens et américains ? Existe-t-il un lien inextricable et intrinsèque entre le jeu monétaire qui se déroule sur le continent chinois et la bataille mondiale pour le pouvoir monétaire ? Que verriez-vous en regardant l'histoire de la Chine avec les rayons X de l'argent ?

Avec ces points d'interrogation, j'ai commencé à réexaminer ce que je savais déjà, mais sans y penser, de l'histoire moderne de la Chine.

La monnaie est beaucoup moins présente dans la littérature historique chinoise qu'elle ne l'est dans la politique, la culture et l'armée. Les gens connaissent souvent les tactiques militaires des empereurs des dynasties successives, et sont familiers avec les faits et gestes de leurs généraux et courtisans, ainsi qu'avec les anecdotes de la poésie des lettrés et des écrivains. L'argent semble être une science oubliée depuis longtemps en Chine.

La monnaie, qui a été négligée par les historiens, est précisément la clé qui permet de déverrouiller de nombreuses énigmes historiques, la boussole qui permet de discerner le labyrinthe de la réalité d'aujourd'hui, et le télescope qui permet de découvrir la route vers l'avenir.

De la guerre de l'opium en 1840 à la fondation de la République populaire de Chine en 1949, ces 100 ans ont été la période la plus palpitante de l'histoire de la Chine ; ce sont les 100 ans où la nation chinoise a été presque détruite ; ce sont les 100 ans où la confiance en soi de la civilisation chinoise s'est presque complètement effondrée ; ce sont les 100 ans où les sentiments les plus tragiques et les plus passionnés de l'histoire de la Chine ont été ressentis ; ce sont les 100 ans où la volonté et le pouvoir de l'argent ont augmenté et explosé !

La guerre des monnaies III déroulera progressivement le tableau de l'histoire moderne de la Chine selon l'axe principal de la monnaie. Une image familière apparaîtra dans une veine très différente à travers la perspective du "développeur" de monnaie. Pourquoi le commerce de l'opium et les guerres de l'opium ne concernent-ils que la Chine ? Pourquoi la restauration Meiji du Japon a-t-elle réussi alors que le mouvement des affaires étrangères de la Chine a échoué ? Pourquoi Tchang Kaï-chek, qui a terminé l'Expédition du Nord avec des roubles soviétiques, s'est-il soudainement retourné contre les communistes ? Pourquoi les deux parties doivent-elles "tenir le fusil dans une main et l'argent dans l'autre" ? Pourquoi Tchang Kaï-chek a-t-il pu unifier la monnaie mais pas conserver la souveraineté monétaire ? Pourquoi la réforme monétaire française du Kuomintang a-t-elle suscité la colère du Japon, la tentation de la Grande-Bretagne, mais a finalement basculé dans les bras des États-Unis ? Pourquoi y a-t-il un conflit entre le pouvoir impérial et le pouvoir doré au Japon ? Pourquoi l'armée japonaise connaît-elle toujours des hauts et des bas ? Pourquoi les coups d'État se poursuivent-ils et les assassinats deviennent-ils courants au Japon ? Pourquoi la réforme monétaire française du KMT a-t-elle stimulé le Japon et accéléré sa guerre d'agression contre la Chine ? Pourquoi la monnaie française du Kuomintang a-t-elle fini par s'effondrer alors que le renminbi du Parti communiste est sorti de nulle part ?

Ces doutes historiques m'ont obligé à réfléchir plus profondément et à prendre conscience de l'énorme influence du droit d'émettre de la monnaie sur l'histoire moderne récente de la Chine. La constitution et l'exercice des droits d'émission monétaire nécessitent tout un ensemble de systèmes et de structures pour les soutenir, une nouvelle compréhension des droits d'émission monétaire que j'appelle dans ce livre la "haute frontière financière".

"La doctrine de la "haute frontière" est une nouvelle réflexion sur la sécurité nationale proposée par le lieutenant-général Graham de l'armée américaine au début des années 1980, qui, après la "théorie de la puissance maritime" de Mahan et la "théorie de la puissance aérienne" de Duhay, a proposé que l'espace soit également la "haute frontière" que les États souverains doivent défendre, et a constitué la base théorique du programme américain Star Wars.

En étudiant l'histoire financière de l'Europe, de l'Amérique, de la Chine et du Japon, j'ai le sentiment croissant que la finance est la "quatrième frontière dimensionnelle" qu'un pays souverain doit défendre. Le concept des frontières des États souverains ne comprend pas seulement l'espace physique tridimensionnel constitué par les frontières terrestres, maritimes et aériennes (y compris l'espace), mais il doit à l'avenir inclure une nouvelle dimension : la finance. L'importance de la haute frontière financière sera de plus en plus grande dans l'ère à venir des guerres monétaires internationales nébuleuses.

L'évolution financière en Europe et aux États-Unis montre clairement que l'étalon monétaire, les banques centrales, les réseaux financiers, les marchés de négociation, les institutions financières et les centres de compensation constituent ensemble l'architecture du système de la haute frontière financière. L'objectif principal de ce système est de garantir une mobilisation efficace et sûre des ressources pour les paires de devises. De la source de la banque centrale pour créer de l'argent, au terminal du client qui finit par accepter de l'argent ; du réseau dense de flux d'argent, au centre de compensation des transferts de fonds ; du marché de négociation des instruments financiers, au système de notation de l'évaluation du crédit ; de la réglementation souple du système juridique financier, à la construction d'une infrastructure financière rigide ; des institutions financières gigantesques aux associations industrielles efficaces ; des produits financiers complexes aux instruments d'investissement simples, la frontière financière élevée protège le sang monétaire du cœur de la banque centrale aux capillaires financiers et même aux cellules économiques du corps entier, pour finalement revenir au système de circulation de la banque centrale.

Cela fournit un cadre de référence pour l'internationalisation future du RMB. L'internationalisation du RMB ne consiste pas simplement à libérer le RMB pour une circulation extracorporelle. Le libre échange du RMB, la déréglementation des éléments de capital, le règlement en RMB des échanges transfrontaliers, le swap de devises et la construction de centres RMB offshore ne sont que les premières étapes de l'internationalisation du RMB, et ces efforts doivent être coordonnés avec un ensemble de cadres pour obtenir les résultats escomptés. Pour que le yuan sorte, il faut qu'il soit à la fois visible et gérable. À l'avenir, où que soit le renminbi dans le monde, il en va de l'intérêt national de la Chine. À cette fin, un contrôle efficace et fiable est nécessaire pour s'assurer que ces renminbis circulant à l'étranger sont dans le domaine de l'utilisation "légitime".

L'argent est un fil rouge qui traverse tout le livre. En tant que monnaie en circulation, l'argent est devenu un élément essentiel et clé dans la vie des Chinois au cours des 500 dernières années. Il était autrefois la véritable monnaie mondiale et a joué un rôle de premier plan dans la conduite du commerce Est-Ouest pendant 400 ans. C'est également un métal industriel largement utilisé et il jouera une double fonction financière et industrielle plus importante à l'avenir, à mesure que le dollar s'affaiblira. "La rareté est précieuse" est l'ordre naturel de l'investissement, et l'argent correspond parfaitement à ce principe. L'argent devenant de plus en plus rare, le processus de découverte de sa valeur se déroulera à une vitesse alarmante, ce qui en fera l'investissement de choix à long terme pour le citoyen moyen.

Juste au moment où le livre était en cours de finalisation, le dirigeant d'un pays a fait une déclaration très médiatisée selon laquelle une "guerre monétaire" internationale avait éclaté. En octobre 2010, j'ai été invité à participer au "World Knowledge Forum" qui s'est tenu à

Séoul, en Corée du Sud, et qui était appelé "Davos Asia". En tant que seul orateur de la Chine, j'ai vécu une "guerre des mots" face aux voix occidentales qui accusaient la Chine de manipuler le taux de change du RMB.

Le terme "guerre des monnaies" a été largement diffusé dans les médias occidentaux depuis 2007-2009, lorsque "Currency War" et "Currency War 2" ont été publiés. L'auteur et le nouveau terme "guerre des monnaies" ont été largement repris dans le *Financial Times* britannique, l'hebdomadaire allemand *Der Spiegel*, le *New York Times* américain, le *Washington Post, The Nation, Foreign Policy, The New Republic, Forbes, Business Week, Salon, Spanish National, Indian Pioneer,* ainsi que dans des dizaines de pays et régions du monde, dont la Roumanie, la Finlande, la Pologne, l'Australie, la Suisse, la République tchèque, Israël, le Japon, la Corée, Singapour, le Vietnam, le Pérou, etc.

Ce cycle de médias internationaux à la "guerre des monnaies" concept de la spéculation à nouveau, à mon avis, seulement en raison de la "guerre des monnaies" série de livres en Chine et l'influence de la région asiatique, les gens malveillants essayer de saisir l'occasion de laisser entendre que la Chine a manipulé le taux de change RMB, a lancé une "guerre des monnaies" au monde, afin d'atteindre l'objectif de conduire le fléau à la Chine, de manière à alléger la pression du mécontentement du monde avec le deuxième cycle du plan d'impression du dollar. Cependant, les yeux des gens du monde entier brillent et il y a un consensus croissant sur le fait que l'irresponsabilité du dollar est la cause première de la "guerre des devises" dans le monde.

Que les gens le veuillent ou non, le système d'impression du dollar a été une "guerre non déclarée" contre les devises du monde, tant que ce comportement ne s'arrêtera pas, la fumée de la guerre mondiale des devises sera difficile à dissiper.

Le but de l'étude et de la préparation à la guerre monétaire n'est pas la guerre, mais la paix ! Mieux vous serez préparé et plus vous serez déterminé, moins une guerre monétaire aura de chances de se produire. Une citation du général Kim Il Nam m'a frappé :

> *"Qu'est-ce que cela signifie d'être une dissuasion stratégique ? Un, vous devez être fort, deux, vous devez être déterminé à utiliser cette force, et trois, vous devez convaincre vos adversaires que vous osez utiliser votre force ! "*

En tirant les leçons de l'histoire et en construisant sa propre frontière financière élevée, elle renforce cette force. Ce n'est qu'avec une telle dissuasion stratégique que l'on ne craint pas que d'autres se lancent dans une guerre des monnaies.

Alors que la série de livres "La guerre des monnaies" continue de gagner en popularité auprès des jeunes lecteurs, de plus en plus de personnes me laissent des messages pour donner vie au contenu de *La guerre des monnaies* en ligne. Nous préparons le premier jeu financier en ligne de Chine, la série "La guerre des monnaies", pour permettre aux jeunes lecteurs de comprendre le monde de la finance dans le monde virtuel.

En raison des contraintes de temps et de capacité, il y a inévitablement des erreurs dans les idées du livre, et j'espère sincèrement que les lecteurs les comprendront et les corrigeront.

Auteur. Décembre 2010,

Xiangshan, Pékin

CHAPITRE I

La chute de la frontière financière

Qui est le véritable coupable de l'assassinat de Hu Xueyan ? Pourquoi la guerre de l'opium n'a-t-elle eu lieu qu'en Chine ? Pourquoi l'étalon-argent chinois a-t-il perdu aux pieds de l'étalon-or britannique ? Pourquoi les banques et les billets de banque chinois ne se sont pas transformés en un empire financier mondial ? Pourquoi la Chine est-elle le seul pays qui compte beaucoup d'acheteurs étrangers ?

Il est impossible pour les puissances occidentales de transformer la Chine en une semi-colonie au moyen d'un navire solide et d'un canon affûté et de la seule révolution industrielle, pas plus qu'elles ne peuvent étouffer le potentiel économique de la Chine en cédant des terres contre compensation et en ouvrant des ports de commerce. La véritable raison du déclin de l'empire Qing est que les forces financières capitalistes occidentales ont d'abord ouvert une brèche dans la haute frontière financière de la Chine.

Le principal objectif stratégique du commerce de l'opium était de subvertir le système monétaire chinois, et cette stratégie a été élaborée et mise en œuvre dans la City financière de Londres. La guerre de l'opium était en fait une épreuve de force stratégique entre l'étalon-or de la Grande-Bretagne et l'étalon-argent de la Chine, et la victoire ou la défaite de cette guerre déterminerait la prospérité de l'Orient et de l'Occident pour les siècles à venir !

Pour les banquiers de l'Empire britannique, ces objectifs stratégiques les plus élevés sont les suivants : faire de Londres le centre financier du monde, faire de l'or l'étalon monétaire mondial, faire de l'Empire britannique, par l'intermédiaire de la Banque d'Angleterre, l'exportateur du crédit en livres sterling dans le monde entier, faire des grands pays européens et américains les principaux membres de l'étalon-or, faire des pays périphériques du monde les zones vassales de la livre, maintenir le fonctionnement de ce système par la guerre et la violence, utiliser l'argent pour maximiser le contrôle et la mobilisation des ressources mondiales, et enfin achever le contrôle de la richesse mondiale et de toute l'humanité.

La force d'assaut du capital financier britannique est bien plus puissante que la marine impériale. Elle sera la première à vaincre l'étalon-argent de la Chine, à s'emparer de la banque centrale en tant que haut lieu stratégique du contrôle des racines d'argent de l'empire Qing, à infiltrer et à empiéter sur le réseau financier de la Chine, à maîtriser les canaux des flux de capitaux et de crédits en Chine, et à achever son contrôle total de la haute frontière financière de la Chine.

Avec la perte du contrôle de la haute frontière financière, le droit de la Chine à fixer les prix du commerce, le droit de localiser le développement industriel autonome, le droit du gouvernement à la taxation fiscale et le droit de dépenser pour l'armée et la défense seront progressivement perdus. La Chine deviendra inévitablement un agneau qui sera abattu par les puissances occidentales.

En fait, avec la disparition de l'empire Qing, la finance a précédé l'armée.

À la fin du XIXe siècle, l'Américain Mahan a proposé pour la première fois le concept du "droit de contrôler la mer", estimant que "contrôler la mer, c'est contrôler le monde", et en 1921, l'Italien Duhe a proposé le concept du "droit de contrôler l'air", affirmant que "contrôler l'air, c'est gagner". Soixante ans plus tard, le lieutenant général Graham, de l'armée américaine, a de nouveau introduit la doctrine de la "haute frontière" du "droit à l'espace", estimant que "le contrôle de l'espace extra-atmosphérique conduira à la domination du monde".

M. Graham possède une vaste expérience, ayant été directeur adjoint du renseignement, directeur adjoint du renseignement central et directeur du renseignement de la défense pour le ministère de la défense des États-Unis et, en 1980, conseiller en matière de défense pour la campagne présidentielle de Reagan. En 1981, peu après l'entrée en fonction de l'administration Reagan, M. Graham a formé le High Frontier Study Group avec le financement de la Heritage Foundation. Ce groupe est composé de plus de 30 éminents scientifiques, économistes, ingénieurs de l'espace et stratèges militaires américains. Après plus de sept mois de recherches minutieuses, l'étude est présentée le 3 mars 1982 sous le titre "The High Frontier – A New National Strategy". La stratégie de la "haute frontière" a immédiatement été portée à l'attention du gouvernement des États-Unis, des militaires et du public, et a eu un impact important sur le développement économique, politique, militaire et de haute technologie des États-Unis et sur la situation mondiale. Au cœur de la stratégie de la "haute frontière" se trouve l'idée que les États-Unis, avec leur tradition historique d'expansion de leurs frontières, devraient à l'avenir entreprendre de nouvelles expansions dans l'espace extra-atmosphérique de la Terre, en utilisant l'espace comme nouvelle frontière stratégique et sphère de contrôle pour les États-Unis.

Qu'il s'agisse du droit de contrôler la mer, du droit de contrôler l'air ou de la doctrine de la "haute frontière", l'accent est mis en dernier ressort sur l'étendue du contrôle et la capacité de contrôle. Du point de vue de la civilisation occidentale, les zones où il y a une activité humaine mais pas de contrôle sont des "frontières" à conquérir.

L'espace physique dans lequel se déroule l'activité humaine, des continents aux océans, de la terre au ciel, et même de l'espace, est fondamentalement étroitement contrôlé par les grandes puissances. Et le secteur financier devient de plus en plus le principal champ de bataille des grandes puissances.

Les frontières du pays ne sont pas seulement l'espace physique tridimensionnel composé des frontières terrestres, maritimes et aériennes, mais l'avenir doit également inclure une nouvelle dimension : la haute frontière financière.

Chasseur Hu Xueyan

Au début du mois de novembre 1883, Hu Xueyan a vécu l'épreuve la plus douloureuse de sa vie, et son empire financier, qu'il avait minutieusement géré toute sa vie, était sur le point de s'écrouler. Il s'agit d'un mythe superlatif créé avec 20 millions de taels d'argent, et si l'on estime le pouvoir d'achat des aliments, un ou deux taels d'argent équivalent à peu près à 200 yuans aujourd'hui, ce qui signifie que l'empire financier de Hu Xueyan possède environ 4 milliards de yuans d'actifs au total. Cependant, en ce moment, Hu Xueyan est confronté à une tempête "parfaite" mortelle.

Début novembre, il avait une dette de 500 000 taels HSBC à rembourser, une dette qui le rendait doublement anxieux. Dans des circonstances normales, avec l'ampleur de la richesse de Hu Xue Yan, il ne serait jamais accablé par un simple 500 000 taels d'argent.

Malheureusement, ses adversaires avaient déjà tendu un filet dans le ciel, et Hu Xueyan ne pouvait pas échapper au destin d'être traqué. Il avait un sentiment vaguement inquiétant : "Le marché est trop mauvais, les étrangers sont trop puissants, je ne sais pas comment me retourner?"

L'ennemi frontal de Hu Xueyan était la société britannique Jardine's, et à cette époque, les deux parties étaient engagées dans une bataille féroce pour la domination du commerce de la soie brute.

Tout au long des années 1870, les entreprises étrangères contrôlent fermement la fixation des prix des exportations de soie brute de la Chine, sous l'oppression des entreprises étrangères, les prix de la soie brute sont de plus en plus mauvais, en dix ans a chuté de moitié, les agriculteurs de soie autour de Jiangsu et Zhejiang sont dans une situation désespérée, les marchands de soie locaux sont des affaires misérables, les bénéfices élevés sont avalés par les entreprises étrangères.

Lorsque Hu Xueyan a commencé à intervenir dans le commerce de la soie brute, il a ressenti la douleur de la forte pression de l'entreprise étrangère. Voyant que les producteurs de soie étaient acculés à la faillite par les banques étrangères, il a secrètement décidé qu'il devait s'emparer des droits de fixation des prix du commerce de la soie brute, obligeant les banques étrangères à faire des concessions sur les prix. Il a commencé à chercher attentivement les failles du système de contrôle des prix des banques étrangères. Avec son contrôle sur le financement du commerce de la soie brute, les échanges internationaux, les canaux d'exportation et l'assurance maritime, soutenue par les canonnières de l'Empire britannique, l'Ocean Bank semblait invincible. Cependant, Hu Xueyan saisit toujours avec acuité l'impasse de la ligne Yanghe — la difficulté de contrôler la source de production de la soie grège.

Hu Xueyan est déterminé à occuper la source de la soie brute comme un haut lieu stratégique de contrôle, et à briser d'un seul coup l'hégémonie des banques étrangères sur le prix de la soie brute.

L'occasion s'est finalement présentée en 1882. Au début du printemps, Hu Xueyan s'est enfoncé dans la zone de production de la soie pour mener une enquête minutieuse, et en même temps, dans l'échange avec les marchands de soie locaux ont constaté que la récolte de soie cette année-là a été réduite, il y aura une grave pénurie d'approvisionnement. Il a immédiatement saisi cette rare opportunité, a commencé à agir discrètement, dans les villages et les villes du Jiangsu et du Zhejiang où les vers à soie sont élevés, autour de l'achat, du dépôt largement distribué, du contrôle de la source des marchandises.

Bien sûr, le marché de la récolte de soie brute en mai est estimé à 80 000 balles, cependant,

> *"en août, il devient clair que la récolte a été surestimée de 20 000 balles".*

Hu Xueyan, qui avait déjà achevé le contrôle de l'approvisionnement en soie brute, a immédiatement déployé une attaque générale. Il mobilisa toutes les plaques de cuivre de son vaste empire financier et plongea des dizaines de millions et des dizaines d'argent dans une épreuve de force sans précédent dans l'histoire du commerce chinois. À l'été 1882, il avait thésaurisé près de 20 000 balles de soie brute, soit plus [1]d'un tiers du stock total. Afin de contrôler complètement le prix, il a invité ses homologues de l'industrie de la soie à former une alliance pour le prix de la soie brute et a insisté pour vendre à un prix élevé afin de tenter de s'approprier les droits de fixation du prix de la soie brute d'un seul coup.

Ils ont essayé de franchir la barrière, mais celle de Hu Xueyan était si serrée que les marchands de soie d'une certaine importance ont été sommés de se conformer au prix convenu. " La soie brute la plus fine ne se vend que 16 shillings et 6 pence le paquet à Londres, mais à Shanghai, le prix de la soie, grâce à l'acquisition et à la manipulation de Hu Xueyan, s'élève à 17 shillings et 4 pence en livres sterling. "[2]La logique des entreprises étrangères est que leur propre suppression organisée des prix de la soie brute n'est pas une manipulation, alors que la résistance organisée en Chine en est une. Cette logique continue de prévaloir jusqu'à ce jour, les États-Unis imprimant frénétiquement des dollars sans compter la manipulation du taux de change, alors que la réponse de la Chine en tant que contre-mesure a été jugée comme une manipulation du taux de change.

Jardine's a été obligé de demander au Département général des douanes et accises de la dynastie Qing et à l'Anglais Hedder d'intervenir. Oui, nous avons tous bien lu, ce sont les Britanniques qui

---

[1] Rapport consulaire britannique, Shanghai, 1883, p. 230.

[2] Documents parlementaires britanniques, Chine, 1884.

ont mis la main sur les douanes chinoises. Ce sont plutôt les Britanniques qui, après avoir vaincu le gouvernement Qing, l'ont forcé à céder des terres et à payer une compensation. Afin de s'assurer que la Chine paye en temps voulu, ils ont directement nommé les Britanniques pour s'occuper des douanes chinoises, et tous les revenus des droits de douane ont été directement prélevés par les Britanniques pour compenser la compensation.

Il était à la tête de la grande douane des Qing à l'âge de 28 ans, un successeur juvénile typique, mais beaucoup plus jeune que Hu Xueyan. Il a utilisé l'invitation faite à Hu Xueyan de diriger une usine de soie comme appât et a offert une "commission en plus du prix du marché" pour tenter de persuader Hu Xueyan de faire des concessions sur les prix. Bientôt, des marchands japonais sont également venus sur le marché et ont offert 8 millions de taels d'argent supplémentaires au prix du marché en vigueur, qui, après négociations, a été convenu d'être porté à 10 millions de taels d'argent. Pour peu que Hu Xueyan hoche la tête, l'équivalent du bénéfice brut d'aujourd'hui, soit 2 milliards de RMB, serait en main. La situation est excellente. Cependant, Hu Xueyan a refusé, demandant un prix plus élevé.

C'est à ce moment-là que "les vers à soie européens ont connu une récolte exceptionnelle, et que les marchés londonien et continental ont pu défier la mauvaise récolte chinoise".[3] YCB se tourne alors vers l'acquisition de soie brute européenne. À la fin de l'année 1883, le prix de la soie s'est effondré, la moitié des marchands de soie ont retardé leur règlement, et plusieurs grandes maisons de soie ont fait faillite. Hu Xueyan a tenté d'inviter les marchands de soie à collecter toute la soie nouvelle de l'année à venir pour forcer les maisons étrangères à céder, mais personne n'a répondu.

Le marché de la soie brute de Shanghai s'est vendu à la légère, les acheteurs et les vendeurs étant dans une impasse depuis trois mois. À ce stade, les deux parties se disputent la force des fonds.

Jardine Matheson n'est pas une banque étrangère ordinaire, son patron dans les coulisses est la plus ancienne et la plus puissante des 17 plus grandes familles bancaires internationales, la Banque de Bahreïn au Royaume-Uni. Au 19ème siècle, la famille Baring était connue comme la "sixième puissance d'Europe", précédant les

---

[3] Rapport consulaire britannique, Shanghai, 1883, p. 230.

Rothschild et étant le leader incontesté de la finance internationale. Grâce à ce solide soutien, Jardine's est toujours en position d'infériorité face à Hu Xue Yan.

Et la situation de Hu Xueyan commençait à être mauvaise. Il faut savoir que le maintien du contrôle des prix nécessite des coûts élevés, la compensation des intérêts des franchisés, le prix élevé de la soie brute, l'augmentation du taux de dépôt, les coûts élevés des entrepôts, les énormes coûts de financement, le transport, l'assurance, la main d'œuvre coûtent tous de l'argent. Le prélèvement stupéfiant de fonds a mis la trésorerie de Hu Xueyan dans un danger toujours plus fragile.

Le général Sheng Xuanhuai, cadre de la faction de Pékin, qui en avait déjà tenu compte, commence à agir. Il complote pour "abolir" Hu Xueyan.

Hu Xueyan et Sheng Xuanhuai n'ont pas de rancune personnelle profonde, seulement la leur. En 1867, Hu Xueyan est le premier à emprunter de l'argent à des banques étrangères avec des tarifs douaniers en garantie. En 14 ans, il a financé 16 millions de taels d'argent pour les opérations militaires de Zuo Zongtang.

Dans le milieu de Sheng Xuanhuai se trouve naturellement Li Hongzhang, un ministre de la dynastie de Pékin. Le conflit entre Li Hongzhang et Zuo Zongtang est bien connu. Dans les années 1860 et 1970, la Chine a connu une grave crise frontalière. Dans la direction du nord-ouest de la Chine, les Agypas d'Asie centrale ont profité des conflits ethniques et religieux qui sévissaient alors dans le nord-ouest de la Chine et, avec le soutien des Britanniques, des Russes et d'autres puissances, ont envahi le Xinjiang et établi le soi-disant "État Hohan". Bientôt, l'armée russe occupe la ville frontalière d'Ili, la situation de la défense du nord-ouest est aussi dangereuse que les œufs. Dans le même temps, au sud-est de la Chine, le Japon a provoqué une grave invasion de la région de Taïwan, et la guerre entre la Chine et le Japon est sur le point d'éclater. " Après la guerre de quatorze ans de Taiping Heaven, le trésor de la dynastie Qing était si pauvre que les finances du pays ne pouvaient plus se permettre de gagner deux guerres en même temps. Cependant, la "faction de la défense navale" représentée par Li Hongzhang préconisait le renforcement de la marine en priorité et abandonnait le Xinjiang pour cette raison, tandis que Zuo Zongtang insistait sur le fait que la "défense de la mer" ne pouvait jamais être invalidée et ne devait pas hésiter à lancer une conquête militaire de la rébellion du Xinjiang. Si la cour impériale décidait de donner la priorité à la "défense de la mer", d'énormes sommes d'argent afflueraient dans la sphère d'influence de la faction de Pékin, tandis que l'instauration de la politique nationale de "défense de la farce" augmenterait inévitablement la force de Zuo Zongtang. Il s'agissait d'une lutte acharnée entre les intérêts nationaux et personnels.

Finalement, Zuo Zongtang a regagné tout le Xinjiang et son prestige et son statut ont submergé Li Hongzhang. À cette époque, la guerre sino-française était à nouveau couverte, Zuo Zongtang menant une fois de plus la bataille et Li Hongzhang menant une fois de plus la paix. Li Hongzhang craignait que d'importantes sommes d'argent ne se retrouvent une fois de plus entre les mains des principales factions belligérantes, ce qui aurait pour conséquence de rendre insuffisantes les sources de financement du système de Pékin ; il a donc décidé de lancer une offensive "à gauche toute". Pour arrêter Zuo Zongtang, il faut d'abord supprimer Hu Xueyan, le "sac d'argent" de Zuo Zongtang.

Les efforts de Sheng Xuanhuai pour faire tomber Hu Xueyan ne seraient pas simples, et son énergie se limiterait à couper les 500 000 taels d'argent que la route de Shanghai, contrôlée par Pékin, avait versés à Hu Xueyan, soit l'argent que la cour devait à HSBC. Et comme Hu Xueyan utilisait le crédit de la Fukang Money Bank pour emprunter de l'argent à HSBC pour la cour impériale, il devait avancer l'argent si la cour impériale était en retard. Cependant, Hu Xueyan est un acteur financier après tout, au centre du marché des capitaux à Shanghai, qu'il s'agisse d'étendre le prêt à HSBC, ou à d'autres banques étrangères pour partager la facture, ou à la banque monétaire de Shanghai numéro de billet de prêt interbancaire, ou près de dix millions de dollars de soie brute pour les prêts hypothécaires, En outre, il possède également plus de dix mille mu de terres, de manoirs et d'autres biens immobiliers, ainsi que plus de 20 prêteurs sur gages, une chaîne de numéros de tickets et une pharmacie Hu QingYutang, et d'autres énormes actifs opérationnels, il n'est pas trop difficile de lever 500 000 taels d'argent.

Par conséquent, Sheng Xuanhuai doit non seulement couper les sources de financement officielles de Hu Xueyan, mais aussi lui couper tout accès au financement du marché des capitaux, ce que Sheng Xuanhuai ne pourra jamais faire. Il a dû réunir les vrais grands acteurs du marché financier de Shanghai pour porter ce coup fatal dans le dos de Hu Xueyan.

Le gang de la montagne de Dongting : l'homme derrière l'assassinat de Hu Xueyan

À Shanghai, la crédibilité de Hu Xueyan était bonne, et il avait le soutien de Zuo Zongtang, le gouverneur des deux fleuves en charge de Shanghai, qui s'était également fait des amis dans le milieu des affaires, sinon il n'aurait pas formé une puissante alliance de marchands de soie pour défier les banques étrangères. Que diriez-vous d'être capable d'influencer les décisions de toutes les banques étrangères, et en même temps de contrôler le sort de tous les numéros de banque et de tous les monts-de-piété de Shanghai, afin que nous puissions tous refuser de financer Hu Xueyan ?

Il s'agit du fondateur de l'empire d'achat financier le plus puissant de l'histoire moderne de la Chine : Xi Zhengfu de la montagne Dongting, connu dans son entourage sous le nom de "gang de la montagne Dongting". Comme pour les banquiers internationaux, la famille Xi peut être décrite comme plutôt discrète, et à l'exception de quelques historiens, la plupart des Chinois sont extrêmement peu familiers avec ce nom. L'invisibilité des Da Dao est exactement ce qu'ils sont !

Lorsque les entreprises étrangères sont entrées en Chine pour la première fois pour faire des affaires, elles ne parlaient pas la langue, n'étaient pas familières avec le lieu de vie, l'environnement commercial et les relations gouvernementales n'étaient pas dans la même lumière, elles ont donc dû emprunter les Chinois locaux pour développer leurs affaires. Les acheteurs étrangers "coopèrent" souvent avec des banques étrangères en tant qu'hommes d'affaires indépendants qui sont tenus de verser des "cautions" exorbitantes aux étrangers et de les dédommager par des cautions en cas de perte d'affaires. Ils bénéficient également d'une part des revenus de l'entreprise. Ils font de leur mieux pour développer les affaires de la banque étrangère à leur propre avantage. Outre l'accès du gouvernement aux ressources publiques, il est également nécessaire de créer un réseau de relations avec le monde des affaires pour toucher tous les coins de la société. Ils tissent un réseau de relations et d'argent, débloquant les canaux de la richesse et des intérêts. C'est par leur intermédiaire que les capitaux étrangers ont infiltré la lignée économique de la Chine, que les marchandises étrangères ont inondé les grandes villes et les villages chinois, que les esprits étrangers ont subverti la conscience chinoise et que les intérêts étrangers ont lié la puissante élite chinoise. On peut dire que sans acheteurs et agents étrangers, les affaires des étrangers en Chine seront difficiles à réaliser, et le pouvoir des étrangers en Chine n'aboutira à rien non plus.

Lorsque Hu Xueyan a dirigé les forces financières et commerciales locales pour commencer à défier les banques étrangères, il a menacé non seulement les intérêts commerciaux des banques étrangères directement, mais aussi les intérêts vitaux de la classe acheteuse étrangère.

En 1874, Xi Zhengfu est devenu un acheteur étranger à HSBC, et après avoir payé un dépôt de 20 000 taels d'argent, il a acheté un "billet express" pour contrôler le marché financier à Shanghai. La capacité de XI Zhengfu n'a certainement pas déçu HSBC, juste arrivé à HSBC, il a pris soin du gouvernement Qing à l'impôt sur le sel comme garantie, à HSBC pour l'emprunt politique 2 millions de taels d'argent, une grande commande, 8% d'intérêt annuel, divisé en 10 ans pour rembourser. Le premier coup de feu de XI Zhengfu a été tiré, et à partir de là, il était hors de contrôle. Sous l'opération de la famille Xi, HSBC a successivement géré les emprunts ferroviaires Shanghai-Nanjing, Guangzhou-Kowloon, Shanghai-Hangzhou-Ningbo, Jinpu, Jingfeng, Huguang, Puxin et autres, dont elle a obtenu une part élevée.

Dans l'émission de billets de banque, mais aussi efficace, la circulation des billets de banque HSBC peut être appelé la plupart des banques étrangères, la circulation dans l'ensemble de la rivière Yangtze, Pearl River bassin, en Chine du Sud, HSBC billets de banque a presque remplacé le statut de la monnaie du gouvernement Qing, est devenu l'instrument de la circulation d'évaluation. 1893, l'intellectuel de l'école étrangère Zheng Guanying dans son "Sheng Shi Jian" a souligné :

> *"Si les marchands étrangers utilisent des billets d'argent (billets de banque), pas par des fonctionnaires chinois et étrangers pour vérifier la réalité, peu importe combien, faire ce qu'ils veulent. On sait que la Banque d'Angleterre et du Pays de Galles a fait un bénéfice de plus de deux millions sur le bureau ovale."*

La famille a apporté sa contribution à la possession par HSBC de la richesse physique de la Chine avec une barre blanche.

La famille Xi est également extraordinaire en matière de dépôts. Les puissants fonctionnaires et dignitaires chinois ont déposé des capitaux sur le compte HSBC, difficile à gérer pour le gouvernement, préférant n'obtenir que de très faibles intérêts, mais également prêts à figurer une "assurance de sécurité". Selon les statistiques, parmi les clients à long terme qui ont ouvert un compte chez HSBC, il y a cinq personnes avec des dépôts fixes de plus de 20 millions de taels, 20 personnes avec plus de 15 millions de taels, 130 personnes avec plus de 10 millions de taels, le niveau des millions de taels et des centaines de milliers de taels est plus difficile à estimer.[4] Les commissions que les voyants recevaient étaient encore plus astronomiques.

Sous la lutte de Xi Zhengfu, l'activité totale de HSBC à Shanghai est bien plus élevée que celle du siège social de Hong Kong, et les Britanniques eux-mêmes admettent que "le siège social de HSBC est à Hong Kong, mais en général, la succursale de Shanghai fait plus d'affaires". Lorsque Xi Zhengfu et le côté britannique du Taïpan (l'ancien terme pour les gestionnaires de sociétés étrangères et les entreprises étrangères, faisant référence au courtage du commerce chinois et étranger à cette époque. — (NDA) En cas de conflit d'opinion, la décision finale au siège se basait sur l'avis de Xi Zhengfu, pour lequel le Taïpan britannique était écarté à tout prix.

Il est non seulement le premier à parler à HSBC, mais aussi le premier à parler à la banque monétaire de Shanghai.

À l'époque, il était difficile pour les banquiers de Shanghai de développer leurs activités car leurs fonds propres ne représentaient que des dizaines de milliers de taels d'argent. Xi Zhengfu a pris l'initiative dans le domaine du fractionnement des billets, en fournissant un modèle de prêt de crédit sans garantie aux banques d'argent et aux numéros de billets, améliorant ainsi considérablement la capacité de financement des institutions financières locales. Ces puissants banquiers disposant de leur propre crédit ont émis des lettres de change à terme, dans un délai de 5 à 20 jours, à destination de HSBC ou d'autres banques étrangères pour réaliser des financements à court terme garantis par des billets de banque. De cette façon, seuls soixante-dix à quatre-vingt mille taels d'argent peuvent être nantis à HSBC avec des billets de banque, ce qui permet de prêter une grande quantité de capital pour les prêts commerciaux, dont l'échelle peut atteindre soixante-dix à quatre-vingt mille taels. En raison des énormes dépôts et des faibles coûts d'intérêt de la HSBC, dans le processus de fractionnement des billets à la banque peut facturer des intérêts élevés, de manière à profiter du bon repas des dépôts et des écarts de prêt. 23 Mai 1879 Zi Linxi journal a rapporté

---

[4] Jiang Nan Xi Jia, *Ma Xueqiang*, Commercial Printing House, 2007, p. 78.

que la banque d'argent de Shanghai "avec des capitaux de la banque étrangère à faire des affaires, est déjà un fait bien connu. Près de 3 millions de taels d'argent ont été prêtés, le montant nécessaire pour maintenir un chiffre d'affaires normal à Shanghai".[5] Lorsque la racine d'argent tombe en dessous de ce chiffre, toute l'activité commerciale est immédiatement et considérablement affectée.

Grâce à l'activité de fractionnement des billets, HSBC contrôle efficacement la source des fonds de la banque de Shanghai et des numéros de billets. Lorsque les mains de HSBC sont lâches, les racines d'argent du marché sont lâches, et inversement, les racines d'argent sont serrées. L'énorme quantité d'épargne chinoise bon marché obtenue par HSBC a considérablement renforcé son contrôle sur le système financier chinois et est en fait devenue la "Banque d'Angleterre en Chine".

C'est précisément parce que la HSBC contrôle l'ensemble de Shanghai et même l'ensemble du pays que les racines d'argent sont lâches et serrées, et que Xi Zhengfu a le droit de signer des prêts de la HSBC, alors l'industrie de la banque d'argent de Shanghai se démène pour l'attirer dans les actions, afin de réaliser les avantages du regroupement. En 1878, Hu Xueyan a emprunté 3,5 millions de taels à la HSBC pour Zuo Zongtang, de la même manière que Xi Zhengfu l'avait fait.

Non seulement Xi Zhengfu a occupé le poste d'acheteur de la HSBC pendant trois générations, mais il a également utilisé son influence pour placer d'autres enfants de la famille Xi dans le système bancaire étranger, les uns après les autres. Qu'il s'agisse du système britannique de Macquarie (Standard Chartered), Leigh et Deutsche Bank, ou du système français de l'Orientale, de la Banque industrielle et commerciale sino-française, du système allemand de la Banque du Pays de Galles, du système russe de la Banque de Russie, du système belge de la Banque de Belgique, du système américain de Citi, Amex et Bank of America, du système japonais de Yokohama Shinkin, de la Sumitomo Bank, etc. Selon des statistiques incomplètes, pendant les 75 ans de 1874 à 1949, plus de 20 banques étrangères ont été ouvertes à Shanghai, dont 13 ont été achetées par la famille Xi.

---

[5] *The Linsey Gazette*, 23 mai 1879

À mesure que le pouvoir de Xi Zhengfu s'étend, même Li Hongzhang et Zuo Zongtang rivalisent pour l'enrôler. Li Zuo et leurs deux doivent voir Xi Zhengfu lorsqu'ils vont à Shanghai, après tout, c'est un grand dieu de la richesse, qu'il s'agisse de "défense maritime" ou de "défense empaillée", laisser de l'argent n'a pas de sens. Les deux sont dévoués à Xi Zhengfu, et ils garantissent tous deux la nomination de Xi Zhengfu en tant que fonctionnaire du gouvernement, mais Xi n'est pas du tout intéressé. Plus tard, sur la recommandation répétée de Li Hongzhang, Xi Zhengfu ne peut accepter que le deuxième prix. Cela va à l'encontre de son profil volontairement bas. Xi Zhengfu, presque reclus, n'assiste même pas aux événements de la communauté d'affaires de Dongting Dongshan, et son nom apparaît rarement dans les rapports des médias de Shanghai. Il adhère à la conviction qu'il faut une opération en coulisses pour faire quelque chose de grand.

La relation de XI Zhengfu avec Sheng Xuanhuai était encore plus étroite. Lorsque Sheng Xuanhuai a créé la première banque moderne de Chine, la China Merchant Bank, après avoir vaincu Hu Xueyan, Xi Zhengfu en était le principal soutien, et les deux hommes entretenaient une relation d'affaires à toute épreuve. Chaque fois que Xi Zhengfu le demandait, Sheng Xuanhuai était toujours satisfait, et un grand nombre de membres de la famille et d'amis de la famille Xi étaient placés dans le système de Sheng Xuanhuai. Une imbrication complète des intérêts a été réalisée. [6]

Lorsque le gouvernement Qing était sur le point de créer une banque centrale commune gouvernement-entreprise, la Banque du Japon, la famille Xi, qui connaissait les énormes avantages d'une banque centrale privée, était en avance sur son temps. Un total de 40 000 actions ont été émises, dont la moitié a été officiellement souscrite et l'autre moitié a été souscrite à titre privé, et plusieurs des fils de Xi Zhengfu ont pris des parts dans la Banque. Parmi eux, XI Ligong, le fils des seuls parents de XI, possède 1 320 actions à divers titres. Lorsque la Banque de Chine change de nom pour devenir la Banque de Chine, la famille Xi place quatre fils à des postes clés. Lorsque la Banque de Chine change de nom pour devenir la Banque de Chine, la famille Xi en devient le principal actionnaire et prend en charge les affaires de change, devenant ainsi un allié de la famille Song

---

[6] Jiang Nan Xi Jia, *Ma Xueqiang*, Commercial Printing House, 2007, p. 80.

Ziwen. Lorsque la Banque centrale du gouvernement national a été créée, la famille Xi est devenue un investisseur direct dans les actions du gouvernement et a représenté les actions du gouvernement au conseil d'administration de la Banque centrale, tandis que la famille Xi a également occupé des postes clés tels que celui de directeur du Bureau des changes du gouvernement national et de directeur de la Monnaie centrale. On estime que le vaste réseau de la famille Sejong, qui couvre un large éventail de domaines financiers en Chine, est sans équivalent dans l'histoire presque centenaire de la Chine en termes d'influence des systèmes bancaires étrangers, des systèmes bancaires officiels, du système de la Banque monétaire de Shanghai et des autorités financières gouvernementales. En raison des puissantes ressources financières chinoises et étrangères à la disposition de la famille Xi, l'impact sur l'ensemble de l'histoire moderne de la Chine a été profond et sera poursuivi dans les chapitres suivants.

Si Hu Xueyan ne remet pas en cause les intérêts fondamentaux de la banque Yanghe sur la question de la soie brute, la relation entre Xi Zhengfu et Hu Xueyan devrait se maintenir. Cependant, les actionnaires de HSBC sont ces grandes banques étrangères, le but initial de la création de HSBC est que les banques étrangères aient leur propre "banque centrale" dans les colonies, Hu Xueyan a défié les intérêts fondamentaux des principaux actionnaires de HSBC, causant des problèmes aux actionnaires, Xi Zhengfu ne peut pas le tolérer !

En fait, c'est la manipulation par HSBC et Xi Zhengfu du secteur bancaire de Shanghai et du pays qui est à l'origine de la suppression des prix de la soie brute et du monopole de la fixation des prix par les banques étrangères.

Selon la Déclaration du 28 août 1878, dans les années 1870, le montant du désinvestissement des banques étrangères de la Shanghai Money Bank avait atteint environ 3 millions de taels. Dans les années 1890, le montant de 7 à 8 millions de taels de désinvestissement était devenu courant. Cela a rendu les banques monétaires de plus en plus dépendantes des banques étrangères pour la rotation de leurs fonds. Et une fois le resserrement monétaire de Shanghai opéré, son effet s'étendra immédiatement à l'ensemble du pays.

Il est étrange mais pas surprenant que depuis 1878, chaque fois que la soie brute et le thé sont disponibles en Chine, on assiste à un "étrange phénomène" de pénurie d'argent. Celui qui peut créer une pénurie de la masse monétaire, et avec une intention évidente, est HSBC. Maintenir le chiffre d'affaires du commerce normal à Shanghai nécessite environ 3 millions de taels d'argent, et HSBC souvent dans la saison de l'achat de thé de soie pour recueillir la racine d'argent à moins de 1 million de taels, résultant en soie thé marchands ne peuvent pas lever suffisamment de fonds, les agriculteurs de la soie, les agriculteurs de thé ont à vendre leurs produits à bas prix, tandis que les actionnaires de la banque étrangère de HSBC ont été en mesure de profiter à bon marché de la base, pour récolter d'énormes profits !

> "Chaque panique monétaire a été causée par une contraction délibérée des racines d'argent par les banques étrangères, HSBC en tête, Dès le début de 1878, le Yingen était en état de tension, à tel point qu'à la fin de l'année, la banque d'argent de Shanghai pour les mauvaises créances n'avait pas accumulé plus de vingt ou trente négociants. La panique monétaire de 1879 se produit en mai, lorsque la demande de thé à la soie est si forte que la ville, qui a souvent besoin de 3 millions de taels d'argent liquide, se retrouve à court de 900 000 taels de banques étrangères. Cette somme ne correspond pas du tout aux besoins normaux du commerce local. Mais la banque étrangère ne s'est pas arrêtée là, elle a encore compliqué les choses en portant son stock de lingots d'argent à 600 000 taels."[7]

En 1883, l'histoire se répète à nouveau.

Au moment où Hu Xueyan et Yihe Yanghe sont dans l'impasse dans la guerre de la soie brute, la racine d'argent de Shanghai se resserre de jour en jour, un grand nombre de marchands de soie se retirent de l'entrepôt, les prix de la soie s'effondrent. Début septembre, le prix par paquet de la soie brute de première qualité peut encore se maintenir à 427 taels ; en octobre, il tombe à 385 taels ; début novembre, il tombe encore à 375 taels. À ce moment-là, les banques étrangères de Shanghai ont complètement cessé d'acquérir la nouvelle soie, et la chaîne financière de Hu Xueyan était au bord de l'effondrement.

Le 9 novembre, les inquiétudes du public concernant le financement de Hu Xueyan ont finalement explosé de plein fouet. La Fukang Bank a été écrasée à Hangzhou et à Shanghai. La dette de 500 000 taels d'argent due à la HSBC est échue et ne peut être prolongée, et la route de Shanghai n'a "par hasard" pas à payer la dette

---

[7] *General History of Chinese Finance*, Volume II, par Zhang Guohui, China Finance Press, 2003

de la HSBC, Hu Xueyan a dû payer la dette avec le seul argent familial restant dans la Fukang Bank. L'empire financier insupportable est finalement tombé le 1er décembre 1883. Les affaires de Hu Xueyan à Pékin, Shanghai, Zhenjiang, Ningbo, Fuzhou, Hunan, Hubei et d'autres endroits de la branche Fukang ont fermé en même temps. L[8]'empire financier de Hu Xueyan, qu'il avait laborieusement dirigé pendant des décennies, s'est effondré. Au final, la soie brute a été récupérée par Jardine's.

Hu Xueyan n'a pas pu supporter le blocage des prix par la banque étrangère et a résisté, mais derrière la lutte pour le pouvoir de fixation des prix se cache en réalité la lutte pour le pouvoir financier. Il est dommage que Hu Xueyan n'ait pas compris jusqu'à sa mort qu'avec la perte de la banque centrale comme point d'orgue financier, il était vain de compter uniquement sur la thésaurisation de la soie brute pour tenter de rivaliser avec les banques étrangères dans le commerce, et qu'une fois la racine d'argent resserrée, sa chaîne de capitaux serait immédiatement au bord de l'effondrement. Cette contre-attaque des forces financières indigènes de la Chine contre les banquiers internationaux, menée par Hu Xueyan, s'est soldée par un échec total. Il est pris en tenaille interne et externe entre les forces du capital financier étranger et les forces de l'acheteur financier national, dont l'échec est déjà stratégiquement irréversible.

La défaite de Hu Xueyan reposait sur la même raison que la victoire de la Foreign Bank, à savoir que celui qui pourrait contrôler la racine d'argent prendrait l'initiative stratégique dans la guerre commerciale. Ni le gouvernement Qing, ni la Southern Money Bank et les Shanxi Bills, représentés par Hu Xueyan, n'étaient assez sobres pour réaliser l'énorme pouvoir de la banque centrale. Lorsque la HSBC a pris cette position, le destin de l'ensemble de l'empire Qing était entièrement entre les mains des banquiers internationaux. S'il n'y a pas d'indépendance financière, il n'y a pas d'indépendance économique ; s'il n'y a pas d'indépendance économique, il n'y a pas d'indépendance politique. Le déclin de la haute frontière financière du gouvernement Qing était le début d'un profond désastre pour la nation chinoise !

---

[8] Le ministère des Affaires ménagères de la période Guangxu, 12 novembre, Guangxu 11, Documents officiels de la période Guangxu (3 ; présent), Finances, vol. 2, Département Shaanxi du ministère des Affaires ménagères, Guangxu 11, vol. 8, pp. 44-48.

Comment la position de la banque centrale du gouvernement Qing est-elle tombée en disgrâce ? Le nœud du problème est que la monnaie nationale, l'argent, est contrôlée par des banquiers internationaux. Une fois la monnaie nationale ébranlée, la finance, le système circulatoire du pays, sera inévitablement paralysée, suivie de l'épuisement des organes vitaux de l'économie, de la désintégration de la capacité de mobilisation du système immunitaire politique et guerrier du pays et donc de sa capacité à résister aux agressions, et enfin du destin d'être laissé à la merci des autres.

Pour que les banquiers internationaux puissent conquérir la Chine, ils doivent d'abord conquérir la monnaie chinoise. Le cœur de la guerre de l'opium n'était pas tant une guerre commerciale qu'une guerre de l'argent ! C'est la véritable raison pour laquelle la guerre de l'opium n'a pas eu lieu en Inde, en Amérique, en Afrique, ni au Japon, en Corée ou en Asie du Sud-Est, mais uniquement en Chine ! La cible de la répression du commerce de l'opium est précisément la monnaie nationale de la Chine : l'argent !

Le commerce de l'opium : la bataille pour l'étalon or et argent

La Chine disposait d'un avantage certain dans le commerce international avant que le Royaume-Uni ne se lance dans un commerce massif d'opium à son encontre. Le thé, la porcelaine et la soie de la Chine constituent un "triangle de fer" d'exportation incassable qui franchit les barrières du marché mondial. La véritable image du marché chinois à cette époque est la suivante : l'exportation de thé le long de la côte du Fujian a apporté une prospérité sans précédent à l'économie locale, en raison du monopole du marché dans la production et la transformation, Wuyishan est devenu une Mecque pour les négociants en thé du monde entier ; dans les cours moyen et inférieur du fleuve Yangtze, la soie et le coton sont les produits artisanaux les plus importants, des centaines de milliers de professionnels de la production de soie et de coton et de l'armée textile ont créé des marchandises d'excellente qualité et à des prix compétitifs, qui ont frappé le marché mondial de manière imbattable ; dans la région du delta de la rivière des Perles, la chaîne industrielle de Jingdezhen-Guangzhou a été formée, la porcelaine de luxe est entrée dans les riches salons de la royauté européenne en un flux constant ; à la fin du 19e siècle, l'Anglais responsable du département général des douanes et accises de Chine, Herder, a déclaré dans ses "anecdotes chinoises" :

> "La Chine possède les meilleures céréales du monde — le riz ; la meilleure boisson — le thé ; les meilleurs vêtements — le coton, la soie et la fourrure. Ils n'ont pas besoin d'acheter pour un centime de choses ailleurs. "

Du 16e siècle au début du 19e siècle, la commercialisation et l'économie monétaire développée depuis près de 400 ans en Chine ont largement dépassé celles de l'Europe. Le résultat est que 138 000 tonnes d'argent trouvé en Europe en provenance des Amériques ont fini par être expédiées en Chine pour 48 000 tonnes. La structure de base du commerce international est la suivante : la Chine a créé une grande partie des biens échangés dans le monde, l'Occident a pillé une grande partie des ressources mondiales, et le flux continu d'argent de l'Ouest vers l'Est a accompagné le mouvement roulant des biens chinois vers l'Ouest.

Le flux constant d'argent vers l'Est a créé un grave déséquilibre dans la balance financière mondiale.

En raison de l'exportation nette à long terme d'argent vers la Chine, à la fin du 17ème siècle, la pénurie d'argent en Europe, le phénomène d'une baisse générale des prix, tandis que le commerce a commencé à se contracter. De 1649 à 1694, la quantité moyenne annuelle d'argent en circulation en Europe a fortement diminué, que 1558 à 1649, la quantité moyenne annuelle de circulation a diminué de plus de 50%, tandis que la quantité de circulation d'or a augmenté de près de 50%.

Une baisse de l'argent est normale, mais comment l'or peut-il augmenter ?

À l'origine, au début du 17e siècle, le rapport entre le prix de l'or et de l'argent à Guangzhou, en Chine, était de 1:5,5 à 1:7, tandis que le rapport britannique était de 1:16. Le transport de l'argent vers la Chine peut non seulement être échangé contre un grand nombre de marchandises très rentables, mais il peut également tirer parti de la différence de prix entre l'or et l'argent plus d'une fois, avec de l'argent bon marché en Chine, au Japon et en Inde pour de l'or coûteux. Même John Locke s'est plaint un jour :

> " On m'a dit qu'ils (la Compagnie des Indes orientales) pourraient faire au moins 50% de bénéfices supplémentaires en

important (de l'or) de certaines régions de l'Inde… Mais la véritable richesse de la Grande-Bretagne est enfouie dans l'océan Indien et il est temps que les gens parlent franchement de la raison pour laquelle diable nous sommes confrontés à une pénurie d'argent sans précédent à notre époque."[9]

Lorsque l'or a afflué en Grande-Bretagne en grandes quantités, les banquiers ont acheté les certificats de quasi-vie du Free Minting Act de 1666 au moyen d'énormes pots-de-vin. Cette loi constitue essentiellement un tournant important dans l'histoire de la monnaie, qui "a modifié le système monétaire du monde, l'effet concret étant l'abolition du monopole du roi sur l'émission de la monnaie".[10] La loi donne à toute personne le droit d'apporter des lingots d'or à la Monnaie et d'exiger que des pièces d'or légales soient frappées gratuitement.

Ce projet de loi est fondamentalement dans l'intérêt des banquiers lingots d'or et des capitalistes commerciaux, qui auront un contrôle réel sur la masse monétaire. Étant en possession de grandes quantités de lingots d'or physiques, ils seront en mesure de déterminer la masse monétaire en fonction de leurs propres intérêts. Lorsqu'ils sont créanciers, ils frappent moins de monnaie, créant un effet déflationniste qui augmente la teneur en or de leurs créances ; lorsqu'ils sont débiteurs, ils augmentent la masse monétaire, éliminant la dette contractée avec l'inflation. C'était la première fois que l'Occident transférait essentiellement à des particuliers le droit d'émettre de la monnaie qui aurait appartenu à l'État. Depuis lors, la base juridique du pouvoir de la banque centrale privée d'émettre de la monnaie a été établie et la porte a été ouverte pour contrôler la distribution de la richesse en contrôlant la masse monétaire d'un pays et du monde entier.

À ce moment-là, la célèbre citation de Rothschild a soudainement résonné dans mes oreilles :

" Je me fiche de savoir qui fait les lois tant que vous me laissez contrôler la question de la monnaie d'un pays. " [11]

Pour les banquiers, le contrôle de l'argent est une grande lutte, et contrôler l'émission et la distribution de l'argent revient à contrôler les

---

[9] Commerce et Diplomatie, Sargent, p. 49.

[10] Remarks Upon a Late Ingenious Pamphlet by an Impartial Hand, John Locke, p. 19.

[11] *La créature de Jekyll Island*, G. Edward Griffin, p. 218.

richesses, les ressources et l'humanité tout entière. Pour contrôler le monde, il faut d'abord conquérir l'argent ; pour conquérir l'argent, il faut d'abord conquérir l'or ; et pour conquérir l'or, il faut d'abord conquérir l'argent.

Alors que l'argent se déplaçait vers l'est en Europe, l'or se déplaçait vers l'ouest en Asie. Le résultat final est que le Royaume-Uni accumule de l'or et que la Chine absorbe de l'argent. Le nœud du problème est de savoir si c'est l'or ou l'argent qui deviendra finalement l'hégémonie de la monnaie mondiale, ce qui constituera un tournant majeur dans la montée et la chute de l'Orient et de l'Occident pour les siècles à venir !

Avec la croissance sans précédent de l'Empire britannique depuis la révolution industrielle, les conditions pour l'établissement de l'or comme monnaie standard étaient pleinement réunies en 1717. Bien que ce ne soit qu'en 1816 que l'étalon-or ait été légalement finalisé, la Grande-Bretagne avait été soumise à un étalon-or de facto pendant les cent années précédentes.

Pour les banquiers de l'Empire britannique, ses objectifs stratégiques les plus élevés sont les suivants : utiliser Londres comme centre de la finance mondiale et l'or comme monnaie mondiale, l'Empire britannique pour exporter des crédits en livres sterling dans le monde entier par l'intermédiaire de la Banque d'Angleterre, faire des grands pays européens et américains les principaux membres de l'étalon-or, transformer les pays périphériques du monde en régions vassales de la livre, maintenir le fonctionnement de ce système par la guerre et la violence, utiliser l'argent pour maximiser le contrôle et la mobilisation des ressources mondiales, et enfin achever le contrôle de la richesse mondiale et de toute l'humanité !

Pour établir l'hégémonie de la livre d'or comme monnaie mondiale, il faut d'abord vaincre les nations à monnaie d'argent. La plus grande, et la plus difficile, d'entre elles est la Chine.

Après des années d'essais, les banquiers internationaux ont finalement choisi l'opium comme arme contre l'étalon-argent chinois. L'agence spécifiquement chargée de mettre en œuvre cette stratégie est la Compagnie des Indes orientales.

Compagnie des Indes Orientales : L'empire d'un banquier

Il est difficile pour le commun des mortels d'imaginer qu'une entreprise puisse recruter une armée, piller des terres et battre monnaie, administrer la justice, déclarer la guerre et faire la paix, mais l'East India Company l'a réellement fait. Qui aurait pu avoir une telle énergie pour lancer une entreprise aussi puissante ? La réponse est : les banquiers internationaux de la Cité financière de Londres !

La Compagnie des Indes orientales, fondée par un partenariat de banquiers de la Financial City de Londres et dans laquelle la Couronne britannique avait des intérêts, était un empire en soi. Sous l'autorité du Parlement britannique, la Compagnie des Indes orientales monopolisait tout le commerce du Cap de Bonne-Espérance au détroit de Magellan, et avait le droit de recruter des marines terrestres, d'occuper des territoires, d'imposer des taxes, d'émettre de la monnaie, de légiférer et d'administrer la justice, de déclarer la guerre et de conclure des traités de paix dans une zone aussi vaste.

Lors de la guerre de Sept Ans entre l'Angleterre et la France de 1756 à 1763, les Britanniques ont vaincu les Français dans le sous-continent indien et ont établi un système complet de gouvernance et de pillage dans l'Inde britannique, y compris les actuels Pakistan, Bengale et Birmanie. 50 ans après 1750, la Compagnie des Indes orientales a extrait de 100 à 150 millions de livres sterling de l'Inde britannique, contre 9,2 millions de livres sterling par an dans le trésor britannique en 1750.[12] Ce chiffre ne comprend pas les énormes gains commerciaux internationaux résultant du monopole du commerce indien. L'étonnante richesse qui coulait comme une marée dans les poches des banquiers de la ville financière de Londres et de la Couronne britannique n'a jamais manqué de capitaux aux 18e et 19e siècles, grâce à l'énorme pillage colonial et à l'accumulation des échanges commerciaux, qui constituaient une condition préalable importante pour que la Grande-Bretagne puisse entamer la révolution industrielle au 18e siècle.

La famille Baring, l'une des 17 plus grandes familles bancaires internationales, dominait déjà le monde financier depuis le début du 19e siècle et était connue comme la "sixième puissance d'Europe".[13]

---

[12] Silver Capital, par (de) Frank, Central Compilation Press, 2001, p. 393.

[13] *La guerre des monnaies II – Le pouvoir de l'or*. Omnia Veritas Ltd, 2021.

Dès son entrée dans la Compagnie des Indes orientales, il est devenu un représentant de premier plan des banquiers de la City de Londres au sein de la Compagnie des Indes orientales et a été reconnu comme le cœur et l'âme de la société. Il était président du conseil d'administration de la Compagnie des Indes orientales à partir de 1792 et dirigeait l'ensemble de la Compagnie des Indes orientales, un vaste empire colonial. C'est sous sa direction que le commerce de l'opium de l'East India Company vers la Chine a connu une croissance spectaculaire.

De 1790 à 1838, la quantité d'opium introduite clandestinement en Chine par la Compagnie des Indes orientales est passée de centaines de boîtes à des dizaines de milliers de boîtes chaque année, et la quantité totale d'opium importée en Chine a atteint plus de 400 000 boîtes, avec un prix moyen d'environ 750 dollars d'argent par boîte et une valeur totale de plus de 230 millions de taels d'argent !

Le commerce de l'opium de la Compagnie des Indes orientales suit un système rigoureux : tout d'abord, elle établit un monopole sur l'opium dans les colonies indiennes britanniques, achète et vend de l'opium à la fois en Inde et au Bengale, n'ouvre que la région de Calcutta aux ventes aux enchères centralisées d'opium, et autorise le commerce de l'opium aux commerçants de détail avec lesquels la Compagnie a une relation d'agence. En même temps, la société dispose d'un comité de gestion résident à Guangzhou, connu sous le nom de "Taïpan", qui est responsable de la gestion unifiée de tout le commerce avec la Chine. Ce comité de gestion, à son tour, était la "banque centrale" de tout le commerce avec la Chine, qui devait s'occuper de toutes les opérations de change et fournir un soutien au crédit aux commerçants de détail et, plus tard, aux 13 banques de Guangzhou qui faisaient des affaires avec eux. L'intégralité du produit du commerce des négociants en gros avec la Chine, y compris le produit de la vente d'opium, doit être déposée dans une banque d'argent relevant de la Commission, qui émet des lettres de change pour Londres, l'Inde et le Bangladesh, et les négociants en gros peuvent les échanger localement contre de l'argent liquide. La société utilisait ensuite le stock d'argent en Chine pour acheter de l'or, de la soie, du thé et d'autres produits en vrac pour les vendre en Europe avec d'énormes bénéfices.

La structure de la Compagnie des Indes orientales ressemble davantage à une chaîne de commerce de l'opium sous un parapluie financier monopolistique. Si le détaillant indépendant doit supporter un certain risque commercial, l'entreprise fournissant des services financiers monopolistiques fait la pluie et le beau temps.

Les bénéfices que la Compagnie des Indes orientales tirait des "services financiers" du commerce de l'opium étaient suffisamment importants pour couvrir la plupart des coûts administratifs des importations britanniques de thé et de soie brute en provenance de Chine, des importations de coton en provenance des États-Unis et de l'Inde, des exportations de produits industriels britanniques vers l'Inde et du régime colonial britannique en Inde. Tout au long du XIXe siècle, le monopole de l'opium de l'Empire britannique a occupé une position stratégique dans le commerce international, comparable à l'hégémonie pétrolière des États-Unis aujourd'hui. La politique d'État fondamentale de l'empire de l'East India Company était de contrôler financièrement tous les maillons de la chaîne du commerce de l'opium, la production, la distribution, l'entreposage, le transport et les canaux de commercialisation étant fermement entre ses mains.

Parmi les grands marchands de la Compagnie des Indes orientales, trois grandes entreprises étrangères se sont formées : Jardine, Baoshun et Chichang.

Le partenariat Jardine et Madison a été créé en juillet 1832, et c'est la famille Baring qui leur a fourni le financement. Avec le soutien de la famille bancaire la plus puissante de la City de Londres, Jardine Matheson devient rapidement le "roi de la banque étrangère" en Extrême-Orient. Hu Xueyan a été vaincu dans la bataille avec Yi He pour l'hégémonie de la soie brute. Maddison est ensuite devenu gouverneur de la Banque d'Angleterre et le deuxième plus grand propriétaire foncier du Royaume-Uni. Hugh Matheson, héritier de la famille Matheson, a utilisé les recettes du commerce de l'opium de sa famille pour acheter des mines d'étain en Espagne en 1873 et créer une société minière appelée Rio Tinto, qui est connue aujourd'hui sous le nom de Groupe Rio Tinto.

La famille du célèbre trafiquant d'opium, Tideland, est la famille qui se cache derrière lui. Plus tard, l'implication directe dans le commerce de l'opium étant préjudiciable à la "réputation" de la principale famille de banquiers de la Cité financière de Londres, Baring, il se retire dans l'ombre et devient le deuxième plus grand négociant d'opium en Chine après celui de Jardine.

La société à capitaux américains, Cichang Yanghe, faisait le commerce de l'opium, du thé et de la soie brute entre Guangzhou et Boston. Son associé principal, John Murray Forbes, l'arrière-grand-père du candidat à la présidence américaine de 2004, John Forbes

Kerry, a fait office d'agent des frères Bahreïn aux États-Unis. Le chef d'entreprise, Warren Delano, Jr., n'était autre que le grand-père maternel du président américain Franklin D. Roosevelt. William Huntington Russell, un cousin du propriétaire, a fondé la célèbre "Skull and Bones Society" à l'université de Yale. En outre, plusieurs grandes familles bancaires de Boston étaient impliquées dans le commerce de l'opium par le biais de la Flagship Foreign Bank. Ce sont les dividendes lucratifs de l'opium qui ont nourri ces familles bancaires, formant plus tard le syndicat de Boston et la dynastie de la famille Roosevelt.

Ces trois grandes maisons océaniques, qui dominaient la moitié du commerce de l'opium en Chine, entretenaient des liens étroits avec la famille Baring, qui contrôlait à distance ces "marchands de détail géants" dans la Financial City de Londres et lançait une attaque contre la monnaie d'argent du gouvernement Qing avec l'opium dans les décennies précédant et suivant la guerre de l'opium.

La City financière de Londres, par l'intermédiaire de la Compagnie des Indes orientales, a également établi en Chine un système de commercialisation clandestin peu connu mais efficace, composé de quatre éléments : les missionnaires, les triades, les hommes d'affaires et les bureaucrates mandchous. Ce système allait par la suite façonner le cours de l'histoire de la Chine moderne.

Les missionnaires en Chine, d'une part, se sont liés d'amitié avec les riches et les puissants ainsi qu'avec les triades par le biais du travail missionnaire, et ont appris à connaître divers aspects de la société chinoise, de l'économie et du renseignement militaire, afin de créer des écoles confessionnelles modernes, des hôpitaux et des médias, et sont devenus une force importante dans la formation de la classe d'élite sociale chinoise pro-occidentale.

La Triade était à l'origine une société populaire chinoise secrète dont le but était de s'opposer aux Ching et de restaurer les Ming, et nombre de ses membres ont ensuite embrassé le christianisme. La campagne armée anti-Qing de la Triade nécessitait également un soutien financier à grande échelle, de sorte que de nombreux membres ont rejoint le réseau de vente d'opium de la Compagnie des Indes orientales en Chine par l'intermédiaire de l'Église, devenant ainsi le pilier de la contrebande d'opium le long de la côte du Guangdong. La Triade, avec sa devise anti-Qing, revenait à recevoir des subventions financières indirectes de la City financière de Londres. Le développement futur de la Triade a des racines profondes dans la

Société du culte de Dieu de Hong Xiuquan, l'association secrète de Kang (Yau-wai) Liang (Qi-chao) Tan (Zhutong) Tang (Cai-chang) et la Société de l'Alliance. Le bras droit de Hong Xiuquan, Feng Yunshan, qui était chargé du travail idéologique, a travaillé sous l'égide de la Société chrétienne Huafu dans ses premières années ; Yang Xiuqing, qui était chargé de la lutte militaire, était également impliqué dans le commerce de contrebande d'opium de la Triade dans la vallée de la rivière des Perles ; et la Triade Liangguang a participé directement au soulèvement de Jintian. Après l'échec de la réforme de la loi Wuxu, Tan Zutong a été tué, et Tang Caichang, un général de premier plan de la famille Tan dans la faction restaurationniste, a lancé un soulèvement de la Triade Hubei-Guang pour tenir une armée autonome. Les premiers soulèvements de l'Union contre la dynastie Qing étaient tous basés sur la force de la Triade. Le Shanghai Youth Gang de la Triade a joué un rôle important dans le coup d'État du "12 avril" et la consolidation du pouvoir de Chiang Kai-shek.

Il s'agit d'une agence spéciale autorisée par la cour impériale à traiter directement avec les hommes d'affaires étrangers. C'est une société commerciale qui remplit également certaines fonctions diplomatiques et doit garantir ses partenaires commerciaux étrangers. Après la guerre de l'opium, les Treize Banques se sont principalement transformées en acheteurs étrangers et ont été à l'origine de la classe acheteuse chinoise moderne.

La Compagnie des Indes orientales contrôlait et manipulait également une partie des bureaucrates mandchous par la corruption et la toxicomanie. Commencez par la superstructure de la Chine pour protéger et ouvrir le commerce de l'opium. La compagnie pénétrait la cour impériale de Pékin par le biais du réseau de commerce de l'opium du nord, centré sur Tianjin. Au moment de la guerre de l'opium, un nombre considérable de hauts fonctionnaires mandchous étaient déjà sous leur contrôle et à leur disposition. Parmi eux figuraient Mu Chang'a, un universitaire, Qi Shan, le gouverneur de la province du Zhili, et Jie Ying, le chef du gouvernement du Dzongren. En réponse à cela, Marx a eu un argument éloquent :

> *"Les Britanniques ont soudoyé les autorités chinoises, les douaniers et les fonctionnaires en général, et c'est le dernier résultat du boycott légal de l'opium par les Chinois. Avec la boîte à opium, les pots-de-vin ont envahi les poumons*

bureaucratiques de la 'dynastie céleste' et sapé les piliers du système patriarcal."[14]

Ce groupe de personnes a formé la source de la faction occidentale du futur gouvernement Qing.

En 1839, lorsque l'ambitieux Lin Zexu est arrivé à Guangdong en tant que ministre des affaires impériales pour faire respecter l'interdiction de fumer, le grand héros national a été confronté à un empire de l'opium aussi bien organisé, financièrement fort, armé et puissant. Dès son entrée en fonction, Lin Zexu a sévèrement réprimé le réseau clandestin de contrebande et de trafic de drogue de la Triade, a ordonné aux étrangers de rendre l'opium et a mené une campagne mondiale d'interdiction de fumer. Mais Lin Zexu n'aurait jamais imaginé à quel point son adversaire était puissant, défiant l'ensemble de l'Empire britannique et la stratégie financière fondamentale qui comptait pour la vie et la mort des banquiers internationaux !

Le commerce de l'opium a entraîné une sortie massive d'argent de Chine, déclenchant une grave crise monétaire du type "l'argent est cher et l'argent est bon marché" en Chine. Pendant plus de 100 ans, depuis l'établissement de la dynastie Qing jusqu'au début du 19e siècle, le mécanisme de double monnaie argent-cuivre de la Chine a bien fonctionné, et le ratio était fondamentalement stable à 1 tael d'argent pour 1 000 yuans de cuivre. À la veille de la guerre de l'opium, l'argent avait grimpé à 1 600 cents pour un dollar. Les paysans, les artisans et les gens ordinaires reçoivent généralement de l'argent en cuivre, mais le paiement de diverses taxes est converti en argent, ce qui ajoute au fardeau économique. En raison de la vie difficile du peuple, le paiement des impôts est naturellement retardé, si bien que les provinces font de plus en plus défaut sur les impôts, ce qui entraîne une forte baisse de la capacité financière du gouvernement Qing. Avant le début du commerce de l'opium à grande échelle, jusqu'en 1781, sous le règne de Qianlong, le stock d'argent de l'État atteignait 70 millions de taels, et en 1789, il était d'environ 60 millions de taels. Avec l'afflux d'opium, il ne restait plus que 8 millions de taels en 1850, ce qui n'était plus suffisant pour une guerre.

C'est l'opium qui a détruit l'étalon argent-monnaie, pierre angulaire de la haute frontière financière de l'empire Qing, et avec lui

---

[14] *Commerce de l'opium*, Marx.

un important déficit commercial, des recettes fiscales en baisse, des difficultés pour le peuple, une grave division entre les riches et les pauvres, et des conflits sociaux de plus en plus aigus. Les banquiers internationaux, quant à eux, ont pris l'énorme quantité d'argent provenant de la couverture de l'opium et ont créé la "Banque d'Angleterre de Chine", et se sont emparés de la haute frontière financière de l'empire Qing : la Banque centrale.

La création de la HSBC a marqué le début d'une ère coloniale financière dans l'histoire moderne de la Chine. Au cours de la prise de contrôle par la HSBC de la banque centrale de l'empire Qing, un nouvel empire sassoonien a émergé, remplaçant la Compagnie des Indes orientales comme dernier manipulateur à exécuter une stratégie financière de l'opium.

La famille Sassoon : Les Rothschild de l'Est

Sassoon appartenait aux mêmes Juifs sépharades que les Rothschild et vivait dans la péninsule ibérique islamisée (l'Espagne actuelle) depuis des temps anciens. Il se livrait à des activités d'orfèvrerie et d'échange de monnaie et agissait souvent en tant qu'agent de la famille bancaire génoise, effectuant des vérifications de crédit, collectant et prêtant. Ce faisant, elle s'est progressivement imposée comme un réseau commercial de crédit et de financement. Dans les années 1590, alors que les chrétiens ibériques chassaient le régime islamique, les Juifs séfarades ont été expulsés d'Espagne et du Portugal.

Les Rothschild s'exilent en Allemagne pour poursuivre leurs anciennes affaires et deviennent plus tard les "banquiers de la cour" de la famille royale allemande. Une autre famille financière juive s'est enfuie aux Pays-Bas, en Belgique, et n'a pas tardé à revenir sur le devant de la scène grâce à un réseau de relations commerciales accumulées au fil des ans. Elle a participé à la création de la Banque d'Amsterdam, d'ABN AMRO et de la Compagnie néerlandaise des Indes orientales. C'est avec le soutien financier des banquiers juifs hollandais de 2 millions de florins hollandais que Guillaume III d'Angleterre débarque des Pays-Bas en Angleterre en 1688 avec 15 000 hommes et commence la "Glorieuse Révolution". La famille Sassoon, quant à elle, s'est déplacée jusqu'à Bagdad, le centre du commerce et des échanges dans la région du golfe Persique au Moyen-Orient. Là, la famille Sassoon, forte de son expérience et de sa perspicacité financière juive unique, a tiré parti des enseignements islamiques interdisant l'usure et a accordé des prêts financiers au commerce du Moyen-Orient avec des installations juives non soumises aux réglementations islamiques. Elle est rapidement devenue la première famille financière de la région du golfe Persique, occupant longtemps le poste de directeur financier de Bagdad et devenant le patriarche de toute la communauté juive de Bagdad, connue sous le nom de "Nasi", le roi des Juifs.

Mais le bon temps n'a pas duré longtemps, à la fin du 18ème siècle et au début du 19ème siècle, le sentiment antisémite dans la région de Bagdad était élevé, les fonctionnaires turcs ottomans à Bagdad, ont commencé à expulser en masse les Juifs, comme le "roi des Juifs" de la famille Sassoon en a fait les frais, a dû déplacer la famille à Bombay, en Inde en 1832. David Sassoon, le fondateur de l'empire sassoonien, a entamé une nouvelle saga en Inde.[15]

En raison de l'arrivée tardive de la famille Sassoon en Inde, l'énorme gâteau du commerce de l'opium est parti depuis longtemps. Alors que la Compagnie des Indes orientales s'est désintégrée, les trois géants à capitaux étrangers, soutenus par la famille Baring, continuent de monopoliser les importations d'opium de la Chine et la chaîne d'approvisionnement en opium de l'Inde. Dans toute la chaîne du commerce de l'opium, la production, le transport, l'assurance, les ventes, le financement, l'échange, presque tous sont entre les mains de JIHUA, l'aiguille ne peut pas entrer, l'eau ne peut pas sortir. Dans l'empire de l'opium, étroitement contrôlé par la famille Baring, le nouveau Sassoon juif aurait été plus que capable d'intervenir.

Dans la Financial City de Londres, les Rothschild émergents avaient déjà submergé Bahreïn, et les Rothschild voulaient aussi se tailler leur propre part du marché de l'opium, profitant du haut degré de contrôle de Bahreïn sur les négociants en gros de la Compagnie des Indes orientales. La présence de Sassoon s'inscrit parfaitement dans le plan de développement stratégique des Rothschild, qui sont également des juifs sépharades et dont les ancêtres auraient peut-être mieux fait de rester en famille, de sorte que les deux parties s'entendent

---

[15] *Sassoon Group in Old China*, par Zhang Zhongli et Chen Zengnian, Académie des sciences sociales de Shanghai, 1985, pp. 3-5.

immédiatement. Avec le puissant soutien financier des Rothschild, Sassoon est prêt à secouer sa vessie et à faire le grand saut.

Après des recherches approfondies, Sassoon a découvert une faille flagrante dans le contrôle de l'opium par la JIH en Inde, à savoir l'incapacité de la JIH à contrôler les plantations de pavot dans l'arrière-pays indien. Sassoon a saisi l'opportunité de capitaliser sur sa forte puissance financière en prêtant jusqu'aux 3/4 de son argent aux négociants d'opium indiens de l'intérieur. Des acheteurs du monde entier en entendirent parler, et Sassoon prit le contrôle de la source de culture de l'opium et la monopolisa avec une force rapide et sans précédent. En fait, la pensée de Hu Xueyan est presque identique à celle de Sassoon, la différence étant que Sassoon est soutenu par l'hégémon financier international qu'est la famille Rothschild.

En 1871, la situation est claire, et la JIH est vaincue dans la bataille pour la source de l'opium contre Sassoon, qui est reconnu comme le principal détenteur de tout le stock d'opium en Inde et en Chine, contrôlant 70% de la quantité totale de toutes les sortes d'opium ! C'est le pouvoir d'un monopole !

Forte de cette force, la fille de Rothschild se marie à la famille Sassoon et, à partir de ce moment, la relation d'alliance commerciale est consolidée et maintenue par les forces patriarcales de la tradition juive. L'empire Sassoon secoue l'Extrême-Orient. À partir de ce moment, les voyages océaniques de l'Extrême-Orient entrent dans l'ère sassoonienne.

La super-sensibilité juive à l'argent ne fait pas exception dans la famille Sassoon. Lorsque les Sassoon ont achevé leur monopole de l'opium, ils étaient si bien capitalisés qu'ils ont commencé à penser à une banque centrale également, et ont apprécié le super frisson de contrôler l'émission d'argent. Il n'y avait pas de banque centrale en Extrême-Orient à cette époque, et cette opportunité fut à nouveau saisie par les Sassoon.

HSBC : Je m'occupe de votre gazon

> *"De tous les éléments de l'économie politique, la monnaie est le plus crucial ; de tous les systèmes monétaires, le pouvoir de créer de la monnaie est le plus central. Mais on trouve peu d'économistes qui abordent le sujet de ce pouvoir divin sur tous les pays."*

L'historien monétaire américain Del Mar.

Au début de 1864, deux plans d'affaires pour la création d'une banque en Chine sont posés sur le bureau du vieux Sassoon. L'un est une "Royal Bank of China" pour le marché financier chinois, lancée par un homme d'affaires britannique local à Mumbai, et l'autre est une proposition de "Bank of Hong Kong and Shanghai" par un jeune homme d'affaires écossais spécialisé dans la navigation. C'est le plan de ce jeune homme sans expérience bancaire qui a finalement frappé le vieux Sassoon. Ce jeune Écossais, Thomas So Shi Lan, avait déjà la trentaine comme directeur des opérations de la célèbre British Steamship Company à Hong Kong et président de la Whampoa Dockyard Company à Hong Kong.

Le vieux Sassoon a tout de suite aimé l'idée. En tant que banque ayant son siège à Hong Kong et à Shanghai, il serait plus pratique d'avoir des liens d'information que les banques étrangères ayant des succursales uniquement à Hong Kong et à Shanghai, ce qui était particulièrement important au XIXe siècle, lorsque les transports et les communications n'étaient pas encore développés. Le marché approche à grands pas, et les banques qui doivent se tourner vers leur siège social de l'autre côté de l'océan seront désavantagées dans leur future concurrence avec HSBC.

Le vieux Sassoon a approuvé le projet immédiatement.

Parmi les principaux actionnaires de HSBC figurent, outre Sassoon, les banques Baoshun et Chichang Yang. Cependant, la Baoshun Yang-Hang fait faillite lors de la crise de la bulle du coton qui balaie le monde en 1866, et la Qichang Yang-Hang est également touchée par la crise et disparaît du marché chinois au début des années 1870. La banque de Sassoon, qui était devenue le nouvel hégémon de l'opium, est donc devenue le pilier de la HSBC. La HSBC est en fait devenue un pion essentiel dans le dispositif financier de l'alliance Rothschild-Sassoon en Extrême-Orient.

Une telle banque entraînerait inévitablement un boycott ferme de la Jardine Matheson Bank, propriété des Baring, fondé à la fois sur la rivalité entre les forces de Bahreïn et celles des Rothschild dans la ville financière de Londres et sur un véritable conflit d'intérêts.

HSBC est née juste à temps pour la crise financière provoquée par la fin de la guerre civile américaine.

L'industrie stratégique centrale du système industriel mondial de l'époque est l'industrie textile, la principale matière première requise par l'industrie textile étant le coton brut. Les principales régions productrices de coton dans le monde se trouvent en Inde et dans les États du sud des États-Unis. Avec le déclenchement de la guerre civile américaine, le Nord, qui détenait le droit de réglementer la mer, a imposé un blocus naval au Sud, dont l'approvisionnement en coton brut sur le marché mondial a été immédiatement interrompu. L'industrie cotonnière britannique se tourne alors vers le coton indien, dont le prix s'envole. Les marchés du coton de Mumbai et de Kolkata sont immédiatement devenus des casinos pour les spéculateurs, petits et grands. La bulle du coton a engendré une bulle financière encore plus importante. De 1862 à 1865, 19 banques sont nées. Rien qu'en 1864, on dénombre jusqu'à sept banques coloniales. À Hong Kong et à Shanghai, le nombre de nouvelles banques britanniques a également augmenté de façon spectaculaire, et ces banques fictives ont bien moins dans leurs coffres que ce qu'elles prétendent dans leurs prospectus.

À ce moment-là, la "mauvaise nouvelle" est tombée : la guerre civile américaine est terminée ! La crise du coton qui a secoué le secteur financier mondial a commencé. La cité financière de Londres en fait les frais, avec 17 banques qui font faillite en un an, en 1866.

Les ondes de choc du tsunami financier se sont rapidement propagées à l'Extrême-Orient, et en 1866, Hong Kong, Shanghai, la première panique financière depuis plus de 20 ans, une série de banques étrangères et de banques monétaires locales ont fermé. Lorsque les vagues du tsunami financier se sont retirées, les seules à être encore debout sur la plage étaient les banques vétéranes, telles que la banque L'Oréal, la banque Le Méridien, la banque Standard Chartered, la Banque de France et HSBC.

Cependant, une vague ne s'est pas encore calmée, c'est dans la deuxième année du tsunami financier, le pilier de HSBC — l'ancienne Baoshun Bank a été "noyée", à cette époque la famille Baring dans la crise financière et la famille Rothschild sous le double coup a sa propre insécurité, incapable de prendre soin du petit frère de l'Extrême-Orient, ne peut que regarder Baoshun Bank a été entraînée dans la crise du coton. L'effondrement de la Baoshun a durement touché la toute jeune HSBC.

À ce moment-là, c'est Sassoon & Yang-Hsing qui résiste à la crise. À partir de 1866, la famille Sassoon a transféré tous les bénéfices du commerce de l'opium en Chine par l'intermédiaire de la banque HSBC. Face au tsunami financier mondial, le commerce de l'opium est la seule activité qui dégage encore des bénéfices excédentaires. Cette "monnaie", qui maintient la ligne de vie économique de la City financière de Londres et de l'Empire britannique, a une fois de plus sauvé le système de circulation financière de l'Extrême-Orient de l'Empire britannique avec le sang économique du peuple chinois, et est devenue une monnaie d'échange pour les banquiers internationaux afin d'achever le remaniement de la structure des intérêts de l'Extrême-Orient.

Au moment où les grandes banques s'efforçaient de s'accrocher à la crise, HSBC, soutenue par les énormes bénéfices de l'opium de Sassoon, a saisi la grande occasion de commencer à balayer les pairs financiers de Hong Kong et de Shanghai.

En juin 1866, les banques d'Extrême-Orient, telles que Dahlia, ont réuni des banques étrangères telles que la Standard Chartered Bank, la Banque de France et la Banque de France pour discuter des risques financiers de "l'ère post-crise", et ont finalement décidé de raccourcir à quatre mois le billet à ordre commercial de six mois, qui était normalement utilisé. Il s'agit d'une part de réduire le risque propre de la banque et d'autre part de s'adapter au nouvel environnement commercial. À partir de janvier 1867, les succursales chinoises n'achètent et ne vendent plus de lettres de change dont l'échéance est supérieure à quatre mois.

L'histoire des billets à ordre commerciaux remonte aux environs du 13e siècle de notre ère. Avec le développement des croisades et du commerce naval, un énorme marché pour le commerce et le transport de marchandises s'est rapidement développé dans la région italienne de la Méditerranée, et l'Italie a été la première à créer le billet à ordre commercial sur la base de la demande du commerce naval. La caractéristique la plus importante du commerce maritime en vrac est la longue distance et les longues heures de travail, qui s'accompagnent de certains risques, de sorte que les acheteurs et les vendeurs hésitent à payer et à expédier. Les acheteurs qui paient immédiatement en espèces s'inquiètent de ce qu'ils feront si le vendeur éloigné n'expédie pas la marchandise ou si la marchandise se détériore pendant la navigation, tandis que les vendeurs pensent que s'ils expédient la marchandise en premier, ils auront de gros problèmes s'ils ne sont pas payés. Il n'y a que deux façons de sortir de cette impasse : d'une part, l'acheteur doit être digne de confiance et ne jamais faire défaut et, d'autre part, un garant digne de confiance doit garantir le succès de la transaction. Comme tout le monde fait des affaires en Italie, un local avec une famille et une entreprise est naturellement le meilleur choix pour un garant. C'est ainsi que les banquiers d'affaires sont apparus en grand nombre en Italie pour garantir le paiement de l'acheteur, qui rédigeait simplement une note d'endettement indiquant la date et le montant à payer à l'avenir, que l'Italien signait et tirait. Si l'acheteur est en retard de paiement, les Italiens paieront la totalité de la somme en son nom, retournant aux Italiens la théorie de l'acheteur. Le vendeur reçoit cette note d'endettement et l'expédie avec joie. Cette note d'endettement est un billet à ordre commercial précoce. Les Italiens sont assis sur une commission de garantie.

Lorsqu'un vendeur a désespérément besoin d'argent liquide et que la lettre de change n'est pas arrivée à échéance, il peut l'apporter à un banquier marchand pour la vendre à un escompte, ce qu'on appelle un escompte de lettre de change. Le banquier marchand avale la lettre de change à un prix réduit, puis reste assis et réalise un bénéfice en attendant que la lettre de change devienne exigible pour le montant total. Ce prix escompté est en fait un intérêt caché, et plus l'escompte est important, plus l'intérêt est élevé. À l'époque, l'Église catholique interdisait strictement l'usure, de sorte que l'escompte des lettres de change est devenu une solution de rechange pour les usuriers. Lorsque les transactions sur papier sont actives, les lettres de change sont essentiellement facilement réalisables et fonctionnent presque comme de l'argent liquide. En Angleterre, aux 18e et 19e siècles, les mandats sont en fait devenus une part importante de la masse monétaire avant que de nouveaux instruments tels que les billets de banque, les chèques et les lignes de crédit ne commencent à circuler à grande échelle.

Le terme d'une lettre de change commerciale correspond souvent au temps de transport des marchandises, et si les marchandises sont arrivées depuis longtemps et que le terme de la lettre de change n'est pas encore arrivé, cela équivaut au crédit de l'acheteur pendant une longue période, accaparant les fonds du vendeur, et en même temps, le risque de la banque supposant l'acheteur pour payer la garantie augmente en conséquence.

Compte tenu du fait que le temps de navigation entre l'Europe et la Chine a été fortement réduit en raison de la vitesse accrue des navires, et de la réticence à prendre trop de risques, la banque a proposé de comprimer la durée de la lettre de change. Toutefois, la compression de la durée de la lettre de change équivaut à un rétrécissement de la taille du crédit et à un relèvement du seuil de financement et de crédit pour les acheteurs, ce qui a pour effet de détourner de nombreux clients.

Cet accord interprofessionnel crée une énorme opportunité pour HSBC d'étendre ses ressources clients. Lorsque d'autres banques refusent d'acheter des lettres de change à six mois d'échéance, HSBC fait volte-face et reçoit des sommes importantes sous la protection des énormes fonds de Sassoon. Les commerçants qui ont en main des mandats à 6 mois n'ont d'autre choix que de s'adresser à HSBC pour faire de l'escompte, et naturellement l'escompte est plus important. Il suffit à HSBC de détenir une lettre de change jusqu'à l'échéance pour recevoir l'intégralité des fonds, et bien sûr les avantages sont encore plus importants. Dans le même temps, HSBC jette le prix élevé de son propre billet à ordre de quatre mois aux rivaux qui se précipitent pour recevoir les marchandises, gagnant ainsi une marge d'arbitrage pour acheter bas et vendre haut. En six mois, l'activité de change de la HSBC est rapidement passée de 9,2 millions de taels d'argent à 13 millions de taels d'argent. Dans moins de 10 mois, plusieurs autres banques devront "se rendre" à la HSBC et revenir à l'ancienne voie des billets à ordre à 6 mois.

Dans la guerre des mandats, HSBC a remporté le drapeau, indiquant que le titre de "Banque d'Angleterre de Chine" a changé de mains. HSBC est depuis devenu le nouveau leader de la communauté bancaire étrangère en Extrême-Orient.

Une autre astuce unique de la HSBC consiste à absorber de grandes quantités de dépôts de la part des déposants chinois, en particulier les énormes dépôts de la classe des fonctionnaires de l'élite chinoise. Dans un roman de la fin de la dynastie Qing, "L'état actuel de l'officialité", il est question d'un clan du gouvernement Qing qui a reçu l'ordre de se rendre à Shanghai pour enquêter sur une affaire dans laquelle un bureaucrate avait déposé de l'argent volé auprès de HSBC. Dès son arrivée à Shanghai, il était en tenue officielle, assis dans une chaise à porteurs avec huit porteurs, et se rendit directement à la HSBC avec une partie de son entourage. Mais lorsqu'il est arrivé à la porte de la banque, on lui a interdit de circuler. Le portier lui dit qu'il faut entrer par la porte de derrière. Le seigneur féodal a dû se rendre à pied jusqu'à la porte arrière de la banque et rester là pendant une demi-journée, mais personne ne lui a prêté attention. Plus tard, il a appris que la HSBC gardait les dépôts des déposants chinois strictement confidentiels et refusait toute enquête des autorités chinoises. Il n'a eu d'autre choix que de répondre à ses supérieurs : "aucun étranger n'est autorisé à vérifier les comptes" et l'affaire a été classée.

S'appuyant sur la puissance de l'Empire britannique, la HSBC a refusé de permettre au gouvernement Qing d'enquêter sur l'argent de ses clients. En raison de ce privilège, de nombreux seigneurs de guerre, bureaucrates et propriétaires terriens de l'époque ont utilisé la HSBC comme le coffre-fort le plus sûr pour leurs richesses, y envoyant tout le butin des années.

En 1872, le gouvernement britannique de Hong Kong a donné à la HSBC l'autorisation d'émettre des petits billets de 1 dollar. Par la suite, la petite quantité de billets de la HSBC a rapidement circulé dans toute la Chine du Sud, en mars 1874, Shanghai "Zi Lin Xi" a publié en février 1874, les quatre principales banques britanniques — Li Ru, Standard Chartered, Li et le montant de l'émission de billets de la HSBC, dans l'émission réelle de 3,5 millions de billets de yuan, les billets de la HSBC ont représenté plus de 51%.

À cette époque, la HSBC était devenue la plus grande banque de Hong Kong, la banque de caisse du gouvernement britannique de Hong Kong, la banque de règlement de toutes ses contreparties en Chine, devenant la véritable "Banque d'Angleterre en Chine".

L'expulsion de Jardine du commerce de l'opium par Sassoon est devenue plus réaliste à ce moment-là, et face à la puissance de HSBC, les nouveaux dirigeants de Jardine, la famille Keswick, ont dû considérer leur relation avec HSBC de manière plus positive. Lors de la campagne conjointe ultérieure visant à éliminer Hu Xueyan, les deux parties sont parvenues à un accord plus tacite.

Cependant, l'attente du groupe Rothschild Sassoon pour HSBC n'est pas seulement qu'elle agisse comme une banque pour gérer les banques étrangères en Chine, mais qu'elle devienne une banque pour gérer l'ensemble du système financier chinois, une véritable "banque centrale".

Afin de remplir les fonctions d'une banque centrale, celle-ci doit être en mesure de gérer et de contrôler les institutions financières en Chine, c'est-à-dire le système chinois de banques monétaires et de billets. À cette époque, le gouvernement Qing pouvait compter sur sa propre banque et son système de billets pour assurer son fonctionnement. La banque monétaire et le numéro de billet fournissent également un financement substantiel pour le commerce extérieur de la

Chine et contrôlent la source de richesse de la vaste économie privée de la Chine. Les banquiers internationaux ne peuvent véritablement réaliser la colonisation financière de la Chine que s'ils contrôlent également le système chinois de banques monétaires et de numéros de billets.

Ticket Money : Pourquoi elle n'est pas devenue un empire financier international

Parmi les institutions financières qui se sont développées en Chine, les plus caractéristiques sont les guichets du Shanxi Gang et les banques de change du Ning Shao Gang. Pour le dire familièrement, les numéros de billets jouent avec des billets, et les changeurs de monnaie avec de l'argent.

Aux débuts de Venise et de Gênes, et plus tard aux Pays-Bas et en Angleterre, la finance et le commerce étaient presque des frères jumeaux, se renforçant mutuellement et s'empruntant l'un à l'autre. Presque toutes les premières institutions financières d'Europe avaient pour origine des entreprises, et la demande croissante de services financiers dans les activités commerciales a finalement conduit à la séparation des services financiers professionnels des activités commerciales. Le développement de la billetterie en Chine ne fait pas exception.

Le fait que le numéro du billet provienne du Shanxi, plutôt que de la région côtière, économiquement développée et propice à la navigation, est certes étrange, mais il est logique quand on y réfléchit. Les marchands Jin sont connus pour être l'une des dix principales bandes de marchands de Chine. Leur volonté de voyager vers le sud et le nord et leur ténacité à endurer les difficultés les ont très tôt distingués dans le paysage commercial de la Chine. Les marchands Jin parcouraient le monde entier et, dès les premières années de la dynastie Qing, deux grands systèmes commerciaux se sont formés : le gang des navires céréaliers et le gang des chameaux. Le premier fait le tour des provinces et des ports fluviaux, tandis que le second voyage très loin, atteignant la Mongolie et Moscou, devenant le plus grand négociant de thé, de soie, de tissus, de céréales, de fer et d'autres marchandises en Chine, établissant le réseau commercial le plus ancien et le plus étendu de Chine.

Contrairement à l'ascension de la famille financière juive, le réseau d'échange de factures de Jin Shang est dérivé du vaste réseau de commerce international national qui s'étend sur des dizaines de milliers de kilomètres et emploie des centaines de milliers de personnes, tandis que le réseau financier juif est issu de l'échange d'argent pur, du prêt de dépôts, du commerce de factures et d'autres activités d'argent pur. Ce que les deux ont en commun, c'est l'effet d'échelle et l'avantage rapide et pratique d'une forte capacité de rayonnement du réseau. Une fois l'avantage du réseau établi, il est presque impossible pour les concurrents ultérieurs d'intervenir. C'est également la raison principale pour laquelle les banques monétaires du Sud n'ont pas été en mesure de dépasser le billet de Shanxi dans le domaine de l'échange à distance. L'absence d'un réseau suffisamment étendu a conduit à la petite taille générale des banques monétaires, ce qui rend finalement difficile la formation d'un grand empire financier international similaire à l'industrie financière juive.

Le réseau financier constitue le troisième pilier de la haute frontière financière, après l'étalon monétaire, la banque centrale.

En raison de l'immense couverture du réseau commercial Jin, à l'époque où les transports étaient extrêmement peu développés, les fonds n'étaient souvent transférés qu'une fois par an, ce qui limitait fortement l'expansion des affaires. Dans le même temps, la livraison d'argent à distance est trop longue et la route n'est pas sûre. Il existe donc un besoin objectif de trouver un moyen pratique de transférer des fonds à distance, ce qui constitue l'activité principale du numéro de ticket depuis sa création : l'échange d'argent à distance.

Au départ, les opérations de change n'avaient qu'un but pratique. Par exemple, le "Xiyucheng Pigment Zhuang" de Pingyao, dans le Shanxi, a ouvert des succursales dans le Sichuan, à Pékin, dans le Shanxi, etc., et les parents et amis de Pékin qui veulent transférer une somme d'argent dans le Sichuan n'ont qu'à remettre l'argent à la succursale de Pékin, puis la succursale de Pékin écrit pour informer la succursale du Sichuan, et les parents et amis du Sichuan peuvent récupérer l'argent à la succursale locale. J'étais loin de me douter que ce modèle d'échange attirerait immédiatement beaucoup d'affaires et que les gens étaient prêts à payer une commission de 1% pour un tel service. Le propriétaire de la banque de pigments, Lui Hetai, a découvert avec perspicacité ce modèle commercial potentiellement puissant et a immédiatement abandonné l'activité traditionnelle de la banque de pigments pour créer la première billetterie "Rishengchang" en Chine vers 1823.

Avant la guerre de l'opium, le commerce total de la Chine s'élevait à 300 millions de taels d'argent par an, et si 100 millions de taels d'argent devaient être échangés à distance, le bénéfice serait de 1 million de taels d'argent. Après plusieurs années d'activité, Rishengchang Ticketing a réalisé d'énormes bénéfices dans le secteur spécialisé du change et du dépôt d'argent. On dit que pendant les 50 ans de Daoguang à Tongzhi, la famille Zaedong Li a reçu plus de 2 millions de taels d'argent en dividendes de la Rishengchang Ticket Company. Encouragés par le succès du numéro de billet de Rishengchang, les marchands du Shanxi ont créé ou changé leur numéro de billet, favorisant grandement le développement des échanges commerciaux à cette époque. Pendant près d'un siècle, le numéro de billet du Shanxi a pratiquement monopolisé les échanges commerciaux de la dynastie Qing et a acquis la réputation de "monde des échanges et de la communication".

L'activité principale du numéro de ticket est le transfert d'argent à distance. Son développement montre la posture de base d'expansion du nord au sud et de rayonnement d'ouest en ouest. En raison de l'augmentation des échanges commerciaux entre le nord et le centre de la Chine et la Mongolie et la Russie, le numéro de tickets a été mis en place dans plus de 30 villes à l'intérieur des terres avec plus de 200 en fonction de la situation économique, avec le centre de gravité au nord et le point-virgule centré sur la capitale. À moyen terme, la terre et la mer ont été combinées, la frontière et les zones côtières étant mises en place avec les quatre grands centres, Pékin, Tianjin, Shanghai et Han, devenant les quatre grands centres du nombre de billets. Durant la période pré-Guang Hsiu, le nombre total et le point-virgule des numéros de billets atteignaient plus de 400, formant un énorme réseau financier. Les fonds, qu'ils soient commerciaux, gouvernementaux ou privés, finissent par affluer vers ce système d'autoroutes financières qui rayonne dans tout le pays en raison de la nature rapide, sûre et pratique des numéros de tickets. Au début du 20e siècle, le montant total de l'argent échangé par les 22 principaux billets du pays s'élevait à environ 820 millions de taels d'argent [16]et le bénéfice total était d'environ

---

[16] *History of Shanxi Ticket Numbers*, par Huang Jianhui, Shanxi Economic Press, 2002, p. 341.

8,2 millions de taels d'argent, soit environ 1/10 du revenu total du gouvernement Qing pour une année !

Sur cette base, elle espérait se transformer en un "système d'autoroutes financières" similaire à celui mis en place par les financiers juifs en Occident, monopolisant ainsi les artères du crédit et des flux de capitaux. Les raisons fondamentales de son déclin sont de deux ordres : Premièrement, le manque d'emplacement, l'échec de l'établissement de son propre siège à Shanghai, le centre du commerce international et national, éloignant ainsi la prise de décision du centre des services financiers commerciaux avec le plus grand potentiel de croissance, et la perte d'opportunités de dominer les transactions commerciales émergentes de lettres de change et d'autres marchés financiers ; deuxièmement, l'échec de la création d'un système de financement similaire aux obligations de guerre et aux obligations nationales en Europe, confinant l'activité au domaine de l'échange, et l'empiètement auto-imposé des banques étrangères et des banques officielles a progressivement érodé l'activité d'échange, qui est essentielle à la survie.

Les marchés financiers, en particulier ceux qui constituent le cœur du financement de l'État — le marché de négociation des bons du Trésor et de divers types d'instruments — forment la quatrième pierre angulaire de la haute frontière financière. Les institutions financières locales de la Chine, qu'il s'agisse de numéros de billets ou de banques d'argent, n'ont pas réussi à remplir cette grande mission historique.

Les origines du Qianzhuang sont très proches de l'activité principale de la famille financière juive de la même époque : le change.

Le noyau de la famille financière juive du monde trouve presque toujours sa source en Allemagne. Il y a une raison pour laquelle l'Allemagne est le berceau de la famille financière moderne. Géographiquement, l'Allemagne est le point de connexion entre l'est et l'ouest de l'Europe, en particulier Berlin, qui est le centre géographique de l'Europe et une plaque tournante du transport, avec des hommes d'affaires allant et venant du sud au nord et d'est en ouest. Il en résulte une situation où toutes les monnaies d'Europe sont concentrées à Berlin. Dès le début de l'Empire romain, Berlin était le centre d'échange des devises. Lorsque Napoléon a occupé la région, la demande d'échange de devises était devenue encore plus forte. L'accumulation de 2 000 ans d'expérience dans l'achat et la vente d'argent, combinée au besoin urgent d'un véritable échange de devises, a fait de l'Allemagne un terrain naturellement fertile pour l'épanouissement de la famille financière juive. [17]

L'essor de la banque monétaire chinoise ne fait pas exception. Depuis l'établissement de l'étalon-argent dans la dynastie Ming, il y a eu une circulation parallèle de la monnaie d'argent et de cuivre, le rapport entre la monnaie d'argent et de cuivre pour suivre le marché. Les taels d'argent étant trop précieux pour que les gens ordinaires les utilisent directement sur le marché pour acheter des marchandises, la monnaie de cuivre était la véritable monnaie en circulation dans la vie quotidienne, tandis que les taels d'argent étaient principalement utilisés pour les transactions importantes, les salaires officiels, la solde des soldats et les taxes fiscales. Dans le même temps, l'argent lui-même est également très complexe, avec différents poids, formes et couleurs d'argent dans différents endroits, couplé à l'afflux de divers dollars d'argent étrangers, créant une énorme demande d'échange de monnaie d'argent et l'évaluation de la couleur de l'argent.

Surtout après la guerre de l'opium, Shanghai, en tant que carrefour du commerce international et national, la demande de change est plus urgente, avec Ningbo-Shaoxing-Shanghai comme centre, la banque monétaire Ning Shao Gang est née. Afin de résoudre le problème de la conversion des taels d'argent par les marchands nationaux et le problème de l'évaluation des dollars d'argent par les marchands étrangers, à partir de 1856, l'industrie de la banque monétaire de Shanghai a commencé à adopter une unité virtuelle de comptabilité pour les taels d'argent, appelée "guiyuan". Cette invention a grandement facilité la comptabilité commerciale des marchands du monde entier.

En plus de l'activité de base de change de devises, la banque d'argent de Ning Shao Gang tire pleinement parti du Centre international du commerce intérieur de Shanghai pour développer de manière créative un système de mandat commercial spécifique à la Chine qui intègre le capital financier étranger et le marché commercial de la Chine en une plateforme flexible et efficace entre le commerce intérieur et extérieur.

---

[17] *La guerre des monnaies II – Le pouvoir de l'or,* par Song Hongbing, Omnia Veritas Limited, 2021.

Au début de l'activité du Five Kou, les banques étrangères sont entrées à Shanghai pour acheter des spécialités chinoises et vendre des produits industriels étrangers. Le premier gros problème qu'elles ont rencontré était le manque de confiance des entreprises envers les fournisseurs et les acheteurs chinois. La crainte de ne pas recevoir de paiement pour l'achat de marchandises chinoises et la crainte de ne pas recevoir de paiement pour la vente de produits étrangers est exactement le même problème que celui rencontré par les commerçants italiens au 13ème siècle. Saisissant cette grande opportunité commerciale, les banques monétaires du Ning Shao Gang ont créé le "billet de banque", un instrument d'échange, qui a grandement contribué à l'expansion rapide du commerce international national.

Les billets de banque sont apparus à Shanghai au début du 19e siècle, mais à cette époque, les billets sont essentiellement des billets d'argent, "billets de banque, la banque en raison du prêt ou la demande du commerçant, et émis sous forme de porteur, le paiement et le titulaire de la note aussi".[18] Sa principale caractéristique est l'immédiateté, plutôt que le paiement différé basé sur le commerce réel dans les traites commerciales.

Une véritable traite commerciale allonge le délai de paiement d'un échéancier et peut être escomptée. Ainsi, lorsqu'une traite commerciale est utilisée comme moyen de paiement, elle équivaut à une expansion de la taille du crédit dans son délai. Plus important encore, il s'agit d'une expansion du crédit basée sur un commerce réel.

L'essence d'une lettre de change commerciale est qu'il s'agit d'une monnaie commerciale à court terme émise contre le commerce, ce qui est différent d'une monnaie de dette émise contre la dette. Les lettres de change commerciales constituent le moyen le plus important d'expansion du crédit à l'époque du capitalisme commercial. Ont suivi l'expansion du crédit du capitalisme colonial, garantie par la dette nationale, le capitalisme industriel, garantie par la dette industrielle, et l'expansion du crédit de l'ère post-industrielle, garantie par la dette personnelle. [19]

---

[18] *Outline of the Financial Organization of Shanghai*, par Yang Yinpu, Commercial Press, 1930, p. 46.

[19] *The Lost Science of Money*, p. 271.

Les billets de banque inventés par le Ning Shao Gang étaient des lettres de change qui étaient encaissées en 5 à 20 jours par les marchands chinois qui demandaient des billets de banque "basés sur le commerce", et qui étaient payés par ces billets lors de l'achat de marchandises étrangères. Les banques étrangères ne font généralement pas confiance aux marchands chinois, mais ceux-ci sont tout de même reconnus par les banques monétaires, notamment les plus puissantes. La raison en est le système de rachat par des étrangers couramment utilisé par les banques étrangères. Non seulement elles connaissent la force de la banque locale, mais elles ont également une responsabilité illimitée en cas d'accident. Si l'homme d'affaires chinois ne peut pas payer les marchandises à l'échéance, la banque est responsable des avances à la banque étrangère, puis la banque ira voir l'homme d'affaires chinois pour régler les comptes, ou la banque peut payer directement à la banque étrangère, puis recouvrer auprès de l'homme d'affaires chinois. De cette façon, les marchandises de la banque étrangère sont bien vendues, la banque émettrice doit facturer des intérêts, de sorte que les bénéfices de la banque ont augmenté et de nouvelles affaires ont été ajoutées. Les hommes d'affaires chinois, quant à eux, ont obtenu un financement à court terme pour développer leur activité. Il s'agit d'une innovation financière offrant le meilleur des trois mondes. De plus, les détenteurs de ces billets peuvent obtenir des liquidités à tout moment en les escomptant auprès de nombreuses banques monétaires ou de banques étrangères.

Lorsque HSBC est entrée à Shanghai, elle a été confrontée à une situation où les banques étrangères coexistaient avec les banques monétaires locales. Les banques étrangères ont l'avantage d'être bien capitalisées et d'avoir un contrôle total sur les opérations de change internationales. La banque monétaire a l'avantage de connaître le marché et d'occuper la position d'intermédiaire de crédit pour l'émission d'effets de commerce pour le commerce intérieur, en particulier l'opération lucrative et irremplaçable de la base d'échange monétaire basée sur le système monétaire national, et a donc également sa place.

Comme HSBC a l'ambition de dominer le monde financier, elle utilisera certainement sa force pour soumettre les seigneurs financiers locaux. Lorsque la bataille des lettres de change qui a balayé les autres banques étrangères s'est terminée par la victoire de la HSBC, celle-ci a tourné son attention vers la banque monétaire locale. Grâce à sa capacité à attirer les dépôts des riches Chinois à un coût très bas, et aux profits élevés tirés du financement du commerce de l'opium, le total des actifs de la HSBC a atteint 211 millions de dollars HK à la fin du XIXe siècle, s'imposant comme le principal hégémon financier d'Extrême-Orient. La HSBC a tiré pleinement parti de la solidité de son capital et a commencé à utiliser le fractionnement des billets à grande échelle pour contrôler les fonds de la banque monétaire. [20]

Avec un capital bancaire limité, il y a plus qu'assez pour manger une plus grande part du gâteau des mandats commerciaux. C'est cette faiblesse que HSBC voit, et c'est seulement alors qu'elle prête les fonds excédentaires bon marché à la banque de Shanghai, qui n'a qu'à donner le billet de banque en garantie à HSBC, peut obtenir un prêt à crédit. Par conséquent, les banques monétaires de Shanghai ont emprunté de grandes quantités d'argent à HSBC. HSBC peut également acquérir directement des billets escomptés sur le marché et les réescompter, en profitant de l'écart entre le dépôt et la réescompte. Les banquiers, lors de l'acquisition au rabais de billets de banque d'autres banquiers, auraient pu conserver l'échéance des gains, mais afin d'accélérer la rotation des fonds pour obtenir plus de profits, tant que HSBC offre le bon prix, n'hésiteront pas à revendre ces billets à HSBC, à empocher les profits et à aller ensuite faire de nouvelles transactions au rabais.

Ainsi, si les banques monétaires de Shanghai peuvent accéder au capital de HSBC pour développer leurs activités, elles doivent également devenir des filiales de HSBC, car la source de leur capital est contrôlée par HSBC. HSBC peut resserrer ses fonds en refusant de fractionner les billets ou en augmentant le taux de fractionnement, ou encore en augmentant le taux de réescompte, qui consiste en une forte décote sur les billets que la banque veut revendre à HSBC, ce qui fait qu'il n'est pas rentable pour la banque d'obtenir l'écart entre les deux décotes, ce qui la contraint à ralentir ou à arrêter la première décote. De ce fait, l'ensemble de la banque monétaire devra réduire son financement du commerce en raison du ralentissement de la rotation des traites commerciales. La conséquence ultime est que le manque de capitaux empêche les marchands chinois d'acquérir des produits locaux tels que le thé et la soie, et que les agriculteurs et artisans sont contraints de vendre le fruit de leur travail à des prix inférieurs. Et à cette époque, HSBC derrière les actionnaires de la banque étrangère "juste" pour être

---

[20] *The Formation and Development of a Modern Financial Centre in Shanghai*, par Chen Zengnian, Shanghai Academy of Social Sciences Press, 2006, p. 17.

en mesure de manger à bas prix, et puis dans le marché international, les prix élevés jetés, obtenir un gros bénéfice.

Alors que les forces financières chinoises représentées par Hu Xueyan sont engagées dans une lutte mortelle contre les forces financières étrangères, HSBC peut facilement vaincre toute résistance commerciale en resserrant les robinets de la masse monétaire et en créant une crise monétaire.

Avec HSBC qui tient les rênes de la banque centrale du Clear Empire, il est peu probable qu'une institution financière locale devienne un concurrent suffisant pour remettre en question la stratégie de base des banquiers internationaux.

Les acheteurs étrangers : Le phénomène particulier de la Chine

Le mot "acheteur" vient du portugais et désignait à l'origine un serviteur du sud de la Chine chargé de faire des achats sur le marché pour les marchands européens. Il a ensuite évolué pour désigner spécifiquement les hommes d'affaires locaux qui aident les banques étrangères à développer leurs activités en Chine. Pour être considérés comme des acheteurs, ils devaient souvent verser une certaine somme d'argent, qui était déduite par la banque étrangère si l'entreprise n'atteignait pas la taille prévue ou subissait une perte. De même, en cas de bons résultats, elles bénéficieront d'une part des bénéfices de la banque étrangère.

D'un point de vue purement commercial, un acheteur est un agent commercial normal et il n'y a rien de mal à cela. Cependant, la nature du problème change lorsque les banques étrangères ne se livrent pas à un commerce équitable, mais à un commerce oppressif ; lorsque les banques étrangères ne se livrent pas à des services financiers ordinaires, mais à un comportement manipulateur qui contrôle la masse monétaire. Plus les banques étrangères et les banques étrangères sont puissantes, plus l'ampleur de leurs activités est grande, et plus le préjudice causé à l'économie chinoise est profond. Dans ce processus, les acheteurs étrangers, qui aident le capital financier étranger à étendre sa sphère d'influence, deviennent des complices importants pour nuire aux intérêts nationaux.

À partir du cas de la chasse de Hu Xueyan, on peut clairement voir que la classe des acheteurs étrangers a un effet létal majeur sur l'économie, la finance, le commerce et les moyens de subsistance de la Chine. Sans les efforts dévoués des acheteurs étrangers, les banques étrangères et nationales n'auraient pas pu acquérir autant de contrôle en Chine.

S'agit-il de transactions commerciales équitables, ou de contrôle et de manipulation ? La détermination correcte des intentions et des actions du capital financier étranger est au cœur de tous les jugements historiques sur le mérite, le bien et le mal.

Dans le monde entier, le phénomène des acheteurs et des agents étrangers est presque une caractéristique chinoise. Ni en Asie, ni en Inde, ni au Japon, ni en Corée, ni sur le continent américain, une classe aussi spéciale n'a émergé. Il s'agit d'un phénomène propre à l'État semi-colonial chinois. Au cours de l'expansion occidentale, les Amériques et l'Afrique ont d'abord été colonisées, l'Inde en Asie et l'Asie du Sud-Est ont été conquises plus tard, et dans ces régions entièrement colonisées, les puissances dirigeantes occidentales pouvaient exercer une domination verticale directe sans avoir besoin d'intermédiaires locaux pour prendre le contrôle, de sorte qu'il n'y avait pas besoin d'une classe d'acheteurs. La situation en Chine est relativement unique en ce sens que les colons occidentaux sont arrivés trop tard et que la Chine est relativement forte pour exercer une domination verticale et complète pendant une courte période, elle doit donc s'appuyer sur une classe moyenne pour prendre le contrôle, une classe de bureaucrates et d'acheteurs.

Cependant, à un niveau plus profond, lorsque la colonie dirigeante doit détruire complètement l'écriture locale, qui porte les gènes de la civilisation et maintient une identité nationale complexe et une appartenance spirituelle, et lorsque la conquête d'un pays ne peut pas détruire son écriture, le dirigeant est soit assimilé, soit expulsé. Les gouvernés, qui s'identifient au dirigeant à la fois mentalement et émotionnellement, sont les seuls à pouvoir gouverner avec succès, comme cela n'a été le cas dans aucune autre colonie du monde. Les empires coloniaux du Portugal, de l'Espagne, des Pays-Bas, de la Grande-Bretagne, de la France, de l'Allemagne, des États-Unis et du Japon ont été les premiers à éradiquer l'écriture coloniale, provoquant chez les peuples dominés une amnésie collective complète et totale et les obligeant à accepter à nouveau l'endoctrinement spirituel et émotionnel de l'empire colonial afin de parvenir à une "paix durable". Dans le monde d'aujourd'hui, la pauvreté et l'arriération généralisées dans les anciennes zones coloniales sont en grande partie un héritage de l'ère coloniale. Ce qui est terrible, ce n'est pas le pillage des richesses matérielles de ces régions, mais le désordre extrême du monde spirituel et la fragmentation totale des systèmes de croyance causés par la destruction des écrits des pays coloniaux, et la reconstruction de la foi en sa propre civilisation est loin d'être aussi efficace que le développement économique et la prospérité matérielle à court terme.

La chance de la Chine réside dans la ténacité de ses caractères chinois et dans l'énorme système civilisationnel qui s'est construit sur eux. Ni la ruse de la Grande-Bretagne, ni la cupidité de la Russie, ni l'arrogance du Japon, n'auraient pu conquérir complètement la civilisation chinoise. C'est dans cette réalité d'impuissance que les empires coloniaux occidentaux ont dû emprunter et s'appuyer sur des acheteurs étrangers pour parvenir au pillage et au contrôle des richesses.

Dans les circonstances de la chute totale de la haute frontière financière, ni le mouvement étranger, ni la loi de réforme des cent jours, ni même le renversement de la dynastie Qing, ne pouvaient changer fondamentalement l'état de la semi-colonisation de la Chine.

Le Japon a également été confronté aux ambitions coloniales des puissances occidentales, et la porte du commerce a également été enfoncée, mais il a subi le sort inverse de la Chine. La différence fondamentale entre le succès de la restauration Meiji et l'échec du mouvement des affaires étrangères est que le Japon tenait sa propre frontière financière et que les forces financières étrangères n'ont pas réussi à contrôler efficacement le système monétaire japonais. Le fait que le Japon n'ait pas formé une classe solide d'acheteurs étrangers est particulièrement important. Par conséquent, il est difficile pour les banques étrangères de faire des affaires au Japon, et encore moins de contrôler son système financier.

Même après le succès de la restauration Meiji, le capital total des banques japonaises était inférieur à la moitié de ce montant jusqu'en 1900. Toutefois, à l'exception de la HSBC, qui est toujours en activité, les autres banques étrangères ont fait faillite. Le nombre de banques nationales au Japon, en revanche, est passé de zéro à 1 867 en 1901. La restauration Meiji, qui a été précédée par la restauration Meiji, a modernisé l'industrie presque entièrement avec le soutien du crédit du système bancaire du pays, faisant du Japon le seul modèle réussi en Asie à sortir de la colonisation des puissances occidentales sur un pied d'égalité avec elles.

C'est l'emprise ferme du Japon sur ses hautes frontières financières et son approvisionnement constant en crédits pour son industrie, sa défense et son commerce qui ont donné naissance à une puissance industrielle en plein essor.

CHAPITRE II

La restauration Meiji et le mouvement occidental

P ourquoi la restauration Meiji a-t-elle réussi et le mouvement des affaires étrangères échoué ? Pourquoi n'y a-t-il pas de classe d'acheteurs étrangers au Japon ? Pourquoi les banques étrangères ont-elles débarqué au Japon avec de puissants capitaux et ont-elles fini par être presque entièrement détruites ? Pourquoi le Japon est-il capable de s'accrocher à sa haute frontière financière ?

L'histoire a laissé à la Chine trop de souvenirs douloureux et a soulevé de nombreuses questions très pointues pour les Chinois ultérieurs. Le succès de la restauration Meiji au Japon et l'échec du mouvement des affaires étrangères en Chine, ainsi que l'issue de la guerre sino-japonaise, ont apporté à la Chine plus d'excitation et d'imbroglio que la défaite de l'Empire britannique.

L'histoire de la finance japonaise est bien plus ancienne et plus avancée que ne le pensent la plupart des Chinois. L'expérience financière de la famille Mitsui précède de 10 ans celle de la Banque d'Angleterre et de plus de 100 ans celle des Shanxi Bills ; l'établissement du système bancaire moderne au Japon a plus de 30 ans d'avance sur la Chine ; la formation de la banque centrale du Japon a 28 ans d'avance sur la Chine ; la monnaie unifiée du Japon, le yen, a plus de 70 ans d'avance sur la monnaie française de la Chine ; le Japon a établi la première pierre monétaire de l'étalon-or en Asie ; le réseau financier du Japon, le contrôle complet du système économique du pays ; la Yokohama Shogin Bank du Japon, a aidé les commerçants du pays à retrouver le droit de fixer les prix en une seule fois.

Le succès du Japon dans la défense de sa frontière financière élevée contre les forces financières étrangères a été une condition préalable essentielle au succès de la restauration Meiji.

Le Japon a finalement découvert le secret du crédit bancaire et, avec une monnaie d'or et d'argent limitée, a pleinement mobilisé les ressources de la nation grâce à l'effet de levier élevé de la finance, ouvrant ainsi les portes de l'industrialisation moderne, tandis que l'incroyable richesse créée par l'industrie et le commerce a propulsé les roues de l'économie japonaise sur la voie rapide de la puissance mondiale.

En revanche, en Chine, le mouvement des affaires étrangères, caractérisé par la Hanye Ping Iron and Steel Union Company, a lutté pour survivre dans un environnement financier et écologique extrêmement difficile et, malgré ses avantages clés et ses bonnes ressources, a fini aux mains des Japonais.

L'expérience de l'histoire montre que la finance est le point culminant de l'économie moderne et que la haute frontière financière est la deuxième défense nationale du pays moderne !

Rétro Wangzheng et l'essor de la monnaie

Tard dans la nuit du 26 décembre 1867, le vent est frisquet. Au domaine de la famille Mitsui à Kyoto, au Japon, le patriarche de la famille, Mitsui Saburosuke, est assis à ses pieds, et à côté de lui se trouve une boîte en bois remplie d'or et d'argent. Les serviteurs retiennent leur souffle et écoutent l'agitation qui règne à l'extérieur de la cour. L'immense salon semblait encore plus vide dans l'obscurité, le grésillement des bougies étant clairement audible dans la pièce silencieuse. L'air semblait se figer. En ce moment, Mitsui attendait un moment important qui déterminerait le destin de la famille.

Il avait reçu des informations précises selon lesquelles le shogunat Tokugawa mobilisait une armée de 30 000 hommes prêts à tuer Kyoto. Les clans Choshu et Satsuma de la faction Renversée avaient également recruté un grand nombre de samouraïs sous la bannière du Renouveau Wangmasa et avaient juré d'abolir le Shogunat Tokugawa, qui régnait sur le Japon depuis 200 ans, et de rendre le pouvoir à l'Empereur. En un instant, la bataille sous le château de Kyoto était féroce et la bataille finale pour décider du destin du Japon était sur le point de commencer.

La famille Mitsui, en tant qu'agents financiers du shogunat Tokugawa, avait apporté sa contribution au pouvoir du shogunat et en avait tiré de grands avantages. Cependant, le Japon n'est plus le Japon de l'époque de l'État-clé, les puissances occidentales ont frappé à ses portes et le pays tout entier est en proie à une grande crise de colonisation totale. Le règne corrompu et la dure exploitation du shogunat Tokugawa avaient déjà provoqué une violente révolte populaire, tandis que le faible compromis du shogunat avec les puissances occidentales avait attisé la rébellion longtemps réprimée des nobles et des samouraïs des clans. Mitsui, qui a un œil attentif sur la situation actuelle, a déjà commencé à fournir secrètement de grosses sommes d'argent à la Secte Renversée. Cependant, il n'est pas non plus disposé et a peur d'exprimer publiquement ses inclinations.

Ce soir, Mitsui va prendre une décision importante qui affectera les 300 ans de fondation de la famille, en pariant sur la faction du Shogun Inversé et en rompant publiquement avec le Shogunat Tokugawa ! Un coup sec a soudainement retenti à la porte, et l'envoyé de l'Empereur est arrivé.

En ce moment, dans le palais proche de la maison de Mitsui, un adolescent suffisant fait les cent pas avec passion, envisageant un avenir radieux pour le Japon. Il s'agit de l'empereur Meiji, qui vient d'être inauguré quelques mois plus tôt. Il y a quelques jours, il a publié un édit annonçant son acceptation du pouvoir administratif cédé par le shogunat Tokugawa et le retrait du règne de l'empereur, en place depuis plus de 700 ans. Autour de l'empereur âgé de 15 ans, il y avait des seigneurs de différents clans, dont les plus puissants étaient les clans Choshu et Satsuma dans le sud-ouest. Ces peuples ne supportaient plus depuis longtemps la domination du shogunat Tokugawa et s'étaient révoltés à plusieurs reprises contre lui. Leurs subordonnés, les samouraïs, étaient féroces et courageux, capables de remporter la guerre.

L'empereur Meiji était jeune, mais ambitieux et plein de ressources. Le shogunat Tokugawa a placé des empereurs successifs à la place de l'empereur Han Hian, mais pouvez-vous garantir que ces factions réincarnées autour de vous ne redeviendront pas la nouvelle famille Tokugawa ? Il y a tout juste trois ans, l'audacieux clan de Changzhou était même prêt à kidnapper son père, l'empereur Hyozumi, afin de renverser la famille Tokugawa en "tenant le fils du ciel en otage des vassaux". La situation de l'empereur Ming était très similaire à celle de l'empereur Qing Kangxi qui avait été contraint par Ao-Bai avant son pro-régime.

Cependant, la question la plus urgente qui se posait était de savoir comment vaincre la famille Tokugawa, qui ne voulait pas perdre son grand pouvoir. Leur armée de 30 000 hommes allait bientôt se frayer un chemin sous Kyoto, et le pire, c'est que le nouveau régime avait la poche vide et ne pouvait pas se battre sans argent. L'empereur Meiji a dû se tourner vers la famille Mitsui, la famille la plus riche du Japon à l'époque.

Guidé par l'envoyé, Mitsui arrive au palais avec un coffre rempli d'or et d'argent, et l'attend le ministre impérial des Finances. Après avoir échangé des civilités, le ministre a carrément dit au gouvernement qu'il n'avait pas d'argent et que la guerre allait se terminer. Mitsui a immédiatement offert le coffre au trésor et a été immédiatement nommé nouvel agent fiscal de l'Empire, avec l'entière responsabilité de lever des fonds. [21]

Comment la famille Mitsui a-t-elle pu oser confier la survie de l'empereur Meiji en période de crise ?

Les origines de ce Mitsui sont en effet extraordinaires. La famille Mitsui a commencé à bâtir un empire financier 10 ans avant la Banque d'Angleterre. Son ancêtre, Takato Mitsui, a commencé sa carrière dans l'industrie du vêtement et a ouvert le magasin Mitsui Ryotei à Edo (aujourd'hui Tokyo) en 1683, où il s'est lancé dans les services financiers tels que le change, le prêt sur gage et le prêt, et son modèle commercial était très similaire à celui d'une banque chinoise. À cette époque, Edo était le centre politique, Kyoto était le lieu de résidence de l'empereur et Osaka était une ville commerciale florissante. Avec la fin de la période des États combattants au Japon, diverses industries ont commencé à fleurir. Le commerce entre les trois métropoles se rapproche. Takato Mitsui, sensible à cette opportunité, ouvre des succursales de "Mitsui Ryotei" à Kyoto et Osaka et commence à construire un petit réseau financier. Là où il y a du commerce, il y a des services financiers, des effets de commerce et des escomptes d'effets sont créés, les effets entrent bientôt dans le réseau financier de la famille Mitsui entre plusieurs métropoles, les capitaux et les crédits commencent à circuler à distance, et les bénéfices de la famille Mitsui grimpent de minute en minute.

À cette époque, les marchands devaient acheter des marchandises à Osaka, le centre commercial, alors que l'argent existait à Edo, le centre politique, et le mouvement inverse de l'argent et des

---

[21] *The House of Mitsui*, Oland Russell, Little, Brown and Company, 1939, p. 142.

marchandises faisait perdre du temps et de l'argent, tout en n'étant pas sûr. Le Shogunat avait des problèmes similaires, et les taxes commerciales collectées à Osaka devaient être transportées sur de longues distances jusqu'au trésor du Shogunat à Edo, ce qui était peu pratique. Voyant cette opportunité, Mitsui a proposé une solution au Shogunat, dans laquelle Mitsui collecterait les taxes gouvernementales à Osaka et remettrait ensuite l'argent à Edo par le biais du réseau financier de Mitsui, et un mandat postal résoudrait le dilemme du gouvernement sans avoir à déplacer de l'argent lourd. Le shogunat Tokugawa, bien sûr, était ravi de cette simplicité et a gracieusement offert un délai de 60 jours pour le mandat. Au bout d'un certain temps, les services de Mitsui ont satisfait le shogunat et le délai a été porté à 150 jours. [22]

C'est ce que la Coca a fait à Mitsui. Le gouvernement a donné une telle somme d'argent, presque gratuitement, à Mitsui pour qu'il l'utilise pendant une si longue période. Mitsui pouvait utiliser l'argent des impôts du shogun à Osaka pour acheter des marchandises pour lui-même et pour d'autres marchands, puis payer l'argent au trésor du shogun à la succursale d'Edo. En fait, d'Osaka à Edo, il ne fallait que 15 à 20 jours à Mitsui pour acheter et expédier toutes les marchandises, ce qui équivalait à 130 jours d'un énorme prêt gouvernemental à taux zéro, qui pouvait être utilisé pour des prêts à court terme et pour réaliser d'énormes profits.

L'activité d'échange à distance de Mitsui est presque identique au modèle de Shanxi Ticket, et bien que le réseau d'échange financier soit beaucoup plus petit que Shanxi Ticket, il a plus de 100 ans. Avant que les puissances occidentales ne pénètrent en Asie, les Japonais étaient probablement plus au fait des questions financières que les Chinois.

Plus important encore, la confiance du shogunat Tokugawa envers Mitsui avait atteint un niveau sans précédent. Après l'ouverture des portes du Japon par les puissances occidentales, le Shogunat a imposé que toutes les affaires locales des banques étrangères passent par la famille Mitsui, ce qui rendait impossible tout contact direct des banques étrangères avec les hommes d'affaires japonais. La famille Mitsui a joué le rôle des treize banques de Guangzhou sous la dynastie Qing, et la famille Mitsui a monopolisé toutes les interfaces commerciales et

---

[22] Ibid. p. 87.

financières avec les pays étrangers, ce qui a rendu le réseau financier et commercial de la famille Mitsui dominant au Japon.

Après plus de 180 ans de développement, à l'époque de l'empereur Meiji, le vaste empire financier de Mitsui était déjà devenu une force clé avec laquelle il fallait compter pour toutes les forces.

Alors que le nouveau gouvernement Meiji était confronté à la contre-attaque du shogunat Tokugawa et aux émeutes incessantes, Mitsui a reçu l'ordre de lever d'urgence 3 millions de taels d'argent pour le gouvernement, la première dette nationale jamais émise au Japon. L'empire financier Mitsui s'est immédiatement mobilisé dans l'urgence, et tous les réseaux financiers ont couru ensemble à grande vitesse. Ils ont libéré un grand nombre de vendeurs de dette nationale, chacun d'entre eux devant maîtriser la technique standardisée du discours de quatre minutes, qui ont couru les hommes d'affaires, les banquiers et les femmes au foyer dans tout le pays, choquant tous les secteurs de la société avec la passion de l'ascension et de la chute du pays de l'empereur en détresse, et la vente a fini par être un succès éclatant, avec le montant de 3 millions de taels d'argent de la dette nationale, qui a été sursouscrit de 3,8 millions de taels. [23]

Mitsui a sauvé le nouveau régime Meiji ! La mer d'argent qui se précipitait de l'empire financier de Mitsui coulait en un flot continu vers les casernes de première ligne qui avaient le plus soif de nourriture et de salaire.

Par pure coïncidence, les caisses de solde militaire dont Mitsui avait exprimé la loyauté à l'empereur Meiji étaient escortées vers la ligne de front par un jeune officier. Cette personne est Xin Inoue.

Inoue : Le fondateur de la finance au Japon

À une époque où les puissances occidentales étaient en danger, où le shogunat était en plein chaos et où le pays était confronté à une crise majeure, Inoue s'est secrètement résolu à partir à l'étranger pour voir pourquoi la marine occidentale était si forte et si rentable et comment l'économie des pays occidentaux était en plein essor. Cependant, à cette époque, le Japon a adopté une politique de fermeture stricte, et quitter

---

[23] Ibid. p. 148.

le Japon pour étudier à l'étranger sans autorisation était un crime capital. Mais la détermination d'Inoue était suffisamment forte pour que le danger de mort ne suffise pas à le dissuader. Il a secrètement contacté Hirofumi Ito, un autre membre du clan Nagasu, et tous deux ont décidé de se rendre en Angleterre pour étudier ensemble.

Alors qu'ils se préparaient à partir, ils se sont soudain rendu compte qu'ils n'avaient pas d'argent sur eux et ne savaient pas combien il leur en coûterait pour rester au Royaume-Uni pendant quelques années. Ils se sont donc rendus au consulat britannique pour se renseigner, et le consul, qui n'avait jamais rencontré une telle rareté, leur a dit que chaque personne avait besoin de 1 000 taels d'argent par an, ce qui n'était pas une petite somme pour une famille de samouraïs. Les deux hommes sont immédiatement abasourdis. Mais la solution étant toujours plus difficile, ils se mirent à chercher de l'argent pour tirer un parrainage. Une nuit de mai 1863, ils se rendirent secrètement à Shanghai avec trois autres amis proches, sous l'égide du consul britannique.

Au port de Shanghai, Inoue regarde des centaines de paquebots étrangers qui entrent et sortent, une scène très animée. Inoue pense que si le Japon ne s'ouvre pas, il sera abandonné par la tendance mondiale. Cependant, il n'a pas réfléchi profondément à ce qui arriverait à l'économie chinoise si les navires étrangers déchargeaient des bateaux entiers d'opium et les chargeaient de soie, de thé, d'or et d'argent.

Ils ont été accueillis à Shanghai par Jardine's Keswick. Il a demandé à Inoue et aux autres ce qu'ils comptaient apprendre en Angleterre, et il s'est avéré qu'Inoue a soudain découvert un autre gros problème, à savoir qu'aucun d'entre eux ne connaissait l'anglais. Inoue ne connaît qu'un seul mot anglais, Navigation, et le pire, c'est qu'il le prononce mal. Keswick a écouté la perplexité du moine, et a finalement deviné qu'ils allaient être des marins pour apprendre à naviguer, il a donc envoyé quelqu'un pour faire en sorte qu'Inoue brûle des chaudières et fasse des petits boulots avec les marins. Inoue Xin et les autres ne comprennent pas pourquoi les invités qui ont acheté un billet de bateau doivent encore faire des corvées, et se sentent très déprimés. Comme c'est une tradition en Angleterre, Inoue et les autres ont dû suivre le mouvement. Les vents violents et les vagues ont provoqué le mal de mer d'Inoue et d'Ito Hirobumi, qui vomissaient tout en discutant vivement de l'avenir du Japon. [24]

Le bateau est finalement arrivé en Angleterre et ils ont commencé une toute nouvelle vie. Inoue fut témoin de la richesse et du pouvoir des étrangers, essayant désespérément d'apprendre l'anglais et les connaissances nautiques professionnelles. Il détestait faire entrer dans son cerveau toutes les civilisations avancées de l'Occident en même temps. Un jour, il a soudainement lu dans un journal britannique que le clan japonais de Changzhou avait bloqué le détroit et bombardé les navires étrangers, et que les puissances occidentales étaient prêtes à former une flotte combinée pour punir les "barbares" locaux. Inoue est choqué, car il sait que les samouraïs japonais ne pourront pas résister à la force de l'Occident. Il décide donc immédiatement de partir avec Ito Hirobumi pour retourner au Japon, afin de persuader le daimyo local de faire une trêve avant que les navires de guerre des grandes puissances ne frappent le clan de Changzhou.

Au risque d'être capturés et condamnés à mort par le shogunat, les deux hommes se précipitent au Japon pour rencontrer le consul général britannique. À ce moment-là, la guerre était sur le point d'éclater. Inoue était déjà capable d'exprimer sa proposition en anglais — il était prêt à aller persuader le clan Changzhou d'arrêter la guerre, et le consul britannique a accepté de leur donner quelques jours pour faire la paix. Après avoir rencontré le grand nom du clan Changzhou, Inoue Kiritsui Chen les puissances occidentales de la dureté du navire, le clan Changzhou sera vaincu dans la guerre. La haine de la classe guerrière locale pour les puissances occidentales avait atteint un point où il était impossible de la réprimer, et ils se sont battus même s'ils ont perdu. Inoue a dû rentrer et rapporter les résultats au côté britannique. Lorsque le consul général britannique a demandé à Inoue si elle était toujours disposée à retourner en Angleterre pour poursuivre ses études, Inoue a répondu très sèchement : "Non, monsieur ! S'il y a la guerre, nous serons les premiers samouraïs à tomber sous votre feu, katana en main !". " Le consul général britannique est ému par sa détermination. [25]

---

[24] Ibid. p. 155–156.

[25] Ibid, p. 160.

Ce genre d'esprit de Bushido était tellement répandu au Japon à l'époque qu'il n'y avait pas de terreau pour les acheteurs étrangers. C'est Inoue et un grand nombre d'autres samouraïs financiers japonais qui étaient en charge de la puissance financière de l'Empire du Japon ! Le capital financier étranger ne s'achète pas !

La brutalité de la guerre a fait comprendre aux puissances occidentales que la conquête directe du Japon était trop coûteuse et que leurs forces en Extrême-Orient étaient loin d'être suffisantes. Inoue et Ito Hirobumi furent tous deux assassinés et presque tués lorsqu'ils furent pris pour des espions par des samouraïs locaux pour avoir négocié avec les puissances. Le fort esprit de Bushido et le sentiment national du Japon furent en effet les premières grandes difficultés rencontrées par les colons occidentaux. Ces "barbares" ne pouvaient pas être conquis directement par la force, et il était difficile de trouver un groupe d'acheteurs étrangers susceptibles de créer un climat favorable à une domination coloniale indirecte.

Plus tard, il est devenu l'un des hommes politiques japonais les plus avisés sur le plan financier, l'un des neuf sénateurs de l'Empire, et était connu comme le "grand maître de Mitsui". Ito Hirobumi était le célèbre premier ministre japonais au sang de fer et le fondateur de la constitution, et c'est pendant son mandat que la guerre sino-japonaise a été déclenchée.

Après la restauration de l'administration du roi, le clan Choshu, qui s'est le plus attribué le mérite de la chute du rideau, a naturellement eu la plus grande part de pouvoir dans le nouveau gouvernement. Parmi les clans Choshu, c'est aussi celui d'Inoue et d'Ito Hirobumi qui a été le plus visionnaire. Inoue a donc été promu au poste de Daisuke Daizo (l'équivalent du vice-ministre des Finances) et a pris en charge le pouvoir financier et fiscal du Japon, tandis qu'Ito Hirobumi est allé au Bureau des affaires étrangères et a ensuite émergé du champ diplomatique en tant qu'homme politique éminent de l'Empire.

Le grand patron de la famille Mitsui

La première priorité d'Inoue, dès son entrée en fonction, est d'établir un étalon monétaire, qui est la pierre angulaire la plus importante de la haute frontière financière. On peut constater que la vision de Xin Inoue est assez bonne, et qu'en un coup d'œil, il peut voir le nœud des problèmes fiscaux et financiers.

La réalité du dilemme auquel il est confronté est le chaos monétaire. Depuis le shogunat Tokugawa, la monnaie japonaise se déprécie et l'étalon monétaire est extrêmement instable. En 1869, il y avait 11 types de pièces d'or en circulation sur le marché japonais, représentant 54% de la monnaie métallique en circulation, 7 types de pièces d'argent représentant 42%, et 6 types de pièces de cuivre, ainsi qu'une variété de papier-monnaie émis par les clans et les villes respectifs, qui était simplement une monnaie de la période des États combattants des Printemps et Automnes. [26]

À cette époque, les principaux responsables des finances du Japon, Okubo Toshimitsu, et en fait l'ensemble du nouveau gouvernement, ignoraient tout des finances et de la finance des nations modernes. Au début, il a été convenu qu'il devait y avoir un étalon-argent, puisque l'argent était la principale monnaie en circulation au Japon. Ainsi, en février 1868, le gouvernement a déclaré que l'argent était la principale monnaie en circulation et a accepté le dollar mexicain en argent comme moyen de paiement dans les ports de commerce. Mais à cette époque, Hirobumi Ito, qui était allé jusqu'aux États-Unis pour étudier le système bancaire, envoya une lettre plaidant pour un étalon-or : "L'Autriche, les Pays-Bas et quelques autres pays qui ont encore un étalon bancaire, probablement parce qu'il est trop difficile de passer à l'ancien système monétaire. S'ils pouvaient choisir à nouveau l'étalon monétaire, il ne fait aucun doute qu'ils choisiraient tous l'étalon-or. Ainsi, pour le Japon, il serait sage de suivre les tendances générales de l'Occident. Si le Japon établit un étalon-or, l'argent peut toujours être utilisé comme monnaie complémentaire." [27]

Comme Hirobumi Ito étudie le secteur bancaire aux États-Unis, il est forcément représentatif de la dernière pensée occidentale, il est donc facile pour tout le monde d'unifier l'idée de l'étalon-or. À la même époque, la monnaie japonaise a été appelée le yen après l'"abolition du yen japonais". Cela précède la Chine de plus de 70 ans.

Lorsque le nouveau gouvernement Meiji a été établi, il a immédiatement envoyé Hirobumi Ito aux États-Unis pour enquêter sur le système bancaire, ce qui a montré que le Japon était très sensible aux questions financières, loin d'être comparable à l'empire Qing. En fait,

---

[26] *Japanese Banking*, Norio Tamaki, Cambridge University Press, p. 23.

[27] Ibid. p. 24.

Hirobumi Ito n'était pas non plus très versé dans les questions financières ; il a simplement appris sur place, aux États-Unis, une partie du cadre de base du secteur bancaire local et n'a tout simplement pas eu le temps de le digérer et de l'absorber. Il a cherché à reproduire le système bancaire national américain au Japon, ce qui s'est traduit par la création de 153 banques, qui ont toutes été converties en banques commerciales ou privées ordinaires à la fin du 19e siècle, à la suite du grand mouvement bancaire national.

Mais en ce qui concerne l'étalon-or, Hirobumi Ito a un bon jugement. Par inadvertance, le Japon s'est rangé du côté de l'Empire britannique et a appartenu au bon côté. Cependant, en raison de la rareté de l'or au Japon à l'époque, l'argent reste la principale monnaie en circulation, et la réalisation effective de l'étalon-or est retardée jusqu'en 1897. Lorsque les 230 millions de taels d'argent de la Banque d'Angleterre, sous forme de livres sterling, ont été versés à la succursale londonienne de la Yokohama Shogun Bank of Japan, après déduction de 53% des prêts de guerre et des achats d'armes britanniques, l'argent restant a permis d'acheter des obligations britanniques et de les convertir en or, qui a été réexpédié au Japon par lots et est devenu le fondement de l'étalon-or.

Sans argent en main, Inoue a dû traiter avec la famille Mitsui, les plus grands maîtres de l'or du Japon, et les relations entre les deux parties sont rapidement devenues chaudes. Puisque Mitsui avait apporté une grande contribution à l'établissement du nouveau gouvernement, et qu'il devait en être grandement récompensé, et puisqu'il y avait beaucoup d'autres endroits où demander à Mitsui, il lui donna l'argent du trésor. Mais pour être juste, Mitsui doit partager ce gros morceau de gâteau avec deux autres anciens prêteurs.

En 1871, lorsque la Monnaie nationale du Japon a commencé à frapper de nouvelles pièces, Mitsui a immédiatement fait appel à un autre agent américain, un agent agréé par le gouvernement, pour recycler toutes les anciennes pièces en circulation dans le pays, puis promouvoir la nouvelle monnaie.

Après tout, Xin Inoue avait séjourné dans des pays étrangers et vu le monde, et il a fortement suggéré à la famille Mitsui de transformer le traditionnel numéro de billet de banque désuet en une banque moderne en Europe et en Amérique. Lorsque Mitsui a réagi en disant que la banque pouvait émettre ses propres billets de banque, il a immédiatement compris les énormes avantages qu'il y avait au milieu.

Avec une réserve de 75% pour émettre des billets, l'excès n'est-il pas simplement un gant vide de loup blanc ? Mitsui a enfin compris le secret de l'amplification de l'argent du crédit bancaire. Mitsui a immédiatement demandé au gouvernement le droit d'émettre des billets de 1,5 à 2 millions de yens avec l'effet d'une monnaie légale nationale. Mitsui rêvait de devenir la "Banque d'Angleterre du Japon" !

En juillet 1871, Mitsui a soumis une demande de licence pour ouvrir une banque. Il s'agissait de la toute première demande de licence bancaire au Japon, et en août, l'approbation du ministère des Finances est tombée, y compris le moment où Inoue a soumis la demande au Cabinet pour approbation, ce qui était remarquablement efficace. Mieux encore, l'argent déjà imprimé par le gouvernement aux États-Unis serait immédiatement transmis à Mitsui, qui l'émettrait directement, évitant même l'impression.

Mitsui était en pleine extase quand la mauvaise nouvelle est arrivée. Suite à la suggestion de Hirobumi Ito, le gouvernement a soudainement changé d'avis sur l'établissement d'un système bancaire national, un peu comme aux États-Unis. La "Banque nationale" n'est pas une banque gouvernementale, mais une banque par actions ayant le pouvoir d'émettre de l'argent. Cependant, Mitsui préfère un système bancaire privé que la famille peut entièrement contrôler et n'a guère envie de travailler avec d'autres. Afin de compenser Mitsui, Inoue lui a confié l'émission de 6,8 millions de yens en billets fiscaux et de 2,5 millions en billets coloniaux. Ces deux billets d'État sont des monnaies d'or, mais ils ne peuvent être remboursés car il n'y a tout simplement pas beaucoup d'or au Japon. Bien que Mitsui ait également gagné beaucoup d'argent, il se languissait toujours du grand attrait d'une banque capable d'émettre de l'argent.[28]

Avec Inoue qui ne cesse de faire le travail, Mitsui accepte à contrecœur une joint-venture avec les deux vieilles maisons de l'argent pour créer la First National Bank, principalement chargée de gérer le trésor public. C'est une affaire énorme, toutes les recettes fiscales du pays doivent passer par ses mains, ce qui équivaut à obtenir une quantité astronomique d'argent : précipitation, prêt ou investissement, la force financière de Mitsui est devenue super forte. La beauté de la chose, c'est qu'un bénéfice aussi important doit en fait être partagé avec d'autres.

---

[28] *The House of Mitsui*, Oland Russell, Little, Brown and Company, 1939, p. 168–169.

L'occasion d'éliminer l'adversaire est enfin arrivée.

Le ministère japonais des Finances s'est "soudainement" rendu compte que l'argent du pays n'était pas nécessairement fiable dans la First National Bank, une banque par actions, et était prêt à effectuer une inspection surprise pour voir si les trois principaux actionnaires disposaient d'un capital suffisant. Mitsui avait préparé l'argent à l'avance grâce à la lettre d'Inoue qui l'avait averti, tandis que les deux autres ont immédiatement montré patte blanche. Incapable de trouver suffisamment de liquidités, elle a été contrainte de fermer ses portes par le gouvernement.

Avec l'aide d'Inoue, Mitsui a finalement régné en maître en tant que directeur de la trésorerie de la First National Bank. Il n'est pas étonnant que, dans les milieux politiques japonais, le surnom de "patron de Mitsui" soit celui de l'entreprise.

Le Japon contrôle la frontière financière élevée

L'oligarchie Meiji, composée des quatre clans de Nagashima, Satsuma, Hizen et Tosa, détenait le pouvoir du gouvernement Meiji. Bien que le traitement de l'empereur Meiji ait été nettement meilleur que celui du shogunat Tokugawa, il était toujours le fameux "Choutenko". Les oligarques de Meiji tenaient l'Empereur pour un dieu et le donnaient en haut, mais le véritable pouvoir était fermement entre leurs mains. Bien qu'ils aient renversé le shogunat Tokugawa, il restait plus de 300 petits seigneurs dans le pays, et s'ils n'étaient pas complètement éradiqués, rien ne garantissait qu'une autre famille Tokugawa émergerait un jour. Dans le même temps, la domination féodale constitue sans aucun doute un sérieux obstacle à la modernisation du Japon s'il veut être sur un pied d'égalité avec les puissances occidentales.

Mais comment réduire le clan ? L'histoire est jonchée des guerres qui en résultent.

Les oligarques de Meiji ont fini par négocier l'approche de "l'abolition des clans et des comtés", un peu comme le Taizu de la dynastie Song lors de la pensée "une coupe de vin pour libérer la puissance militaire". Il appartenait au gouvernement central d'élever les seigneurs des vassaux et de leurs subordonnés, ainsi que la vaste classe des guerriers, le tout à leurs frais. Une fois que les seigneurs ont compté, cela a très bien fonctionné. Auparavant, leur revenu annuel nominal était de 100 000 koku de riz, soit environ 64 000 livres, et après l'abolition des feudataires et la création des préfectures, le gouvernement leur a accordé un salaire annuel de 50 000 koku. C'est un traitement assez généreux, pour savoir que le revenu des seigneurs n'est pas stable, la récolte de nourriture est à la merci de Dieu, une autre guerre émeutes, mais aussi de payer de l'argent et les gens à supprimer, peut-être même perdre de l'argent. Dans le même temps, ils n'ont plus à supporter le fardeau des moyens de subsistance de la classe des samouraïs qui ont perdu leurs terres, et l'État leur procure un sentiment de bien-être. Le travail avance donc très bien. Un journaliste britannique n'a pu s'empêcher de se lamenter sur le fait que le système de seigneurie féodale, qui avait mis des centaines d'années à être aboli en Europe, avait été achevé au Japon en seulement trois mois.

La situation est loin d'être optimiste. Le clan a été aboli et les dangers cachés du shogunat Tokugawa ont été complètement éliminés, mais au prix d'une énorme charge financière pour la nation, qui soutenait une classe clanique de 2 millions de personnes qui étaient comme les "huit bannières". Les seigneurs et les samouraïs dépensaient près d'un tiers du trésor central pour leurs salaires, et l'énorme dette vassale de 78 millions de taels a fortement aggravé la crise financière du nouveau gouvernement Meiji.

Lorsque les oligarques de Meiji sont arrivés au pouvoir, il fallait de l'argent pour résoudre les problèmes internes et externes. Le nouveau gouvernement n'avait pas d'argent et les taxes fiscales n'ont pas fonctionné du jour au lendemain, la seule solution était donc d'imprimer de l'argent. Cette situation est similaire à l'impression massive de papier-monnaie dans les colonies américaines lors de leur rébellion contre l'Empire britannique.

Au cours des deux premières années du nouveau gouvernement, à partir de 1868, un total de 48 millions de yens de papier-monnaie a été émis, dont plus de la moitié a été utilisée pour assurer le fonctionnement du gouvernement, 12,7 millions de yens ont été prêtés aux vassaux qui soutenaient le nouveau gouvernement, et les près de 10 millions de yens restants ont été utilisés pour développer l'industrie et le commerce, y compris les banques. À partir de la troisième année, trois billets supplémentaires ont été ajoutés : une monnaie auxiliaire d'une valeur de 7,5 millions de yens émise par le ministère de l'Intérieur pour soutenir les obligations du gouvernement, un bon du Trésor de 6,8 millions de yens émis par le ministère des Finances pour couvrir le déficit fiscal, et un "bon de licenciement" de 2,5 millions de yens pour régler la classe des samouraïs licenciés et les aider à retrouver un emploi à Hokkaido.[29] Avec cette impression massive de monnaie et la prolifération de la fausse monnaie, la société japonaise est entrée dans un état d'hyperinflation, le crédit du papier-monnaie du gouvernement a fortement diminué et le régime était en danger.

Le nouveau gouvernement est à court d'argent, l'impression massive de monnaie n'est qu'une urgence, et à long terme, les recettes doivent être augmentées. Le nouveau gouvernement se lance donc dans une réforme de la monétisation des rentes foncières. À l'époque, tous les impôts au Japon étaient payés en nature, et les agriculteurs devaient supporter le poids du travail. C'est précisément le problème que la Chine a résolu il y a 300 ans, avec la "loi du fouet unique" de Zhang Juzheng, chef du cabinet de la dynastie Ming. Le succès de la réforme de la rente foncière a considérablement augmenté les revenus stables du gouvernement.

Lorsque l'économie s'est progressivement stabilisée, les salaires des seigneurs de la guerre sont devenus un sujet de grande préoccupation pour les oligarques de Meiji. Les gros bonnets négocièrent encore et encore et finirent par trouver une astuce appelée "obligation publique des écluses d'or". Plutôt que de verser chaque année d'énormes sommes d'argent aux guerriers, le gouvernement rachetait leurs futurs salaires en une somme forfaitaire, comme dans le cas du "rachat d'années de service", mais au lieu de payer en espèces, il versait une dette publique en or. Pour ceux qui ont un salaire élevé, une somme forfaitaire de 6 à 7 ans de revenu total est versée à un taux d'intérêt de 5% ; pour ceux qui ont un salaire faible, une somme forfaitaire de 10 à 12 ans de revenu total est versée à un taux d'intérêt plus élevé. Le futur gouvernement ne paiera que les intérêts chaque année et la charge financière sera considérablement réduite. Le principal de l'obligation est remboursé par lot à partir de la sixième année après l'émission et est remboursé en 30 ans. Cette approche est bien meilleure que la réforme fiscale de l'empereur Yongzheng sous la dynastie Qing, lorsqu'il a obligé les huit bannières à cultiver des terres dans les banlieues de la capitale, et que le niveau de gestion fiscale et financière au Japon sous l'ère Meiji était vraiment étonnant.

---

[29] *Japanese Banking*, Norio Tamaki, Cambridge University Press, p. 24.

De cette manière, d'importantes sommes d'argent peuvent être libérées pour le développement de l'industrie, et le retour sur investissement de l'industrie peut être utilisé pour payer le principal et les intérêts des obligations des écluses d'or. Depuis lors, ces deux millions de personnes ont été soigneusement commercialisées par le gouvernement.

En août 1876, le gouvernement a commencé à émettre l'obligation publique Kinloo, qui s'élevait à 174 millions de yens. Vous savez, le montant total de la monnaie japonaise en circulation à cette époque n'était que de 112 millions de yens ! Au même moment, le gouvernement a modifié la loi sur la Banque nationale pour permettre que la dette publique des Écluses d'or soit investie comme capital bancaire. Les seigneurs, qui s'étaient enrichis du jour au lendemain, prirent immédiatement en main les millions d'obligations qu'ils avaient reçues et les placèrent dans des banques. On peut voir que l'intelligence financière des seigneurs japonais était également assez bonne, et qu'ils savaient déjà quel genre de bénéfices ils obtiendraient en prenant une participation dans une banque commerciale. Les actionnaires de la célèbre Quinzième Banque Nationale étaient presque tous ces prodiges, qui réussirent à convertir les revenus de leurs salaires en capital financier, qu'ils investirent à leur tour dans les projets industriels les plus prospères, récoltant ainsi d'énormes rendements et devenant la nouvelle aristocratie du futur. Dans les trois années qui ont suivi l'émission des obligations publiques du Jinlu, le nombre de banques nationales au Japon est passé à 153. Les guerriers des classes inférieures et moyennes n'ont rien d'autre à faire que de se battre, ils ne peuvent pas lutter contre les marchands du centre commercial, et par conséquent, les obligations Jinlu sont escroquées en grand nombre. À l'exception de quelques-uns qui ont réussi, la grande majorité des samouraïs qui sont descendus "en mer" ont été réduits aux classes les plus pauvres.

Mitsui a accéléré sa demande de licences bancaires en raison de l'augmentation du volume des activités financières liée à l'avancée des grandes politiques dans ces pays. Mitsui n'a pas abandonné, malgré son précédent rejet par le gouvernement. Lorsque Inoue revient au Trésor en 1876, la demande de Mitsui pour une licence bancaire est immédiatement approuvée. Mais avec l'ajout de l'article stipulant que la responsabilité doit être illimitée, le 1er juillet 1876, la Mitsui Bank est officiellement créée, la première banque privée de l'histoire du

Japon. Le rêve de Mitsui d'émettre des billets de banque est enfin devenu réalité.

Les 31 succursales de la Mitsui Bank, qui faisaient auparavant partie de la chaîne de magasins de vêtements de Mitsui, sont désormais officiellement séparées de leur activité d'origine pour se spécialiser dans les services financiers, et la Mitsui Bank dispose immédiatement du plus grand réseau financier du Japon. Les anciens maîtres deviennent des clients de la Mitsui Bank en masse. Le total des dépôts pour la seule année d'ouverture s'élève à 11,37 millions de yens, auxquels s'ajoutent 2,28 millions de yens de dépôts. L'abolition des préfectures par le gouvernement, la monétisation des loyers fonciers et la dette publique de Kanroku augmentent considérablement les recettes fiscales, et la moitié des recettes fiscales centrales sont déposées à la Mitsui Bank. [30]

De cette manière, la banque Mitsui a pu obtenir du gouvernement Meiji un énorme dépôt de fonds sans intérêt et sans garantie. Fort de cette puissance financière, Mitsui a commencé à investir massivement dans des industries telles que les chemins de fer, le textile, la fabrication du papier, le transport maritime et les mines de charbon, formant ainsi une super ploutocratie dont le cœur est la finance et l'épine dorsale les diverses industries, interdépendantes et se renforçant mutuellement.

En 1882, la Banque du Japon, la première banque centrale de l'histoire du Japon, a été officiellement créée sous la direction de Masayoshi Matsukata, Katsumi Inoue et d'autres. Il s'agit d'une société par actions, le gouvernement et les financiers privés détenant chacun une participation correspondante, et la famille Mitsui, en tant que principal actionnaire initial, envoie des représentants au conseil d'administration de la banque centrale pour participer à la prise de décision. [31]Bien que Zaibatsu, qui représente les intérêts de toutes les parties, ait dilué une partie du pouvoir de Mitsui, personne dans l'industrie financière japonaise n'est encore au même niveau que Mitsui.

Par la suite, la Banque du Japon, en tant que seule banque légale émettant de la monnaie au Japon, a progressivement retiré le droit

---

[30] *The House of Mitsui*, Oland Russell, Little, Brown and Company, 1939, p. 183.

[31] *Mitsui : Three Centuries of Japanese Business*, John G. Roberts, Art Media Resources, 1989, p. 126.

d'émettre de la monnaie à 153 banques nationales et a pris le contrôle total des hauteurs stratégiques de la finance japonaise.

Une autre fonction importante de la Banque du Japon est de fournir un financement substantiel directement aux industries prioritaires du pays. La Banque du Japon a ouvert un guichet d'escompte spécial pour le financement garanti des actions et des obligations des entreprises clés, ce qui est impensable dans d'autres pays, et qui revient à monétiser directement la dette et les actions des entreprises, les coûts de développement des entreprises clés étant partagés par l'ensemble de la société. Cela a également créé des conditions extrêmement importantes pour le décollage de l'industrie japonaise.

Avec la mobilisation de la Banque du Japon, les ressources financières de la nation ont été efficacement consolidées, l'ensemble du système bancaire s'est pleinement engagé dans l'expansion du crédit, et des capitaux à grande échelle ont été continuellement injectés dans le système industriel. Il convient de noter que la raison pour laquelle le Japon ne s'est pas engagé dans un financement par la dette extérieure à grande échelle depuis la restauration Meiji jusqu'à la guerre sino-japonaise est que le Japon a été témoin de la tendance dangereuse de la colonisation croissante par la Chine et d'autres pays sous l'oppression de la dette extérieure. La restauration Meiji du Japon a été principalement financée par la consolidation et la mobilisation des ressources financières du pays et, surtout, par la création de crédits dans le système bancaire.

Sous la tutelle de la Banque du Japon, le système financier japonais a connu un développement sans précédent. En 1901, le Japon comptait des milliers d'institutions financières de toutes sortes, dont 1867 banques commerciales à elles seules, et un réseau financier qui s'étendait à la fois aux villes et aux campagnes. Au cours de la décennie suivante, le système bancaire a triplé la taille du crédit à l'industrie et au commerce et quadruplé la taille du total des dépôts, et les chemins de fer, la navigation, les mines, les textiles, l'industrie militaire, la fabrication de machines, l'agriculture, le commerce et d'autres industries du Japon ont grimpé comme une fusée, stimulés par d'énormes quantités d'argent.

Pourquoi la restauration Meiji n'a pas "attiré" les investissements étrangers ?

Le fait que le Japon ait pu avoir l'idée d'utiliser l'obligation Kanroku comme capital de base de la banque au début de la restauration Meiji montre que la compréhension profonde du Japon de la nature de la finance moderne était déjà bien supérieure à celle de l'Empire Qing à cette époque. Il convient de noter que l'industrialisation du Japon au cours de la période Meiji n'a pas entraîné l'entrée de grandes quantités de capitaux étrangers et de dettes étrangères, car le Japon avait parfaitement découvert le secret du crédit bancaire. Dans le cadre des mécanismes modernes de la monnaie bancaire et du crédit, la monnaie légale n'est jamais rare et la monnaie peut être créée par son propre système bancaire. Si tel était le cas, les capitaux étrangers n'auraient pas du tout besoin d'entrer dans le système bancaire japonais. Le Japon a besoin de devises fortes internationales dans le seul but de faire entrer des équipements techniques et des ressources étrangères que le Japon ne possède pas !

C'est pourquoi la restauration Meiji au Japon ne s'est jamais engagée dans la "promotion des investissements". Le Japon n'a besoin que de technologies, de machines et d'équipements étrangers, et de matières premières, et le Japon s'est mieux exercé que les pays étrangers à gérer le travail. On peut obtenir des devises fortes en exportant la soie brute, le thé et la porcelaine du Japon. Des fonds étrangers ? Désolé, pas besoin ! Car le Japon peut créer sa propre monnaie ! Les entreprises étrangères peuvent participer au commerce international et aider les produits japonais à s'ouvrir aux marchés mondiaux et à acheter ce dont le Japon a besoin. Le commerce intérieur est partagé par les propres entreprises du Japon.

La digestion de la technologie occidentale est une spécialité japonaise. C'est une spécialité japonaise de faire un dojo dans une coquille d'escargot en sculptant diverses choses à l'extrême. Lorsque la flotte russe est arrivée au Japon, des Japonais curieux sont montés à bord pour une visite, et les Russes ont montré aux Japonais un modèle réduit d'un train à vapeur. La première fois que j'ai vu un petit train fumant rouler sur la voie, j'ai été complètement sidéré sur place. Le groupe n'y a plus jamais pensé et a étudié attentivement pourquoi le train pouvait se déplacer. Bientôt, les Japonais ont eux aussi conçu des petits trains miniatures, et bientôt ils étaient plus élaborés que les Russes.

Le système de réserves fractionnaires des banques modernes est un système financier à fort effet de levier. Un dollar de provision peut créer un effet d'amplification de 10 dollars. L'ensemble du système bancaire japonais a même utilisé près de 20 fois cet effet de levier pour créer de la monnaie à grande échelle avant 1882. La création d'une monnaie de cette ampleur a fortement stimulé le bond en avant de l'industrie et du commerce japonais, mais elle a également fait peser le risque d'inflation.

Le Japon a commencé à emprunter massivement pendant la guerre sino-japonaise et la guerre russo-japonaise, alors que l'unification financière intérieure du Japon était déjà achevée et que la modernisation industrielle avait pratiquement pris forme, afin que la dette extérieure ne détruise pas l'autonomie politique et économique du Japon. La dette extérieure de la guerre était équivalente à du capital-risque, et le Japon a réalisé d'énormes profits lors de la guerre sino-japonaise et de la guerre russo-japonaise, simplement en partageant les bénéfices avec les grandes puissances.

Dans l'expansion rapide de la force financière nationale du Japon, l'influence des banques étrangères dominantes est grandement réduite, 1863-1868, les six premières banques étrangères ont débarqué au Japon avec un capital total de 200 millions de taels, bien plus que la force totale du système bancaire japonais à cette époque. Jusqu'en 1897, le capital total du système bancaire japonais n'était que de 133 millions de yens, ce qui montre la force des banques étrangères.

Après la restauration Meiji, malgré la superpuissance des banques étrangères, le développement des marchés au Japon a été difficile. Au début du 20e siècle, les six premières banques étrangères à s'ouvrir au Japon, à l'exception de HSBC, ont toutes échoué ou se sont retirées du pays. HSBC utilise les énormes bénéfices du commerce de l'opium en Chine, il y a encore une place au Japon, mais elle a également été comprimée dans le commerce extérieur et les échanges internationaux et d'autres domaines étroits, non seulement incapable de contrôler le pouvoir d'émission de devises du Japon, mais même l'activité générale d'entrée sur le marché japonais est difficile.

Outre la rivalité féroce et le siège de Mitsui, Mitsubishi et Sumitomo, l'absence au Japon d'un sol de base pour la survie et le développement de la classe des acheteurs étrangers est également une raison importante. Il est inconcevable qu'une banque étrangère veuille se développer sur le marché japonais sans la forte coopération de la population locale. La famille Mitsubishi a publiquement juré à tous les employés que les compagnies maritimes étrangères seraient éliminées du marché maritime japonais. Avec l'aide de deux grands groupes de pouvoir, le gouvernement et la finance, Mitsubishi a tenu son serment.

Le gouvernement Meiji, dont le noyau était constitué par l'aristocratie des samouraïs des clans Nagasu et Satsuma, avait une mentalité complètement différente vis-à-vis des puissances occidentales de celle du gouvernement Qing, qui était contrôlé par des politiciens et des civils, notamment dans le domaine financier. Le ministère des finances était au cœur du pouvoir du gouvernement Meiji, et nombre de ses fonctionnaires financiers étaient d'ascendance samouraï, issus des clans Choshu et Satsuma, qui voyaient dans la finance l'arène où les samouraïs pouvaient se battre. Le premier obstacle que les banques étrangères doivent franchir si elles veulent contrôler la finance japonaise est ce groupe de samouraïs de la finance.

Lorsque le Japon a pris le contrôle total de son propre système financier, il a également eu la mainmise sur le destin du pays. Bien que la dislocation financière ait provoqué une inflation et une austérité sévères au cours d'une industrialisation intense, le Japon dans son ensemble, en une seule génération, est passé d'un pays arriéré au bord du péril colonial à une puissance industrielle moderne, avec sa frontière financière élevée fermement en place !

Immédiatement après, le Japon a lancé une attaque féroce contre les activités de commerce international et de change de la HSBC, toujours dominantes.

Guerre de défense du crédit du yen

Le ministre japonais des finances Shigenobu Okuma a créé la Yokohama Shogun Bank pour sauver le crédit de la monnaie papier qui se dépréciait rapidement. Dans le cadre de sa politique d'"assouplissement quantitatif de la monnaie", le crédit s'est développé rapidement et l'économie a connu une surchauffe, ce qui a entraîné une dépréciation importante de la monnaie papier par rapport à la monnaie argent. Le crédit monétaire est gravement altéré, l'inflation est difficile à contrôler et l'économie est en plein chaos. En désespoir de cause, Okuma Shigehide propose d'emprunter 50 millions de yens à un pays étranger et d'utiliser l'argent-monnaie étranger pour récupérer le papier-monnaie sur-émis. En conséquence, sa proposition a été noyée dans une tempête de jurons.

Bon nombre des oligarques de Meiji ont voyagé à l'étranger, notamment en Chine, en Inde et dans d'autres pays coloniaux, et ont constaté de visu comment la dette extérieure a progressivement mis ces pays sous contrôle et les a finalement réduits à l'état de colonies ou de semi-colonies. Les oligarques ont fait remarquer que la restauration Meiji n'avait pas pour but d'éviter de devenir une colonie des puissances occidentales. La Chine ne répète-t-elle pas l'erreur qu'elle a commise en empruntant de l'argent à des pays étrangers alors que les fondements de l'industrialisation ne sont pas encore achevés et que la capacité de remboursement de la dette n'est pas suffisante, mais en hypothéquant les droits de douane et autres recettes publiques, perdant ainsi sa souveraineté fiscale ?

En désespoir de cause, Okuma Shigenobu propose la création d'une banque purement "or, argent et métaux" à Yokohama, le centre commercial du Japon. Elle s'appelle Yokohama Shojin Bank parce qu'il s'agit d'une entreprise purement réelle d'or et d'argent. Elle n'émet pas de billets de banque, mais son objectif principal est d'activer les "bonnes pièces" (or et argent), qui ont été expulsées par les "mauvaises pièces" (billets de banque), de leur état de stockage et de les remettre en circulation dans la société. Cependant, la dévaluation de la monnaie papier continue à s'accélérer, et en 1880, la monnaie papier est dévaluée à 45% de la monnaie argent, et les pièces d'or et d'argent japonaises disparaissent ensemble de tous les coins comme du jour au lendemain. Les banques d'or "correct" sont paralysées par l'impossibilité de trouver des pièces d'or et d'argent "correctes". La dévaluation de la monnaie papier a brisé la position d'Okuma Shigehide en tant qu'éleveur de bétail financier. [32]

La prochaine étape de ce gâchis est la justice déflationniste de Matsumata, qui est depuis longtemps extrêmement mécontent de la politique d'"assouplissement quantitatif" d'Okuma Shigenobu. La priorité numéro un du juge Matsumata à son arrivée au pouvoir est de rétablir le crédit de la monnaie papier yen. Cela signifie que le gouvernement doit échanger le papier-monnaie sur-émis dans les mains du peuple pour autant qu'il puisse être échangé contre de l'argent réel,

---

[32] *Japanese Banking*, Norio Tamaki, Cambridge University Press, p. 46–48.

jusqu'à ce que le peuple soit pleinement convaincu que le gouvernement stocke "beaucoup" d'or et d'argent, et ne demande plus à l'échanger. À cette époque, la quantité totale d'argent en circulation dans tout le Japon était de 153 millions de yens, tandis que les réserves d'or et d'argent n'étaient que de 8,7 millions de yens, soit seulement 5,7% de la quantité totale d'argent en circulation. C'est un bain de sang de confiance, et la confiance seule ne suffit pas, il faut avant tout de l'argent réel.

Il a discuté à plusieurs reprises avec la Yokohama Shinkin Bank d'un plan qui permettrait de résoudre les difficultés opérationnelles de la banque, d'inverser d'un seul coup la dépréciation du papier-monnaie et de retrouver le pouvoir de fixation des prix détenu par les banques étrangères dans le secteur du commerce extérieur.

Le juge Matsubata a ordonné au ministère des Finances de réserver immédiatement 3 millions de yens à la Yokohama Shojin Bank pour les opérations de change. L'argent sera utilisé pour soutenir le commerce d'exportation du Japon, en utilisant les exportations pour générer des devises étrangères afin de résoudre la pénurie d'or et d'argent dans le pays. Puisqu'il y a une pénurie d'or et d'argent dans le pays et que la monnaie papier est sévèrement sur-émise, trouver de l'or et de l'argent dans le pays seul ne résoudra pas le problème, mais nous devrions aller dans le monde entier pour trouver de l'or et de l'argent et stabiliser la monnaie papier avec de l'or et de l'argent de l'extérieur.

À cette époque, la structure du commerce extérieur du Japon était similaire à celle de la Chine, la soie brute et le thé étant ses principales exportations. Parmi elles, l'industrie de la soie brute a été la plus importante industrie traditionnelle et industrie d'exportation du Japon, représentant environ 30% des exportations du Japon. Étant donné que les banques étrangères, avec le soutien de ces dernières, disposaient d'un monopole total sur la fixation des prix des produits de base, la soie brute et le thé japonais étaient souvent contraints d'être vendus aux banques étrangères à des prix bradés. Le ministère japonais des finances est depuis longtemps furieux de cette situation, mais rien n'a fonctionné.

Lorsque la Yokohama Shojin Bank a commencé à agir discrètement sous les ordres du juge Songfang, c'est au moment où Hu Xueyan a commencé à s'approvisionner en soie brute à Shanghai, se préparant à défier les banques étrangères. Mais au final, le destin a été diamétralement opposé.

Les marchands de soie et de thé japonais sont également à court d'argent, et les banques étrangères paient des traites commerciales qui sont dues pendant six mois avant de pouvoir retirer de l'argent des banques étrangères. S'il y a un besoin urgent de liquidités, il faut demander à une banque étrangère de les escompter, mais le taux d'escompte peut atteindre 20%, ce qui équivaut à une perte de 20% des bénéfices commerciaux ! Si l'on ne veut pas perdre, il faut attendre. Cependant, le thé de soie est une marchandise qui ne peut pas attendre et qui se détériore avec le temps. Par conséquent, la pénurie de fonds a entraîné une acquisition lente du thé de soie, et les producteurs de soie ne peuvent pas se permettre d'attendre, ils doivent donc le vendre à bas prix. Le commerce océanique est rentable.

L'émergence de la Yokohama Shojin Bank a immédiatement brisé le pouvoir de fixation des prix de la banque étrangère sur le commerce. Lorsque la banque étrangère négociait un contrat avec les marchands et émettait une lettre de change commerciale, la Shojin Bank est immédiatement intervenue, payant immédiatement les marchands en monnaie japonaise pour acheter la lettre de change à un escompte très favorable. Ces billets en yens sont précisément les fonds que le juge Matsumata a autorisé le ministère des Finances à prêter à la Shojin Bank à un taux d'intérêt très bas. De cette façon, les commerçants n'ont plus à attendre la longue échéance des lettres de change commerciales, ni à les apporter à une banque étrangère pour faire un escompte très dommageable. Les mandats sont désormais détenus par CZK Bank jusqu'à leur échéance, en assumant l'intégralité du risque. À l'échéance de la lettre de change, tous les paiements des hommes d'affaires étrangers sont effectués sous forme de pièces d'or et d'argent directement sur le compte du ministère des Finances à la CZK Bank.

De cette façon, un cercle vertueux se forme, la Shojin Bank emprunte des billets en yens à bas prix au ministère des Finances, puis achète des lettres de change étrangères aux mains des exportateurs japonais en bénéficiant d'une remise sur les billets, conserve les lettres de change lorsqu'elles arrivent à échéance, les pièces d'or et d'argent étrangères sont versées à la Shojin Bank, qui alimente ensuite le ministère des Finances, et la Shojin Bank réalise un bénéfice grâce à l'écart entre l'argent emprunté par le gouvernement et la remise sur les lettres de change étrangères. À cette époque, le ministère des Finances obtient une grande quantité de pièces d'or et d'argent pour recycler la monnaie papier en yens et reconstituer le crédit en yens. Les exportateurs japonais obtiennent immédiatement l'argent, puis vont acquérir de la soie et du thé, accélérant la vitesse de rotation du capital, l'acquisition d'une grande augmentation, les producteurs de soie et de thé en profitent. Les marchands ont gagné plus de pouvoir de négociation dans leurs négociations avec les firmes étrangères. Dans le même temps, la Yokohama Shojin Bank a connu une expansion sans précédent de ses activités et a commencé à ouvrir des succursales dans les principaux centres financiers étrangers. [33]

L'innovation financière de la Yokohama Shojin Bank a connu un succès sans précédent. C'est l'émergence et le grand succès de la Shogin Bank qui ont renversé le système monétaire japonais au bord de l'effondrement, consolidé les grandes réalisations économiques du début de la restauration Meiji et solidifié la bulle financière créée par l'expansion monétaire.

Lorsque la Banque du Japon a été créée, la Shinkin Bank a travaillé en étroite collaboration avec la Banque du Japon. Le prêt à taux d'intérêt ultra-faible de 2% accordé par la Banque du Japon à la Shinkin Bank a fortement soutenu l'expansion de la Shinkin Bank sur le marché mondial. À son tour, l'acte positif d'or et d'argent de la Banque du Japon pour fournir un approvisionnement constant de réserves de pièces d'or et d'argent, aidant la Banque du Japon à établir un crédit monétaire incassable, 1881 à 1885, les réserves d'or et d'argent derrière les billets de yen, du pauvre 8,7 millions de yens à 42,3 millions de yens, représentant 37% de la monnaie totale en circulation.[34] Vers 1890, le papier-monnaie japonais a finalement retrouvé le même niveau de prix que l'argent, et la défense du crédit du yen s'est terminée par une victoire.

Les puissances occidentales ont été étonnées qu'une inflation aussi violente puisse être complètement maîtrisée, et qu'une monnaie papier aussi sur-émise puisse rétablir le crédit sans aucune dévaluation. Cela montre que la maîtrise financière du Japon s'est améliorée à pas de géant en seulement 20 ans. D'un pays qui n'a aucune idée de ce qu'est la banque moderne, il est devenu un acteur de classe mondiale prêt à déployer son réseau financier dans le monde entier.

---

[33] Ibid, p. 58-60.

[34] Ibid. p. 61.

L'échec de la contestation par Hu Xueyan du pouvoir de fixation des prix de la soie brute par la banque étrangère et l'augmentation spectaculaire du pouvoir de fixation des prix des marchands de soie et de thé japonais montrent que les fonctionnaires japonais, comme le juge Matsumata, tentaient par tous les moyens d'aider les exportateurs à retrouver leur pouvoir de fixation des prix, tandis que les bureaucrates Qing, comme Li Hongzhang, essayaient de faire tomber Hu Xueyan ; Le Japon comptait des géants financiers comme Mitsui et Mitsubishi, dotés d'un sens aigu du nationalisme, tandis que la dynastie Qing regorgeait d'acheteurs financiers étrangers comme la famille Dongting Sejong. La Yokohama Shinkin Bank était le pointeur financier du Japon dans le monde, et le marché financier de Shanghai était l'arme coloniale de HSBC pour contrôler la Chine.

En Chine, qui a perdu sa frontière financière, ni le mouvement étranger, ni la loi de réforme des cent jours, ni même le renversement de la dynastie Qing, ne peuvent véritablement réaliser le rêve d'une Chine industrialisée, riche et dotée d'une armée puissante.

La restauration Meiji et le mouvement occidental

"Certains acheteurs ont établi des liens avec les bureaucrates étrangers par le biais de l'agression étrangère et ont participé aux activités politiques et économiques de la bureaucratie étrangère, et la classe des acheteurs est devenue de plus en plus influente en politique et économiquement puissante, formant une importante force sociale réactionnaire. Le grand groupe bureaucratique d'étrangers dirigé par Li Hongzhang est devenu de plus en plus visible en tant que représentants politiques des forces d'achat."

Guo Moruo

Au moment même où la Restauration Meiji balayait le Japon, la Chine faisait également avancer le mouvement des affaires étrangères avec une grande vigueur. La Chine et le Japon, avec des motifs presque identiques, dans des positions presque identiques et face à des problèmes presque similaires, ont abouti à des résultats très différents, la restauration Meiji étant un succès total et le mouvement des affaires étrangères un échec total.

Est-ce parce que les conditions initiales du Japon sont meilleures que celles de la Chine ? Bien que la Chine ait perdu les deux guerres de l'opium contre la Grande-Bretagne et la France et cédé des terres, les pertes globales n'ont pas sérieusement ébranlé le capital du pays, et bien que le mouvement Taiping Heavenly Kingdom de 1851 à 1864 ait causé de grands dommages à l'Empire Qing, celui-ci était encore plus instable au début de la restauration Meiji en 1868, avec plus de 300 clans et villes restant à diviser, les revenus du gouvernement central étaient presque nuls et le système monétaire était dans le chaos, il n'y avait pas de différence fondamentale entre les deux.

Le système japonais est-il plus avancé ? La restauration Meiji au Japon a finalement abouti à une dictature bourgeoise de l'oligarchie Meiji, avec les clans Nagasu, Satsuma, Hizen et Tosa en son centre, et à une ploutocratie bureaucratique et une dictature bourgeoise dans lesquelles les intérêts des trois ploutocrates, Mitsui, Mitsubishi et Sumitomo, étaient imbriqués, et les représentants politiques étaient les "Trois Maîtres Meiji" et les "Ninomoto". L'empire Qing, quant à lui, était une classe d'acheteurs bureaucratiques formée par les bureaucrates au cœur desquels se trouvait Li Hongzhang et les groupes de pouvoir d'achat étrangers représentés par Sheng Xuanhuai et Xi Zhengfu. La plus grande différence entre les deux est que les ploutocrates et les acheteurs étrangers ont des intérêts différents.

Ces comparaisons peuvent se poursuivre sans limite, mais l'essentiel est dans la finance !

Le commerce de l'opium a détruit la stabilité de la monnaie nationale de l'empire Qing ; l'absence de banque centrale a entraîné la perpétuation de la désunion monétaire ; HSBC a contrôlé le système bancaire chinois ; les banques étrangères ont infiltré le réseau financier chinois ; les acheteurs étrangers ont monopolisé le marché financier ; les secrets de la création de crédit n'ont pas été profondément compris par la Chine, ce qui a entraîné l'ouverture tardive du secteur bancaire moderne ; les énormes réparations et les importantes dettes étrangères ont conduit à la mise en gage des principaux revenus des trois finances centrales de la Chine, à savoir les droits de douane, la taxe sur le sel et les centimes, auprès de banques étrangères ; la Chine a perdu sa souveraineté fiscale ; les ressources financières du gouvernement ont été épuisées et la dépendance à l'égard des dettes étrangères s'est accentuée.

La perte totale des frontières financières de la Chine a entraîné la perte de l'indépendance politique, le manque de fonds pour le développement économique, l'accumulation de la pauvreté et la faiblesse de l'armée et de la défense nationale, et la dégradation de la

Chine en une semi-colonie sans nourriture, sans science et technologie, sans éducation et sans culture, destinée à être massacrée par d'autres.

Tout ceci constitue la différence essentielle entre le mouvement des affaires étrangères chinoises et la restauration Meiji au Japon. Le sort de la société Hanye Ping est un exemple typique de cette comparaison.

Le lait empoisonné financier paralyse la société Han Ye Ping

En 1894, à Hanyang, dans la province du Hubei, une grande entreprise de fabrication d'acier, de fusion de fer et d'extraction de charbon a été créée. Avec un volume de haut fourneau de 470 mètres cubes, il s'agit du combinat sidérurgique le plus puissant et le plus avancé de tout l'hémisphère oriental à l'époque. En mai 1894, l'usine sidérurgique de Hanyang a été testée avec succès, deux ans avant l'usine sidérurgique de Yawata (plus tard le prédécesseur de Nippon Steel, la plus grande entreprise sidérurgique du Japon). À la veille de la révolution Xinhai, l'entreprise comptait plus de 7 000 employés, avec une production annuelle de près de 70 000 tonnes d'acier, 500 000 tonnes de minerai de fer, 600 000 tonnes de charbon, représentant plus de 90% de la production annuelle d'acier de l'empire Qing, devenant un projet modèle du mouvement des affaires étrangères.

Il s'agit du premier nouveau type de coentreprise sidérurgique en Chine et elle a tout le potentiel pour devenir le premier trust sidérurgique du monde. Si Hanye Ping réussit, la chaîne industrielle en amont et en aval pilotée par Hanye Ping tirera grandement la structure économique de la Chine et provoquera une véritable révolution industrielle dans une série d'industries lourdes telles que les chemins de fer, les navires, l'industrie militaire, la fabrication de machines, la métallurgie, les mines, etc., ce qui changera complètement le destin tragique de la Chine au début du 20e siècle et même le cours de l'histoire mondiale !

L'industrie sidérurgique est l'épine dorsale de toutes les industries, et les pays qui en sont dépourvus ne figurent pas directement au rang des nations modernes. Les étrangers de l'empire Qing l'ont également compris, et Zhang Zhidong, le gouverneur de Huguang, a été la principale figure qui a contribué à l'ouverture de la Han Ye Ping Company.

Malheureusement, en l'absence de protection efficace de la haute frontière financière, la société Hanye Ping n'a pu échapper à son destin tragique.

En 1889, Zhang Zhidong, le gouverneur des deux provinces chinoises, a demandé à la cour impériale de préparer une usine sidérurgique, mais six mois auparavant, il avait envoyé quelqu'un en Angleterre pour commander des équipements sidérurgiques, et les Britanniques ont demandé la nature du minerai et du coke pour décider du type de four à utiliser. Les Britanniques ont dû fournir les fours à acier correspondants selon la norme britannique de fabrication d'acier acide, et par conséquent, la mine Hubei Daye contenait beaucoup de phosphore, et l'acier produit par le four à acier Hanye Ping contenait trop de phosphore et ne répondait pas aux exigences de l'acier de voie, ce qui a entraîné un important arriéré de produits. Zhang Zhidong, l'auteur de la théorie "corps chinois et usage occidental", n'a ni gardé le "corps" ni fait l'"usage".

Quelle est l'utilité de l'Occident ? C'est-à-dire à apprendre de l'Occident comment réaliser une approche concrète de l'ascension dans la sphère économique. Cet apprentissage doit être terre-à-terre et consciencieux et ne doit pas se faire dans la moindre imposture. En 1895, après que le neuvième Reichstag ait décidé de créer l'usine sidérurgique d'Hachiman, le gouvernement a chargé le ministre du commerce d'organiser une étude sur le minerai de fer, la fonte brute, l'acier, le coke, les matériaux réfractaires, les coûts de production et la sélection d'un site d'usine avant de finaliser le budget et le plan après 11 séries de tests et d'enquêtes.

Le deuxième problème caché est l'emplacement problématique de l'usine. L'usine sidérurgique de Hanyang devrait être située près d'une mine de charbon ou de fer afin de réduire les coûts de transport. Cependant, Zhang Zhidong a fortement suggéré que le site de l'usine soit situé sous la montagne Dabie à Hanyang afin qu'il puisse être supervisé à proximité. Hanyang se trouve à environ 120 kilomètres de la base de minerai de fer de Daye et à environ 500 kilomètres de la mine de charbon de Pingxiang. Chaque tonne de fonte brute entraîne un surcoût important en termes de transport. Hanyang est à nouveau une terre basse, et pour éviter les inondations, plus de 90 000 mètres carrés de terre ont été remblayés avant la construction de l'usine, ce qui a coûté 300 000 taels d'argent, d'où le prix élevé du produit.

Le troisième est le risque lié au combustible. Lorsqu'il préparait la construction de l'usine sidérurgique, Zhang Zhidong avait à l'esprit le concept flou de "la Chine est si grande qu'il n'y a pas de charbon". Après avoir construit l'usine, Zhang Zhidong a passé plusieurs années à envoyer des personnes le long des cours moyen et inférieur du fleuve Yangtze pour explorer les mines de charbon, mais le résultat était nul. L'usine sidérurgique de Hanyang était incapable de produire normalement en raison du manque de combustible. La première production d'acier a été ouverte en juin 1894, mais le four a été fermé en octobre de la même année en raison du manque d'approvisionnement en coke. La seule option était d'acheter du charbon à ciel ouvert à un prix élevé, voire du coke japonais et allemand. À cette époque, le prix du marché de la fonte brute était de 20 taels par tonne, tandis que le prix CAF de Hanyang du charbon de Kaiping avait atteint 18 taels par tonne, et le charbon étranger était plus cher. Le coût du coke de charbon à l'usine sidérurgique de Hanyang était presque trois fois supérieur à celui des aciéries étrangères à l'époque, et la fonte brute et l'acier qui étaient raffinés n'étaient pas compétitifs sur le marché. L'acier est fabriqué dans le four ouvert à perte, le four fermé n'est pas fabriqué, et les dépenses fixes mensuelles sont de 80 000 taels, également à perte. Quel dilemme, une situation désespérée. [35]

En 1896, Han Ye Ping avait consommé 5,68 millions de taels d'argent, et Zhang Zhidong ne pouvait plus tenir. Il a dû supplier Sheng Xuan Huai de nettoyer le désordre.

À l'époque, j'ai bien peur que le seul à avoir la force de prendre Han Ye Ping soit Sheng Xuanhuai, qui contrôlait les quatre principales entreprises étrangères de l'empire Qing, à savoir le transport maritime, le télégraphe, les mines et le textile. En tant que figure représentative du Bureau de l'acheteur étranger, la capacité de Sheng Xuanhuai est indiscutable et il a le don de diriger des entreprises. Sheng Xuanhuai, qui convoitait depuis longtemps l'usine sidérurgique de Hanyang, a reçu une forte invitation de Zhang Zhidong et a fait une contre-offre selon laquelle l'usine sidérurgique de Hanyang devrait être reprise par un chemin de fer, car avec le chemin de fer, il aurait le marché de l'acier. Zhang Zhidong a été contraint d'accepter. Et le financement du chemin

---

[35] Leçons tirées de l'introduction de l'investissement étranger dans la vieille Chine par la société Hanye Ping, Wang Xi.

de fer sera forcément emprunté auprès de banques étrangères, ce à quoi Sheng Xuanhuai aura beaucoup à gagner.

Le 24 mai 1896, Sheng Xuanhuai est entré en fonction.

La difficulté la plus pressante à laquelle est confrontée l'usine sidérurgique de Hanyang est le coke, qui ne peut être produit sans combustible. Pour ce faire, il a fallu introduire une nouvelle loi sur l'exploitation du charbon à Pingxiang, et en même temps construire un chemin de fer pour transporter le charbon à l'extérieur, ce qui a nécessité 5 millions de taels d'argent, la rénovation du haut fourneau adapté à la mine de fer de Daliye, l'établissement d'un laminoir, de rails en acier, d'une usine de plaques d'acier, etc..., encore 3 millions de taels d'argent ont été dépensés. Ce n'est qu'en 1909 que Hanye Ping produisit réellement de l'acier qualifié, qui fut le "premier acier fabriqué par les Chinois" au sens propre. C'était une période précieuse pour la construction à grande échelle de chemins de fer en Chine, et un grand nombre de commandes de rails en acier et d'équipements ferroviaires ont afflué comme des flocons de neige. Les voies ferrées Guangdong-Hanzhou, Beijing-Hanzhou et autres sont utilisées dans le "Hanyang-made". C'est à cette époque que Han Ye Ping réalise des bénéfices. En 1912, Han Ye Ping avait un actif de 9,4 millions de taels d'argent, mais un passif de 24 millions de taels.

Il est clair que Hanye Ping a besoin de se refinancer. C'est à ce moment-là que la question fatale se pose.

En 1913, lorsque la situation au Japon s'est stabilisée, Mori Xuanwai, dirigé par Yoko Mitsui, a emprunté 15 millions de yens à la Yokohama Shogin Bank. Comme pour les emprunts en yens précédents, les conditions étaient très dures et se sont aggravées. Des conditions déraisonnables ont été proposées, telles que l'extension de la période de prêt, l'autorisation de ne rembourser que les matières premières, l'utilisation des mines comme garantie, la fourniture de minerai et de fonte brute au Japon à des prix très bas et leur blocage pendant une longue période, et la possibilité que les futurs prêts ne soient fournis que par le Japon.

Le Japon est un pays dont les ressources en minerai de fer sont très pauvres, et la demande de minerai et de fonte brute augmente à mesure que l'industrie sidérurgique du pays se développe. La quasi-totalité de l'approvisionnement en minerai et en fonte brute dans les premières années de l'usine sidérurgique de Yawata provenait de l'usine sidérurgique de Hanyang et de la mine de fer de Daye. L'objectif stratégique du Japon est clair : utiliser Hanyeeping comme base d'approvisionnement en matières premières pour l'acier japonais et faire en sorte que Yawata Steel produise de l'acier à haute valeur ajoutée. Ainsi, jusque dans les années 1930, 56,40% de la production de minerai de Hanye Ping et 54,87% de la production de fonte brute étaient exportés vers le Japon. L'approvisionnement en fer brut et en minerai de Hanye Ping a joué un rôle énorme dans l'industrie sidérurgique militaire japonaise. Pendant la guerre russo-japonaise, la plupart des matières premières destinées à la fabrication d'acier pour les navires de guerre et les armes japonaises provenaient de Hanye Ping.[36]De même, combien de fusils et de munitions utilisés pour massacrer les Chinois dans la guerre d'agression menée par le Japon provenaient du minerai de fer et de la fonte brute de la Chine ?

En 1914, la première guerre mondiale a éclaté et les prix internationaux de l'acier se sont envolés à plusieurs reprises. Comme l'emprunt au Japon verrouillait le prix de la fonte brute et du minerai, Hanye Ping ne pouvait pas l'ajuster au prix du marché. Pendant la guerre, la fonte brute et le minerai vendus au Japon équivalaient à une contribution gratuite de 115 millions de dollars d'argent au Japon ! De quoi rembourser plusieurs fois l'emprunt japonais ! Malgré cela, pendant la guerre, Han Ye Ping a réalisé un bénéfice de 24 millions de taels d'argent. Après la Première Guerre mondiale, cependant, les prix de l'acier se sont effondrés et Han Ye Ping a renoué avec les pertes.

En 1915, dans son "article 21" sur l'extermination de la Chine, le Japon a spécifiquement soulevé la question de Hanye Ping :

> *"Dès lors qu'il y a une chance que Hanye Ping soit une entreprise commune entre les deux pays à l'avenir, le gouvernement chinois ne pourra pas disposer de tout le pouvoir et de tous les biens de Hanye Ping sans le consentement du gouvernement japonais, ni disposer de Hanye Ping à son gré. Il est interdit à toutes les mines situées à proximité des mines appartenant à la société Hanye Ping d'être exploitées par des personnes autres que la société sans son consentement. "*

Puisque l'objectif du prêt japonais était si sinistre, le rusé Sheng Xuanhuai n'a-t-il pas compris ? Bien sûr qu'il a compris, mais il a aidé le côté japonais à réfléchir activement et à trouver des idées. Son point

---

[36] Ibid.

de départ était de savoir comment protéger son énorme entreprise familiale de la saisie par les révolutionnaires, et pour cette raison, il n'a pas hésité à attirer le loup dans sa maison et à se prendre en otage.

En 1913, Yuan Shikai avait pensé à nationaliser Han Ye Ping, mais Sheng Xuanhuai s'y était résolument opposé. Il était impatient d'envoyer un télégramme secret aux Japonais, espérant que Han Ye Ping leur serait remis le plus rapidement possible. Le Japon était "préoccupé" par la santé de Sheng Xuanhuai, estimant qu'il "saignait d'une maladie pulmonaire et ne vivrait que cinq ans plus tard", et craignait que cinq ans plus tard, "ne le remplace pas par un changement soudain des relations et que l'achat de minerai de fer ne tombe à l'eau". "Il [37]s'est donc efforcé de finaliser le prêt tant que Sheng Xuanhuai avait encore du souffle. Il a été pris dans la dette japonaise, et a finalement été complètement contrôlé par les Japonais.

Les faits montrent qu'il serait inimaginable qu'un mouvement étranger dominé par une classe d'adhérents bureaucratiques réussisse. Comme le soutenait Mao Zedong,

> " Dans la Chine économiquement arriérée et semi-coloniale, la classe des propriétaires et la classe des racheteurs sont entièrement subordonnées au capitalisme international, et leur survie et leur développement sont subordonnés à l'impérialisme. "

Les entreprises sidérurgiques ont besoin d'un financement à grande échelle, et avec la perte de la souveraineté financière, elles ne peuvent que contracter de grandes quantités de dettes étrangères et finir dans les mains d'autres personnes. Si Hanye Ping était au Japon, ses obligations et ses actions pourraient être financées directement auprès du guichet d'escompte spécial de la banque centrale, ou des prêts pourraient être accordés par les banques zaibatsu, et le gouvernement utiliserait des droits de douane pour bloquer la concurrence de l'acier étranger, une activité de base si importante que le gouvernement la soutiendrait pleinement dans tous les cas. Et en Chine ? La banque centrale de l'empire Qing, la Great Qing Bank, créée en 1905, n'avait aucune volonté, et encore moins la capacité, d'aider Han Ye Ping. À l'époque, la monnaie chinoise n'est pas encore unifiée, et le papier-monnaie émis par la Banque Qing n'aurait pas pu être crédible. Le

---

[37] Source : Ibid.

système bancaire commercial en est à ses débuts et l'accumulation de capital est loin d'être forte. La bourse de Shanghai est un monde de spéculateurs, et personne ne s'intéresse à une action super lourde de cette taille. La banque monétaire est trop petite pour que cela fonctionne, le numéro de billet ne pense pas à l'agressivité, mais à la vieille méthode. Dans la dure écologie financière, il est difficile pour Hanye Ping de survivre.

L'industrie est le secteur central le plus important pour la création de la richesse sociale, et une expansion massive du crédit bancaire, si elle n'est pas associée à l'industrie la plus productive, ne peut qu'exploser en inflation tôt ou tard. L'expérience du Japon et les leçons de la Chine montrent une fois de plus que la finance est l'élément vital essentiel d'un pays et qu'il est impossible de conserver le contrôle de la souveraineté nationale et de l'élément vital de l'économie sans souveraineté financière !

Le succès de la restauration Meiji a fait monter en flèche la puissance nationale du Japon et, plus important encore, a fortement stimulé l'élan d'expansion. Le mouvement des affaires étrangères de la Chine, bien qu'apparemment vivant, n'a pas du tout résisté à l'épreuve de la guerre. Lorsque la Chine et le Japon se sont heurtés de front, le "miroir occidental" du mouvement des affaires étrangères s'est immédiatement brisé dans les scories de l'histoire.

La guerre sino-japonaise a laissé une marque indélébile dans l'histoire de la Chine et du Japon. La Chine n'est plus la superpuissance arrogante et hautaine de l'ancienne dynastie, mais est rapidement devenue un agneau pour l'abattage des grandes puissances ; et le Japon n'est plus le petit îlot isolé de tranquillité d'esprit qu'il était autrefois.

Fission of Fate

La défaite de la Chine dans la guerre sino-japonaise a été une surprise pour le monde, mais une certitude pour la Chine. Le problème n'était pas la disparité de la puissance nationale, mais la stratégie négative des acheteurs étrangers.

À l'époque, la Chine avait encore un avantage économique et militaire sur le Japon. D'un point de vue économique, bien que la restauration Meiji ait été très efficace, l'industrie lourde du Japon était encore faible, et seule l'industrie textile était plus développée parmi les industries légères. Les productions d'acier, de charbon, de cuivre, de kérosène et de machines sont toutes beaucoup plus faibles qu'en Chine. À cette époque, le Japon disposait d'un capital industriel total de 70 millions de yens, d'un capital bancaire de 90 millions de yens, d'importations et d'exportations de 260 millions de yens, et de recettes fiscales de 80 millions de yens, tous ces éléments n'étant pas aussi bons que ceux de la Chine, sauf pour le volume des importations. D'un point de vue militaire, à partir de la restauration Meiji, le Japon, par instinct de nation insulaire, a tout fait pour augmenter sa puissance militaire, et avant la guerre, il disposait de 55 navires de guerre d'un déplacement de 61 000 tonnes, comparable à la flotte chinoise de Pékin. L'armée japonaise permanente de 220 000 hommes, dont l'effectif total est inférieur à la moitié de celui de la Chine, n'est pas très éloignée en termes d'armement. Évidemment, la Chine a toujours un léger avantage sur le Japon en termes de puissance militaire.

Comme le dit le proverbe, "si un soldat est un ours, il sera un ours dans une tanière". Il aurait été miraculeux que la "brigade forte", sous la direction de Li Hongzhang, le ministre des affaires étrangères, gagne la guerre.

Li Hongzhang se vantait de la "huitième flotte du monde" de la marine de Pékin, classée devant les États-Unis et le Japon, mais lors de la guerre sino-japonaise, pas même un seul navire japonais n'a été coulé, et il s'est retrouvé avec une perte totale de son armée. L'armée est encore plus ridicule, ayant remporté des dizaines de batailles sans une seule victoire, et le reste peut se résumer par les mots "fuir dans le vent". Lors de la bataille d'Asan, Ye Zhichao n'a pas seulement fui précipitamment, mais a également fait un faux rapport de la bataille, et plus tard à Pyongyang, la Corée du Nord a de nouveau mis en scène une victoire dans la cascade de la Grande Évasion, en courant 500 miles sauvagement pour s'échapper vers le fleuve Yalu, si Ye Zhichao à participer au marathon mondial, sera le deuxième choix pour l'or. Sur la ligne du fleuve Yalu, Li Hongzhang a organisé 40 000 "brigades fortes", soit plus de troupes que les Japonais, mais en moins de trois jours, toute la ligne a été défaite. Les Japonais ont attaqué Yizhou et n'ont tiré qu'un seul peloton de canons avant que la "brigade forte" n'abandonne la ville et ne s'enfuie. Lorsque les Japonais ont attaqué Dalian, le commandant en chef Zhao Huaiye a hissé le drapeau et a quitté la ville, ce qui pourrait avoir battu le record mondial Guinness. L'or et l'argent de la famille avaient été expédiés à l'avance, mais plus de 130 canons, 2,4 millions d'obus et de balles ont été saisis par l'armée japonaise. Les Japonais ont attaqué Lushun à nouveau, la "brigade forte" avec 70 000 soldats pour s'échapper, pour faire face à l'armée japonaise de 20 000 expédition de la division du travail, le commandant en chef Gong Zhaoma n'a même pas vu l'ombre de l'armée japonaise, puis s'enfuit par bateau à Weihai la nuit, le résultat du groupe est sans chef, le cœur militaire désintégré, l'Empire Qing a dépensé des dizaines de millions de deux argent pour construire la forteresse de Lushun a été capturé en un instant. Selon les mots de l'état-major de Li Hongzhang, "Les Japonais avaient l'habitude de dire que la Chine était comme un cochon mort couché sur le sol et en train d'être abattu.

Li Hongzhang ne pouvait pas faire la guerre, mais la négociation était son point fort. En conséquence, la RPDC est entrée dans la sphère d'influence du Japon et a cédé Taïwan, les îles Penghu et la péninsule de Liaodong avec le traité de Shimonoseki, qui a payé 200 millions de taels d'argent. Par la suite, grâce à la médiation des puissances conspiratrices, le Japon a accepté de restituer la péninsule de Liaodong, mais la compensation a été augmentée de 30 millions de taels d'argent.

Comment l'empire Qing vaincu pourrait-il avoir l'argent nécessaire pour payer ses dettes ? Les banquiers internationaux attendaient cette grosse facture de la dette extérieure. Les vautours financiers des nations ont essaimé, et le Grand Empire Qing a été immédiatement picoré à mort.

Le gouvernement Qing a emprunté 200 millions de taels d'argent et une dette extérieure d'un tel montant était sans précédent. Avant la guerre sino-japonaise, le gouvernement Qing a également emprunté des dettes étrangères, mais les montants n'étaient pas importants et il n'était pas très difficile de payer le principal et les intérêts, et ils ont été essentiellement remboursés avant la guerre. La dette étrangère requise pour l'énorme compensation du traité de Ma Guan a hypothéqué presque tous les revenus de la dynastie Qing et le capital monopolistique étranger a commencé à contrôler les finances du gouvernement Qing. L'incapacité du gouvernement Qing à joindre les deux bouts s'aggravait. C'est pour garantir ces prêts que le gouvernement Qing est contraint de laisser l'Allemagne louer la baie de Jiaozhou, la Russie prendre le port de Dalian à Lushun, la Grande-Bretagne s'emparer de Weihaiwei et la France emprunter la baie de Guangzhou. Le prêt est conditionné à l'absence de remboursement anticipé ou accéléré, et il est garanti par la quasi-totalité des taxes sur les douanes, le sel et les centimes du gouvernement Qing. Pour faire simple, cette dette extérieure devait prendre en garantie les recettes fiscales de toute la dynastie Qing. La défaite d'Awu a laissé l'empire Qing complètement en faillite.

Le Japon a soudainement acquis des richesses si incroyables que son désir d'agression a grimpé en flèche et a commencé à jeter son dévolu sur la Russie.

En regardant la victoire japonaise dans la guerre russo-japonaise à travers les yeux de l'Empire britannique, elle était en fait conforme à leur disposition stratégique dans le monde, "notre illustre, fougueux, petit protecteur de l'Est, les Japonais, déterminés à vaincre les Russes pour nous". Et ce que le Japon a saigné, c'est 1,5 milliard de yens de dette extérieure et une énorme consommation de guerre, presque quatre fois ce qu'il a obtenu de la guerre sino-japonaise ! À ce stade, le Japon était tellement fou qu'il ne pouvait pas payer une dette aussi élevée sans sortir et piller. Qu'il s'agisse de la guerre sino-japonaise ou de la guerre russo-japonaise, outre l'effusion de sang entre les gagnants et les perdants, il y avait aussi les banquiers internationaux qui mangeaient le gros gâteau de la souscription de la dette extérieure et riaient en coulisse.

Li Hongzhang avait également une autre part du gâteau, plus importante, pour les banquiers internationaux, à savoir le financement du réseau ferroviaire chinois. Il n'est peut-être pas venu à l'esprit du grand empire Qing que c'est le boom ferroviaire qui a enterré son règne.

Les chemins de fer sont certainement une bonne chose, la clé est de savoir qui les contrôle.

Pour reprendre les termes des oligarques de Meiji, ils ont vu de leurs propres yeux qu'en Inde, partout où les chemins de fer de l'Empire britannique étaient construits, ils étaient réduits à de misérables colonies. Le Grand Empire Qing était à bout de souffle et il était tout simplement impossible de trouver l'argent nécessaire à la construction d'un réseau ferroviaire national, et les banquiers internationaux étaient désespérés.

Le premier prêt ferroviaire a été accordé à HSBC et Jardine Matheson, la ligne de Tianjin à Fengtian et Niuzhuang, et la garantie était l'ensemble des actifs ferroviaires de la ligne de Pékin à Shanghuang. En d'autres termes, si le prêt n'est pas remboursé, le Royaume-Uni devra louer Pékin. Tous les rails, wagons, locomotives, etc. sont allés chez Jardine. Jardine, qui a commencé comme une entreprise d'opium, a finalement modernisé son industrie et fait maintenant des affaires décentes.

La deuxième entreprise ferroviaire était la ligne Shanghai-Nanjing, reliant Shanghai à Nanjing. Le bassin du fleuve Yangtze était censé être une sphère d'influence britannique, mais les Russes, mécontents de la menace que représentait pour leurs quais le chemin de fer britannique des douanes de montagne, sont intervenus pour remuer le couteau dans la plaie. Résultat : la Russie est partie en fanfare. Ainsi, le monopole de HSBC et Jardine sur le transport ferroviaire dans la partie la plus riche de la Chine, la ligne Shanghai-Nanjing, leur permet de fixer des tarifs arbitraires sans craindre la concurrence, puisque les conditions du prêt interdisent toute autre construction ferroviaire dans la même région.

Après la guerre russo-japonaise, le Japon a repris le réseau ferroviaire de la Mandchourie du Sud, mais n'avait pas d'argent pour l'entretenir et le réparer, et le Japon devait tout simplement trop d'argent. La Yokohama Shojin Bank ne peut que se tourner vers HSBC pour obtenir de l'aide, et la Shojin Bank peut être la seule du Japon, mais elle reste un acteur mineur sur le marché financier international.

Les chemins de fer ont été hypothéqués auprès de banques étrangères comme si une chaîne était solidement attachée au Grand Empire Qing.

Enfin, le géant autrefois glorieux, son corps en décomposition rempli de vautours financiers occidentaux, se battant parfois entre eux, le plus souvent picorant la chair desséchée, rencontra les yeux froids et méfiants de son dos, cherchant autour de lui des menaces potentielles.

CHAPITRE III

Le coup d'État du "12 avril" : Le "nom" de Chiang Kai-shek

Pourquoi l'Union soviétique a-t-elle dépensé 30 millions de roubles d'or pour soutenir la guerre expéditionnaire du Nord ? Pourquoi Tchang Kaï-chek s'est-il retourné contre les communistes ? Pourquoi y a-t-il eu un coup d'État le 12 avril ? A qui appartenait le tour de Chiang Kai-shek ? Pourquoi Ninghan a-t-il "fusionné" ? Pourquoi Chiang Kai-shek, qui était au pouvoir, est-il allé sur le terrain ? Pourquoi Tchang Kaï-chek a-t-il fait un retour en force ?

Les révolutions et les guerres sont toutes deux des violences organisées, et la violence de masse nécessite un financement de masse. Quel rôle l'argent a-t-il joué dans l'histoire de la Chine en 1927, et qui sont les personnes qui ont exercé l'influence dominante ? Et quelle volonté ces personnes représentent-elles ?

En suivant la volonté de l'argent, le flux de l'argent et l'effet de l'argent, et en observant la coopération du Parti communiste, la guerre de l'Expédition du Nord et le coup d'État du 12 avril, une ligne d'argent devient progressivement claire.

Chiang Kai-shek, aux forts sentiments nationalistes, fut tenté par le pouvoir et l'argent de se jeter, étape par étape, dans les bras des puissances occidentales et des classes acheteuses, qu'il avait détestées et auxquelles il était hostile. Pour ce faire, il devait se soumettre de plein gré à la "pétition de soumission" : le coup d'État du "12 avril".

Qu'il s'agisse de la "fusion Ning-Han", de la chute de Chiang Kai-shek ou même de son retour, tous interprètent une force énorme qui a été ignorée, à savoir la volonté de l'argent !

L'hésitation de Chiang Kai-shek à marcher vers Shanghai et Ningxia.

En novembre 1926, par une journée de fin d'automne où les feuilles d'érable étaient à la dérive, Chiang Kai-shek faisait encore les cent pas dans son bureau au quartier général du corps expéditionnaire du Nord à Nanchang. En ce moment, son humeur était anxieuse et confuse. Plus le corps expéditionnaire du Nord s'approchait de Shanghai et de Nankin, plus il se sentait agité.

Sur le plan militaire, Chiang Kai-shek a bien combattu. Depuis juillet 1926, lorsque Guangzhou a prêté serment à l'Expédition du Nord, l'armée a marché haut et fort. La mélodie révolutionnaire "À bas les puissances et dehors les seigneurs de la guerre" a résonné dans toute la Chine, et la vague féroce de la révolution nationale a rapidement traversé le Grand Fleuve, battant les seigneurs de la guerre de Pékin, apparemment puissants, dans une défaite écrasante, et le corps expéditionnaire du Nord a atteint Wuhan en seulement trois mois, détruisant les forces armées du seigneur de la guerre Wu Peifu. Le Comité central du Kuomintang et le gouvernement du Kuomintang ont également déménagé de Guangzhou à Wuhan. Immédiatement après, en novembre, le commandant en chef du corps expéditionnaire du Nord, Chiang Kai-shek, a conduit ses troupes de la région des Deux Lacs vers le Jiangxi, a vaincu un autre seigneur de guerre, Sun Chuanfang, et a conquis Jiujiang et Nanchang, pointant ses troupes directement sur Nanjing et Shanghai.

Politiquement, cependant, la situation était très défavorable à Chiang Kai-shek. Son principal adversaire politique, Wang Jingwei, s'est rendu à Wuhan. Depuis la mort de Sun Yat-sen en 1925, Wang Jingwei, en tant que successeur du Premier ministre, est devenu le principal dirigeant du Kuomintang, avec un fort pouvoir politique au sein du parti, soutenu par la politique, l'armée et l'argent soviétiques. Avec l'alliance de Wang Jingwei avec le chef de file local Tang Shengzhi à Wuhan, associée au conseiller soviétique Borodin, qui était profondément hostile à Chiang Kai-shek, Wuhan était devenu le noyau de l'opposition interne du KMT à Chiang. À cette époque, la plupart des membres du comité central du KMT étaient arrivés à Wuhan et le pouvoir politique était dominé par Wang Jingwei. Wang Jingwei n'a cessé de presser Chiang Kai-shek de venir à Wuhan sans tarder, et Chiang était en grande difficulté. Si vous allez à Wuhan, vous risquez d'être évincé, et si vous n'y allez pas, vous risquez d'être coupé de l'État-parti. De plus, son corps expéditionnaire du Nord consommait chaque jour de grandes quantités de nourriture et de rations, et le pouvoir financier n'était pas entre ses mains. Si Wuhan lui retirait sa richesse, son corps expéditionnaire du Nord perdrait immédiatement sa puissance de combat.

L'idéal de Chiang Kai-shek était d'unifier le pays grâce à l'Expédition du Nord, puis de devenir le César de la Chine. Heureusement, il devait compter sur l'argent soviétique pour réaliser ses idéaux, et c'est l'œil et le bras droit de Staline en Chine, Borodine, qui lui a collé sa bouée de sauvetage financière. Après l'"incident du bateau de Zhongshan", bien qu'il ait affaibli dans une certaine mesure le pouvoir du parti communiste à Guangzhou, il a dû se retenir temporairement au nom des armements et de l'argent soviétiques, et au nom de sa grande cause d'unification de la Chine.

Lorsque le mouvement du Quatrième Mai a éclaté, Chiang Kai-shek a été tellement secoué qu'il a écrit dans son journal,

> " C'est la première manifestation du peuple chinois, et c'est un exploit sans précédent... Le peuple n'est pas encore découragé, le cœur du peuple n'est pas encore mort, et la République de Chine devrait renaître un jour. "

Le 23 juin 1925, lorsque les masses de Guangzhou ont soutenu la grève des travailleurs de Hong Kong et ont organisé une manifestation devant Shaji, près de la tenance britannique, l'armée britannique a effrontément massacré plus de 50 personnes et en a blessé plus de 170, ce qui a donné lieu à la "tragédie de Shaji". Chiang Kai-shek a écrit dans son journal :

> "Le pays à ce point, pas à des vies chinoises comme une question d'affaires, que leur impérialisme britannique tué par les traîtres, a entendu le cœur est brisé, un peu ne savent pas comment les gens ! Depuis la naissance, le chagrin n'a pas été plus grande que celle d'aujourd'hui. "

En colère, Chiang Kai-shek a écrit dans son journal un slogan quotidien de "cynisme" contre Yingde, qui s'est élevé à plus de cent entrées.

> "Tous les prisonniers britanniques peuvent être tués ! Vous devrez vous en accommoder ! Ce n'est pas un homme qui ne peut

pas être détruit ! Avez-vous oublié l'ennemi des Britanniques ?
La révolution ne finira jamais ! ... " [38]

En 1926, Chiang Kai-shek a sévèrement critiqué la politique étrangère des États-Unis,

"dénonçant les erreurs de la politique étrangère des Etats-Unis et l'hypocrisie du christianisme".

Chiang Kai-shek n'était pas seulement en colère contre les grandes puissances, mais il détestait également la classe acheteuse étrangère, qu'il haïssait pour avoir aidé les étrangers à contrôler le poumon économique de la Chine.

"L'abomination des esclaves étrangers va au-delà. Tout esclave étranger dans le secteur de la location, de l'Office et de la Compagnie du Yangtze peut être tué. "

Ce qui est étrange dans l'histoire, c'est que qui aurait cru que Tchang Kaï-chek, le chef de la classe bureaucratique la plus importante de Chine, aurait haï dans ses os les forces sur lesquelles il s'appuyait ! Absurdement mais paradoxalement, en tant qu'homme politique qui privilégie le pouvoir personnel, l'idéal est subordonné à la réalité et il est très conscient de qui peut lui apporter le pouvoir. Lorsque l'Union soviétique était disponible, il a utilisé l'argent et les armes soviétiques pour réaliser une expédition et une unification du Nord, consolidant et renforçant son pouvoir. Lorsque l'Union soviétique a essayé de le contrôler et de le commander, il n'a pas hésité à le mettre hors d'état de nuire. Plus tard, ce fut le cas des puissances qu'il détestait, telles que la Grande-Bretagne, les États-Unis, le Japon, etc. Il se positionne comme l'incarnation de la révolution et l'interprète ultime de la vérité, et s'opposer à lui, c'est s'opposer à la révolution, à la vérité ! Quiconque s'oppose à son pouvoir "peut être tué" !

Aux yeux de Chiang Kai-shek, le monde est rempli de rats et de mâles. Le seigneur de guerre fengtian Zhang Zuolin, qui n'a aucune croyance idéaliste et qui a le Japon comme soutien, est en possession de la partie nord-est du pays, et bien qu'il soit puissant, c'est un bandit, tandis que Wu Peifu et Sun Chuanfang, qui sont directement sous son commandement, ont beaucoup de contradictions internes, et bien qu'ils

---

[38] *Finding the Real Chiang Kai-shek*, par Yang Tianshi, Shanxi People's Press, 2008, p. 20.

occupent une grande superficie, ils n'ont besoin d'être vaincus qu'individuellement. C'est encore le Parti communiste qui lui donne le plus de maux de tête.

Chiang Kai-shek avait visité l'Union soviétique et avait été témoin d'un parti ayant la doctrine et le système de croyance de la dictature du prolétariat, bien organisé et profondément ancré dans l'armée. L'Armée rouge soviétique était unifiée et unie dans l'action, et sa force de combat était très différente de celle des seigneurs de la guerre chinois. Chiang Kai-shek, qui a été grandement inspiré, a vigoureusement promu "Un Parti, Une Doctrine" à son retour en Chine, en disant,

> " Si la Chine doit avoir une révolution, elle doit aussi concentrer toutes ses forces et suivre l'exemple de la révolution russe, car il n'est pas possible d'avoir une révolution sans la dictature et l'autocratie d'un seul parti. "

C'est pour cette raison que la politique générale de Chiang Kai-shek "Russie unie, Parti communiste uni et soutien aux ouvriers agricoles" pour Sun Yat-sen était, dans son cœur, une mesure palliative pour obtenir l'aide soviétique et augmenter la force du Kuomintang. Par conséquent, la situation du Parti communiste qui rejoint le Kuomintang en tant que "parti dans le parti" est très mal perçue. En particulier, la capacité du Parti communiste à mobiliser les masses et à les organiser était bien plus puissante que celle du Kuomintang, et il s'est vivement battu avec les gauchistes du Kuomintang, ce qui a considérablement accru la difficulté pour Chiang Kai-shek de centraliser le pouvoir au sein du Kuomintang. Un grand nombre de communistes ont occupé des postes clés au sein du gouvernement national pendant la "grande" période du Kuomintang.

Sur la question de l'Expédition du Nord, Chiang Kai-shek insistait sur la rapidité, tandis que Borodin semblait voir clair dans son agenda personnel et suggérait un délai, consolidant d'abord le régime révolutionnaire dans le Guangdong et mobilisant les masses jusqu'à ce que le moment soit venu. Chiang Kai-shek a très bien compris que le jour où le "moment était venu" pour Borodin, il serait chassé. Il devait donc saisir le moment et être plus grand et plus fort. Contre tous ses efforts, Borodin a finalement fait des concessions et l'expédition de Chiang Kai-shek vers le nord a commencé.

L'expédition du Nord de Chiang Kai-shek a progressé à un rythme effréné, en grande partie grâce à l'approvisionnement constant de l'Union soviétique en armes et en soutien financier. Alors pourquoi l'Union soviétique a-t-elle soutenu le parti nationaliste ? Il faut parler de l'environnement international de l'Union soviétique à l'époque.

30 millions de roubles d'or pour la guerre du Nord

À Vladivostok, en février 1920, par une nuit sombre et venteuse, un chariot chargé de caisses en bois et escorté par des soldats pénètre dans l'enceinte de l'agence HSBC de Vladivostok. Le personnel de la banque a immédiatement transporté les caisses en bois déchargées, péniblement, jusqu'à la chambre forte de la banque, où le directeur de l'agence, Wood, a ouvert la première caisse avec deux assistants pour faire l'inventaire des marchandises. Wood a ouvert le couvercle pour révéler une boîte pleine de briques d'or soigneusement rangées, qui brillaient encore dans l'obscurité. Ils ont alors plongé la main dans la boîte, profité de la faible lumière de la bougie et tâtonné avec soin pour trouver la pépite d'or, en comptant la quantité.

> *"Le sol est empilé de boîtes. Nous avons marché sur les boîtes, tenant des bougies dans une main et de la peinture à feu dans l'autre, ouvrant chaque boîte, examinant son contenu, les scellant avec de la peinture à feu, et les envoyant au chargement."*[39]

L'or, qui appartenait à l'origine au tsar, reposait tranquillement dans le trésor de la Banque centrale de la Russie tsariste il y a deux ans, et se trouve maintenant dans les coffres de la HSBC comme trophée. Que se passe-t-il ?

Après la révolution russe d'octobre, l'armée tsariste en Sibérie, dirigée par l'amiral Gorczak, a marché sur Moscou et s'est emparée de Kazan, le trésor de la banque centrale du gouvernement tsariste, en s'emparant des réserves d'or d'une valeur de 80 millions de livres sterling. Il est ensuite vaincu sous Moscou et s'enfuit vers l'est le long du chemin de fer de la Grande Sibérie avec l'or. En hiver, le froid de la Sibérie a complètement détruit le moral de cette armée vaincue, qui venait de courir jusqu'à Irkoutsk et était en déroute. Afin de rester en vie, les soldats mutinés ont conclu un accord avec le gouvernement soviétique dans lequel ils remettaient Gorczak et l'or au gouvernement

---

[39] *A Centennial History of HSBC*, (anglais) par Maurice et Corliss, China Books, 1979, p. 109.

soviétique, qui garantissait en retour leur sécurité personnelle et les laissait rentrer chez eux. Ces soldats mutinés étaient principalement des mercenaires européens qui, afin de retourner en Europe par bateau depuis Vladivostok, ont secrètement retenu une partie de leur or et l'ont vendu à la succursale HSBC de Vladivostok.

Le gouvernement soviétique, qui avait été si pauvre qu'il en était malade, a mis la main sur les réserves d'or laissées par les Russes et s'est aussitôt raidi les reins. À cette époque, la livre sterling valait environ 10 taels d'argent. L'or du trésor russe a été vendu par des mercenaires européens à HSBC, et l'or restant, d'une valeur d'environ 50 millions de livres, est tombé entre les mains du gouvernement russe, ce qui représentait la somme énorme de 500 millions de taels d'argent ! À l'époque, les Japonais avaient extorqué 230 millions de taels d'argent à la Chine pendant la guerre sino-japonaise et, après les avoir échangés contre de l'or en Grande-Bretagne, ils avaient réussi à établir un système de yens à l'étalon-or. Le Politburo bolchevique, qui ne manque pas de maîtres de la monnaie financière, utilise cet or comme réserve pour réformer le système monétaire du rouble et introduire un étalon-or. Ainsi, l'économie russe, qui avait été détruite par la guerre, s'est progressivement stabilisée et remise sur les rails. [40]

Le gouvernement soviétique, qui reposait sur des bases solides, venait de souffler un peu et regardait autour de lui avec des palpitations et se trouvait dans une situation vraiment mauvaise. L'Ouest est un monde dominé par les puissances capitalistes, l'Est et le Sud sont des colonies et des semi-colonies sous contrôle impérialiste, et ces puissances peuvent lancer une attaque surprise à n'importe quel point de la longue frontière de la Russie pour subvertir le régime soviétique.

Dans cette situation, il est inutile d'attendre son heure, seulement d'attaquer et de construire une zone tampon le long de la frontière contre l'agression impérialiste. Et comme la Chine a une longue frontière avec l'Union soviétique, comment empêcher l'impérialisme d'utiliser la Chine comme tremplin pour attaquer le bas-ventre mou de l'Union soviétique est devenu une question stratégique préoccupante pour les Russes. Plus précisément, il s'agissait d'atteindre deux objectifs stratégiques fondamentaux en Chine : premièrement,

---

[40] *A Study on the Transformation of the Russian Banking System*, par Xu Xiangmei, China Finance Press, 2005, pp. 33–37.

promouvoir l'indépendance ou l'autonomie de la Mongolie extérieure et établir un régime pro-soviétique comme zone tampon entre la Chine et l'Union soviétique ; deuxièmement, maintenir des droits et intérêts exclusifs dans le chemin de fer du Moyen-Orient dans le nord-est de la Chine (de Manzhouli à Suifenhe en passant par Harbin).

Il est difficile d'atteindre ces deux objectifs sans l'appui du gouvernement chinois. Les gouvernements soviétique et russe envoient donc le diplomate chevronné Yuefei en mission en Chine pour établir une cartographie des différentes forces en présence. Dès que Yue Fei prend ses fonctions, il discute immédiatement de la coopération avec Wu Peifu à Pékin, mais Wu Peifu, soutenu par la Grande-Bretagne et les États-Unis, l'ignore tout simplement, sans parler de la cession de la Mongolie extérieure et du chemin de fer du Moyen-Orient. Après avoir passé la majeure partie de l'année à Pékin, rien n'a été accompli, si ce n'est rattraper le général de Wu Peifu, Feng Yuxiang, sur cette ligne. Au moment où Yue Fei était désemparé, Sun Yat-sen, du gouvernement du sud de Guangzhou, a pris l'initiative de se présenter à sa porte.

Pour survivre, pour révolutionner et unifier le pays, il faut avoir de l'argent et "tirer le vent". Les Britanniques n'ont pas vu d'un bon œil Sun Yat-sen, qui a misé son trésor sur Yuan Shikai alors que la révolution Xinhai venait d'être gagnée. Le consortium américain JP Morgan a envoyé quelqu'un pour parler à Lamont, un représentant de JP Morgan, qui a demandé comment la "paix entre le Nord et le Sud" pourrait être réalisée en Chine. Sun Yat-sen s'est exclamé,

> *"La paix entre le Nord et le Sud ? C'est possible, Monsieur Lamont, et tout ce que vous avez à faire est de me donner vingt-cinq millions de dollars, et je peux équiper quelques légions, et alors nous serons bientôt en paix."*[41]

Lamont secoue la tête d'un air sombre, même pas un terrain solide, sans rien de valeur en garantie, vingt-cinq millions de dollars, c'est possible ?

À ce moment-là, le délégué soviétique Yue s'envole vers l'ambassade de Chine. Au début de l'année 1923, Yue Fei se rendit à Shanghai pendant 10 jours sous le prétexte de se remettre d'une maladie, et eut une longue conversation avec Sun Yat-sen presque tous

---

[41] *J.P. Morgan Consortium*, (anglais) Chernow, traduit par Jin Liqun, China Financial and Economic Press, 1996, p. 248.

les jours. Le 26 janvier, la déclaration de Sun Moon Yat-Fei a été rendue publique, avec les points principaux suivants.

Le chemin de fer du nord-est de la Chine sera sous le contrôle conjoint de la Chine et de l'Union soviétique pour le moment et l'Armée rouge soviétique en Mongolie extérieure ne devra pas se retirer immédiatement.

Les deux parties conviennent que la priorité immédiate de la Chine est de mener à bien une révolution nationale et d'achever l'unité et l'indépendance nationales, plutôt que de se précipiter dans le communisme.

La révolution nationale de Sun Yat-sen "aurait pu dépendre de l'aide russe". [42]

En mars 1923, le Politburo du parti communiste soviétique s'est réuni et a voté pour aider Sun Yat-sen avec la première aide financière de 2 millions de roubles d'or.[43] Bien sûr, comme l'économie soviétique venait de se stabiliser et ne pouvait pas obtenir autant d'argent d'un coup, les deux millions de roubles d'or n'étaient que des loups aux mains vides. L'original Yuefei et Sun Yat-sen ont signé un bon contrat, ils sont immédiatement allés au Japon, et ont signé un accord de coopération de pêche avec les Japonais, les pêcheurs japonais peuvent aller dans les zones côtières de l'Union soviétique pour pêcher, à condition que les Soviétiques paient une grande taxe de protection, les Soviétiques utilisent cet argent pour compléter le financement d'une phase du projet chinois. [44]Peu après le début de la reprise économique de l'Union soviétique, une deuxième phase de financement est réalisée, allouant 3 millions de roubles or, 8000 fusils, 15 mitrailleuses, 4 canons d'artillerie et 2 véhicules blindés pour aider la Chine à créer l'Académie militaire de Huangpu. [45]

---

[42] *Middle Zone Revolution*, par Yang Kui-Song, Shanxi People's Publishing House, 2010, pp. 50–51.

[43] Mikhail Borodin (1884-1951), *Les éminents communistes soviétiques — Participants à la révolution chinoise*, par R. A. Mirovitskaya, pp. 22-40.

[44] From "Diplomacy in Writing" to "History as a Lesson" – *A Historical Study of Sino-Japanese Relations in Modern Times*, (Japon) par Ihara Sawazu, China Books, 2003, pp. 413–415.

[45] *Les Soviétiques dans les affaires mondiales*, Fisher.

Selon Wang Bo-ling, directeur du département professoral de l'Académie militaire de Huangpu, Sun Yat-sen a donné 300 fusils Mauser fabriqués dans le Guangdong à l'académie avant son ouverture. Toutefois, l'arsenal de l'époque était tellement soucieux d'apaiser les seigneurs de la guerre qu'il n'a pas donné la priorité à l'école militaire, si bien que seules 30 unités ont été distribuées au début de l'année scolaire, soit à peine assez pour les gardes. Les négociations répétées de Liao Zhongkai n'ont servi à rien. C'est alors que la canonnière d'aide soviétique est arrivée à terre avec 8 000 fusils, tous armés de baïonnettes, chacun avec 500 cartouches et 10 pistolets, sous les acclamations des cadets. Wang Bo-ling se souvient que c'était "une grande joie, et que toute l'école, du gouverneur aux étudiants, était ravie" et que "nous n'aurons pas de soucis à l'avenir, la révolution aura de l'argent".

Avant le début de la guerre expéditionnaire du Nord en 1923-1926, le gouvernement national de Guangzhou a reçu un total d'environ 3 millions de roubles or d'armes soviétiques, dont 26 000 fusils, 16 millions de munitions, 90 mitrailleuses et 24 canons. En outre, le gouvernement soviétique a fourni au KMT 100 000 roubles d'or par mois pour les affaires du parti depuis novembre 1924, et a même donné au KMT 10 millions de roubles d'or pour la création de la banque centrale du KMT. [46]

Dans le Nord, les conseillers soviétiques ont également formé et équipé l'armée nationale de Feng Yuxiang. Selon les reçus signés par Feng Yuxiang, entre avril 1925 et mars 1926, l'Union soviétique lui a fourni des armes et des munitions pour une valeur de plus de 6 millions de roubles or. En mars 1926, Feng Yuxiang s'est rendu en Union soviétique après sa chute du pouvoir et a signé un accord de prêt d'armes pour environ 11 millions de roubles or. [47]

Ainsi, les armes et l'aide financière de l'Union soviétique au Kuomintang ont accumulé plus de 30 millions de roubles or en trois ans. C'est grâce à la forte transfusion sanguine de l'Union soviétique que le corps expéditionnaire du Nord du Kuomintang est rapidement

---

[46] *Middle Belt Revolution*, par Yang Kui Song, Shanxi People's Publishing House, 2010, p. 67.

[47] *History of International Relations in the Far East*, (anglais) par Ma Shi, Shanghai Bookstore Press, 1998, p. 692.

devenu une force décisive dans le paysage politique chinois. Lorsque le conseiller soviétique Borodin passait par Zhengzhou, il se lamentait auprès de Feng Yuxiang :

> " L'Union soviétique avait dépensé plus de 30 millions de dollars, et j'ai personnellement dépensé beaucoup d'efforts et d'esprit pour que la Révolution nationale soit un succès. "

En novembre 1926, Chiang Kai-shek est en effet confronté à un choix majeur : tourner le dos à l'Union soviétique lui ferait perdre un énorme soutien financier et des fournitures de matériel militaire ; mais suivre les ordres de Borodine et se rendre à Wuhan enterrerait à nouveau son pouvoir et sa vie politique.

Y aller ou ne pas y aller, telle est la question !

Chiang Kai-shek n'avait d'autre choix que de gagner du temps et d'approcher patiemment les différents investisseurs en capital-risque. Après de nombreuses démarches, la Bank of China Shanghai lui a fourni 1 million de dollars en argent et British American Tobacco lui a prêté 2 millions de dollars en argent, mais cet argent n'était qu'une goutte d'eau dans l'océan et n'a pas amélioré la situation générale. La seule façon de réaliser un grand projet est d'attirer un capital-risque important et stable. Par l'intermédiaire du journaliste Norman et de l'étranger qui l'avait servi, Chiang a donc informé le consul général britannique à Guangzhou de la rupture imminente avec le parti communiste et a demandé si "les puissances pouvaient donner à Chiang quelques assurances de soutien".[48]

Cependant, à ce moment-là, un homme s'est précipité de Shanghai au quartier général du corps expéditionnaire du Nord de Nanchang de Chiang Kai-shek, et a demandé à être interviewé. Lorsque l'officier adjoint a communiqué le nom de l'homme, Chiang Kai-shek a été soudainement ravi, a effacé son visage de nombreux jours d'inquiétude, et s'est précipité à Yuanmen pour le rencontrer personnellement.

La personne qui est venue n'était autre que Yu Qiaqing.

---

[48] Documents diplomatiques britanniques, FO, 405, Vol 1 .252, p. 311-313, 398-400, 113-115.

Chiang Kai-shek a une plus grosse jambe.

Lorsque Chiang Kai-shek était dans le marasme sur le Bund de Shanghai, il spéculait sur les actions et les contrats à terme à la Bourse de Shanghai, qui avait été fondée par M. Yu, un magnat de la finance. Après avoir été battu, c'est Maître Yu qui s'est occupé de la situation et a présenté Chiang Kai-shek à Du Yuesheng et Jinrong, deux des meilleurs gangsters de Shanghai. Chiang Kai-shek a entretenu une grande amitié avec lui.

Yu Qiaqing ne s'est pas non plus traité comme un étranger, dès qu'il est entré dans le salon, un bref échange de civilités, puis a lancé sans détour deux questions clés à Tchang Kaï-chek :

> *"Vous dites que la Russie unie, le Parti communiste uni, aide les travailleurs agricoles, c'est vraiment pour aider les pauvres ? Alors qu'est-ce qu'on fait ? "*

Chiang Kai-shek a ri,

> *"Comment peut-on faire confiance à de pauvres ploucs ? "*

Yu Qiaqing a demandé à nouveau,

> *" Alors le corps expéditionnaire du Nord veut vaincre les grandes puissances, j'ai travaillé avec les étrangers, et je continue à faire des affaires avec eux. "*

Chiang Kai-shek a soupiré,

> *" Comment un étranger peut battre ça ? "*

En entendant cela, le Vieux Maître Yu a hoché la tête et au fond de son cœur, il a continué à sonder,

> *"Alors, comment puis-je vous aider si je rentre ? "*

Avec un féroce geste de la main, Chiang Kai-shek a dit,

> *" Je vais bientôt conquérir Shanghai et arriver à Nankin, vous parlez à M. Du (Du Yuesheng) et à M. Huang (Golden Rong) et aidez-moi à maintenir une bonne sécurité à Shanghai. "*

Yu Qiaqing a hoché la tête :

> *"Ce n'est pas un problème. Qu'est-ce que je peux faire ? "*

Chiang Kai-shek l'a entendu et s'est ému dans son cœur, s'est penché en avant, a fixé Yu Qiaqing, et a dit en une phrase,

" Argent, aidez-moi à collecter de l'argent, plus il y en a, mieux c'est, ça va coûter de l'argent pour aller à Shanghai. "

C'est clairement un accord. Le but de l'expédition du Nord est de vaincre les grandes puissances et de soutenir les ouvriers agricoles, mais Tchang Kaï-chek ne peut plus contrôler autant de principes, entre le pouvoir et le principe, il n'a pas hésité à choisir le premier.

En fait, dès le début de 1926, le Foreign Office britannique avait organisé une discussion sur les contre-mesures de la Chine à la guerre de l'Expédition du Nord, au cours de laquelle des fonctionnaires de l'ambassade et des consulats, des commandants de la marine et de l'armée, ainsi que les autorités britanniques à Hong Kong proposaient cinq options : le recours à la force, le blocus international, l'aide aux seigneurs de la guerre du Nord, la pression sur l'Union soviétique et Huairou. On a fait valoir que les deux premières options étaient contre-productives et qu'il serait difficile d'obtenir le soutien des autres puissances ; qu'il serait difficile de trouver une personne ayant une main de fer dans l'intérêt des Britanniques pour la troisième option ; que la quatrième option serait inefficace ; et que seule la dernière, Huairou, semblait faisable et "constructive". [49]

En 1925, la partie britannique de Hong Kong a ouvertement fourni au seigneur de guerre interne du Kuomintang, Chen Jiongming, des armes et de l'argent pour se révolter contre le gouvernement du Kuomintang. En conséquence, la rébellion de Chen Jiongming a été réprimée et l'armée expéditionnaire du Nord, armée de roubles d'or, a largement vaincu les différents seigneurs de la guerre de Pékin, soutenus à l'origine par les banquiers internationaux. La rapidité avec laquelle ces seigneurs de guerre de Pékin se sont effondrés a fait trébucher leurs chefs de coulisses. La plus grande question qui se pose à l'impérialisme est la suivante : où sont les nouveaux agents ?

À ce moment-là, Chiang Kai-shek, le commandant en chef du corps expéditionnaire du Nord, est devenu un bon candidat à cultiver. Cependant, la situation politique en Chine est trop confuse, et il a toujours été un bon juge de la direction des investissements dans la ville financière de Londres et Wall Street aux États-Unis, qui est aussi un grand un et deux. Et si cet homme ne fait pas son travail ou ne le fait

---

[49] W. R. Louis, *British Strategy in the Far East, 1919–1939*, Clarendor Press, Oxford 1971. pp. 129–130.

pas bien après avoir pris l'argent ? Afin de faire toute la lumière sur Chiang Kai-shek, le gouvernement américain a même envoyé quelqu'un pour examiner le casier judiciaire de Chiang Kai-shek dans les dossiers du bureau de l'industrie de la location publique de Shanghai. [50]

Mais il est clair qu'une simple enquête annexe ne suffit pas, et qu'il faut parler au visage du gong pour aller au fond des choses. Il y a eu ensuite le gros acheteur que Yu Qiaqing a couru à Nanchang pour "interviewer" personnellement Tchang Kaï-chek. Après la détection initiale de la carte de soutien de Chiang Kai-shek, Yu Qiaqing s'est rendu à Nanchang en février 1927 pour "retester" Chiang Kai-shek. Cette fois, un accord secret a été conclu : Chiang Kai-shek pourrait obtenir un prêt de 60 millions de yens après son arrivée à Shanghai et Nanjing, à condition que Chiang Kai-shek présente une "déclaration" — un coup de poignard contre les communistes.[51]

60 millions de tentation océanique ! À cette époque, une cour à Pékin ne valait que 200 dollars étrangers ! Les Soviétiques ont presque gagné la guerre expéditionnaire du Nord en jetant 30 millions de roubles d'or, soit environ 27 millions d'océan, dans le Kuomintang sur une période de trois ans, de 1924 à 1927.

C'est 60 millions de dollars. C'est pas dit. Putain ! Chiang Kai-shek va retourner le couteau contre le parti communiste.

L'investissement de l'Union soviétique de 30 millions de roubles or sur trois ans est parti en fumée après deux rencontres entre Yu Qiaqing et Chiang Kai-shek. Bien sûr, ce n'est pas à cause de la grande énergie personnelle de Yu Qiaqing, et encore moins à cause de la profondeur de son amitié personnelle avec Chiang Kai-shek, mais parce que les forces derrière Yu Qiaqing sont plus riches que l'Union soviétique et ont plus peur du Parti communiste que Chiang Kai-shek.

Chiang Kai-shek a finalement attrapé une cuisse plus épaisse !

---

[50] Dossiers du Département d'État américain (Micro), RDS, NA, M. No. 329, 893,00/8005, 893,00/8312.

[51] L'établissement du Jiangzhe zaibatsu et la domination réactionnaire de Chiang Kai-shek, Ling Yu, "Party History Research Materials", n° 7, p. 49.

Yu Qiaqing et Chiang Kai-shek : l'histoire qui doit être racontée

Yu Qiaqing est une figure célèbre du Bund de Shanghai, une véritable pointure de la finance. Acheteur de la banque ABN AMRO, il a également dirigé une banque d'argent, une banque d'investissement et une compagnie maritime. Il s'est lié d'amitié avec les trois écoles de pensée, même Gold Rong et Du Yuesheng ont dû respecter ses prédécesseurs, et même les étrangers du secteur locatif lui ont donné trois points.

ABN AMRO occupe une place très particulière dans le paysage des banquiers internationaux, ses fondateurs étant l'ancienne famille bancaire juive, la famille Mendelssohn. En 1640, après la révolution bourgeoise anglaise, Mendelssohn, Sassoon et Rothschild faisaient partie des juifs séfarades. Dans les années 1590, l'Espagne connaît une vague d'antisémitisme, et les Rothschild s'exilent en Allemagne, où ils deviennent banquiers de la cour pour la famille royale allemande ; Sassoon part au Moyen-Orient, où il devient directeur financier de Bagdad ; et Mendelssohn s'enfuit aux Pays-Bas, où il fonde la Banque de Hollande et la Compagnie néerlandaise des Indes orientales. À l'époque victorienne, il était connu comme "le Juif préféré de la Reine" et devint le banquier de la Couronne britannique le plus digne de confiance. En 1812, Mendelssohn épousa la famille Rothschild et manipula des investissements boursiers pour les Rothschild, et les deux familles formèrent une alliance sanguinaire. Pendant la Seconde Guerre mondiale, tous les investissements de la famille Rothschild en Europe continentale étaient gérés par la banque néerlandaise de la famille Meng. À ce jour, le bureau Rothschild de Hong Kong, en Chine, porte toujours le nom d'ABN AMRO Rothschild.

C'est pour cette famille de banquiers que Yu Qiaqing a travaillé pendant 30 ans, si assidûment et consciencieusement que la reine des Pays-Bas, qui ne connaissait rien aux coutumes chinoises, lui a offert une horloge royale en reconnaissance de ses réalisations.

La Chambre de commerce de Shanghai, fondée par Yu Qiaqing, disposait de ses propres forces armées et a joué un rôle majeur dans la bataille pour la restauration de Shanghai pendant la révolution Xinhai. À cette époque, ce groupe de marchands a pris le Bureau du comté de Shanghai Tao, puis le Bureau de fabrication de Jiangnan. La Chambre de commerce de Shanghai sous le contrôle de Yu Qiaqing a également collecté un total de 3 millions de taels d'argent pour l'établissement ultérieur du Bureau du gouverneur militaire de Shanghai de l'Association alliée, qui a collecté 1,8 million de taels d'argent.

À la fin de l'année 1916, afin de collecter des fonds pour la révolution, Sun Yat-sen, qui avait un esprit très économique, a discuté avec Yu Qiaqing et d'autres personnes de la création d'une bourse de valeurs et de marchandises à Shanghai pour négocier des valeurs, du fil, de l'or et de l'argent, des céréales diverses et des fourrures, et a déposé une demande auprès du ministère de l'Agriculture et du Commerce du gouvernement de Pékin. Cependant, les seigneurs de la guerre de Pékin étaient si nerveux à l'égard du "Canon du soleil" qu'ils ont refusé de l'approuver, et en raison de la récession économique de l'époque, le projet a été mis en veilleuse.

Plus tard, c'est Chiang Kai-shek qui a poussé l'affaire plus loin. Dans les premières années, Chiang Kai-shek a suivi Chen Qimei, le leader de l'Association alliée de Shanghai, pour mener à bien la révolution anti-ching, lorsque l'Association alliée a attaqué le Bureau de fabrication de Jiangnan fortifié par l'armée Qing, Chiang Kai-shek et Chen Qimei ont porté des armes ensemble, c'est le champ de bataille pour combattre ensemble à partir d'une vie d'amitié, plus tard les deux sont devenus des frères de kowtow. Chen Qimei était le confident numéro un de Sun Yat-sen, et après le succès de la révolution, il est devenu le gouverneur de Shanghai. Yu Qiaqing travaillait en tant que conseiller financier de Chen Qimei et levait d'importantes sommes d'argent pour maintenir ses opérations. En raison de sa relation particulière avec Chen Qimei, Chiang Kai-shek s'est également disputé avec Yu Qiaqing. Plus tard, lorsque Chen a été assassiné, Chiang Kai-shek a perdu son soutien.

L'idée de Sun Yat-sen d'utiliser la bourse pour financer la révolution était encore perspicace ; la révolution comme la guerre nécessitent de l'argent, et beaucoup d'argent. Lorsque Chiang Kai-shek a accepté la commission de l'organisation pour continuer à promouvoir la Bourse, il a senti qu'il avait trouvé une direction pour sa carrière. Il a d'abord organisé une société secrète appelée "Xiejingsha" à Shanghai avec son vieil ami Dai Jitao, le neveu de Chen Qimei, Chen Guofu, et Zhang Jingjiang, un riche seigneur de guerre du Jiangsu et du Zhejiang, pour effectuer des travaux spécifiques de planification organisationnelle. Ensuite, La Yu Qiaqing est venu mobiliser la communauté des affaires de Shanghai pour demander au ministère de l'Agriculture et du Commerce à Pékin de créer la Bourse de Shanghai.

Le 1er juillet 1920, la première bourse complète de Chine, la Bourse de Shanghai, est officiellement ouverte. Le président du conseil d'administration est Yu Qiaqing, et les articles échangés sont les titres, le coton, le fil de coton, le tissu, l'or et l'argent, les céréales, le pétrole, les cuirs et peaux, etc. Le même jour, la "Déclaration" de Shanghai a publié une annonce :

> *"Shanghai Stock Exchange No. 54 broker Chen Guofu, je négocie des titres et du coton pour le compte de mes clients, si on nous le confie, nous sommes sincèrement les bienvenus. Bureau : Room 80, 3ème étage, No. 1 Sichuan Road Téléphone : exchange 54."*

Ce bureau de courtage n° 54 est le "Hengtai" mis en place par Chiang Kai-shek, l'activité spécifique est confiée à Chen Guofu. Le champ d'activité de "HMS Hang Tai" est de négocier divers titres et fils de coton pour le compte de clients avec un capital total de 35 actions de 35 000 dollars d'argent. Chiang Kai-shek y avait 4 brins. Plus tard, Chiang Kai-shek a échoué dans ses affaires opportunistes et a été contraint de s'endetter, ou Yu Qiaqing l'a présenté au chef de la société des triades, Gold Rong, et il était sous la tutelle de Gold Rong, et Gold Rong est intervenu pour effacer la dette, et a financé pour lui d'aller au sud à Guangzhou pour faire défection à Sun Yat-sen.

En mars 1927, immédiatement après la libération de Shanghai par un soulèvement armé de la classe ouvrière de Shanghai sous la direction du parti communiste, l'ambassadeur britannique aux États-Unis a déclaré au secrétaire d'État Kellogg :

> *"Une retraite à cet endroit (Shanghai) serait impossible, et notre position et nos droits dans les ports de commerce seraient pratiquement perdus. Notre gouvernement envisagerait de défendre de toutes ses forces le territoire loué de Shanghai, qui constitue une concentration d'intérêts britanniques. Nous accueillons chaleureusement la coopération américaine sur tous les fronts à Shanghai et Nanjing Wenwu.* " [52]

Rien qu'en mars 1927, pour défendre les "locataires de Shanghai", où étaient concentrés les intérêts des (banquiers internationaux), plus de 17 000 soldats britanniques, 4 000 soldats japonais, 3 500 soldats

---

[52] U.S. Diplomatic Papers (1927-vol. 2), édité par le Département d'État américain, traduit par Zhang Weiying et al, China Social Science Press, 1998, p. 164.

américains et 2 500 soldats français se sont rassemblés à Shanghai, avec le Bureau de l'industrie des locataires armé du "Corps des affaires des locataires" et des patrouilles, etc., le nombre total de forces impérialistes atteignant 30 000.

En même temps, les banquiers internationaux sophistiqués sont bien conscients qu'il serait coûteux et contre-productif d'intervenir simplement et brutalement directement face au peuple chinois, qui a été inspiré par l'enthousiasme patriotique de la Révolution. Pour stabiliser leurs intérêts acquis en Chine, il appartient également aux agents directs des banquiers internationaux en Chine — la classe stipendiée.

À l'heure actuelle, le principal intérêt de la classe des repreneurs chinois est d'exiger le pouvoir des banquiers internationaux. Les intérêts des banquiers internationaux en Chine sont concentrés dans le secteur locatif public de Shanghai, où la plus haute autorité est le Bureau de l'industrie. En raison du statut spécial de la location, de nombreux gros acheteurs, des ploutocrates du Jiangsu et du Zhejiang se sont installés dans la location, au Bureau du ministère de l'Industrie pour payer des impôts conformément à la réglementation. Cependant, les laquais n'étaient pas destinés à s'asseoir à la même table que leurs maîtres, et ces gros acheteurs et ploutocrates n'avaient pas leur place au Bureau du ministère de l'Industrie, tandis que les intérêts de "personne à la cour" ne pouvaient être garantis. Conformément au principe républicain bourgeois de "pas de représentation, pas d'imposition", ces classes achetées et payées sont déjà mécontentes.

Le 18 mars 1926, les membres du conseil d'administration du Bureau des locataires publics du ministère de l'Industrie à Shanghai ont dîné avec les gros bonnets de la bourgeoisie chinoise de Shanghai à l'hôtel Dahua. Selon la tradition chinoise, les problèmes sont résolus à la table du dîner. Cet événement est appelé "un autre jalon dans l'histoire de Shanghai... la convocation d'une telle conférence est une première dans l'histoire de la ville".[53] Le directeur américain du Bureau des travaux, s'exprimant au nom de ses collègues britanniques et japonais, a déclaré :

"Nous sommes les hôtes de vous tous, et je suis très heureux qu'un groupe de messieurs chinois d'une si haute réputation soit venu à cette réunion aujourd'hui... Nous sommes rejoints par

---

[53] *Millers Review,* 27 mars 1926.

un groupe de personnalités représentatives, toutes capables de réguler et de guider une force énorme et étonnante, qui est connue dans le monde comme l'opinion publique". [54]

M. Felton Fei, président du conseil d'administration du ministère de l'Industrie et du Commerce, qui a prononcé le discours principal lors du dîner, est allé droit au but : face aux forces révolutionnaires de la prairie, il faut "trouver comment faire face". Si l'on recourt à la force, cela pourrait "conduire rapidement à une situation internationale extrêmement grave".

"Les travailleurs de Shanghai semblent être devenus des victimes faciles de "tiers" (en référence au Parti communiste chinois) qui les incitent à porter atteinte à la sécurité des usines. Alors pourquoi ne pas exploiter cette extrême crédulité de la classe ouvrière chinoise... à leur avantage et au nôtre ? Pourquoi ne pas créer un autre type de leader pour se différencier de ceux qu'ils connaissent déjà ? Ils doivent être au moins aussi réceptifs à ce nouveau leadership qu'ils le sont à tout autre leadership... Je veux dire qu'il faut des gens comme ceux que nous avons réunis ce soir (pour les diriger). "

Yu Qiaqing s'est immédiatement levée et a répondu :

" Nous (faisant référence aux hommes d'affaires chinois présents) sommes tous bien conscients de cette situation très tendue... Nous n'exagérons pas, et à la moindre provocation, des flammes éclateront immédiatement... Pour notre bénéfice mutuel, nous devons l'empêcher (faisant référence à la révolution) par tous les moyens ". " Le temps presse et il est dangereux de recevoir des ordres de Dieu. " La chose la plus importante que nous puissions faire maintenant est de mêler le travail initial local à une action concertée à l'échelle nationale et internationale, afin de parvenir à la résolution la plus rapide et la plus satisfaisante de nos grands problèmes. Immédiatement après, les mots de Yu Qiaqing ont changé : "Mais franchement, nous ne voulons pas l'obtenir à "n'importe quel prix". " Le principe d'"égalité raciale" et de "souveraineté" doit être quelque peu reconnu par les étrangers. Surtout en ce moment, ils devraient laisser la bourgeoisie chinoise participer à l'administration de Shanghai.

---

[54] *North China Express*, 20 mars 1926.

Trois semaines plus tard, l'assemblée annuelle des contribuables étrangers de Shanghai Public Tenancy a adopté la participation chinoise dans l'affaire municipale, et le conseil de Shanghai Public Tenancy comptait un nombre record de trois administrateurs chinois. Depuis lors, Yu occupe un siège au conseil d'administration du ministère de l'industrie, et parmi les autres administrateurs chinois, on compte Xu Xinliu, directeur général et administrateur délégué de la Zhejiang Industrial Bank, la banque phare du système zaibatsu du Jiangsu et du Zhejiang. Il s'agissait clairement d'un marché, et la grande bourgeoisie chinoise de Shanghai, les gros acheteurs et les ploutocrates de Jiangzhe ont vendu leur âme aux banquiers internationaux à un tel prix.

Pour les banquiers internationaux désireux de réprimer la révolution chinoise, Yu Qiagqing, qui était si intelligent et avait tant de mains et d'yeux, était la personne idéale pour "interroger" Chiang Kai Shek.

La puissance financière à l'origine du coup d'État du 12 avril

Le 26 mars 1927, le corps expéditionnaire du Nord dirigé par Chiang Kai-shek est finalement entré dans Shanghai. Dès que Chiang Kai-shek est arrivé à Shanghai, il a immédiatement contacté Yu Qiaqing et d'autres personnes pour mettre en œuvre l'accord précédemment convenu. Yu Qiaqing a immédiatement pris la tête de l'organisation de la Fédération des entreprises de Shanghai, qui comprenait toutes les banques importantes, les magasins d'argent, les maisons de banque et les groupes commerciaux et industriels de Shanghai, afin de préparer le financement de Chiang Kai-shek.

L'une des organisations les plus importantes de cette fédération est la Guilde Yin Lou de Shanghai, représentée par Xi Yunsheng. La famille Xi du Gang de la Montagne de Dongting est le pilier supérieur du système ploutocratique du Jiangxi et du Zhejiang, avec une influence importante dans les banques étrangères, les banques gérées par le gouvernement, les banques commerciales, les banques d'argent et les cercles d'affaires de Shanghai, et a tissé un énorme réseau de personnes.

Depuis 1874, date à laquelle Xi Zhengfu est devenu acheteur de HSBC, trois générations de ses petits-enfants ont occupé le poste d'acheteur de HSBC pendant plus d'un demi-siècle. Toutes les affaires de HSBC avec la Chine, y compris le fractionnement des factures pour la Shanghai Money Bank, les prêts politiques au gouvernement chinois, les prêts ferroviaires et les avances au commerce de l'opium, ont toutes été gérées par le "bureau de l'acheteur" de HSBC, qui est contrôlé par la famille Xi. Les hauts fonctionnaires de la faction des affaires étrangères de la dynastie Qing, de Zuo Zongtang et Li Hongzhang à Sheng Xuanhuai, demandaient inévitablement l'aide de la famille Xi dès qu'ils avaient besoin de financement, et sans exception, ils sont devenus des amis proches de la famille Xi. Les banquiers de Shanghai, qui ont besoin de lever des fonds régulièrement dans le cadre de leurs activités quotidiennes, sont plus que disposés à écouter la famille Xi.

Les trois autres des quatre frères n'étaient pas simples non plus. L'aîné, la longévité, avait été acheteur à la Standard Chartered Bank Shanghai Branch dès la deuxième année de sa création et était le patriarche de la banque. Le vieux a été acheteur pour la Banque d'Angleterre, la Derby Bank et la Sino-Russian Dawson Bank. Le vieux quatrième a été transmis à Shen Er Yuan, un parent de la famille Xi et le premier acheteur du nouveau Sassoon Foreign Exchange, qui lui a succédé comme acheteur du Sassoon Foreign Exchange, connu sous le nom de "Sassoon Old Fourth".

En plus d'agir en tant qu'acheteur pour les banquiers internationaux, la famille Xi a également utilisé son monopole sur les banques étrangères et les relations des fonctionnaires du gouvernement pour créer le système bancaire officiel de la Chine, comme la banque du ministère des affaires étrangères, la banque de Chine et la banque de Chine, avec ses fortes ressources financières, et est devenue un actionnaire majeur.

On peut dire que l'ensemble de l'industrie financière de Shanghai, des banques étrangères, des banques gérées par le gouvernement, des banques privées et des numéros de tickets, sont tous au pouvoir de la famille Xi. À l'époque, la famille Xi n'a fait qu'une petite tentative et a décapité Hu Xueyan, qui était l'homme le plus riche de Chine.

Les enfants des Xi sont progressivement entrés dans le réseau d'acheteurs de la famille, devenant les acheteurs de 13 banques étrangères, et d'autres beaux-parents, compatriotes et camarades de classe sont progressivement entrés dans le système, et un puissant réseau de relations financières et sociales s'est formé. Par exemple, le petit-fils de Xi Zhengfu, Xi Dezhang, était un camarade de classe de Song Ziwen lorsque celui-ci était aux États-Unis, et le frère aîné de Xi Dezhang a marié sa fille au frère cadet de Song Ziwen, Song Ziliang.

Ce dernier est ensuite devenu directeur de la Monnaie centrale du gouvernement national, tandis que Siddhartha est devenu directeur général de la Banque de Chine.

En choisissant de soutenir Chiang Kai-shek, la famille XI équivaut à un vote de confiance des banquiers internationaux envers Chiang. En Chine, le temps est venu où il appartient à Tchang Kaï-chek.

Le 29 mars 1927, une délégation de la Chambre de commerce de Shanghai a rendu visite à Tchang Kaï-chek, prétendant lui apporter une aide financière s'il rompait avec le Parti communiste. Le 31 mars, Yu Qiaqing et la Fédération commerciale de Shanghai prennent l'initiative de créer officiellement le "Comité financier du Jiangsu et de Shanghai", avec la participation de Chen Guangfu, directeur général de la Banque d'épargne commerciale de Shanghai, de Qian Yongming, directeur adjoint de la réserve commune de la "Quatrième banque du Nord", et de représentants des deux plus grandes banques à capitaux chinois, la Banque de Chine et la Banque des communications, réunissant ainsi presque toutes les personnalités et les représentants des principales institutions de l'industrie financière chinoise.

Les banques et les banques monétaires de Shanghai ont accordé à Tchang Kaï-chek une aide financière de 3 millions de dollars en argent du 1er au 4 avril.[55] Le 8 avril, le consul général des États-Unis à Shanghai, Gao Si, apprend que les ploutocrates du Jiangsu et du Zhejiang ont offert à Tchang Kaï-chek 3 millions de dollars en argent à condition qu'ils " insistent sur le fait qu'à moins que les communistes ne soient purgés du Kuomintang, ils ne lui apporteront plus leur soutien ". "[56]Les banquiers sont, après tout, les plus grands hommes d'affaires, et bien qu'ils aient peint une tarte de 60 millions de dollars pour Chiang Kai-shek, ils ne peuvent obtenir qu'un acompte avant que le travail ne soit fait, et ce n'est qu'après que le travail soit magnifiquement fait qu'ils continueront à donner.

Une semaine seulement après avoir reçu l'argent, Chiang Kai-shek a organisé le coup d'État du "12 avril", qui a secoué le monde entier.

Chiang Kai-shek a proposé aux communistes le slogan sanglant "plutôt tuer 3 000 personnes par erreur qu'une seule", et le banquier

---

[55] Déclaration du 28 mars 1927, 11eédition.

[56] Archives du Département d'État des États-Unis, 893.00B/276.

s'est senti très "généreux" et a immédiatement fourni 7 millions de dollars d'argent supplémentaires à Chiang Kai-shek.[57] Aussitôt, la rivière était si grosse que les têtes roulaient et le sang coulait ! Avec les têtes d'un grand nombre de communistes, Chiang Kai-shek a payé une sanglante "déclaration de défection" au groupe de pouvoir des banquiers internationaux pour lui-même !

Le refinancement de Chiang Kai-shek

À cette époque, Yu Qiaqing, qui a achevé l'"inspection du projet" et le "financement" de la première phase, s'est retiré en coulisses, directeur du comité d'investissement du "projet Chiang Kai-shek", remplacé par Chen Guangfu, le représentant de la génération intermédiaire des ploutocrates du Jiangzhejiang et du Zhejiang. Après avoir été diplômé de la Wharton School de l'université de Pennsylvanie, il a fondé la Shanghai Commercial Savings Bank, qui est unique dans l'histoire financière chinoise. Celle-ci a commencé par un dépôt de 18 000 dollars d'argent en 1915 et a atteint la taille étonnante de 33,3 millions de dollars d'argent en 1933, ce qui en fait un magicien de la finance.

En outre, Chen Guangfu entretenait des relations étroites avec les familles Kong Xiangxi et Song Ziwen. Lorsque Chen Guangfu a fondé la Shanghai Commercial Savings Bank, il a levé un total de 70 000 yuans en capitaux propres, dont Kong Xiangxi avait une participation de 10 000 yuans d'argent, la famille Song a également investi 5 000 yuans d'argent au nom de l'ancienne Madame Song Ni Guizhen, avant l'expédition du Nord, Kong Xiangxi a écrit à Chen Guangfu plusieurs fois, l'invitant à se rendre dans le Sud. Grâce à cette relation, Chen Guangfu est devenu le banquier le plus fiable de Chiang Kai-shek.

Chen Guangfu n'a pas eu honte de sa mission et a lancé le "Comité des finances du Jiangsu et de Shanghai" pour souscrire les dettes publiques de Chiang Kai-shek et financer à grande échelle la grave pénurie d'argent de Chiang Kai-shek, ce qui était les fameux "Bons du Trésor subventionnés par la taxe Erwu des douanes du Jiangsu". À cette

---

[57] *Histoire de la banque monétaire de Shanghai*, Banque populaire de Chine, succursale de Shanghai, p. 207.

époque, le régime de Chiang Kai-shek, sous la bannière de la "révolution nationale", afin de mettre en évidence sa "révolution", a hérité de la politique des gouvernements nationaux précédents de Guangzhou et de Wuhan et a imposé une surtaxe supplémentaire de 2,5 pour cent en plus du tarif douanier de 5 pour cent contrôlé par les étrangers, c'est-à-dire la soi-disant "surtaxe de 25 pour cent" afin de protéger les industries nationales. Bien sûr, jusqu'à ce que les étrangers acceptent, la "taxe de 2,5%" n'était qu'un slogan, mais il n'était pas logique que les banquiers émettent les obligations d'État de Tchang Kaï-chek en garantie de ce revenu futur "injustifié".

Les secteurs financier et industriel de Shanghai ont souscrit aux "bons du Trésor subventionnés par la taxe douanière de Jiangxi 25" afin de se "protéger contre les seigneurs de la guerre et le Parti communiste". Politiquement, ils ont choisi le gouvernement national de Nanjing et soutenu financièrement Tchang Kaï-chek. L'émission d'obligations constitue expressément un service de la dette et établit le crédit de la dette publique. Afin de superviser l'émission des fonds de la dette publique pour qu'ils soient utilisés de manière rationnelle, les ploutocrates du Jiangsu et du Zhejiang ont également mis en place un "comité spécial de garde des fonds de titres du Trésor des Douanes du Jiangsu Vingt-cinq avec taxe", dont le directeur est un autre géant des ploutocrates du Jiangsu et du Zhejiang, le directeur général de la succursale de Shanghai de la Zhejiang Industrial Bank, Li Fusun. Le comité de garde de ce fonds a renforcé les relations de coopération entre Chiang Kai-shek et les communautés financières et commerciales de Shanghai.

Le montant total des "Deuxième et cinquième bons du Trésor avec taxes des douanes du Jiangxi" était de 30 millions de yuans argentés, avec un taux d'intérêt mensuel de 7%, à amortir sur 30 mois à partir de juillet de la même année. Cette dette publique est partagée par la communauté financière de Shanghai, la communauté des affaires et les provinces du Jiangsu et du Zhejiang, en plus des deux marchands de sel de Huaihai 3 millions de yuans argentés. De tous ceux qui ont souscrit à la dette publique du régime de Chiang Kai-shek, les ploutocrates du

Jiangsu et du Zhejiang représentent 80%, la Banque de Chine prenant le plus gros montant.[58]

Le directeur général de la Bank of China est un autre magicien de la finance, Zhang Jiajiajie. Zhang a étudié à l'université Keio au Japon et en 1914, à l'âge de 28 ans, il est devenu le directeur adjoint de la succursale de Shanghai de la Bank of China. Sous la direction de Zhang Jiahua, la Bank of China a refusé de coopérer avec le gouvernement de Pékin et a levé près de 6 millions de yuans argentés en capitaux propres auprès des principales banques, bourses et entreprises du Jiangsu et du Zhejiang, et a acheté 5 millions de yuans argentés en actions officielles du gouvernement de Pékin en 1923.

Le célèbre Zhang Jiawu est devenu un ami proche de Li Fusun et de Chen Guangfu, qui étaient les personnalités les plus influentes du secteur financier de Shanghai. Afin d'unifier l'industrie bancaire de Shanghai, il a initié la mise en place d'un dîner du vendredi pour que les directeurs puissent échanger des informations financières, des émotions et des opinions. Zhang Jia Miao a profité de ce rassemblement pour se faire des amis, analyser des informations et diffuser des pratiques commerciales scientifiques, ce qui n'a pas tardé à ouvrir la situation, et le rassemblement s'est progressivement élargi pour devenir l'Association bancaire de Shanghai. L'Association bancaire de Shanghai compte trois personnes au cœur de ses activités : Zhang Jiajiajie, qui finance le plus pour Chiang Kai-shek, Chen Guangfu, qui organise le financement et Li Fusun, qui supervise les fonds.

En seulement deux mois, d'avril à mai 1927, Chiang Kai-shek a reçu 40 millions de dollars d'argent en financement, bien plus que les 30 millions de roubles d'or que l'ensemble du gouvernement national a reçu de l'Union soviétique entre 1924 et 1927. Les "affaires spéculatives" de Chiang Kai-shek semblent avoir triomphé.

Il s'est "débarrassé" des "actifs dangereux" soviétiques et communistes au sein du Kuomintang et a fait entrer un capital-risque beaucoup plus important et plus sophistiqué — les ploutocrates du Jiangsu et du Zhejiang et les banquiers internationaux qui les soutiennent. Cependant, il doit également relever le grand défi du

---

[58] Les relations de Chiang Kai-shek avec la communauté financière de Shanghai et les hommes d'affaires du Jiangsu et du Zhejiang en 1927, Wang Zhenghua.

gouvernement national de Wuhan, toujours contrôlé par l'aile gauche des partis communiste et Kuomintang.

La "recapitalisation" derrière la "fusion Ninghan".

Le 9 avril 1927, la Fédération municipale des syndicats de Shanghai, le chef des piquets de grève des travailleurs, Wang Shouhua a reçu un courrier envoyé par Du Yuesheng, invitant Wang Shouhua à Du Gongguan le 11 avril pour aller au banquet, avoir des affaires importantes à discuter. Le 11 avril, vers 20 heures, Wang arrive à Du Gongguan et a le sentiment inquiétant que Du Yuesheng n'apparaît pas. Les rabatteurs environnants, qui s'approchaient, montraient un regard de tueur. Wang Shouhua a secrètement crié d'incrédulité et s'est retourné pour partir, mais il était trop tard. Quelques rabatteurs se sont jetés sur lui, l'ont habilement fait tomber au sol, l'ont proprement mis dans un sac et l'ont mis dans une voiture pour l'enterrer vivant dans la banlieue de Long Hua.

Immédiatement après, le 12 à 3 heures du matin, les voyous de la Bande Verte sous les ordres de Du Yuesheng, armés de pistolets, formèrent un détachement avec une cible précise, s'habillèrent en vêtements d'ouvriers avec le mot "Travail" sur leur manche, et se précipitèrent en voiture hors de la Concession française, le camp principal de la Bande Verte. Au même moment, plusieurs centaines de soldats de l'armée de Bai Chongxi se sont également déguisés en passant par la zone publique louée, se sont rendus à Zhabei, Nancheng, Huxi et d'autres endroits, et ont attaqué les quartiers des piquets de grève des ouvriers de Nancheng. Les troupes de Zhou Fengqi de la 26e armée avaient pris position près des piquets de grève des travailleurs et du siège de l'Union générale des travailleurs pendant la nuit, lorsqu'elles ont désarmé de force les piquets de grève des travailleurs sous prétexte de maintenir l'ordre et de réguler le conflit.

À midi ce jour-là, l'Union générale des travailleurs de Shanghai a lancé une grève générale des travailleurs de la ville, manifestant contre les atrocités. En conséquence, l'"armée nationale révolutionnaire" de Chiang Kai-shek a commencé à tirer sur les "nationaux" en marche et le massacre a commencé. En deux jours, 300 travailleurs ont été tués, 500 ont été arrêtés et 5 000 ont "disparu". S'ensuit une répression massive et sanglante à Nanjing, Suzhou, Wuxi, Hangzhou, Guangdong, Changzhou et dans d'autres endroits, au cours de laquelle quelque 25 000 communistes et gauchistes sont massacrés. La Chine entière savait que Chiang Kai-shek, commandant en chef de l'Armée nationale révolutionnaire, avait ouvertement trahi la Révolution nationale.

La nouvelle est parvenue au gouvernement national de Wuhan et a immédiatement déclenché un séisme politique majeur. Au nom du Comité central du Kuomintang, Wang Jingwei, président du gouvernement national de Wuhan, annonça la destitution immédiate de Chiang Kai-shek de toutes ses fonctions, l'expulsa du Kuomintang et lança un mandat d'arrêt contre lui. Le gouvernement national de Wuhan était alors confronté à un choix stratégique majeur : soit poursuivre l'expédition du Nord et détruire les seigneurs de la guerre de Pékin qui dominaient encore la région du fleuve Jaune et le nord et le nord-est de la Chine, soit conquérir Tchang par l'est et la Révolution nationale serait divisée.

Les forces militaires du gouvernement de Wuhan, telles que Tang Shengzhi et Zhang Faqui, sont pour la plupart en désaccord avec Chiang Kai-shek, et préconisent donc l'Expédition de l'Est afin de se débarrasser de Chiang Kai-shek et d'annexer la région la plus riche de Chine, le Jiangsu et le Zhejiang. Le conseiller politique de l'Union soviétique, Borodine, et les dirigeants communistes chinois Chen Duxiu et Zhou Enlai préconisent la poursuite de l'Expédition du Nord et la défaite des seigneurs de la guerre de Pékin avant de tourner l'arme contre Tchang Kaï-chek.

Borodin a fait valoir que

> "il est impossible d'avancer vers l'est avec nos forces actuelles... une avancée vers l'est inciterait non seulement Tchang Kaï-chek à faire une alliance ouverte avec l'impérialisme et même les seigneurs de la guerre du Nord, mais nous serions vaincus et éliminés."[59]

Les préoccupations de Borodin étaient valables.

En ce qui concerne la situation militaire, le gouvernement de Wuhan est désavantagé de tous les côtés. Au nord se trouvent les seigneurs de guerre de la ligne directe qui n'ont pas été vaincus et les seigneurs de guerre de la ligne Feng qui sont encore forts, à l'est les

---

[59] Déclaration de Borodine lors d'une réunion du Bureau politique du Comité central du Parti communiste avec une délégation de l'Internationale communiste, 13 avril 1927.

provinces les plus riches sont occupées par Chiang Kai-shek et ses alliés l'armée de Li Zongren, et au sud les deux provinces sont tenues par les forces Gui et pro-Chiang de Li Jishen, tous ces ennemis aiguisent leurs couteaux et sont prêts à bondir. L'armée sous le commandement du gouvernement de Wuhan était pour la plupart du côté du gouvernement de Wuhan en raison de certaines considérations pratiques, soit parce qu'ils avaient besoin des provisions du gouvernement de Wuhan, soit en raison de conflits de factions et d'ambitions contradictoires avec Chiang, mais en fait ils s'identifiaient surtout au "Parti Qing" anticommuniste de Chiang Kai-shek et pouvaient vendre la révolution à tout moment, tout comme Chiang Kai-shek, tant que le prix était négocié. Seule une des divisions de Ye Ting pouvait réellement respirer et partager le même sort que le gouvernement de Wuhan.

Quant à la situation économique, c'est encore plus difficile. En fait, la partie de Wuhan cherche également à obtenir le soutien des communautés financières et commerciales de Shanghai. Le 27 mars, le gouvernement national de Wuhan envoie à Shanghai le ministre des Finances, M. Song Ziwen, pour s'occuper de toutes les questions financières, et ordonne que toutes les finances des provinces du Jiangsu et du Zhejiang soient placées sous ses auspices, et que toutes les taxes et collectes de fonds auprès des banques commerciales chinoises soient gérées par le ministre des Finances.[60] Song Ziwen est arrivé à Shanghai le 29 mars et a négocié avec Chiang Kai-shek le lendemain pour l'unification des affaires financières du Jiangsu et du Zhejiang. Le 31 mars, le commandement général de l'Armée nationale révolutionnaire a créé le "Comité des finances de Jiangsu-Shanghai", les responsables financiers de Shanghai étant chargés de questions spécifiques. Par conséquent, lorsque Song Ziwen est arrivé à Shanghai, le travail n'a pu commencer avant un certain temps.

Après le coup d'État du "12 avril", Chiang Kai-shek a complètement tourné le dos aux communistes et le Kuomintang est parti, et la sécurité personnelle de Song a été une fois menacée, sans parler du financement du gouvernement de Wuhan. En fin de compte, même Song Ziwen lui-même a été rebellé par Kong Xiangxi et Song Hei Ling et a fait défection à Chiang Kai Shek.

---

[60] Gestion des finances et de l'électricité par le ministre Song, 5 avril 1927, Shanghai R.O.C. Daily, 2e édition no. 1.

Par la suite, Chiang Kai-shek a officiellement établi le gouvernement national de Nanjing le 18 avril et a commencé à nier publiquement le gouvernement de Wuhan, ce qui l'a amené à proclamer le 28'il se joindrait aux grandes puissances pour imposer un blocus économique à Wuhan. Les ploutocrates de Jiang et de Zhejiang, qui détiennent le sang financier de la Chine, se sont rangés du côté de Chiang Kai-shek et ont coupé tous les canaux de financement du gouvernement national de Wuhan. Les banques, les caisses et les billetteries de Shanghai ont toutes cessé d'envoyer de l'argent à Wuhan, attendant la chute du gouvernement.

À cette époque, les prix à Wuhan avaient atteint des niveaux astronomiques, et les différentes pièces et crédits émis par le gouvernement de Wuhan étaient tombés en désuétude. Les recettes mensuelles du gouvernement ne s'élèvent qu'à 1,5 million de dollars d'argent et ses dépenses à 13 millions de dollars d'argent ! Avec plus d'un tiers des chômeurs de la ville et leurs familles, plus les révolutionnaires et les demandeurs d'asile de toutes les provinces, et des dizaines de milliers de blessés dans plusieurs batailles, l'ensemble du gouvernement de Wuhan a atteint un point critique, avec toutes les parties dans la tourmente.

Wuhan, que ce soit l'Union soviétique, le Parti communiste chinois ou Wang Jingwei, a en fait misé son trésor sur l'armée nationale de Feng Yuxiang dans le nord.

Après être devenu chef de guerre, Feng Yuxiang a été baptisé dans le christianisme, utilisant des hymnes chrétiens comme chant de son armée et le dogme chrétien comme modèle pour formuler les règlements militaires, ce qui lui a valu d'être appelé le "général chrétien" par l'opinion mondiale. En 1924, lorsqu'il découvre que les Soviétiques sont généreux avec leurs subventions, il rejoint l'Union soviétique.

Maintenant, Feng Yuxiang, cultivé par 16 millions de roubles d'or et d'armes, est en charge du col de Tongguan, avec un œil de tigre sur les plaines centrales, attendant de miser ses jetons au moment crucial où la balance politique chinoise basculera.

Le jour est venu rapidement.

En juin 1927, Feng Yuxiang et Wang Jingwei ont tenu une réunion à Zhengzhou. Lors de cette réunion, Wang Jingwei a énuméré les différents vices de Chiang Kai-shek dans le but de convaincre Feng

Yuxiang de s'opposer à Chiang. Le prix offert était de lui donner tout le pouvoir du parti, du gouvernement et de l'armée dans les provinces du Henan, du Shaanxi et du Gansu au nom du gouvernement national de Wuhan. Bien sûr, Feng Yuxiang n'est pas un imbécile, les trois endroits ci-dessus sont déjà sous le contrôle réel de l'armée nationale de Feng Yuxiang, et le prix de Wang Jingwei est équivalent à une approbation après coup, Feng Yuxiang n'a pas récolté de réels avantages. Il semble qu'il n'y ait plus moyen d'extraire de l'huile de Wang Jingwei, alors pressez cette vieille peau d'orange de Chiang Kai-shek et voyez si vous pouvez en extraire du jus d'orange.

Ainsi, une semaine seulement après la conférence de Zhengzhou, Feng Yuxiang a tenu une réunion avec Chiang Kai-shek à Xuzhou le 20 juin. Lors de cette rencontre, Chiang Kai-shek a exhorté Feng Yuxiang à se rendre au gouvernement nationaliste de Nanjing et à lutter contre le "parti Qing" communiste. Chiang Kai-shek a offert une allocation mensuelle de 2,5 millions de dollars d'argent aux hommes de Feng Yuxiang, à partir de juillet 1927. Immédiatement après la réunion, Chiang Kai-shek est retourné à Shanghai pour mettre en œuvre le paiement. Dans un rapport du 30 juin, le consul général britannique Sir David Baldwin a déclaré qu'une campagne massive de crowdfunding avait eu lieu à Shanghai au cours des deux dernières semaines de juin. Il a émis l'hypothèse qu'il s'agissait de faire respecter le financement de Feng Yuxiang par Chiang Kai-shek afin d'obtenir son soutien contre l'accord de Xuzhou du gouvernement national de Wuhan. [61]

Chiang Kai-shek, qui était soutenu par les zaibatsu de Jiang et de Zhejiang, avait fait un geste extraordinaire, offrant 2,5 millions de dollars d'argent par mois, bien plus que ce que Wuhan pouvait offrir. 2,5 millions de dollars en argent par mois ! C'était comme si quelqu'un avait récité le mantra "Porte Sésame" devant Feng Yuxiang, et qu'un trésor si énorme qu'il dépassait l'imagination était apparu devant ses yeux. Feng Yuxiang, sans réfléchir, a immédiatement décidé de jeter le rouble d'or et s'est jeté sur la grosse jambe épaisse que Tchang Kaï-chek venait de tenir. Le 21 juin, Feng Yuxiang a envoyé un télégramme de type ultimatum à Wang Jingwei et Tan Yen-loos de Wuhan.

---

[61] Autre communication sur la Chine, British Foreign Office 405/254, confidentiel, n° 13315, juillet-septembre 1927, n° 43, annexe.

À ce moment-là, Wang Jingwei est très en colère. À l'origine, le 1er juin, Luo Yi, un représentant de l'Internationale communiste, arrive à Wuhan avec une copie de la résolution du Comité exécutif de l'Internationale communiste sur la Chine (la "directive de mai"). Quelques jours plus tard, Luo Yi a transmis cette résolution à Wang Jingwei en sa qualité de "ministre des Affaires impériales". La résolution de l'Internationale communiste se lit comme suit :

> ➢ Défendre fermement une réforme agraire ascendante, mais doit lutter contre les excès qui ne touchent pas les terres des officiers et des soldats et faire des concessions aux artisans, commerçants et petits propriétaires.

> ➢ Mobiliser 20 000 communistes et 50 000 ouvriers et paysans révolutionnaires dans la région des Deux Lacs pour former leur propre armée.

> ➢ Modifier la composition actuelle du KMT en absorbant de nouveaux dirigeants ouvriers et paysans des échelons inférieurs dans le centre du KMT.

> ➢ Expulsion de tous ceux qui ont de vieilles idées.

> ➢ Création d'un tribunal militaire révolutionnaire dirigé par d'éminents nationalistes et non communistes pour punir les officiers réactionnaires.

Il ne s'agissait pas d'une coopération avec l'État communiste, Staline demandait à Wang Jingwei de se rendre complètement au Parti communiste. Wang Jingwei le regarda et réprima sa colère, mais il négocia quand même. Il a offert à l'Union soviétique un prêt de 15 millions de roubles or, tandis que Moscou a accepté de ne fournir qu'une aide de 2 millions de roubles or. Staline est allé trop loin, en demandant aux gens de vendre leur corps et en refusant de les payer suffisamment pour le faire, et tout le monde s'est mis en colère. C'est à ce moment-là que Wang Jingwei a reçu un télégramme de Feng Yuxiang l'exhortant à lutter contre le Parti communiste, ce qui a fait mouche.

Immédiatement après, Song Ziwen, le ministre des finances du gouvernement de Wuhan, qui était resté à Shanghai pendant les mois précédents, est soudainement revenu à Hankou le 12 juillet et, porteur d'une lettre de Chiang Kai-shek, a tenu plusieurs séries de discussions privées avec Wang à son domicile de Wang Jingwei.

Trois jours plus tard, le gouvernement national de Wuhan a organisé un coup d'État contre-révolutionnaire sous le slogan "Mieux vaut tuer 3 000 personnes par erreur que d'en épargner une seule", et un grand nombre de communistes et de gauchistes sont tombés dans l'abattoir.

Après l'épuration des "communistes", les contradictions de principe entre les gouvernements nationaux de Wuhan et de Nanjing ont été résolues, et ce n'est qu'une question de temps avant que la "fusion de Ning-Han" ait lieu. Chiang Kai-shek, qui avait remporté une victoire décisive dans la lutte de Ning-Han, semblait devoir être le chef du nouveau gouvernement comme une évidence. Cependant, à la consternation générale, Chiang Kai-shek se retire moins d'un mois après la "scission" de Wuhan.

Avec une situation politique aussi bizarre en Chine, il n'est pas étonnant que même le ministère des affaires étrangères de l'Empire britannique, qui est bon en "capital-risque", soit perplexe face aux turbulences de la scène politique chinoise. Cependant, la réponse est en fait très simple. Il existe un vieux proverbe chinois : "Quand l'oiseau a épuisé son arc, le lapin meurt et le chien cuit". "Mais cette fois, l'"arc" et le "chien" sont devenus Tchang Kaï-chek, et ceux qui voulaient "cacher l'arc et cuire le chien" étaient les ploutocrates du Zhejiang et du Jiangsu.

Le conseil d'administration de Zaibatsu licencie le PDG pour ses bêtises.

Le péché originel de Chiang Kai-shek pour les ploutocrates du Jian Zhejiang et du Zhejiang était que l'appétit était trop grand et l'appétit trop laid.

Chiang Kai-shek n'a pas eu la vie facile après le coup d'État du "12 avril". La purge du Parti communiste non armé n'était qu'un "hors-d'œuvre pour le dessert" avant le repas principal. Après la formation du gouvernement national de Nanjing, celui-ci a dû maintenir le fonctionnement de l'appareil d'État, traiter avec le gouvernement national de Wuhan et se méfier des seigneurs de la guerre de Pékin dans le nord, le tout sans argent.

Cependant, les ploutocrates du Jiangsu et du Zhejiang, en tant que capitalistes, doivent calculer le rendement des investissements. Le financement initial a été imposé par le Parti communiste, sans un peu de sang, tout le monde doit jouer. Maintenant soulagé, l'appétit de Chiang Kai-shek devient de plus en plus grand, ce qui dépasse les budgets des ploutocrates, et tout le monde commence à reculer de la position de soutien à Chiang.

Peu importe que le Jiangzhe zaibatsu rétrécisse, Chiang Kai-shek a immédiatement roulé des yeux, il n'est pas coincé dans mon cou ! Si tu ne veux pas de toast, tu seras puni. Alors Chiang Kai-shek a pris ce qu'il avait fait aux communistes et aux syndicats et s'en est pris aux capitalistes.

Le 14 mai 1927, le fils d'un peintre vivant dans la Concession française est arrêté sous l'accusation de contre-révolutionnaire et libéré le 19 mai, après que le peintre ait promis de "faire don" de 200 000 dollars d'argent à l'État. Le roi du fil de coton et de la farine, Rong Zongjing, a été arrêté sous l'accusation d'"être un marchand perfide et d'avoir financé un seigneur de la guerre", et Chiang Kai-shek a personnellement ordonné la confiscation de la minoterie de la famille Rong à Wuxi, qui a été abandonnée après que Rong Zongjing ait fait don de 250 000 yuans d'argent au régime de Chiang. Le fils de 3 ans du directeur de Sincere, O Byung Kwang, a été enlevé et on lui a demandé de faire un "don" de 500 000 wons d'argent à la cause du parti. Le résultat réel de l'utilisation par Chiang Kai-shek de cette combinaison de "kidnapping" et "d'attente de kidnapping" pour extorquer de l'argent aux capitalistes, selon le consul américain à Shanghai, "est un véritable règne de terreur parmi les classes aisées... l'attitude des marchands et des gentilshommes évolue constamment vers une opposition au Kuomintang, qui est débridé dans sa tyrannie et leur inflige de grandes souffrances".[62] Un observateur australien en Chine, Chapman, rapporte,

> " Les riches Chinois peuvent être arrêtés chez eux ou disparaître mystérieusement sur la route... Le grand riche est arrêté comme " communiste " ! (...) on estime que Tchang Kaï-chek a réuni par ce moyen un total de 500 000 dollars de fonds, un règne de

---

[62] Consul des États-Unis à Shanghai, Kningham à Mamouri, Département d'État américain 893/9195, 30 juillet 1927 ; Goss à Mamouri, Département d'État américain 893/9199, 5 juin 1927 ; Kningham à Meyer, Département d'État américain 893/9660, 3 septembre 1927.

terreur que Shanghai n'a jamais connu dans les derniers temps, sous aucun régime. " [63]

Le style de jeu de Chiang Kai-shek est presque identique au style ultérieur d'Hitler. Quelques années plus tard, Hitler était également sur le GEM avec le capital-risque de Wall Street. La famille Rothschild avait été dans la prison de la Gestapo. Pour les hommes forts politiques comme Chiang Kai-shek et Hitler, la consolidation du pouvoir est le principe d'action le plus élevé, et tout le reste vient en second. Les banquiers et les ouvriers, s'ils peuvent faire ce qu'ils veulent, peuvent travailler pour eux et obtenir ce dont ils ont besoin ; une fois que la situation change, ils peuvent tourner le dos plus vite qu'ils ne savent lire.

Les magnats de Shanghai Beach sont vraiment en colère et les conséquences sont vraiment graves. Les magnats pensent que Tchang Kaï-chek ne s'est vraiment pas arrangé, et que nous vous donnons de l'argent pour travailler pour nous. Maintenant, vous êtes si arrogants et dominateurs avant d'être riches, et vous ne respectez pas les règles.

Il faut se débarrasser de ces éléments dangereux. La raison de ce retard était qu'il y avait un gouvernement pro-communiste à Wuhan aux portes du Bund de Shanghai, et que la pression extérieure n'avait pas encore été complètement levée et que Chiang Kai-shek devait être toléré. Le temps que Wang Jingwei s'attaque également aux communistes de Wuhan, il n'y aurait plus lieu de s'inquiéter.

Ainsi, Chiang Kai-shek s'est retiré dans le compte à rebours.

En fait, le gouvernement national de Nanjing n'est pas une partie de plaisir. Il y avait un conflit d'intérêt évident entre le système Gui, dirigé par Li Zongren et Bai Chongxi, et le système Huangpu de Chiang Kai-shek. Même le soutien de He Yingchen à Chiang Kai-shek n'était pas fiable. La domination tyrannique de Chiang Kai-shek lui avait créé trop d'ennemis politiques pour son propre bien, alors que lui-même se délectait de la joie de la victoire.

À ce moment délicat, l'armée de Chiang Kai-shek a été vaincue par les forces du seigneur de guerre Fengtian lors de la deuxième expédition du Nord et a même perdu la ville importante de Xuzhou, dans l'est de la Chine. Shanghai et Nanjing sont en état d'urgence et le

---

[63] *The Chinese Revolution 1926–1927* (Londres, édition de 1928), Chapman, p. 232.

prestige de Chiang Kai-shek s'effrite. Les forces de Gui au sein du gouvernement de Nanjing en ont profité pour pousser le palais. Les autorités de Wuhan Wang Jingwei, qui ont négocié la fusion, ont insisté à plusieurs reprises pour que la condition préalable au déménagement du gouvernement de Wuhan à Nanjing soit que Chiang Kai-shek lui-même se retire. Le patriarcat du Guangdong au sein du Kuomintang et la "faction princière" qui soutenait le fils de Sun Yat-sen, Sun Ke, ont également uni leurs forces pour pousser Chiang à bout. Et malgré les collectes de fonds extorquées à la manière des gangsters à Shanghai, le gouvernement de Nanjing est toujours incapable de joindre les deux bouts en raison des énormes dépenses militaires. Chiang Kai-shek n'est devenu une famille que pour savoir que le riz est cher, et pendant un certain temps, sans le soutien des zaibatsu du Jiangsu et du Zhejiang, il ne peut que regarder le désordre et ne peut rien y faire.

Ce n'est qu'à ce moment-là que Chiang Kai-shek a compris qu'il y avait une différence entre diriger un pays et renverser un régime, et qu'il ne pouvait plus jouer les voyous comme il l'avait fait par le passé.

Tchang Kaï-chek était, après tout, un homme assez intelligent, et au lieu de s'acharner comme ça, il pourrait aussi bien se précipiter et mettre les autres sur le feu au premier plan pour qu'ils rôtissent, et revenir ensuite pour reprendre l'assiette quand tous les autres seront trop à rôtir.

Ainsi, le 12 août 1927, lors d'une réunion du Comité militaire central du Kuomintang, Chiang Kai-shek a proposé de démissionner de son poste de commandant en chef et de laisser la défense de Nanjing à d'autres généraux, puis de quitter Nanjing pour Shanghai. La déclaration de retraite de Chiang Kai-shek a été publiée le 13 août, et il est officiellement parti sur le terrain le 14 août. Immédiatement après, le gouvernement de Wuhan a annoncé son déménagement à Nanjing le 19 août, Wang Jingwei est également arrivé à Nanjing début septembre, et Ninghan a été officiellement réunifié pour la "fusion de Ninghan".

Chiang Kai-shek est enfin sur le marché des entreprises en croissance.

Voyant que les fruits de la victoire ont été ainsi volés, Chiang Kai-shek a savouré le goût amer, pensé à la douleur et fait une profonde réflexion. Pour revenir au centre de la scène politique chinoise, il est nécessaire de s'assurer le soutien monétaire des ploutocrates de

Jiangzhe qui contrôlent le pouvoir financier de la Chine. Bien que Wang Jingwei et Li Zongren aient connu un succès momentané, il était convaincu que lui seul avait la force et les compétences pour réussir en Chine, et que tôt ou tard, les ploutocrates du Jiangsu et du Zhejiang se rendraient compte de qui était le véritable "vrai fils" de la Chine à l'avenir. Il était impératif de regagner la reconnaissance des "marchés des capitaux" et de trouver un moyen de se représenter à une introduction en bourse.

La clé pour obtenir le soutien des ploutocrates du Jiang et du Zhejiang est de dissiper leurs doutes et de faire en sorte qu'ils s'identifient à Tchang Kaï-chek comme "l'un des leurs" du fond de leur cœur, et la meilleure façon d'y parvenir est d'unir ses forces et de se lier aux ploutocrates du Jiang et du Zhejiang par le mariage. Il va lancer une offensive, une offensive pour gagner le cœur des belles, une offensive qui n'aura pas moins de valeur stratégique que n'importe quelle vraie guerre.

Sa cible était Song Mei-ling.

À l'époque, la vieille dame de la famille Song, Ni Guizhen, était en convalescence au Japon. Afin de courtiser Song Mei-ling, Chiang Kai-shek se rendit au Japon le 28 septembre pour obtenir la permission de la famille Song de l'épouser. Il est ainsi apparenté par mariage à Sun Yat-sen (Song Qingling), Song Ziwen et Kong Xiangxi (Song Anling). La famille Song, quant à elle, entretient des liens très étroits avec les ploutocrates du Jiangxi et du Zhejiang et la classe des grands rachats chinois qui représente les intérêts des banquiers internationaux en Chine.

Le petit-fils de Xi Zhengfu du gang de la montagne Dongting, la grande famille d'acheteurs de Shanghai, Xi Dezhong, était un camarade de classe de Song Ziwen lorsqu'il étudiait aux États-Unis, et son frère aîné, Xi De Mao, a marié sa fille au frère cadet de Song Ziwen, Song Ziliang, qui avait une grande participation dans la Shanghai Commercial Savings Bank de Chen Guangfu, un grand banquier du Jiangsu et du Zhejiang.

La famille Song elle-même représente les rachats chinois de capitaux américains. Song, le fondateur de la famille Song, a grandi aux États-Unis, a reçu une éducation religieuse américaine complète et était un chrétien fervent. Plusieurs de ses frères et sœurs sont diplômés d'universités américaines, et Song lui-même a travaillé dans une banque commerciale de Wall Street juste après avoir obtenu son diplôme de l'université de Columbia. Le mari de Song, Kong Xiangxi, a également fait ses études aux États-Unis et était l'agent général de Mobil Oil pour la région nord de la Chine. Cette famille est inextricablement liée au capital américain. Quant à l'union de Chiang Kai-shek avec Soong Mei-ling, le grand titre des médias chinois de l'époque, qui couvraient ce mariage politique, le disait avec précision : "Chiang et Soong s'unissent, coopération "Chine-États-Unis"" (Chiang, Soong Mei-ling).

C'est la combinaison parfaite d'un consortium de rachat chinois et d'un dictateur militaire. Juste au moment où Chiang Kai-shek était occupé à injecter de "nouveaux actifs", le "flux de fusion de Ning Han" après le nouveau gouvernement national a été près de découvrir le pot.

Sun Ke, le ministre des finances du nouveau gouvernement et chef de la "faction des princes" au sein du Kuomintang, n'avait pas la capacité de collecte de fonds de Chiang Kai-shek, qui disposait d'un budget mensuel de 20 millions de dollars d'argent pendant son règne, et Sun Ke était totalement incapable de réunir cette somme. Jusqu'en octobre 1927, alors qu'il n'avait réuni que 8 millions de dollars d'argent, le gouvernement était paralysé et l'armée refusait de prendre des ordres parce qu'elle ne pouvait pas être payée. À court d'argent, Sun Ke a également suivi le mouvement, il a émis à nouveau le 1er octobre les "Deuxième et Cinquième Bons du Trésor avec taxes" de la douane de Jiang, dont le montant était de 10 millions de plus que les 30 millions de yuans argentés de Chiang Kai Shek, atteignant 40 millions de yuans argentés !

Afin de mobiliser les zaibatsu du Jiangsu et du Zhejiang pour qu'ils souscrivent à leurs dettes publiques, Sunke a également convoqué une réunion avec Yu Qiaqing et d'autres personnalités financières de premier plan pour mobiliser tout le monde à souscrire, ce qui a donné lieu à une réponse tiède. La Shanghai Money Bank avait accordé à Chiang Kai-shek un prêt de 5,6 millions de yuans d'argent du 1er avril au 16 juillet 1927, mais lorsque Sun Ke a demandé à la Shanghai Money Bank de souscrire aux 500 000 yuans d'argent des bons du

Trésor taxés à l'Erwu le 26 octobre, il n'a réuni que 340 000 yuans d'argent. [64]

Sans le soutien des ploutocrates du Jiangsu et du Zhejiang, le nouveau gouvernement aurait été pratiquement insoutenable.

À cette époque, le Jiangzhe zaibatsu, a été sur Wang Jingwei, Sunke, Li Zongren l'exécution de ce groupe de personnes est assez déçu, compter sur ce groupe peut se battre sur les seigneurs de la guerre dans le nord ? Les gros bonnets ont commencé à attendre et à voir, et peut-être que Chiang Kai-shek, qui était devenu une "famille", était plus à même d'assumer la tâche d'unifier le pays.

Bientôt, les armées de Li Zongren et de Bai Chongxi de la famille Gui au sein du nouveau gouvernement, tout comme la famille Xiang de Tang Shengzhi, ont éclaté dans une guerre civile pour le pouvoir, et bien que la famille Gui ait vaincu Tang Shengzhi, les deux camps ont tellement perdu qu'ils étaient en fait incapables de se battre à nouveau.

À cette époque, les forces pro-Jiang au sein du Kuomintang ont saisi l'occasion pour exiger le retour au pouvoir de Tchang Kaï-chek afin de nettoyer le désordre, les ploutocrates du Jiang et du Zhejiang considéraient déjà Tchang Kaï-chek comme un initié, et ils étaient également persuadés que grâce à la dernière "recapitalisation", Tchang Kaï-chek devrait avoir tiré suffisamment de leçons, il devrait être sur la voie.

Le 4 janvier 1928, Chiang Kai-shek est arrivé à Nanjing en provenance de Shanghai pour prendre en charge l'ensemble de la situation, et le 9 janvier 1928, Chiang Kai-shek a officiellement téléphoné à l'ensemble du pays pour assumer le poste de "commandant en chef de l'armée nationale révolutionnaire", puis a occupé les postes de président du comité militaire et de président de la conférence politique centrale du Kuomintang.

Seulement 116 jours se sont écoulés depuis la fin de l'année.

Lorsque Chiang Kai-shek est arrivé au pouvoir, sous la coordination du ministre des finances et gouverneur de la banque

---

[64] *History of the Shanghai Money Bank*, Shanghai Branch of the People's Bank of China, p. 207 ; Kningham to Meyer, U.S. Department of State 893/9660, 12 novembre 1927.

centrale Song Ziwen, les ploutocrates du Jiangsu et du Zhejiang ont rapidement souscrit à la dette publique de 40 millions de dollars d'argent, qui n'a pu être vendue malgré tous leurs efforts. Avec le soutien renouvelé des ploutocrates du Jiangsu et du Zhejiang, Chiang Kai-shek a finalement pris sa place dans le pays. En retour, les ploutocrates du Jiangsu et du Zhejiang comptaient également sur Chiang Kai-shek pour faire de son mieux pour eux.

Pourtant, ils ont oublié la nature d'un dictateur militaire. Une telle personne ne serait jamais disposée à être soumise à qui que ce soit, et devrait trouver un moyen de contrôler toute personne ou organisation qui voudrait le contrôler. Cromwell l'a fait, Napoléon l'a fait, Hitler l'a fait, et Chiang Kai-shek n'a pas fait exception.

Pour l'instant, cependant, Chiang doit compter sur les sacs d'argent des banquiers. Car Chiang Kai-shek se heurtait à la résistance de ses ennemis les plus redoutables, les communistes qu'il s'efforçait tant d'éradiquer.

Peu après le coup d'État, les communistes, qui avaient été ensanglantés par le couteau de boucher de Chiang Kai-shek, ont également commencé à prendre les armes.

Le 1er août 1927, les communistes se révoltent à Nanchang. Le cauchemar de Chiang Kai-shek touche à sa fin.

CHAPITRE IV

La Banque centrale rouge

Q uel sera l'avenir après le partage des terres par les propriétaires ? Ça coûte de l'argent de combattre le siège. Comment l'Armée Rouge peut-elle se battre sans argent ? Sans or, sans argent, comment la monnaie soviétique pourrait-elle fonctionner ? De l'argent rouge fictif ?

Outre les aspects militaires et politiques de la survie et du développement de la Base rouge, la finance joue également un rôle assez crucial. L'argent était indispensable pour la guerre contre le "siège", pour le fonctionnement du régime du Soviet central, pour la subsistance et la production de la population locale, et pour le développement du commerce de marché.

Le gouvernement soviétique a très tôt compris l'importance de la monnaie et des banques et a créé en 1932 la plus petite banque centrale du monde, la Banque nationale soviétique. À sa création, elle ne comptait que cinq employés, et au mieux, quatorze. Ces personnes n'ont pas fait d'études supérieures, n'ont pas beaucoup d'expérience bancaire et ne savent même pas comment fonctionne la banque centrale. Pour aggraver les choses, elle manque même de capital de départ. En plus de cela, pour émettre de la monnaie, il n'y a pas de papier spécial, pas de dessins, pas d'encre, pas d'anti-contrefaçon, tout doit être pris en charge par soi-même. Ne connaissant ni la comptabilité du trésor, ni la comptabilité bancaire, ni l'escompte des lettres de change, ni l'émission de la dette publique, ils se sont développés sans cesse à partir de rien et dans la pratique.

Unification des finances, développement du commerce, marchés actifs, ils arrivent rapidement à maturité en trois ans. La Banque centrale rouge a contribué à la victoire de la guerre contre le "siège", à la consolidation du régime soviétique, à l'amélioration de la vie des gens et à la prospérité du marché et du commerce.

Le financier "Plan de la ville vide" de Mao Zemin

Un jour de 1933, Mao Zemin, président de la Banque nationale de la République soviétique de Chine, venait de rentrer de l'étranger dans son bureau de Ruijin et s'apprêtait à vérifier les comptes lorsque Cao Jüru, chef de la section comptabilité, se précipita et dit avec anxiété,

> *"Gouverneur Mao, récemment, de nombreux villageois sont venus échanger des billets de banque contre des espèces. Les liquidités du trésor public sont inférieures à la moitié, je pense que quelque chose va mal tourner, dépêchez-vous de réfléchir à un moyen !"*

Dès que Mao Zemin en a entendu parler, il s'est précipité au bureau d'affaires de la banque. Il y avait une longue file d'attente à l'extérieur du hall d'affaires, et le hall était rempli de personnes attendant d'échanger leur argent, et tout le monde parlait et était excité. Quelqu'un a crié : "De nos jours, les hommes d'affaires ne prennent que de l'argent liquide, pas de l'argent papier, et je veux l'échanger contre de l'argent liquide !". "Quelqu'un a repris la conversation et a dit : " Oui, quel est l'intérêt de garder de la monnaie papier maintenant qu'elle va être mise au rebut ? "

Mao Zemin fronça les sourcils sans dire un mot et se retourna pour sortir de la salle. Il s'est retourné dans les rues du comté de Ruijin, et a vraiment vu quelques magasins de produits de première nécessité, des boutiques de tissus et des étals de sel avec des panneaux indiquant "argent liquide uniquement". Mao Zemin se rend compte que la course qu'il craignait le plus s'est finalement produite !

Il s'est précipité au ministère des Finances, a fait son rapport au ministre Deng Zichuo et, dans le même temps, a cherché à s'entretenir avec Qian Zhiguang, qui venait de prendre son poste de directeur de l'Administration générale du commerce extérieur.

Mao Zemin a dit :

> *"Le plus grand tabou de la banque est le run, et récemment j'en ai eu un vague pressentiment, mais je ne m'attendais pas à ce qu'il survienne si rapidement. Après le troisième contre-siège, le Kuomintang nous a imposé un blocus économique strict, la région soviétique a manqué de fournitures, les prix ont grimpé en flèche et la monnaie papier s'est dépréciée. En outre, l'ennemi a créé une grande quantité de fausse monnaie qui circule en Union soviétique et a répandu le sabotage et perturbé*

le marché financier en Union soviétique. Nous devons trouver un moyen de mettre fin à cette situation le plus rapidement possible. "

En fait, le raisonnement est simple : la crédibilité de la Banque nationale et de la monnaie soviétique doit être garantie, et en préservant la crédibilité de la Banque et de la monnaie qu'elle émet, la crédibilité du gouvernement soviétique est préservée.

À ce stade, Mao Zemin était confronté à une situation similaire à celle de la justice de Matsumata au Japon, où la surémission de papier-monnaie avait entraîné une dépréciation spectaculaire du papier-monnaie par rapport au dollar-argent. Il y a également un nombre important de billets en yens non liquides parmi la monnaie papier de la justice de Matsumoto, de sorte que la situation est gérable car le gouvernement n'est pas obligé d'échanger de l'argent liquide contre de l'argent malgré la dépréciation de la monnaie papier. Mais le problème de Mao Zemin est en difficulté, et la ville natale exige un encaissement immédiat, et le crédit de la monnaie soviétique s'effondrerait immédiatement avec des conséquences inimaginables une fois les réserves de dollars d'argent épuisées.

À cette époque, afin de rétablir le crédit du yen, Matsumata Justice a audacieusement adopté la méthode consistant à échanger autant de billets de banque que possible contre autant de dollars d'argent que possible, le tout dans un rapport de un à un, jusqu'à ce que le marché soit pleinement convaincu que les réserves d'or et d'argent du gouvernement étaient suffisantes. Toutefois, à cette époque, le juge Matsubata a résolu le problème de l'afflux de pièces d'or et d'argent en provenance de l'étranger en utilisant la méthode innovante des traites en devises de la Yokohama Shojin Bank, tandis que Mao Zemin n'a pas pu résoudre le problème par l'idée d'augmenter les réserves de pièces d'or et d'argent.

En tout cas, il ne faut pas laisser le crédit de la monnaie soviétique faire faillite. Mao Zemin insiste pour que tous ceux qui viennent demander l'échange de devises étrangères, la banque doit garantir l'échange, et stipule strictement que l'échange d'un billet d'un dollar pour un dollar de devises étrangères, personne ne doit augmenter le prix des devises étrangères !

Déterminée, la Banque nationale a immédiatement fait venir une grande quantité d'argent du trésor pour l'échange public de billets de banque. Deux jours ont passé, le nombre de personnes venant échanger des devises a augmenté, et la file d'attente à la porte de la banque est de plus en plus longue. Cao Jiru a dit à Mao Zemin,

> *"Gouverneur Mao, il ne reste plus beaucoup de devises étrangères, devons-nous arrêter le change ?"*

Mao Zemin a répondu,

> *"Maintenant, les gens échangent les pièces avec beaucoup d'enthousiasme et ne peuvent pas s'arrêter. Le but de l'échange du yang léger est d'améliorer la crédibilité de la monnaie papier, et ce n'est qu'en améliorant la crédibilité de la monnaie papier que la stabilité financière peut être atteinte !"*

Cao Ju Ru a soupiré,

> *"C'est ce raisonnement. Mais si Chief Money ils ne reviennent pas demain et après-demain, il y aura beaucoup de problèmes."*

Mao Zemin a baissé la tête et réfléchi pendant un moment, puis ses yeux se sont soudainement illuminés et il a dit,

> *"Il semble que nous devons apprendre de M. Kong Ming et chanter le 'tour de la ville vide'. Au milieu de la nuit, les gars..."*

Le lendemain matin, les rues du comté de Ruijin apparurent aux gardes de l'Armée rouge pour ouvrir la voie, Cao Jüru dirigea l'équipe de transport des paniers. Certains paniers étaient remplis de briques d'or, de lingots d'or, de colliers d'or, de bagues d'or, de boucles d'oreille d'or et de bracelets d'argent, de colliers d'argent, de dollars d'argent, de lingots d'argent, et d'autres étaient soigneusement empilés avec des koyos. Le convoi de transport en forme de serpent qui traversait le centre-ville et les rues était spectaculaire. De plus en plus de citadins des deux côtés de la rue bloquent la rue.

Le transport se faufile à travers la foule, ramassant des pans de bijoux et de koyo dans la banque. Chaque fois qu'un quart est passé, un villageois le compte en s'exclamant avec excitation : "La banque est si riche !"

Dans le hall d'affaires de la banque nationale, les bijoux en or et en argent s'empilent en une "montagne d'or et d'argent" dorée, les personnes qui sont venues échanger des dollars en argent après les avoir vus, se sont exclamées :

> *"Je n'ai jamais vu autant d'or et d'argent de ma vie, la banque de la région de Su est vraiment généreuse !"*

La foule d'échange s'est un peu dispersée, et Mao Zemin a pu attendre patiemment le retour de la lumière de l'argent, après que son anxiété se soit atténuée.

Ce jour-là, Qian Zhihong a finalement rapporté les yuans d'argent, le tissu de coton, le sel et d'autres matériaux saisis par l'Armée rouge pendant le "siège" comme prévu, Mao Zemin les a félicités d'avoir sauvé la banque et le gouvernement soviétiques. Mao Zemin lui a également dit que le "plan de la ville vide" avait utilisé tout l'or et l'argent de la chambre forte. Si la lumière de l'argent ne revient pas, le "Plan de la ville vide" se réalisera.

Avec les fournitures ramenées du front, Mao Zemin ordonne immédiatement l'arrêt des échanges. La coopérative vend des produits de première nécessité en grandes quantités, et l'étiquette de prix indique : "Papier-monnaie uniquement, pas d'argent liquide. "

Les gens ont fait des commentaires,

> *"Qui dit que le papier-monnaie doit expirer et qui dit qu'il n'a aucune valeur ? Tu vois, le gouvernement a même sorti le kwan-yang pour la monnaie papier, et maintenant il ne prend que la monnaie papier pour vendre des choses. "*

Les gens se précipitent à la banque pour échanger les billets et racheter ce dont ils ont besoin. Certaines personnes n'achètent pas les marchandises et échangent également les billets contre de la monnaie fiduciaire.

En un rien de temps, on a récupéré plus d'argent que l'on en a échangé !

Face à la crise de l'écoulement, Mao Zemin a réagi avec sagesse en utilisant le "stratagème de la ville vide" en or et en argent pour mener une belle guerre psychologique, et a pris des mesures opportunes pour assurer l'approvisionnement en fournitures en Union soviétique, consolidant ainsi avec succès la crédibilité de la Banque nationale et du gouvernement. Le maintien du crédit de la Banque nationale a assuré la capacité du gouvernement à financer et à déployer du matériel, posant les bases économiques de la victoire de l'Armée rouge contre le "siège".

Mao Zemin n'était peut-être pas au courant de la guerre de défense du crédit en yens de Matsumoto, et bien qu'ils aient été confrontés aux mêmes problèmes, les moyens de résolution étaient très différents. Alors que la justice de Songfang devait atténuer la crise du crédit du papier-monnaie en augmentant l'or et l'argent, Mao Zemin a découvert une autre grande loi de l'argent, à savoir que l'or et l'argent ne sont pas les seuls supports de crédit de l'argent, et que les marchandises peuvent être des moyens tout aussi efficaces de soutenir l'argent ! La demande d'argent par le peuple est essentiellement la possession de toutes sortes de matières vivantes peut être réalisée par l'argent, dans ce cas, le crédit du papier-monnaie peut complètement contourner les réserves d'or et d'argent, et directement basé sur les matières.

La pratique de la normalisation monétaire des prix de Mao Zemin a influencé la pensée monétaire des communistes ultérieurs. À l'époque de la pénurie révolutionnaire de métaux précieux et de la situation critique des zones libérées soumises à un blocus économique, l'établissement d'une haute frontière financière rouge nécessite une innovation financière majeure dans la pratique de la normalisation monétaire !

La clé de la longévité du régime rouge face à la terreur blanche et de l'organisation de cinq opérations militaires de grande envergure contre le "siège", ainsi que de la promotion du développement économique de l'Union soviétique, est que les communistes ont saisi dès le départ deux points essentiels : la révolution devait tenir dans une même main le canon du fusil et le sac d'argent. Un canon de fusil protège un sac d'argent, et un sac d'argent soutient efficacement un canon de fusil !

Snow a fait cette observation sur les billets de la Banque nationale soviétique dans son Journal de l'Ouest :

> " Où qu'elle se trouve, la monnaie soviétique semble avoir acquis sa position sur la base de la confiance générale dans le gouvernement, et du fait qu'elle a une réelle valeur d'achat sur le marché. " [65]

La prise de conscience par le régime rouge de l'extrême importance de l'argent est encore une leçon du sang de la Commune de Paris.

---

[65] *Journey to the West,* par Snow, traduit par Dong Le Shan, PLA Literature Press, 2002, p. 282.

La Commune de Paris, affamée d'or

Fin mai 1871, dans le cimetière du Père La Scherz à Paris, avec quelques coups de feu, les derniers soldats de la Commune de Paris tombent sous le "Mur de la Commune", les yeux remplis d'intrépidité, de colère, d'une pointe de regret et de confusion. Le premier régime prolétarien de l'histoire de l'humanité, la Commune de Paris, a été brutalement réprimé deux mois seulement après sa naissance. Qu'est-ce qui fait que la flamme de la révolution s'éteint si vite ?

Un élément clé est l'argent, l'argent de la Banque de France !

Tout régime qui veut faire fonctionner l'appareil d'État de manière organisée a besoin d'argent. Sans argent, les ressources ne peuvent être mobilisées et la guerre ne peut être menée. La Commune de Paris est une leçon de sang.

> *"La Banque de France a été fondée en 1800 et ses 200 actionnaires disposant du droit de vote sont habilités à élire 12 membres du conseil d'administration. Une analyse détaillée révèle que ces 200 actionnaires appartiennent essentiellement au même groupe de personnes, les 44 principales familles qui contrôlent la Banque de France. Et les sièges détenus par ces familles sont héréditaires, et au milieu de cela trois familles dont les sièges sont restés inchangés depuis cent ans sont les Malet, Mirabeau et Rothschild. Les deux premiers appartenaient à la famille bancaire suisse qui a été autorisée par Napoléon à créer la Banque de France en raison de son financement secret du "coup de la lune de brouillard" de Napoléon en 1799. Rothschild était un représentant de l'ascension ultérieure de la famille bancaire juive. Grâce aux opérations financières du gouvernement napoléonien, des Bourbons et des Ducs d'Orléans, la famille Law a ouvert la 'dynastie de Juillet', qui a connu un pouvoir sans précédent en France, et est devenue un membre central de la Banque de France. "* [66]

La Banque de France, qu'ils contrôlent, est au cœur de l'industrie financière de Paris, alors centre économique et financier non seulement de la France, mais de tout le continent européen. Le franc qu'elle émet est la monnaie légale de la France, les devises et l'or qu'elle détient sont

---

[66] *La guerre des monnaies II – Le pouvoir de l'or*, par Song Hongbing, Omnia Veritas Limited, 2021, chapitre 3.

la garantie du pouvoir d'achat international du franc, les obligations qu'elle vend sont de la plus haute qualité et elle est la principale source de financement du gouvernement français.

Les banquiers qui possédaient la Banque de France pensaient que le but du régime prolétarien représenté par la Commune de Paris était de s'opposer à la bourgeoisie et de lutter fondamentalement contre leurs intérêts fondamentaux. D'autre part, ils étaient préoccupés par les réparations de guerre et les arrangements financiers pour la Prusse. Même si la Commune de Paris était arrivée au pouvoir sans toucher à la Banque de France, le gouvernement prolétarien aurait certainement insisté pour adopter une ligne dure sur la question des réparations et du financement. Non seulement le nombre de versements serait réduit, mais le financement ne serait pas nécessairement organisé par eux, et plus probablement le gouvernement emprunterait directement au peuple, faisant ainsi le gâteau d'obligations de guerre dont ils rêvaient, mais le panier serait vide. L'argent n'a pas de patrie, seulement du profit aux yeux des banquiers ! Maintenant que le gouvernement de Versailles est plus facile à naviguer, le choix des banquiers est évident.

Les dirigeants de la faction chargée de la politique économique de la Commune de Paris, qui croyaient naïvement que l'objectif de la Commune était l'autonomie locale de Paris plutôt que le gouvernement central de la France, n'avaient pas le pouvoir et la nécessité de reprendre la Banque de France comme banque centrale et ont commis l'erreur fatale de la laisser aux mains de l'ancienne Autorité, qui avait des liens étroits avec Versailles.

Les dirigeants de la Commune de Paris n'ont pas réalisé que celui qui détient la Banque de France détient la source de vie économique de la France. Cette source de vie détermine à la fois à qui les ressources sont allouées et qui l'appareil d'État sert. Il ne s'agit donc pas seulement d'une erreur économique, mais aussi d'une erreur politique. Comme l'a dit Engels, si la Commune s'emparait de la Banque de France, "cela aurait plus de sens que de détenir 10 000 otages".

En plus de deux mois d'existence de la Commune, la Banque de France a eu sur ses livres des milliards de francs en espèces seulement. Et la Commune n'a demandé et accepté de cette banque qu'un misérable prêt de 16 millions de francs. Au lieu de s'emparer de la Banque de France, le résultat a été d'affamer l'or, et il a été impossible de forcer les banquiers, Rothschild en tête, à faire pression sur le gouvernement de Versailles pour qu'il fasse la paix avec la Commune de Paris, donnant au contraire aux banquiers l'occasion de remettre plus de 200 millions de francs à Versailles !

Avec cette importante somme d'argent, le gouvernement de Versailles a pu "récompenser lourdement les braves" et, en peu de temps, sur la base de plus de 10 000 soldats vaincus, a rassemblé une armée de 110 000 hommes pour lutter contre la commune.

À ce moment critique, afin d'assurer les intérêts des banquiers, Rothschild est intervenu directement dans les négociations post-guerre prussienne entre le gouvernement de Versailles et Bismarck sur les réparations.

> *"Les hordes de Bismarck commencent à se reposer, mais les banquiers internationaux sont plus occupés. L'affaire des réparations de guerre, jusqu'à 5 milliards de francs, est une affaire énorme qui fait saliver tout le monde, et si l'on applique un taux de frais généraux de 1%, cela représente à lui seul un gâteau de 50 millions de francs !*
> *Sur le montant des réparations de guerre, le gouvernement français de Thiers envisageait 5 milliards de francs, mais Bismarck a pris un bout de papier et a écrit 6 milliards de francs en un éclair ! Teiyaer bondit en un éclair comme un chien qui a mordu. Les deux hommes ont commencé à se disputer violemment.*
> *Finalement, Thiers demande à Rothschild d'intervenir. Lorsque Rothschild apparaît, Bismarck tourne toute sa colère contre Rothschild, et toutes les personnes présentes sont stupéfaites. Rothschild est indifférent et insiste toujours sur le fait que 5 milliards de francs sont un "montant durable de compensation". Fumant est fumant, la position de Rothschild sur les marchés financiers internationaux est inébranlable, et il n'y a aucun moyen de réunir suffisamment d'indemnités de guerre sur le marché européen sans accepter ses conditions. Après avoir pesé le pour et le contre, Bismarck doit accepter l'offre de 5 milliards de francs de Rothschild. Ce que le gouvernement français de Thiers ne pouvait pas gérer, les Rothschild s'en sont immédiatement chargés."*[67]

Avec de l'argent, tout est facile ! Bismarck, le "chancelier au sang de fer", promet généreusement de rapatrier des dizaines de milliers de prisonniers de guerre français et de coopérer au maintien de la

---

[67] Source : ibid, chap. 1.

"neutralité", incluant même une attaque de Paris par l'armée versaillaise à travers les lignes prussiennes.

Il convient de noter que, tandis que le gouvernement de Versailles, Bismarck et les banquiers internationaux s'unissaient pour détruire leur ennemi commun, la Commune de Paris, dans le but de reprendre le pouvoir, les révolutionnaires consacraient leur temps et leur énergie à des questions aussi triviales que l'amélioration du traitement des enseignants. Et c'est ainsi que la tragédie s'est inévitablement produite.

Le pouvoir d'une banque découle de la marchandise sur laquelle elle opère, la monnaie, et le pouvoir d'une banque centrale découle de son contrôle sur la source de la monnaie. La façon la plus efficace de contrôler une économie est de contrôler la monnaie de cette économie ; et la façon la plus importante de contrôler la monnaie d'une économie est de contrôler le système bancaire qui la crée, en particulier la banque centrale.

Les leçons de la Commune de Paris montrent combien les régimes révolutionnaires sont fragiles et vulnérables lorsqu'ils ne détiennent pas les forces vives de l'économie. Et dans la société moderne, les banques, en particulier un système financier avec une banque centrale à son cœur, sont très importantes pour un régime et une économie. Marx et Engels, dès 1848 dans le Manifeste communiste, ont clairement indiqué que le prolétariat, pour devenir la classe dirigeante, devait "concentrer le crédit dans les mains de l'État, par le biais de banques nationales dotées d'un capital d'État et d'un pouvoir de monopole exclusif". [68]

Un demi-siècle après l'échec de la Commune de Paris, c'est Lénine qui a concrétisé les idées de Marx et Engels. La compréhension et la pratique du système bancaire par Lénine étaient bien présentes, soulignant que les banques étaient

> *"le centre de la vie économique moderne et le centre nerveux de l'ensemble du système économique national capitaliste".* [69]
> *" La banque moderne est si inextricablement liée au commerce (alimentaire et tout autre commerce) et à l'industrie qu'il est absolument impossible de faire quoi que ce soit de significatif,*

---

[68] *Manifeste du parti communiste*, Maison d'édition du peuple, 1972, p. 272.

[69] *Les Œuvres complètes de Lénine*, 2ⁿᵈ édition, vol. 32, p. 189.

quoi que ce soit de "révolutionnaire démocratique" sans "mettre le pied dans la banque"."

C'est le contrôle ferme que l'Union soviétique exerçait sur le système bancaire qui lui a permis de surmonter miraculeusement d'innombrables obstacles et de passer du statut de pays arriéré à celui de superpuissance de classe mondiale et de leader du monde communiste en seulement 15 ans.

À partir de 1905, lorsque la guerre russo-japonaise s'est soldée par une défaite abjecte de la Russie, celle-ci a été réduite à un mendiant pathétique parmi les grandes puissances, et en 1917, lorsque la révolution russe d'octobre a éclaté dans la dernière partie de la Première Guerre mondiale, elle a économisé ses forces pour la construction de l'Union soviétique, La Russie s'est retirée de la Première Guerre mondiale et a signé avec l'Allemagne le traité de paix honteux de Brest, cédant 1 million de kilomètres carrés de terres, perdant 90% du charbon, 73% du minerai de fer, 54% de l'industrie et 33% des chemins de fer, et payant 6 milliards de DM de compensation à l'Allemagne. Cette situation a été suivie d'une guerre civile en Russie soviétique qui a duré de nombreuses années, et la situation ne s'est progressivement stabilisée qu'en 1923. Après la création de l'Union soviétique, le travail économique a été progressivement mis sur les rails, et le système bancaire, sous le contrôle de l'État, a immédiatement exercé un grand pouvoir sur la reprise économique et l'essor de l'industrie lourde. Quinze ans plus tard seulement, le produit industriel brut de l'Union soviétique est passé à la deuxième place mondiale et est devenu l'un des pays les plus puissants du monde. En 1939, lorsque les forces japonaises et soviétiques se sont heurtées de front à Normenhan, sur un champ de bataille de sept kilomètres carrés, large de centaines de mètres, les chars soviétiques ont inondé le ciel, le son de l'artillerie a grondé, et l'élite de l'armée japonaise du Kanto a tout perdu. Pendant la guerre patriotique, la forte capacité de production de l'industrie lourde a permis à l'Union soviétique de fournir des équipements militaires au front en un flux constant jusqu'à la prise de Berlin.

Sans forces financières fortes, il ne peut y avoir d'industrie ou de défense fortes.

L'arme dans une main et l'argent dans l'autre.

Sans argent, la révolution ne peut pas avancer d'un pouce. Le futur parti communiste chinois a également fait l'expérience directe, au cours de sa propre éducation, de l'extrême importance de l'argent pour la révolution, en particulier pour l'indépendance et l'autonomie.

Les premiers communistes chinois, pour la plupart des jeunes, n'avaient généralement pas de profession fixe ou de source de revenus, et le manque de fonds était essentiel pour construire en peu de temps un parti influent au niveau national. Dans les premières années de la fondation du Parti, la principale source de financement était simplement l'argent gagné par quelques intellectuels, comme Chen Duxiu et Li Ta-Chao, en enseignant et en écrivant des articles, ainsi que les dons d'autres personnes. Par conséquent, le problème du financement est devenu un problème majeur dans la construction du Parti, et finalement, ce n'est qu'avec l'aide de l'Internationale communiste que le travail de construction du Parti communiste chinois a été achevé.

Au début, Chen Duxiu, un érudit, était plein d'esprit et insistait pour que le Parti communiste chinois soit indépendant et autonome, non soumis au peuple, et ne voulait pas accepter l'aide de l'Internationale communiste et faire ce qu'on lui disait. Il a refusé à plusieurs reprises de fournir des fonds de l'Internationale communiste, de sorte qu'après le "Grand Jour", le Comité central du PCC a eu du mal à réunir 2 300 dollars par mois.

En octobre 1921, Chen Duxiu a été arrêté dans le quartier des loueurs de Shanghai et risquait sept ou huit ans de prison. Marin, le représentant de l'Internationale communiste, a dépensé beaucoup d'argent et déployé des efforts laborieux pour briser les barrières du tribunal et a invité un célèbre avocat français pour défendre l'affaire, avant de réussir à sauver Chen Duxiu de la prison. Se rappelant qu'il ne pouvait même pas obtenir l'argent nécessaire pour se sauver de la prison et qu'il pouvait être indépendant, Chen Duxiu s'est lamenté,

> " Maintenant que les dirigeants nous ont opprimés de manière aussi impitoyable, nous ne pouvons qu'établir des relations plus étroites avec l'Internationale communiste et ne plus avoir de doutes. "

Malgré cela, Chen Duxiu n'était pas totalement d'accord pour que le PCC devienne un vassal de l'Internationale communiste ; il était simplement d'accord pour que les différents départements du Parti puissent demander des fonds à l'Internationale communiste en leur propre nom. De cette façon, le travail du Parti peut être réalisé rapidement.

Après Chen Duxiu, une autre personne qui veut être indépendante et faire quelque chose de grand est Li Lisan.

En 1930, alors que Jiang Feng Yan menait la Grande Guerre, Li Lizan pensait que le pouvoir du Kuomintang s'effritait et que la Révolution chinoise deviendrait la dernière guerre de classe dans le monde, et demandait que "l'Union soviétique se prépare activement à la guerre". Dans ce plan d'émeutes, la révolution chinoise était au centre de la révolution mondiale, l'Union soviétique coopérait pleinement avec la révolution chinoise, et l'Internationale communiste n'était qu'un acteur de soutien dans la mise en œuvre de ce plan.

En avril 1920, lorsque Wiesenski est venu en Chine pour aider à la création du Parti communiste chinois, la première directive qui lui a été donnée par l'Internationale communiste et le Bureau politique du Comité central communiste unifié était que "notre politique générale en Extrême-Orient est basée sur un conflit entre les intérêts du Japon, des Etats-Unis et de la Chine, et que tous les moyens doivent être utilisés pour aggraver ce conflit" ; la seconde était de soutenir la Révolution chinoise. Autrement dit, la grande aide apportée au Kuomintang chinois et au Parti communiste chinois, qui a favorisé le puissant développement de la Révolution expéditionnaire du Nord, est également née des besoins de l'intérêt national soviétique. Maintenant, tout à coup, Li Lizan a surgi de nulle part, et dans une seule "émeute", il a exigé que "l'Union soviétique se prépare activement à la guerre", "sorte de Mongolie, aide la Chine et attaque l'ennemi", et que l'Union soviétique fasse fi de sa propre sécurité et coopère pleinement avec la révolution chinoise.

> *"L'intervention internationale a été réalisée avec la plus grande rapidité et par le moyen le plus fondamental : la suspension du financement des activités du Comité central du Parti communiste chinois. Il s'agit de la sanction la plus sévère que le PCC ait reçue depuis sa fondation. Li Li-san, dont le financement a été suspendu, n'a plus que Taïwan."[70]*

---

[70] *The Brilliance of Suffering*, par Jin Yonan, Hua Yi Press, 2009.

En fin de compte, Mao Zedong, qui comprenait profondément la situation sociale en Chine à l'époque, a trouvé une solution indépendante et autonome au problème des ressources financières, et ce n'est qu'alors qu'il a fondamentalement posé les bases économiques de l'indépendance du Parti communiste chinois.

L'idée de Mao Zedong était d'établir la "fracture rouge", et en 1928, il a posé la question "pourquoi le régime rouge en Chine peut exister". Il a noté :

> *"Il n'arrive jamais qu'à l'intérieur d'un pays, entouré de régimes blancs, il y ait une petite zone ou des zones de régimes rouges qui existent depuis longtemps, ce que les pays du monde n'ont jamais eu. Il y a des raisons uniques pour lesquelles ce genre de merveille se produit. Les conditions de son existence et de son développement doivent également être considérables. Il ne peut avoir lieu dans aucun pays impérialiste, ni dans aucune colonie dirigée directement par l'impérialisme, nécessairement dans la Chine semi-coloniale économiquement arriérée dirigée indirectement par l'impérialisme. Car ce phénomène étrange doit être accompagné d'un autre phénomène étrange, et c'est la guerre entre les régimes blancs... En raison de la longue division et de la guerre entre les régimes blancs, une condition est donnée qui permet à une petite ou plusieurs petites plaques de la zone rouge, dirigée par le Parti communiste, de prendre place et de persister au milieu du régime blanc environnant. "* [71]

C'est dans cette voie que la pratique de la révolution chinoise a ensuite réussi.

S'appuyant sur la Base rouge, la politique du Parti communiste consistant à "battre le tyran et à diviser les terres" a permis de gagner le soutien et l'adhésion des paysans au Régime rouge, et la production agricole a prospéré, jetant les bases de l'indépendance économique de la Base.

Les leçons de la Commune de Paris et l'expérience réussie du Soviet russe ont fait comprendre à Mao et aux autres fondateurs de la base que pour qu'une révolution réussisse, elle doit avoir une main sur le canon du fusil et l'autre sur le sac d'argent. Dès le début de la République soviétique chinoise, le nouveau régime rouge a décidé de

---

[71] *Œuvres choisies de Mao Zedong*, vol. 1, p. 48.

créer son propre système financier indépendant, en créant sa propre banque centrale, la Banque nationale de l'Union soviétique chinoise.

Le travail le plus important de la Banque nationale était triple : premièrement, unifier la monnaie ; deuxièmement, unifier les finances et la fiscalité ; et troisièmement, soutenir la production et le commerce dans la région soviétique.

Sans monnaie unifiée, il ne peut y avoir de taxation fiscale fiable ; sans taxation fiscale, il ne peut y avoir de stabilité dans le régime soviétique et de victoire dans une longue guerre. De même, une monnaie unifiée favorisera fortement la production et le commerce, élèvera le niveau de vie de la population, revitalisera l'économie soviétique, augmentera les recettes fiscales du gouvernement et consolidera le régime soviétique naissant.

La plus petite banque centrale du monde, la Banque nationale soviétique de Chine.

En novembre 1931, lors du premier congrès national de l'Union soviétique chinoise, Mao Zemin a reçu l'ordre de créer la Banque nationale de l'Union soviétique chinoise. Les cinq fondateurs de la Banque nationale sont les suivants.

Mao Zemin, gouverneur de la Banque d'État de Chine. Né paysan, école privée pendant quatre ans. Expérience professionnelle : Affaires générales à l'école primaire (gestion des dépenses quotidiennes et de la nourriture), chef de l'unité économique du club des travailleurs de la mine de charbon d'An Yuan, directeur général de la coopérative de consommation des travailleurs de la mine de charbon d'An Yuan, directeur du département de l'édition et de la distribution du Comité central du PCC (Shanghai), directeur général du Hankou Republic Daily, ministre de l'économie de la région militaire de la province de Fujian-Ganxi.

Cao Ju-ru, chef de la section comptabilité, Banque nationale. Né dans une famille de commerçants, culture de l'école primaire. Expérience professionnelle : A travaillé comme vendeur à Nanyang, chef de la section comptabilité de la Banque industrielle et agricole de Minxi.

Yonglie Lai, chef de la section bancaire nationale. Expérience professionnelle : vendeur, soldat de l'Armée rouge, fondateur de la Banque des fermiers du comté de Yongding.

Mo Juntao, chef, section des affaires générales, Banque nationale. Né commerçant, a abandonné l'école à l'âge de 12 ans pour travailler comme enfant. Expérience professionnelle : défonceur de sable à la fonderie de Hankow, facteur à la Banque britannique, soldat de l'Armée rouge.

Qian Xijun, comptable de la Banque nationale. Née paysanne, a étudié à l'école civile de filles de Shanghai. Expérience professionnelle : Chef de la section de l'édition, département central de l'édition, Parti communiste chinois (Comité central du PCC), responsable de la circulation.

Ces personnes sont sélectionnées par des milliers de personnes en Union soviétique qui ont été "impliquées" avec la banque, y compris les relations de Cao Jiu Ru avec la banque, uniquement pour retirer de l'argent pour le dépôt du patron, tandis que Mo Juntao a travaillé comme ouvrier dans la banque à Hankou, et n'a même jamais commandé d'argent. Si l'on présentait ces cinq CV à Rothschild ou à JP Morgan et qu'on leur disait que ces personnes peuvent bien gérer une banque centrale, leur meilleure réponse serait de s'ébrouer. Ces cinq hommes n'avaient ni un diplôme de l'Ivy League ni une expérience de Wall Street, et n'étaient même pas qualifiés pour travailler comme agents de sécurité à la Bund Bank de Shanghai.

S'ils peuvent diriger une bonne coopérative rurale, certains pourraient le croire. Diriger une banque centrale, au même titre que Rothschild ou JP Morgan ? C'est une grosse blague ! Qu'il s'agisse de ressources humaines, matérielles ou financières, c'est à cent quatre-vingt mille lieues de l'idée que le commun des mortels se fait d'une banque centrale !

La tâche de ces cinq personnes était d'établir un système bancaire central indépendant, ce qui était plus difficile que jamais !

Il suffit de penser au nombre de problèmes qui se posent à eux.

➢ Comment le capital de démarrage de la banque est-il obtenu ?

➢ Quelle est la base de la monnaie ?

➢ Quelle est la réserve pour l'émission de papier monnaie ?

➢ Comment établir un crédit monétaire ?

> Comment unifier la monnaie en Union soviétique ?

> Où est construite la chambre forte de la banque et comment est-elle gardée secrète ?

> Comment sont enregistrés les comptes de trésorerie ?

> Comment les billets de banque sont-ils émis ? Qui va dessiner le motif ?

> D'où viennent le papier d'impression et l'encre ?

> Comment la monnaie papier est-elle anti-contrefaçon ?

> Comment sont émis les dollars en argent ? S'agit-il d'un modèle indépendant ou d'une imitation ?

> Comment faites-vous des affaires avec les prêts, l'escompte des lettres de change, etc.

Les questions sont infinies, et cela rend triste d'y penser ! Mais ce sont ces "cinq généraux tigres" qui, dans une maison de ferme ordinaire du village de Yaping, à 10 km de la ville de Ruijin, avec quelques tables et quelques bouliers, ont lancé la Banque nationale de Chine en partant de zéro, une entreprise difficile, et ont jeté les bases du système bancaire chinois actuel !

Au début, le plus gros problème de la Banque nationale était le manque de capital de départ, et ses sources financières étaient principalement les fournitures saisies pendant la guerre. Chaque fois que l'Armée rouge était engagée dans de grandes opérations de combat, la Banque nationale organisait des comités de collecte des confiscations pour suivre les troupes sur le front afin de collecter de l'argent pour la nourriture.

En 1932, Mao Zemin est également venu avec l'armée à Zhangzhou après la grande victoire de la bataille de Zhangzhou commandée par Mao Zedong. Il s'est promené dans les rues et a parlé aux marchands, propageant les politiques de l'Armée rouge, espérant que les marchands maintiendraient un contact commercial régulier avec l'Armée rouge et communiqueraient entre eux sur leur présence ou leur absence. Pendant ce temps, la Banque nationale a publié un bulletin sur la confiscation et la collecte dans la ville de Zhangzhou, où l'Armée rouge ne confisque pas les magasins, mais peut accepter les dons des propriétaires de magasins. Cette politique a été adoptée par les propriétaires de grands et petits commerces de Zhangzhou, qui ont fait des dons. Lors de cette expédition, l'Armée rouge a non seulement reçu une grande quantité de fournitures militaires, mais elle a également recueilli 1,05 million de devises étrangères, et la Banque nationale a été financée !

Afin de stocker une partie de l'argent collecté à Zhangzhou, la Banque nationale a décidé de construire une chambre forte secrète, et ils ont trouvé une maison sur une colline dans le village de Ruijin, dans le comté de Shicheng, près de Ruijin, avec une cave sur la colline immédiatement derrière elle. Et cette maison, devant la cave, pouvait être à la fois couverte et gardée. La Banque nationale l'a choisie comme emplacement de la chambre forte secrète.

Dans un souci de confidentialité, aucun personnel de la Banque nationale n'a été utilisé ce jour-là dans le coffre-fort. L'or qui devait être placé dans le coffre-fort secret (lingots d'or, orfèvrerie, ornements en or, etc.) a été enveloppé à l'avance dans un sac par les soldats de l'armée et placé dans cinq quadrants. Vingt autres quintaux de dollars d'argent et de trésors en argent ont également été enveloppés à l'avance. Il y avait aussi trois quarts de bijoux et deux quarts de papier-monnaie (monnaie étrangère et monnaie française nationaliste). Les 30 quintaux de "trésor" ont été ramassés à tour de rôle par un peloton de combattants pour s'arrêter au pied de la colline à un kilomètre de la maison, puis libérés pour la garder. La nuit, un autre peloton de combattants ramassait les 30 quarts dans la maison et les stockait dans la cave derrière la maison. Pour la protection contre le feu, les 30 brancards étaient recouverts de dalles de pierre préparées à l'avance. Lorsque ces "trésors" ont été comptés et emballés, Mao Zemin les a personnellement examinés. Après avoir été placé dans la cave, Mao Zemin l'a également inspecté personnellement. Ils ont fait l'inventaire du contenu des 30 quadrants, deux au total, dont un sous la garde personnelle de Mao Zemin. Pour des raisons de confidentialité, l'inventaire mentionne du vin jaune et du vin blanc. Le vin jaune représente l'or et le vin blanc l'argent. Après avoir placé ces civières, les guerriers ont bloqué les bouches des caves avec des pierres et les ont camouflées à l'extérieur. Le lendemain, tous les combattants de l'Armée rouge impliqués dans le stockage ont été évacués et remplacés par un certain nombre d'autres combattants pour garder la pièce située devant la cave. [72]

---

[72] *Du travail des enfants aux banquiers rouges : The Revolutionary Years of Mo Juntao*, par Mo Xiaotao, China Finance Press, 2010, pp. 33–34.

Dans le travail du secret, Mao Zemin a d'abord tenu les gens de la Banque nationale à l'écart, puis a organisé quatre autres lots de combattants pour les transporter, chacun ne disposant que d'une partie des informations. Ceux qui sont chargés du transport ne savent pas où stocker l'or et l'argent, ceux qui sont chargés du transport ne savent pas où aboutir, ceux qui sont chargés du stockage ne savent pas ce qu'il y a à l'intérieur, et ceux qui sont dans la dernière garde sont désemparés. En plus de cela, Mao Zemin l'a également déguisé en vin jaune et en vin blanc sous la dynastie Qing, ce qui est vraiment bien pensé.

> *"La pratique ultérieure a montré que cette décision était brillante. Lorsque l'Armée rouge a dû par la suite évacuer l'Union soviétique centrale pour une longue marche, cette partie de l'argent initialement en réserve a joué un grand rôle.* " [73]

Lorsqu'on lance une entreprise de coffre-fort pour correspondants bancaires, les gens ne savent pas comment commencer la comptabilité. À une occasion, les troupes de première ligne ont envoyé un lot de caisses saisies, et les agents ont découvert que le papier enveloppé autour de la caisse était en fait un paquet de quatre billets des autorités fiscales du Kuomintang. Après un examen minutieux, Mao Zemin et Cao Ju Ru étaient fous de joie, comme s'ils avaient reçu un trésor. Ils ont soigneusement analysé et étudié les quatre liens, dont ils se sont inspirés pour améliorer le système et le processus de la trésorerie, et ont finalement mis au point la méthode de gestion de la trésorerie bancaire. Ainsi, le destinataire, le gestionnaire (le Trésor public), l'utilisateur et le disposant des fonds du trésor sont enregistrés en conséquence, ce qui garantit un système financier rigoureux et élimine efficacement la corruption et le gaspillage à tous les niveaux du gouvernement et dans l'armée.

S'inspirant de la liste quadripartite, la Banque nationale a immédiatement publié un avis demandant aux départements politiques de l'Armée rouge à tous les niveaux, au ministère de l'Approvisionnement, de prêter attention à la collection de livres, documents, livres de comptes, factures, relevés et autres objets physiques liés à la gestion des finances, de la banque, de l'entreprise et

---

[73] Ibid. p. 33.

autres connaissances pour référence, et de ne pas les jeter facilement, même s'il ne s'agit que d'un morceau de papier.

Avec la mise en place et l'amélioration de divers systèmes, la Banque nationale devient progressivement opérationnelle.

La naissance de l'argent rouge

Ensuite, il s'agissait de préparer l'activité privilégiée de la Banque d'État, à savoir l'émission de la monnaie de la région unifiée du centre de l'Union soviétique.

Le bastion central de la révolution se trouvait dans les campagnes économiquement arriérées, où il n'y avait pas d'industrie, seulement une agriculture individuelle dispersée et quelques petits métiers. Les guerres fréquentes, ajoutées au blocus économique intensifié par le parti nationaliste, rendent extrêmement difficile l'obtention d'un équilibre fiscal. Lors de sa création, le marché a été inondé de toutes sortes de monnaies différentes. Les monnaies de qualité inférieure expulsaient les bonnes monnaies, rendant les dollars d'argent rarement en circulation.

Avant la création de la Banque nationale soviétique, la monnaie en circulation selon les territoires était la suivante : des coupons de yuan en cuivre de la Banque industrielle et agricole du Jiangxi, des coupons de yuan en argent de la Banque industrielle et agricole du Minxi, des billets de banque du Guanyang et du Kuomintang, et même des plaques de cuivre de la dynastie Qing. Les gens achètent des objets, s'emparent d'une poignée de billets de toutes sortes, et parfois ils n'arrivent même pas à compter les points. Les gens du peuple ne sont pas les seuls à avoir des maux de tête, les hommes d'affaires sont également débordés.

Certains combattants de l'Armée rouge étaient simples d'esprit et croyaient que les combattants révolutionnaires n'utilisaient pas les billets de banque du KMT, et mettaient parfois le feu aux billets de banque du KMT saisis sur le champ de bataille, sans même savoir que ces billets de banque permettaient d'acheter de nombreuses fournitures qui étaient rares en Union soviétique, comme le sel et le riz. À cette époque, la monnaie française du Kuomintang, les diverses pièces émises par les seigneurs de la guerre et les nobles, et circulant dans la région soviétique, ont sans aucun doute donné au Kuomintang l'occasion de détruire le marché financier de la région soviétique.

Avec la création de la Banque nationale, la monnaie de l'Union soviétique unifiée devient une priorité absolue. Pour émettre de la monnaie, la première difficulté est de savoir qui va concevoir et modeler le papier-monnaie.

Quelqu'un a recommandé Huang Yaguang. Il a étudié au Japon, et non seulement il sait bien écrire, mais il sait aussi dessiner. Après quelques enquêtes, les sentiments mitigés sont que Huang Yaguang a effectivement des talents de peintre, mais le souci est qu'il est dans le mouvement du "Parti Su She" qui balaie l'ouest du Fujian, a été désigné comme membre du parti social-démocrate en prison. Mao Zemin a rapporté le cas à Mao Zedong, qui, après mûre réflexion, a décidé de risquer de faire une erreur pour sauver la vie de Huang Yaguang en approuvant personnellement Huang Yaguang.

À cette époque, l'Union soviétique était soumise à un blocus économique sévère par le Kuomintang, et les conditions de travail étaient très mauvaises. Mao Zemin a secrètement acheté des stylos à dessin, des jauges circulaires, de l'encre et des plaques de cuivre à Shanghai, et Huang Yaguang a commencé à travailler sur le modèle monétaire en se basant uniquement sur sa mémoire de certains billets de banque qu'il avait utilisés.

Lors de la conception du motif de la monnaie, Mao Zedong a exigé que le dessin de la monnaie du gouvernement soviétique reflète les caractéristiques du régime industriel et paysan. Par conséquent, lorsque Huang Yaguang a conçu la monnaie, il a dessiné des faux, des marteaux, des cartes, des étoiles à cinq branches et d'autres motifs, et a combiné de manière organique ces motifs pour donner aux gens une image à la fois belle et généreuse, mais aussi pour souligner les caractéristiques de la monnaie de base sous la direction du Parti communiste. À l'origine, il voulait dessiner une image de la tête de Mao Zedong sur le papier-monnaie, ce qui a été rejeté par Mao, puis changé en une image de la tête de Lénine. Huang Yaguang a copié la tête de Lénine sur le livret rouge, représentant le peuple de l'Union soviétique sous la direction de la pensée marxiste-léniniste pour changer le nouveau temps.

L'émission de monnaie fiduciaire doit également résoudre le problème du papier et de l'encre. En raison du blocus de la région soviétique par le Kuomintang, les matières premières nécessaires à l'impression sont rares. Après s'être rendue à Shanghai et à Hong Kong pour photocopier des billets de banque et acheter du matériel d'impression, sans succès, la Banque nationale ne peut que temporairement imprimer sur du tissu blanc tout en fabriquant son propre papier. Sans matières premières pour fabriquer du papier, on ramasse des sacs pourris et de la ouate cassée, on monte dans les montagnes pour couper la laine et le bambou, on épluche l'écorce, on ramasse les semelles de chaussures et les têtes de corde. C'est ainsi que l'équipe de "ramasseurs de chiffons" de la Banque nationale a souvent été aperçue dans la rue du village. Une fois le ramassage effectué, il est trempé dans un bassin de chaux et réduit en pâte à papier pour la fabrication du papier.

Plus tard, j'ai entendu dire dans ma ville natale que les emballages de thé fabriqués à partir de l'écorce d'un vieil arbre sur une montagne voisine étaient à la fois résistants et solides, et les hommes de la Banque nationale sont immédiatement allés les chercher dans la montagne. Au départ, le papier n'était pas très bon, peu résistant, épais et jaune, puis on a ajouté de la colle et du coton fin pour augmenter la résistance et la blancheur, avant d'en faire finalement un papier adapté à l'impression des billets de banque.

Acheter de l'encre dans la zone blanche est également un parcours du combattant. L'encre achetée à Ganzhou a été confisquée par le Kuomintang sur le chemin du retour. Un propriétaire de Qian Zhuang a suggéré d'utiliser la méthode traditionnelle de la fumée de pin pour fabriquer de l'encre, en brûlant la pâte de pin du pin pour obtenir de l'huile de fumée, puis en mélangeant de l'huile de tung. Le problème de l'encre est résolu.

Après avoir surmonté les problèmes de financement, de conception et d'impression des billets, la Banque nationale soviétique a imprimé les premiers billets de banque soviétiques le 7 juillet 1932, cinq mois seulement après la création de la Banque nationale. La monnaie est basée sur le dollar d'argent, la monnaie papier est le coupon d'argent, et le coupon d'argent pour un dollar d'argent est la monnaie nationale. Avec une monnaie unifiée, la Banque nationale, en collaboration avec le département financier soviétique, annonce que toutes les transactions et les taxes seront calculées en monnaie nationale, que le papier-monnaie du Kuomintang sera interdit de circulation et que les devises émises par les anciennes banques soviétiques seront retirées au prorata et ne seront plus utilisées.

La Banque nationale émettait des pièces d'argent et de cuivre en plus du papier-monnaie. À cette époque, la Monnaie centrale de la

Banque nationale frappait également trois types de pièces d'argent, le "Yuan", le "Sun Xiaotou" et l'"Aigle Océan" mexicain, qui pouvaient circuler aussi bien à l'intérieur qu'à l'extérieur des bastions révolutionnaires centraux. L'émission et la circulation de la monnaie de la Banque nationale, la récupération progressive de diverses pièces diverses et l'unification de la monnaie de la région du Soviet central.

Afin de contrôler l'émission de papier-monnaie, l'article X du statut provisoire de la Banque nationale soviétique stipule que :

> *"Les trois dixièmes au moins du papier-monnaie seront émis en espèces, ou en métaux précieux, ou en devises étrangères, et le reste sera garanti par des marchandises ou des lettres de change à court terme, ou d'autres types de titres, facilement négociables."*[74]

Cela permet de s'assurer que la monnaie dispose de suffisamment de liquidités comme garantie et que l'expansion effective de la monnaie est pleinement réalisée.

Lorsque la Banque nationale a émis la première série de billets de banque, en raison des limitations des conditions, la technologie de fabrication et la technologie anti-contrefaçon étaient toutes deux vierges. Afin de pouvoir lutter au maximum contre la contrefaçon, Mao Zemin a utilisé la méthode consistant à ajouter sa signature et celle du ministre des finances Deng Zizhuo en russe sur les billets. Mais cette méthode est très facile à imiter. Une fois la monnaie en circulation, le Kuomintang et les seigneurs de la guerre ont commencé diverses activités de sabotage, important de grandes quantités de fausse monnaie et perturbant l'ordre financier en Union soviétique.

Afin de résoudre le problème de la lutte contre la contrefaçon, Mao Zemin a beaucoup réfléchi et n'a pas pu trouver de bonne solution. Une nuit, alors qu'il sentait la puanteur de la tête de laine provenant du feu lorsque sa femme tissait un pull, il a eu l'idée soudaine de mettre une certaine quantité de laine dans le papier lors de la fabrication du papier, de sorte qu'il puisse non seulement identifier le papier-monnaie en le regardant à travers, mais aussi le déchirer ou le brûler en sentant la puanteur d'une sorte de laine pour identifier la vraie monnaie

---

[74] *Tracing Mao Zemin*, Cao Hong, Zhou Yan, Central Literature Press, 2007, p. 153.

soviétique, résolvant ainsi le problème de l'anti-contrefaçon et assurant la circulation normale de la monnaie soviétique.

À la fin de 1932, la Banque nationale soviétique avait imprimé et émis 650 000 billets d'argent, tandis que la réserve s'élevait à 390 000, soit 60% du montant total émis, deux fois le taux stipulé dans les statuts.

Le papier-monnaie a circulé sans problème en Union soviétique, mettant fin d'un seul coup à la confusion de l'ancien marché monétaire.

C'est ainsi que les fondateurs de la Banque nationale, à travers d'innombrables épreuves et tribulations, avec une forte conviction et une volonté tenace, ont pleinement utilisé leur ingéniosité et se sont fermement emparés du sac d'argent.

L'argent du peuple, pour le peuple

Soixante pour cent des terres de la Chine se situent à plus de 2 000 mètres au-dessus du niveau de la mer, ce qui les rend impropres à la culture, tandis qu'une grande partie d'entre elles reçoit peu de précipitations. Pour aggraver les choses, les inondations causées par des moussons irrégulières entraînent souvent de graves pertes de récoltes, ce qui provoque une famine massive.

Si l'on compare avec les États-Unis en 1945, 6,5 millions d'agriculteurs faisaient vivre 140 millions de personnes et la superficie des terres arables atteignait 365 millions d'acres. En Chine, les 65 millions de familles d'agriculteurs de l'époque faisaient vivre 400 millions de personnes, avec seulement l'équivalent de 217 millions d'acres de terres arables.

En raison de cette pression foncière et des taxes de plus en plus lourdes, il était difficile pour les agriculteurs de la vieille Chine de maintenir leur niveau de subsistance en temps normal. Les agriculteurs ont dû utiliser toutes les ressources disponibles pour entretenir leurs terres de plus en plus appauvries. Ils ramassent chaque feuille tombée, chaque herbe morte, chaque anguille de blé égarée, pour les alimenter. Les déjections animales et humaines sont soigneusement ramassées pour restaurer la fertilité de la terre.

En Chine, les objectifs de l'agriculture sont fondamentalement différents de ceux des pays néo-coloniaux tels que les États-Unis, l'Australie et la Nouvelle-Zélande. Alors que dans ces pays, il existe un excédent général de terres et une pénurie de main-d'œuvre, c'est le contraire qui se produit en Chine. Ainsi, l'agriculture chinoise recherche le rendement maximal par unité de terre, tandis que les États-Unis recherchent le rendement maximal par unité de population. Alors que les agriculteurs chinois peuvent cultiver de petites parcelles de terre grâce à une main-d'œuvre intensive, les agriculteurs américains privilégient les mesures d'économie de main-d'œuvre telles que la mécanisation agricole et les engrais chimiques, qui deviennent relativement peu coûteuses lorsque les intrants sont uniformément répartis entre les grands occupants de terres agricoles par habitant. Mais avec la rareté des terres par habitant en Chine, ces intrants deviennent inabordables.

L'important excédent de main-d'œuvre agricole dans la vieille Chine et une économie agricole orientée vers la maximisation du rendement des terres ont inévitablement produit une pauvreté et un semi-emploi massifs. Pendant les heures de pointe non agricoles, la population agricole doit se livrer à divers travaux d'artisanat pour compléter ses maigres revenus agricoles. On peut dire que le système économique agricole de la Chine ancienne se trouve dans un équilibre plutôt fragile, avec un mince coussin de richesse contre les catastrophes naturelles et anthropiques, et le revenu de l'artisanat rural comme soupape de réduction de pression clé pour ce système économique faiblement équilibré et à haut risque.

À ce moment-là, les forces économiques de l'Ouest ont fait preuve d'un élan fulgurant.

Les produits de base massifs et bon marché fabriqués par des machines et créés pendant la révolution industrielle déferlent sur la Chine comme un raz-de-marée, et les produits textiles, les produits en bois, les céramiques, les vêtements, les chaussures et les chapeaux fabriqués à la main localement ont de plus en plus de mal à concurrencer les produits occidentaux sur le marché local. Le système économique rural est au bord de l'effondrement après la perte des revenus de l'artisanat. La Chine aurait pu recourir à des tarifs douaniers élevés pour atténuer l'impact dévastateur de la puissance économique occidentale, mais les puissances occidentales ne permettront jamais aux pays arriérés d'adopter des politiques d'autoprotection et n'hésiteront pas à recourir à la force si nécessaire. La Chine a été contrainte d'accepter des tarifs douaniers ultra-bas de 5% et a été dominée par les puissances occidentales dans les affaires douanières et le système financier.

Entre 1900 et 1940, l'économie rurale de la Chine s'est détériorée, 10% des riches possédant 53% des terres arables et un degré élevé de monopole foncier. La grande majorité des agriculteurs sont des métayers qui doivent payer chaque année entre 1/3 et 1/2 de leur production à titre de loyer, et le manque de revenus qui en résulte oblige plus de la moitié d'entre eux à contracter des emprunts annuels pour survivre. À cette époque, le taux d'intérêt annuel pour l'emprunt de récoltes en Chine était de 85%, et le taux d'intérêt annuel pour l'emprunt de devises atteignait 20 à 50% ! [75]

Dans cette situation de monopole foncier élevé, d'exploitation extrême des rentes et de taux d'intérêt élevés, le système économique agraire a été complètement bouleversé, les paysans ont perdu tout espoir de survie et la révolution est devenue inévitable.

Là où il y a de l'oppression, il y a de la résistance ! Ce qui est étrange, ce n'est pas pourquoi la révolution a éclaté dans les campagnes chinoises, mais pourquoi elle a éclaté si tard !

Mao Zedong a examiné l'ensemble de la carte économique de la Chine rurale et a constaté que, dans de nombreux endroits, l'économie rurale était au bord de l'effondrement. Il a vu qu'il s'agissait d'un terrain fertile pour la révolution où "le feu des étoiles peut allumer un feu de prairie" et avait le potentiel d'établir la "séparation armée des paysans et des ouvriers", en particulier "dans les endroits où les paysans et les ouvriers s'étaient beaucoup soulevés pendant la révolution démocratique bourgeoise de 1926 et 1927, comme les provinces de Hunan, Guangdong, Hubei et Jiangxi. Dans de nombreuses parties de ces provinces, il y avait autrefois une très grande organisation de syndicats et d'associations de paysans, une lutte des classes ouvrières et paysannes contre la politique du châtelain riche en terres et de la bourgeoisie dans de nombreuses économies. "Sa vision du fossé rouge n'était en aucun cas une fantaisie théorique, mais était basée sur la pratique de la vie, et il a commencé sa pratique soviétique dans le Hunan et le Jiangxi, où le système économique rural était le plus faible.

Le mouvement de réforme agraire de "l'accaparement et du partage des terres" s'est d'abord effectué sur les terres, et les droits fonciers, qui étaient centralisés, sont devenus à peu près égaux. Alors que 80 à 90% des terres étaient auparavant entre les mains des

---

[75] *Tragédie et espoir*, Carroll Quigley, 1996, p. 181.

propriétaires terriens, aujourd'hui, à l'exception d'une part des terres en fonction de la population, le reste est entre les mains des agriculteurs qui sont directement impliqués dans la production.

Dans le même temps, le gouvernement fait activement campagne pour l'abolition des différentes dettes imposées aux paysans. La première est le système d'exploitation par l'usure, "Les ouvriers et les paysans doivent voir leurs dettes envers Tian Dong abolies et non remboursées". Par ailleurs, l'abolition des monts-de-piété a constitué un volet important de la campagne d'abolition. Dans le passé, les prêteurs sur gage prenaient principalement les vêtements des agriculteurs comme garantie pour des prêts avec des taux d'intérêt très élevés, et le montant de l'argent prêté était inférieur à la moitié de la valeur de la garantie, et les agriculteurs étaient soumis à une très forte exploitation. Le gouvernement soviétique a confisqué le mont-de-piété, et les articles mis en gage ont été rendus aux paysans au prix le plus bas possible, sans que ceux-ci aient à les racheter.

Tout en veillant à ce que les agriculteurs disposent de terres à cultiver, ils sont également exemptés de taxes agricoles afin qu'ils puissent profiter pleinement des fruits de leur travail. Ces mesures ont facilité et assuré le bon développement de la révolution agraire, avec un grand enthousiasme des paysans pour la production agricole et un fort soutien au gouvernement. Les paysans ne comprenaient pas le haut marxisme ou le léninisme, mais ils comprenaient très bien que le gouvernement soviétique leur avait apporté de grands avantages pratiques. Tout gouvernement ne peut être stable que s'il apporte des avantages concrets au peuple.

D'autre part, la situation économique dans les campagnes à cette époque était très chaotique. Il y a d'abord la fuite des liquidités, et le manque de levier commercial sur les marchés ruraux. Les principaux détenteurs d'argent liquide, les riches marchands, la gentry et les propriétaires terriens, craignant la révolution, ont fui avec de l'argent liquide, ce qui a entraîné une extraordinaire pénurie de jetons d'argent liquide sur le marché, rendant difficile la réalisation de transactions, petites ou grandes. Certains propriétaires terriens ne prêtent pas leur argent liquide aux agriculteurs, de peur que les riches ne le cachent. Par conséquent, les agriculteurs ne peuvent pas vendre leurs produits en espèces, ne peuvent pas emprunter de l'argent et n'ont parfois même pas les moyens d'acheter leurs produits de première nécessité, ce qui rend la production et la vie difficiles. Deuxièmement, le manque de fonds pour l'artisanat et le commerce rend difficile le déroulement normal des activités de reproduction et d'achat et de vente. De nombreux grands opérateurs industriels et commerciaux ont retiré des fonds, ce qui a entraîné l'arrêt de la production des industries artisanales et la perte d'emploi des travailleurs et des commerçants. Troisièmement, le marché financier est en plein désarroi, pas moins d'une douzaine de types de pièces en circulation, les pièces métalliques sont des yuans d'argent divers, la monnaie de cuivre, la monnaie de papier, la banque du Kuomintang, les banques étrangères et les banques chinoises ont émis divers types de monnaie de papier, et aussi les marchands et magasins locaux ont émis des billets municipaux et les seigneurs de la guerre et les propriétaires terriens ont émis des pièces diverses. Parmi elles, les pièces en métal ont tendance à réduire la couleur et le poids en circulation, le nom de la monnaie papier est multiple, la valeur varie, le taux de change entre les pièces est variable, souvent le phénomène de dévaluation de la monnaie papier est comme du papier brouillon. En outre, les agriculteurs profitent souvent de l'argent échangé par des commerçants peu scrupuleux, et après plusieurs années d'exploitation, il ne leur reste plus grand-chose. [76]

Les agriculteurs ont désespérément besoin de leurs propres banques et d'une monnaie équitable !

La Banque nationale de l'Union soviétique, par l'émission d'une monnaie unifiée, a complètement changé la situation du chaos numismatique, de sorte que les paysans sont libérés de l'exploitation des changeurs de monnaie, mais fournit également suffisamment de jetons pour le commerce du marché rural, favorisant grandement le développement de l'économie.

La Banque nationale a fortement soutenu les agriculteurs et les artisans pour la réhabilitation et le développement de la production industrielle et agricole, principalement en répondant aux besoins financiers de la production et de l'exploitation, en accordant des prêts à faible taux d'intérêt ou sans intérêt tels que des prêts pour les semences, le bétail, les engrais, etc., et en obtenant des prêts pour l'achat d'engrais et d'outils agricoles pour la culture intensive sur leurs terres, la production agricole a augmenté de manière significative.

---

[76] *An Outline of the Monetary History of the Chinese Revolution*, par Xu Shuxin, China Finance Press, 2008, pp. 15–16.

Afin de prévenir l'impact des fluctuations des prix des denrées alimentaires sur les incitations des agriculteurs à produire, la Banque nationale, en coopération avec le Bureau d'ajustement alimentaire, régule activement les prix des denrées alimentaires.

> *"Afin de stabiliser le marché et d'empêcher une hausse ou une baisse brutale des prix des denrées alimentaires, la Banque nationale a également accordé des prêts au Bureau d'ajustement alimentaire. Lors de la récolte d'automne, il est acheté à un prix raisonnable ; lorsque les agriculteurs manquent de nourriture, il est revendu à un prix raisonnable, ce qui protège le développement de l'économie rurale et garantit les intérêts des masses paysannes."*[77]

Ces mesures financières ont résolu les difficultés des agriculteurs en matière de terres, de dettes et de commercialisation des denrées alimentaires, et ont permis de relancer la production agricole en peu de temps et d'améliorer considérablement les moyens de subsistance des agriculteurs.

L'agriculteur Xie Rendi, une famille de six personnes, ne possédait pas la moindre terre avant la révolution et avait très peu d'outils agricoles. Xie Rendi a emprunté 100 quintaux de grain au propriétaire terrien, à cause de la forte exploitation, seulement 10 quintaux de grain par an, la famille n'avait pas assez à manger, chaque année il devait emprunter du grain au propriétaire terrien, couper le grain, payer le loyer, payer la dette, et pas de riz sous le pot, encore une fois il devait emprunter au propriétaire terrien.... Après la révolution, il a partagé le grain, les vêtements, les charrues, les herses et autres outils agricoles du propriétaire foncier, lorsque la famille a divisé le champ, la famille a partagé 57 quintaux de grain, 7 pieds 8 pieds de terre de jardin potager. La première année après le partage de la terre, il a récolté 72 quintaux de céréales, ainsi que des patates douces, des haricots, etc. En plus des 40 quintaux de rations et des 3 quintaux d'impôt foncier, il lui restait 29 quintaux de grains. Le potager fait pousser des légumes qui peuvent être vendus en plus de ce qu'ils mangent, et la vie s'est radicalement améliorée. À l'époque, le tissu était cher, mais il devait en acheter deux

---

[77] *Tracing Mao Zemin*, Cao Hong, Zhou Yan, Central Literature Press, 2007, p. 152.

par an. Il faut aussi acheter quelques outils agricoles supplémentaires.
[78]

Même à la fin de la période soviétique, en raison de l'augmentation des dépenses militaires et gouvernementales,

> *"la charge des paysans (y compris les impôts agricoles, la dette publique et les emprunts de céréales), bien qu'augmentant, s'est grandement améliorée sur la base du développement productif, et en 1933, la vie des paysans s'est améliorée au moins deux fois plus qu'à l'époque du Kuomintang. La plupart des paysans, dans le passé, il y avait de nombreuses fois où ils ne pouvaient pas manger suffisamment, et dans les périodes difficiles certains d'entre eux devaient même manger de l'écorce et du son, et maintenant non seulement il n'y a pas de faim en général, mais la vie s'enrichit d'année en année. La plupart des paysans s'habillaient mal, mais maintenant ils s'améliorent généralement, certains deux fois mieux, d'autres deux fois plus.*
> *„ [79]*

L'établissement et la consolidation du régime et la victoire de la guerre révolutionnaire sont indissociables du terrain. Mao Zedong a fait un jour une analogie humoristique :

> *"Une révolution doit être fondée, comme s'il fallait avoir un âne. Si un homme n'a pas d'âne, il ne peut pas s'asseoir. Si l'on continue à marcher et à se tenir debout, cela ne durera pas. Lorsque vos jambes sont douloureuses et que vous vous tenez mollement, vous tombez. Ce n'est que lorsque la révolution a une base qu'elle peut avoir un endroit pour se reposer, regagner son qi, reconstituer ses forces, puis continuer à se battre, étendre son développement et avancer vers la victoire finale. "*

L'existence d'une économie locale ne peut se faire sans le développement d'une économie locale, sans le soutien des agriculteurs et des travailleurs locaux, et sans la sécurité monétaire et financière.

Comme l'a dit Mao Zedong,

> *" Ce n'est que lorsque l'Union soviétique aura fait tous les efforts possibles pour résoudre les problèmes des masses,*

---

[78] *History of the Burden of Chinese Peasants*, Volume III, China Financial and Economic Press, 1990, p. 63.

[79] Ibid. p. 92.

qu'elle aura pratiquement amélioré leur vie et qu'elle aura gagné leur foi en elle, qu'elle pourra mobiliser les masses pour qu'elles rejoignent l'Armée rouge et aident à la guerre. " [80]
"Pour être embrassé par les masses" ? Voulez-vous que les masses mettent le meilleur d'elles-mêmes sur le champ de bataille ? Alors il faut être avec les masses, il faut aller mobiliser les masses, il faut soigner les démangeaisons des masses, il faut travailler sincèrement au profit des masses, pour résoudre les problèmes de production et de vie des masses, les problèmes de sel, les problèmes de riz, les problèmes de maisons, les problèmes de vêtements, les problèmes de mise au monde des petits enfants, pour résoudre tous les problèmes des masses. " [81]

C'est guidé par de telles idées que l'établissement du système financier de la région soviétique, partout au profit des paysans, du point de vue pratique de la résolution de l'économie rurale, les mesures de la Banque d'État ont grandement facilité la vie des paysans, établi le crédit de la monnaie de la région soviétique, et le gouvernement a été plus chaleureusement embrassé et aimé par les paysans. C'est grâce au soutien populaire, afin de contrer le "siège" et l'expansion à grande échelle de l'Armée rouge, que l'on peut voir partout l'Union soviétique : les parents envoient leurs fils, les épouses leurs petits-fils, les frères rivalisent avec les scènes de déménagement de l'Armée rouge.

Zone spéciale de commerce et entreprise centrale de l'Union soviétique

Alors qu'un bateau civil chargé de tissus remontait le fleuve et approchait d'un endroit situé en aval de Ganzhou, le capitaine a arrêté le bateau sur la rive ouest pour attendre un guide. Soudain, on entendit le bruit de mitrailleuses "da da da da da" sur la côte est. "Amenez le bateau sur la côte est maintenant ! " ordonna le capitaine. Les charpentiers de marine tirés Penny juste à l'approche de la banque de

---

[80] Mao Zedong's Rural Investigations, Central Documentation and Research Office of the Communist Party of China, China Jinggangshan Cadre College, People's Publishing House, 1982, p. 308.

[81] Volume 1 of *Mao Zedong's Collected Works*, édité par le Central Document Research Office of the Communist Party of China, People's Publishing House, 1996, pp. 138–139.

l'est n'a pas encore arrêté, la rive d'attendre pendant une longue période dans le district Su estuaire branche du commerce du personnel a sauté à bord. Après les avoir salués, le capitaine s'est empressé de crier : "L'Armée rouge a volé" et a abandonné le navire pour "s'échapper" à Ganzhou. À son retour, le capitaine a dit au patron Bu Zhuang : "Pas bon, un bateau de tissu a été "volé" par l'Armée rouge !". "Au lieu d'être pressé, le propriétaire a félicité le capitaine pour son travail bien fait. En quelques jours, l'argent pour le tissu du bateau a été livré au magasin de tissu en termes non équivoques. Le patron a gagné quelques milliers de dollars d'argent en un seul coup. Le capitaine, quant à lui, a reçu des centaines de dollars d'argent de la Chambre de commerce en guise de gratification extravagante.

Cette scène particulière était courante dans les zones adjacentes aux régions soviétiques et nationalistes. En fait, il s'agissait d'une forme particulière de commerce entre l'Union soviétique et l'Union étatique.

Après l'échec du troisième "siège" du KMT en Union soviétique centrale, le KMT intensifia son blocus économique de l'Union soviétique centrale et coupa le commerce entre l'Union soviétique et le Kuomintang. Les produits agricoles et les spécialités soviétiques ne pouvaient pas être vendus, les prix chutaient encore et encore, et le sel, le tissu, le kérosène, la médecine occidentale, etc. dont on avait tant besoin ne pouvaient pas être expédiés. À un moment donné, les prix élevés de certains articles dans la région soviétique, le peuple était paniqué, ce qui a directement affecté la vie des masses et de l'Armée rouge, et a affecté la confiance du peuple dans le gouvernement.

Reconnaissant qu'il s'agissait d'un problème majeur qui affectait la survie de l'Union soviétique centrale, le gouvernement a créé le ministère central de l'économie nationale et la direction générale du commerce extérieur, qui était chargée de développer le commerce extérieur. Dans le même temps, une série de politiques souples adaptées à la situation réelle ont été mises en place : incitations pour les entreprises privées à exploiter une variété de biens essentiels à l'Union soviétique ; réductions de taxes sur certains articles quotidiens et munitions ; coopération multiforme avec les entreprises d'État en utilisant au maximum les capitaux privés et coopératifs ; encouragement des hommes d'affaires du district de Guvuzi à venir en Union soviétique pour faire des affaires ; envoi secret de personnes de l'Union soviétique pour ouvrir des magasins et des stations d'achat dans le district de Guvuzi, etc.

" Briser le blocus économique de l'ennemi, développer le commerce extérieur en Union soviétique, pratiquer l'échange des excédents de produits soviétiques (riz en grain, sable de tungstène, bois, tabac, papier, etc.) avec des produits industriels (sel, tissu, huile, etc.) dans la zone blanche, est une plaque tournante pour le développement de l'économie nationale. "[82] selon l'approche générale de Mao en matière de commerce, et Mao Zemin y participe activement. Il estime que la production de l'Union soviétique est bon marché et lucrative, et que les hommes d'affaires de l'Union soviétique ne manqueront pas cette occasion. De plus, il exploite simultanément la cupidité et les contradictions internes des seigneurs de la guerre et conclut des accords clandestins avec eux. Afin de soutenir le commerce extérieur, la Banque d'État a mis de côté 1 million des 3 millions de yuans d'obligations de construction économique comme fonds de commerce extérieur.

Un jour de l'hiver 1931, les gens du comté de Ruijin, le gouvernement a mis un avis autour des gens qui parlent : "La région de l'Union soviétique, partout des trésors. Une fois excavés, le pays est riche et le peuple est fort. Il y a un prix pour tous. Mao Zemin, gouverneur de la Banque nationale de la République soviétique de Chine."

Quelqu'un a dit,

> "Le nom du comté de Ruijin, tiré de 'He Sheng Rui Qi, creuser le sol pour trouver de l'or', les trésors souterrains doivent être assez nombreux. "Une autre personne a pris le message : "Il y a un prix pour les reportages, ceux qui n'en veulent pas doivent s'y mettre !"

Quelques jours plus tard, Mao Zemin a reçu une lettre de l'Armée rouge et une pierre sombre et brillante. La lettre disait qu'il y a un endroit appelé "iron mountain ridge" qui produit du minerai de tungstène, avant l'Armée rouge, il y avait des marchands cantonais pour y ouvrir des mines, les étrangers disaient combien demander. Mao Zemin a immédiatement fait une enquête, un quart de sable de tungstène peut être vendu pour 8 yuans, tandis qu'un quart de riz seulement 2, c'est tout simplement le bol de trésor de l'Union soviétique ! Mao Zemin était ravi que la Banque d'État devienne un homme riche !

---

[82] Rapport au deuxième congrès national des ouvriers et des paysans, Mao Zedong, 23 janvier 1934.

Ganan est connue comme la "capitale du tungstène", avec des centaines de mines de tungstène de toutes tailles. L'acier au tungstène est un matériau clé dans la fabrication des armes à feu et est très recherché au niveau international. Pendant la Première Guerre mondiale, les nations belligérantes se sont efforcées de développer leurs armements, et le minerai de tungstène est devenu un matériau stratégique important. Les étrangers et les seigneurs de guerre locaux ont monopolisé l'acquisition du minerai de tungstène, et d'innombrables sables de tungstène ont été continuellement déversés outre-mer.

Si l'Armée rouge possède des matériaux stratégiques tels que le minerai de tungstène, elle aura l'argent nécessaire pour négocier avec le district de Guotong, ce qui ouvrira une brèche dans la ligne de blocus de l'Union soviétique, apportant d'énormes revenus à l'Union soviétique.

Au printemps 1932, l'Union soviétique crée la China Tungsten Ore Company pour diriger et organiser la production de tungstène en Union soviétique. Mao Zemin est également le directeur général des mines de tungstène. La China Tungsten Ore Company est la première "entreprise d'État" établie en Union soviétique, soutenant le fonctionnement financier de l'ensemble de l'Union soviétique.

À cette époque, de nombreux dignitaires militaires et politiques du KMT avaient leurs propres affaires. Mao Zemin a alors envoyé quelqu'un pour entrer en contact avec le grand magasin de commerce qu'ils dirigent à Ganzhou. Le seigneur de guerre du Guangdong, Chen Jitang, qui à la fois faisait frire de l'or et collectait du sable de tungstène. Lorsqu'il a appris qu'il existait un nouveau moyen de s'enrichir, il a été ravi et a immédiatement envoyé ses acolytes négocier secrètement avec des représentants de l'Union soviétique. Avant le voyage, Chen Jitang a donné des instructions solennelles : "endurer la disgrâce et l'humiliation, et seulement réussir."

Mao Zemin est également venu dans la ville de Ganzhou pour déployer personnellement le sable de tungstène pour l'exportation. Après plusieurs cycles de négociations, le prix du sable de tungstène a été multiplié par près de sept, passant du prix initial de 8 pièces par quintal à 52 pièces par quintal ! Bientôt, les deux parties parviennent à un accord secret sur le marché du sable de tungstène : les importations en provenance de l'Union soviétique sont escortées par les troupes des seigneurs de la guerre stationnées à Ganzhou, et le sable de tungstène est acheminé en Union soviétique depuis le Guangdong, et en revient depuis l'Union soviétique. Chaque partie a sa propre façon de faire.

Après que Chen Jitang se soit lancé dans le commerce du sable de tungstène à Ganzhou, les autres officiers de l'armée du Guangdong ont également eu les yeux très rouges. Les ordres du président Jiang avaient été oubliés depuis longtemps, et l'un après l'autre, ils ont commencé à commercer avec l'Union soviétique, échangeant du sable de tungstène et des produits agricoles contre du sel et des tissus. Le sable de tungstène produit par la China Tungsten Mining Company était marqué d'un grand sceau portant les mots "National Defense Materials" et escorté hors du pays par la milice de manière grandiose, en échange de sel, de tissu, de médicaments occidentaux, de munitions, etc. et de dollars d'argent dont on avait grand besoin.

De 1932 à 1934, l'entreprise a produit 4 193 tonnes de sable de tungstène et a gagné plus de 4 millions de yuans de revenus, ce qui en fait la plus importante source économique de l'Union soviétique et une véritable "première entreprise centrale". Les revenus des mines de tungstène ont joué un rôle énorme dans l'écrasement du blocus économique de Chiang Kai-shek et des quatre "sièges" et dans l'enrichissement des banques nationales.

En plus d'utiliser pleinement les marchandises stratégiques pour ouvrir les canaux commerciaux, le gouvernement soviétique a également établi des "zones économiques spéciales" soviétiques aux frontières de la région soviétique, où le transport est plus pratique, et a réduit de moitié les taxes pour mobiliser et attirer les marchands soviétiques à commercer avec la région soviétique. En mobilisant et en s'appuyant sur les masses en Union soviétique, une force d'achat de marchandises forte et fiable a été établie, et le blocus économique du KMT a été brisé par couches et couches en établissant une relation commerciale secrète avec la Maison du Grand Marchand de Ganzhou.

Le gouvernement soviétique a également fourni une protection et des encouragements afin de motiver pleinement les commerçants individuels à faire du commerce. Il prévoit que "la liberté de commerce sera garantie sans interférence dans les relations régulières du marché des marchandises" et que "les colporteurs et les paysans seront exemptés de l'impôt commercial s'ils vendent directement leurs producteurs excédentaires". Les capitaux commerciaux inférieurs à 200 dollars sont exonérés d'impôts. "Par conséquent, les petits commerçants du centre de l'Union soviétique ne se contentent pas d'installer des étals dans les villes de l'Union soviétique, mais s'infiltrent souvent dans la zone contrôlée par l'État pour acheter des marchandises rares.

Dans le même temps, le parti communiste et le Kuomintang se disputent la monnaie et le sel.

Le Kuomintang était tellement ennuyé par les pièces d'argent émises en Union soviétique qu'il a envoyé des experts en frappe de monnaie s'infiltrer dans le centre de l'Union soviétique et commander à des bandits locaux de frapper des pièces d'argent contrefaites de mauvaise qualité en utilisant la méthode du placage cuivre-argent rouge. À un moment donné, le marché a été inondé de fausses pièces et les commerçants ont refusé d'accepter les pièces d'argent frappées en Union soviétique. Le gouvernement soviétique a immédiatement réagi en formant une équipe de détection des fausses pièces, en attaquant à coups de poing, et en mettant complètement fin aux activités du KMT, implanté au cœur de l'Union soviétique, qui fabriquait des fausses pièces.

Les marchands de Ganzhou constatent que les dollars d'argent versés par le gouvernement soviétique sont fabriqués en Union soviétique et ne sont pas de grande qualité, ce qui rend difficile leur circulation dans la région nationaliste. La Banque nationale, quant à elle, est incapable de produire l'"océan d'aigle". Mao Zemin, par l'intermédiaire de marchands éclairés, achète une machine à frapper les pièces "Eagle Yang" et un certain nombre de moules en acier à Shanghai, et la Monnaie centrale renonce à frapper la pièce d'argent de 1 dollar, qui ne peut circuler que dans la région soviétique, et se concentre sur la frappe de l'"Eagle Yang", qui est largement utilisée dans le district de Guoming, et le commerce extérieur recommence à augmenter, brisant le blocus économique imposé par le KMT.

Comme le dit le proverbe, " le peuple ouvre la porte à sept choses, le bois, le riz, l'huile, le sel, le vinaigre et le thé ". "Le sel était une denrée indispensable et a donc été utilisé par Chiang Kai-shek comme une "arme de destruction massive" contre le parti communiste. Le gouvernement du Kuomintang a créé l'Administration du sel et de l'huile de feu à Nanchang, dans le Jiangxi, et a mis en place des comités de vente publique de sel et d'huile de feu dans les comtés environnants de l'Union soviétique, mettant en œuvre la méthode dite de " vente de sel par la bouche ", et punissant ceux qui achetaient des quantités excessives de sel ou omettaient sciemment de les déclarer comme des " bandits et des ennemis ".

Ce mouvement du Kuomintang est très puissant, parce que l'Union soviétique ne produit pas de sel, et la demande mensuelle de sel au moins 150 000 livres au-dessus, du jour au lendemain, l'Union soviétique offre du sel sans précédent serré, les prix du sel ont grimpé en flèche.

Afin de faire face à ce dilemme, le gouvernement soviétique a envoyé un groupe de personnes déguisées en mendiants dans la zone blanche pour mendier de la nourriture, achetant du sel dans le sac pour le ramener. Le gouvernement soviétique a également lancé une campagne de fabrication de seaux à deux étages, profitant de l'occasion pour ramasser du fumier dans le district de Guoming, et mettre du sel au fond pour le ramener, et même changer le cercueil en cercueil à deux étages, mettre des intestins de porc puants sur la couche supérieure, mettre du sel sur la couche inférieure, laisser certaines personnes faire semblant d'être enterrées, quand elles traversent la frontière, les soldats du KMT sentent la puanteur, et laissent passer le "cortège funéraire" transportant du sel.

La mise en œuvre du commerce extérieur et le développement des entreprises individuelles dans le centre de l'Union soviétique ont conduit à une scène commerciale prospère en Union soviétique, qui a joué un rôle important dans la rupture du blocus et la promotion de la construction économique en Union soviétique. Snow s'exclame dans *Le comique du voyage vers l'Ouest*,

> " *En 1933, le commerce d'exportation étranger de la région soviétique centrale, qui a dépassé 12 millions de yuans, ils ont brisé le blocus du Kuomintang et en ont largement profité.* "

La Banque nationale s'est rendu compte dans la pratique que le crédit du gouvernement soviétique et de la Banque nationale dépendait de l'abondance des approvisionnements et du niveau des prix, et que ce n'est qu'en assurant l'approvisionnement en matériaux que la monnaie soviétique pouvait gagner la confiance et le soutien du peuple.

Sacs à argent pour armes à feu

Dans les premières années de la création de l'Union soviétique, l'économie ne s'était pas encore rétablie et développée, et la collecte de fonds par l'Armée rouge était la principale source de dépenses militaires et de recettes fiscales. Les trois premières campagnes de "contre-siège" ont été financées par la collecte de fonds de l'armée et la saisie de fournitures du Kuomintang. Après le troisième "contre-siege", le gouvernement soviétique central, influencé par l'idéologie de "gauche", a annulé à la hâte la mission de collecte de fonds de l'Armée rouge, coupant ainsi les principales sources de financement de la banque nationale et du gouvernement. La poursuite d'un cours militaire faux et agressif, l'adoption d'une stratégie de "guerre de position" et de "guerre régulière", et l'expansion aveugle de l'Armée rouge. Les dépenses militaires de l'Armée rouge sont devenues la responsabilité des finances du gouvernement soviétique.

Afin de soutenir les canons, le gouvernement soviétique a élaboré une politique visant à "garantir la subsistance de la guerre révolutionnaire et la dépense de toutes les dépenses révolutionnaires soviétiques"[83] et a pris des mesures pour résoudre les dépenses militaires et gouvernementales en unifiant les finances, en augmentant l'épargne, en augmentant les impôts et en émettant une dette publique.

Dans les premières années de la création de l'Union soviétique, les gouvernements soviétiques, à tous les niveaux, fonctionnaient séparément, sans politique fiscale digne de ce nom, et collectaient et dépensaient de l'argent sans discernement et le gaspillaient à volonté, sans parler de l'absence de plans et de budgets. La source de financement bat de l'aile. Par manque d'expérience, certains endroits perçoivent les impôts sans distinction de classe, et certains gouvernements ne les paient pas à leur guise. Les dépenses publiques à tous les niveaux sont extrêmement inégales, ceux qui ont peu de revenus souffrent au point de ne pas avoir de kérosène pour allumer leur lampe, et ceux qui ont plus de revenus atteignent plusieurs milliers de dollars par mois.

Afin d'unifier les finances et de surmonter la fragmentation et la corruption, le gouvernement central a établi que toutes les recettes de tous les niveaux de gouvernement sont envoyées au trésor central à tout moment, que les dépenses doivent être payées conformément au budget approuvé et que les comptes finaux doivent être soumis aux autorités supérieures. Mao Zedong a mis en garde les travailleurs du

---

[83] *Selected Works of Mao Zedong*, Volume I – Our Economic Policy, People's Press, 1996.

gouvernement en disant que "la corruption et le gaspillage sont de grands crimes". Dans le même temps, en réponse au phénomène du système comptable dans lequel les gouvernements à tous les niveaux collectent, gèrent et utilisent l'argent sans faire de distinction entre eux et ne peuvent pas se réguler mutuellement, la Banque nationale, en tant qu'agent du trésor public, a formulé un système unifié de gestion des fonds avec quatre liens pour s'assurer que la partie qui reçoit, la partie qui gère (le trésor public), la partie qui utilise et la partie qui contrôle ont toutes des registres stricts, de manière à éliminer la corruption et le gaspillage du système.

L'unification des finances a permis au centre de réaliser des économies efficaces et planifiées sur les dépenses inutiles afin de concentrer les ressources financières sur le soutien de la guerre.

Le grand développement de l'économie rurale dans la région soviétique a créé des conditions favorables pour que le gouvernement impose des taxes foncières et commerciales aux agriculteurs. Le taux d'imposition est divisé par classe entre le paysan moyen et le paysan riche, avec une série d'allégements fiscaux. Les autorités fiscales utilisent des reçus fiscaux uniformes et des certificats d'exemption fiscale pour la collecte des impôts fonciers. À l'époque, de nombreux agriculteurs utilisaient les certificats d'imposition et d'exemption des autorités fiscales soviétiques comme preuve de la propriété des terres.

En mars 1933, l'Union soviétique centrale a également établi un système douanier unifié, et près de 30 bureaux de douane ont été créés dans 15 comtés soviétiques, donnant ainsi à l'Union soviétique une "douane" rouge indépendante et autonome.

Ces taxes, deviennent une part importante des revenus du gouvernement. Dans le même temps, la Banque nationale préconise également une campagne d'épargne,

> "informer le Parti, les organes politiques et militaires et les entreprises d'État qu'ils doivent ouvrir des comptes de dépôt auprès des banques et que les prêts doivent être traités conformément aux procédures de découvert". "Les campagnes d'épargne peuvent encourager les masses d'ouvriers et de paysans à épargner dans leur vie quotidienne en déposant à la banque la monnaie qu'ils économisent, qui peut être réduite à une somme importante et transformée en un tout. Les banques, d'autre part, ont généralement concentré et utilisé avec souplesse ces fonds d'excédents sociaux et les ont investis dans diverses coopératives, en particulier les coopératives de crédit,

ainsi que dans l'entreprise de production dirigée par des ouvriers et des paysans individuels, et ont vigoureusement développé la production soviétique et élargi le commerce extérieur, de sorte que les problèmes du sel cher, du tissu cher et de la diminution de l'argent liquide ont pu être résolus sans délai. » [84]

L'émission de la dette publique est un autre moyen pour le gouvernement de lever des fonds, à la fois pour éviter une émission excessive de devises et pour offrir des possibilités d'investissement à la population générale. Le gouvernement soviétique a émis un total de trois obligations publiques, les deux premières sont des obligations de guerre, d'un montant de 600 000 yuans et de 1,2 million de yuans, et la troisième est une obligation de construction économique, d'un montant de 3 millions de yuans. Les acheteurs de la première tranche d'obligations publiques ont pu prendre les obligations pour payer les taxes foncières et commerciales, et par conséquent, les obligations sont rapidement revenues au gouvernement, causant effectivement une perte financière. Le gouvernement s'est alors rendu compte qu'il ne pouvait pas laisser les obligations revenir dans les mains du gouvernement avant la période de remboursement, et il a ensuite interdit la pratique consistant à payer les taxes directement sur les obligations.

L'émission d'obligations publiques en Union soviétique, pas comme le Shanghai Tang, toutes les obligations publiques vendues aux banques, par les banques pour faire la spéculation sur les titres, mais pour mobiliser les masses, prendre la route de la vente directe. L'émission d'obligations publiques a enrichi le revenu financier de l'Union soviétique et a soutenu la guerre contre le "siège".

Ces mesures permettent de collecter efficacement des fonds pour l'Armée rouge sans imposer une charge particulièrement lourde à la population.

Et tout cela, sur la base d'une monnaie unifiée !

En l'absence d'une monnaie unifiée, le trésor public sera rempli de diverses sortes de pièces diverses, ce qui causera de grands ennuis dans la gestion et les dépenses, et la conversion des diverses pièces et l'attribution de l'argent dans quelle monnaie, je crains que l'on ne soit

---

[84] *The Financial and Economic History of the Central Revolution* (première édition), édité par Xu Yi, People's Publishing House, 2010.

trop occupé à compter l'argent et à tenir les comptes tous les jours. Dans quelle monnaie les obligations publiques sont-elles émises et achetées, et dans quelle monnaie sont effectués les paiements d'intérêts et les remboursements ? C'est un cauchemar ! Et c'est l'unification de la monnaie qui fournit le véhicule unificateur de ces mesures politiques.

À la fin de la période soviétique, la Banque nationale, sous l'influence de la ligne de "gauche", a violé le principe important selon lequel "l'émission de papier-monnaie par la Banque nationale doit fondamentalement être conforme aux besoins du développement économique national, et les besoins purement financiers ne peuvent être placés qu'en position secondaire", la [85]surémission de monnaie s'est élevée à 8 millions de yuans.

Alors que l'Armée rouge, sous la direction militaire des tendances "gauchistes", continuait à perdre des guerres et à rétrécir ses bases, tandis que la question de la monnaie continuait à s'étendre, provoquant une grave inflation, le crédit du papier-monnaie s'est effondré, sapant sérieusement la confiance du peuple de l'Union soviétique dans le gouvernement révolutionnaire.

"Banque centrale" et "Billet de l'Armée rouge" pendant 13 jours

En octobre 1934, lorsque l'Armée rouge centrale a été contrainte de se retirer de sa base en raison de la défaite du cinquième "siège", 14 hommes de la Banque nationale, accompagnés d'une équipe de gardes et de près de 200 transporteurs, ont pris la route avec plus de 160 quintaux de monnaie de la Banque centrale contenant des bijoux en or, des dollars en argent et des billets soviétiques.

En janvier 1935, l'Armée rouge centrale s'installe à Zunyi. Zunyi est la ville commerciale de Qianbei, pour la distribution d'une variété de produits locaux, est l'Armée rouge depuis la Longue Marche à travers la première ville moyenne animée.

Trois mois de longue randonnée des commandants de l'Armée rouge, ont eu une bonne occasion de récupérer, d'utiliser Zunyi, un

---

[85] *Selected Works of Mao Zedong*, Volume I – Our Economic Policy, People's Press, 1996.

endroit riche en fournitures pour se réapprovisionner, acheter des vivres, des fournitures médicales et autres, pour se préparer à la future marche vers la guerre. L'Armée rouge transportait principalement des billets de banque soviétiques émis par la Banque nationale de l'Union soviétique centrale, et les habitants de Zunyi, qui avaient souffert de la guerre et de la dépréciation des billets de banque, n'acceptaient pas les billets de banque soviétiques entre les mains de l'Armée rouge. Après plusieurs années d'expérience en Union soviétique, Mao Zemin a compris que pour que le "billet de l'Armée rouge" gagne la confiance du peuple, il faut deux conditions : premièrement, le "billet de l'Armée rouge" doit pouvoir acheter des biens et des marchandises ; deuxièmement, le papier-monnaie doit avoir la préparation matérielle correspondante derrière lui.

Afin que les "billets de l'Armée rouge" circulent à Zunyi, Mao Zemin a mobilisé les commerçants de Zunyi pour qu'ils ouvrent activement leurs portes afin de fournir à l'Armée rouge autant de marchandises que possible. Dans le même temps, il veut établir un crédit pour le "billet de l'Armée rouge". À ce stade, Mao Zemin a deux atouts en main : le sel de table et les cigarettes.

À l'époque, les seigneurs de la guerre, les bureaucrates et la noblesse du Guizhou se sont rassemblés à Zunyi et ont ouvert de nombreux magasins de tissus, de sel, de fumée et de monnaie. Les seigneurs de la guerre, les propriétaires terriens, les bureaucrates et les hommes d'affaires perfides s'entendaient pour manipuler le marché, amassant des centaines de milliers de yuans de sel et une grande quantité de suie, qui étaient vendus à des prix élevés sur le marché, et de nombreuses personnes souffraient d'une grande maladie du cou parce qu'elles ne pouvaient pas se permettre d'acheter du sel. Après être entrée dans Zunyi, l'Armée rouge a confisqué ces matériaux.

Mao Zemin a donc vendu le sel saisi aux seigneurs de la guerre et aux magnats à un prix forfaitaire. Mais pour acheter ce sel de table bon marché, il faut utiliser le "ticket de l'Armée rouge".

Les masses et les marchands complaisants ont commencé à vendre leurs marchandises de bon gré et ont accepté les "tickets de l'Armée rouge", qu'ils ont utilisés pour acheter du sel précieux et bon marché. Afin de faciliter l'échange des billets de l'Armée rouge à tout moment, la Banque d'État a mis en place 25 points de change dans le centre commercial de Zunyi et dans les postes de l'armée.

Le crédit "Billet de l'Armée rouge" battait son plein et le marché était en plein essor comme jamais auparavant. Plus tard, incapable d'établir une base à Zunyi, l'Armée rouge a décidé de se retirer. Afin de s'assurer que les intérêts des habitants de Zunyi ne seraient pas perdus après le départ de l'Armée rouge, la Banque d'État a affiché des avis à Zunyi, installé des bureaux d'échange et échangé du sel, du riz, du tissu et d'autres matériaux ainsi que du gwangyang contre les "tickets de l'Armée rouge" détenus par les habitants. La nuit précédant le retrait de l'Armée rouge de Zunyi, les gens ont fini d'échanger leurs billets de l'Armée rouge pendant la nuit.

La pratique de la Banque d'État consistant à émettre et à reprendre les billets de l'Armée rouge à Zunyi a non seulement animé le marché, garanti l'approvisionnement de l'Armée rouge, mais aussi sauvegardé la crédibilité des billets de banque soviétiques, sauvegardé les intérêts du peuple, et fait comprendre à la population que l'Armée rouge est une bonne armée qui protège les intérêts du peuple, laissant ainsi une bonne impression sur la scène locale. Les habitants disent : " Les rouges sont bons, il ne faut pas tricher, les 'tickets rouges' valent beaucoup. "

Ainsi, la Banque d'État, avec seulement 14 personnes, en un peu plus de 10 jours, à Zunyi, avec une population de plusieurs centaines de milliers de personnes, a commandé l'achèvement de l'émission, de la circulation, de l'échange et du retour du "billet de l'Armée rouge", ce qui ne peut que relever du miracle. Grâce à la circulation efficace des "billets de l'Armée rouge", ils ont non seulement réapprovisionné les commandants de l'Armée rouge en riches fournitures, mais aussi organisé le retour de l'argent au profit des masses pendant l'évacuation, démontrant pleinement le crédit du gouvernement soviétique et de la Banque nationale et établissant une bonne image du Parti communiste et de l'Armée rouge dans l'esprit du peuple.

La légende de l'argent rouge

En 1921, le Parti communiste chinois était un micro-parti comptant seulement 57 membres, et elle n'avait ni argent ni armes. Pourtant, 28 ans plus tard, elle a dirigé un million de troupes pour balayer le pays et prendre le pouvoir d'un seul coup ! Au début de la fondation du pays, l'armée alliée de 16 nations a été vaincue en Corée, à un moment où le pays était dans un état de désespoir. La Chine n'avait pas connu un tel moment d'indépendance totale depuis 1840. Les mots de Peng Dehuai peuvent représenter le cœur de tout le peuple chinois :

" L'histoire de l'impérialisme, qui peut conquérir un pays et une nation en érigeant quelques canons à l'Est, est révolue ! "

Les vastes victoires politiques, militaires et financières du PCC découlent toutes du même système de pensée et de sagesse, qui repose sur trois piliers : le service au peuple, l'indépendance et l'orientation pratique.

Le droit d'émettre de la monnaie est l'un des pouvoirs les plus importants dans la société humaine, et la manière dont ce pouvoir est exercé est le test important pour les émetteurs de monnaie. Il existe une différence essentielle entre l'émission de monnaie dans l'intérêt du peuple et l'émission de monnaie dans l'intérêt de quelques-uns. Comme le dit le dicton, "celui qui gagne le cœur et l'esprit du peuple gagne le monde", le peuple est intelligent, le peuple est sage, les yeux du peuple sont aiguisés, et les intérêts des émetteurs de monnaie sont en fait clairs au premier coup d'œil. L'émission de monnaie en Union soviétique, y compris l'émission de "billets de l'Armée rouge" à Zunyi, est dans l'intérêt fondamental du peuple, ce qui est parfaitement conforme à la logique de la survie et du développement du régime rouge. La monnaie du peuple ne peut être soutenue et faire l'objet de la confiance du peuple et avoir le crédit monétaire le plus fort, le plus durable et le plus incassable que si elle sert les intérêts du peuple !

La monnaie de l'Union soviétique est sur une voie complètement indépendante, sous un "siège" militaire et un blocus économique, subissant une pression énorme que le système monétaire normal ne peut supporter. Les fondateurs de la Banque centrale rouge sont partis de zéro, sans aide extérieure, sans conseillers extérieurs, sans système de référence externe, complètement autonomes, indépendants et autosuffisants. Ceci est également conforme à la pratique de la "division rouge" du Parti communiste chinois. Personne, ni Staline ni Tchang Kaï-chek, n'a cru dès le début que l'idée de "la campagne entourant la ville" allait réussir. Il s'agit d'une innovation majeure qui n'a jamais été vue auparavant dans le monde. Pour le gouvernement soviétique, qui a créé ce nouveau modèle, le ridicule, la suspicion, les accusations, la suppression de l'intérieur du parti et l'hostilité, le sabotage, le blocus, le "siège" de l'extérieur constituaient une pression tangible et intangible à tout moment. L'esprit d'indépendance n'est pas une fleur cultivée dans une serre ou en période de prospérité, mais plutôt une mauvaise herbe qui pousse avec obstination face aux températures élevées et à la dureté. La monnaie rouge de l'Union soviétique a grandi petit à petit dans des conditions extrêmement humbles, créant à chaque étape, chaque réalisation née de la pratique.

"Venir de la pratique, aller à la pratique. "Cela peut sembler être un cliché très commun, mais c'est une vérité qui a été affinée par des milliers de succès et d'échecs. Les créateurs de la monnaie rouge n'avaient ni une grande expérience monétaire ni une profonde érudition théorique, mais ils possédaient le courage et la sagesse d'aller au-delà de la pratique du commun des mortels ! Ils ne sont pas orientés vers les livres, ni vers l'étranger, ni vers le sommet, et toutes leurs mesures sont orientées vers la résolution de problèmes pratiques. Dans le processus de résolution du problème, le génie de l'acuité et l'habileté époustouflante se révèlent partout. La pratique crée l'expérience, la pratique sublime la pensée, la pratique mène à la théorie !

De 1932 à 1934, la Banque centrale rouge de l'Union soviétique, bien qu'elle n'ait existé que pendant trois courtes années, a poussé à l'extrême la pensée et la sagesse financières uniques du Parti communiste chinois. Les trois années d'existence de la Banque centrale rouge en Union soviétique ont été les trois premières années où le peuple de l'Union soviétique a eu sa propre banque et a maîtrisé ses propres droits financiers, et les trois premières années où les communistes chinois ont établi un système financier indépendant.

En lisant l'histoire, les communistes chinois ont compris que la Commune de Paris avait versé du sang dans le cimetière des Lacherts pour ne pas s'être emparée de la Banque de France ; en voyant la pratique soviétique, ils ont compris que la maîtrise de la banque était le seul moyen de consolider le pouvoir. Quand ce fut leur tour de le faire eux-mêmes, ils ont vraiment senti que sans argent, il serait difficile de bouger du tout, et que sans argent, ils devraient obéir à la volonté du "grand frère" qui leur donnait de l'argent !

Mao Zedong a trouvé la voie de l'établissement d'un régime indépendant dans les campagnes, foyer de la révolution, et a également commencé à tracer la voie de l'indépendance financière. L'Union soviétique a survécu pendant 7 ans au "siège" de Tchang Kaï-chek et au regard méfiant des Soviétiques !

Les fondateurs de la Banque centrale rouge se sont donné beaucoup de mal pour avoir de l'argent rouge. Ils n'ont pas beaucoup de culture, d'expérience, ni même de capital de départ, mais ils sont convaincus que toute difficulté peut être surmontée en servant l'homme du peuple, en allant de pratique en pratique !

La Banque nationale émet de l'argent à des fins très différentes de celles du Parti national et des banques des puissances occidentales. La Banque nationale émet de l'argent pour faciliter la subsistance des gens et répondre aux besoins du développement économique, et non pas comme un moyen de "tondre la toison" pour voler et gratter le peuple, ni comme un "ticket d'or" pour le Kuomintang afin de concurrencer le peuple pour les bénéfices, ni comme un dollar qui peut être remboursé simplement en l'étiquetant "assouplissement quantitatif" !

La Banque nationale dispose d'une réserve suffisante de dollars d'argent pour l'émission de monnaie et, par la pratique, elle s'est rendu compte que, avec l'or et l'argent comme seule garantie et sans le matériel correspondant à préparer, la monnaie n'est toujours qu'un morceau de papier. Ce dont les gens ont besoin pour vivre, c'est de bois de chauffage, de riz, d'huile et de sel, pas d'or et d'argent. Une monnaie de papier qui peut acheter des biens matériels a de la crédibilité aux yeux des masses, et le gouvernement qui l'émet a du prestige ! Le crédit de la monnaie est le fondement de la nation et la clé du maintien du régime rouge.

Comprenant la logique fondamentale du crédit monétaire, les communistes chinois ont essayé à plusieurs reprises pendant la guerre de résistance et de libération, plus ils l'ont utilisé, plus il est devenu mature, et ont finalement établi un système indépendant de RMB et une forte frontière financière.

LES FRONTIÈRES DE LA HAUTE FINANCE

CHAPITRE V

Le pouvoir de l'or de Chiang Kai-shek

Pourquoi Chiang Kai-shek s'est-il appuyé sur les sacs d'argent des ploutocrates de Jiang et Zhejiang lorsqu'il était au pouvoir ? Pourquoi la banque centrale de Chiang Kai-shek n'a-t-elle pas été en mesure de concurrencer la Banque de Chine à ses débuts ? Comment les quatre grandes familles, Jiang, Song, Kong et Chen, ont-elles creusé le premier seau d'or ? Pourquoi la ruée vers l'argent des années 1930 a-t-elle été la première guerre des taux de change entre la Chine et les États-Unis ? Pourquoi la réforme monétaire française a-t-elle été l'élément déclencheur de la guerre d'agression du Japon contre la Chine ?

Chiang Kai-shek avait maîtrisé l'armée et influencé le gouvernement, mais il ne contrôlait pas encore les finances. Rien ne peut manquer, et face aux défis de toutes parts, ce qui manquait le plus à Tchang Kaï-chek était l'argent. Il a créé une banque centrale, mais pour l'instant, il n'était pas à la hauteur de la Banque de Chine, et il a émis des billets de banque, mais ils n'ont pas été bien accueillis. Il a finalement compris la vérité : la centralisation militaire ne fait que commencer, la centralisation politique ne fait que s'apprendre, et la centralisation financière ne fait que commencer.

Ainsi, Chiang Kai-shek s'est lancé dans un plan progressif visant à prendre le contrôle du système financier de la Chine et donc de l'élément vital de l'économie du pays.

Lorsque l'"abolition des deux pour changer le yuan", les "quatre lignes et deux bureaux", la "réforme monétaire française" ont été réalisés l'un après l'autre, Chiang Kai-shek a finalement réalisé le rêve du monde de la puissance de l'or.

À l'heure actuelle, avec la frénésie de l'argent et l'effondrement de l'étalon-argent chinois, où va la monnaie française ? La guerre des monnaies des trois grandes puissances est restée dans l'ombre et a finalement allumé la mèche de la guerre antijaponaise.

Chiang Kai-shek a battu Song Ziwen pour manque d'argent

À l'automne 1933, Chiang Kai-shek ne passe pas un bon moment. Au début de l'année, les intentions du Japon de faire la guerre à la Chine sont apparues clairement lorsqu'il a annexé la rivière Jehol et regardé le nord de la Chine. Le tollé national antijaponais a rendu Chiang Kai-shek, qui insistait sur le fait que "pour résister à l'extérieur, il faut d'abord résister à l'intérieur", assez passif. L'accord de Tanggu a échangé une trêve temporaire entre la Chine et le Japon au prix de la reconnaissance de l'occupation japonaise des trois provinces orientales et de la rivière Jehol, mais a noyé Chiang Kai-shek dans un tollé national.

Entre les problèmes internes et externes, il a compris qu'il ne pouvait pas "gagner deux guerres en même temps", qui était son principal ennemi ? Il était convaincu que quelle que soit la force du Japon, quelle que soit la puissance de l'armée japonaise, il ne serait pas possible de vaincre complètement la Chine et de la transformer directement en colonie japonaise. Dans son esprit, il était impossible pour les puissances britanniques et américaines de permettre au Japon de dominer la Chine, et sans l'approvisionnement en matières premières et en énergie de la Grande-Bretagne et des États-Unis, et l'ouverture du marché mondial aux produits japonais, l'édifice apparemment puissant de l'empire japonais s'effondrerait en un instant. Par conséquent, si le Japon va trop loin, les puissances occidentales interviendront sûrement pour l'arrêter. Par conséquent, les maladies externes ne sont rien d'autre que la gale.

Cependant, la nature des "communistes" était différente. La région soviétique centrale qu'ils ont établie à la jonction des provinces de Jiangxi, Hunan et Guangdong s'appelait la République soviétique chinoise, qui était "l'État dans l'État" ! À cette époque, Chiang Kai-shek détestait l'idée qu'"il y avait un parti dans un parti", qui divisait le cœur et le moral des gens, et obstruait sérieusement sa voie vers la centralisation. "Depuis le coup d'État du 12 avril, on pensait à l'origine que le "trouble parti" du Parti communiste chinois serait anéanti, mais il occupe désormais plus de 60 comtés dans les trois provinces de Gan, Min et Yue, avec une population de plus de 3 millions d'habitants. Le "Parti Qing" est devenu l'"anti-bandit". Ce qui l'a particulièrement choqué, c'est que de 1930 à 1933, les milliers de "bandits voyous" d'origine, l'armée nationale avait échoué à quatre reprises, et les "bandits voyous" étaient devenus des "bandits", et la "force de bandits" avait augmenté à plus de 100 000 personnes. Chiang avait bien compris que la véritable menace pour le PCC résidait dans un défi mortel à sa base dirigeante et au cœur du pouvoir, une guerre entre un très petit nombre de riches et la grande majorité des pauvres. Lorsque l'écrasante majorité des pauvres est une masse éparpillée de personnes non organisées, ce n'est pas un gros problème, mais lorsque l'écrasant Parti communiste chinois, bien organisé, se réveille et organise l'écrasante majorité, c'est un cauchemar impossible à faire revivre ! Par conséquent, ce sont les inquiétudes internes des "communistes" qui constituent le principal problème.

Cependant, la plupart des principaux membres du Kuomintang n'ont pas compris l'essence de leur propre stratégie consistant à "résister aux étrangers avant de restaurer les nationaux", et même son beau-frère, Song Ziwen, a sauté le pas et a ouvertement prôné la priorité de la résistance antijaponaise, et a même pensé que les "bandits communistes" étaient un problème politique, et non militaire, et que les militaires ne pouvaient tout simplement pas résoudre le problème. Song Ziwen est le leader reconnu de la faction anglo-américaine au sein du parti, l'anglo-américain ne veut naturellement pas voir la situation de domination du Japon en Chine, son beau-frère a exprimé à plusieurs reprises des opinions antijaponaises féroces, a gagné les louanges de l'opinion publique, et s'est piégé dans la situation de plier le genou pour vendre le pays. Qui plus est, Song Zimin a également fait pression en faveur d'un système de budget national et, en tant que ministre des Finances et président de la Banque centrale, s'est opposé à plusieurs reprises à son cinquième "siège". À cette époque, Chiang Kai-shek a longtemps eu le ventre plein de feu.

En octobre, l'armée "anti-bandits" de Chiang Kai-shek, forte d'un million d'hommes, avait officiellement lancé une offensive générale contre la région soviétique centrale, et le coût de la guerre avait immédiatement augmenté. Chiang Kai-shek a pressé Song Zimin de se dépêcher de payer sa solde militaire, mais Song Zimin a toujours repoussé ses avances. Ce jour-là, Chiang Kai-shek a appelé Song Ziwen à se lever et est allé droit au but :

> " *Le cinquième ordre de " siège " a été émis, et tous les cinq jours, le ministère des Finances doit payer 1,66 million de yuans pour les militaires !* "

> *" En tant que ministre des finances, je ne peux pas en tirer autant, le ministère des finances prévoit un système budgétaire national. "*

Song était sur le point de se déployer, sans s'attendre à ce que Chiang Kai-shek ne lui donne aucune chance d'en discuter.

Un Chiang Kai-shek furieux a rugi,

> *"À qui appartient ce monde ? Qui en est le responsable ? "*

Doté d'un milieu familial retentissant et d'une éducation occidentale, Song Ziwen a également une grande personnalité. Après être devenu ministre des finances, il disait souvent aux gens :

> *" Ne vous inquiétez pas de la nourriture, ne vous inquiétez pas des fleurs, ne vous inquiétez pas d'une mauvaise planification. "*

En fait, cette déclaration fait référence aux efforts persistants de Chiang Kai-shek pour "anéantir le parti communiste" en dépit de ses ressources financières.

Chiang Kai-shek est soumis à de fortes pressions et la guerre a atteint un point critique, mais Song propose d'établir un "système budgétaire national".

Chiang Kai-shek a directement réagi,

> *" C'est vous qui n'avez pas joué un rôle actif dans la lutte communiste et qui n'avez pas fourni les fonds nécessaires, sinon la lutte communiste aurait été gagnée ! "*

Song Ziwen a jeté son chapeau et a tapé des mains sur la caisse :

> *" Regarde-toi, tu n'as pas gagné cette bataille, mais tu me le reproches, c'est scandaleux ! "*

"Fils de pute ! " Chiang Kai-shek n'en pouvait plus, et son manque de respect pour ce noble beau-frère s'était déjà accumulé dans son cœur. Un lourd coup d'oreille est allé directement au visage de Song Ziwen.

Parce que c'est arrivé si soudainement, Song Ziwen a été assommé par la gifle et n'a pas réagi pendant une demi-journée. Song Ziwen était si vieux, comment avait-il pu subir une telle indignité ? Une fois qu'il s'est remis, il a levé son tabouret et l'a écrasé sur Tchang Kaï-chek.

Chiang Kai-shek, après tout, est un soldat de profession et a une main légèrement meilleure, alors il se penche et l'esquive.

C'était une gifle du chef de l'État au ministre des Finances, et une fois la gifle passée, Jiang Song était encore capable de s'unir étroitement par la suite, montrant à quel point la cohésion de la famille était forte.

Song Ziwen a été giflé et a démissionné dans un accès de colère. Son beau-frère Kong Xiangxi lui a succédé au poste de ministre des finances. L'explication officielle de la démission de Song était la suivante :

> *" Depuis la guerre nationale, les revenus se sont effondrés, et les dépenses militaires et politiques sont inférieures d'environ 10 millions de yuans par mois à ce qu'elles auraient dû être, de sorte qu'ils sont incapables de réunir des fonds et veulent partir.*
> *,,* [86]

Mais la relation entre Chiang Kai-shek et Song Ziwen était "des os brisés et encore attachés aux tendons". En surface, Song Ziwen "classe", devrait être honnête à la maison pour réfléchir, mais en fait, son énergie n'est pas réduite cette année-là, "délestage" après qu'il peut être à l'aise "affaires droites affaires".

En fait, Tchang Kaï-chek a fait une certaine injustice à Song Ziwen, Song Ziwen, bien que mécontent de "l'anéantissement communiste" de Tchang Kaï-chek gaspille sans cesse de l'argent, mais il est également considéré comme un effort dévoué pour aider Tchang Kaï-chek à collecter de l'argent. Le dilemme de Song Ziwen est que chaque année, 900 millions de yuans de recettes fiscales, dont la moitié va à la guerre, le pays a longtemps été incapable de joindre les deux bouts, seulement aux ploutocrates du Jiangsu et du Zhejiang pour emprunter de l'argent, et les ploutocrates à la pauvreté militariste de Chiang Kai-shek a également longtemps eu des griefs.

Kong Xiangxi a pris le pouvoir, les ploutocrates du Jiangsu et du Zhejiang sentent l'appétit de Chiang Kai-shek pour toujours plus, seulement une guerre civile sans fin, il a été proposé à Kong Xiangxi, de réduire les avances bancaires aux exigences de la banque, et non la banque comme le trésor. Je ne m'attendais pas à ce que cela offense Chiang Kai-shek, qui voulait "utiliser un couteau" sur la banque.

---

[86] Song Z. Wenzhuan, *Wang Song*, Hubei People's Press, 2006, p. 76.

Chiang Kai-shek, qui avait été gestionnaire de titres, était différent de ces seigneurs de la guerre à l'ancienne en ce sens qu'il avait toujours été assez sobre pour savoir que pour qu'une révolution réussisse, il faut tenir le canon d'un fusil et le sac d'argent dans une seule main. À cette époque, Chiang Kai-shek a encore reconnu, du sac d'argent des autres, il vaut toujours mieux prendre l'argent de son propre sac d'argent pour venir en douceur, pratique ! Les ânes, vous pouvez faire des ânes, ou vous pouvez faire des ânes avec du feu !

Le contrôle monétaire est la principale contradiction entre Chiang Kai-shek et les ploutocrates du Jiang et du Zhejiang, qui s'est révélée dès la période de l'Expédition du Nord, c'est l'intensification croissante de cette contradiction qui l'a fait croire fermement en un pouvoir centralisé, la centralisation militaire ne fait que commencer, la centralisation politique s'apprend, la centralisation financière peut unifier le Jiang et le Lac.

Banque centrale PK Bank of China

La banque centrale est le point stratégique de la frontière financière d'un pays. Celui qui peut contrôler la banque centrale peut contrôler la vie économique et la vitalité politico-militaire de tout le pays, ce que Chiang Kai-shek savait très bien. Au début du gouvernement de Nanjing, la création d'une banque centrale est devenue une décision majeure du "parti-État".

En novembre 1928, la banque centrale du gouvernement de Nanjing a été officiellement établie, et Chiang Kai-shek a placé Song Ziwen au poste de premier président de la banque centrale pour surveiller pleinement les sacs d'argent pour lui. Cependant, à cette époque, Chiang Kai-shek et le Kuomintang viennent de pénétrer dans la région de Ning-Shanghai, Wuhan, sur le cours supérieur du fleuve Yangtze, n'est pas encore totalement contrôlé, les seigneurs de la guerre au nord ne sont pas encore totalement soumis, et les ressources financières du gouvernement sont très limitées, tandis que les dépenses dépassent largement les recettes. La Banque centrale nouvellement créée est si pauvre qu'elle ne peut même pas sortir son capital, et son capital de 20 millions de dollars est compensé par des obligations d'État.

En fait, le projet initial de Chiang Kai-shek pour la banque centrale était de restructurer directement la Banque de Chine afin que le crédit et les ressources accumulés au fil des ans soient utilisés à ses propres fins.

Cependant, la Banque de Chine n'en mange pas du tout.

Le " grand banquier " de la Banque de Chine à cette époque était Zhang Jiajiajie, qui avait déjà traité avec Tchang Kai-shek, Song Ziwen et Zhang Jiajiajie lors de l'Expédition du Nord. Au moment de l'Expédition du Nord, Song Ziwen a levé de l'argent à la Banque de Chine à Hong Kong, a d'abord emprunté 500 000 yuans pour l'Expédition du Nord, et a envoyé un télégramme aux troupes de l'Expédition du Nord : "Nos troupes arrivent partout, veillez à maintenir la Banque de Chine". "Song a dit à Chiang Kai-shek que la personne au pouvoir à la Banque de Chine était Zhang Jiajiajie, et Chiang Kai-shek a demandé de l'aide à Zhang par l'intermédiaire de son frère de confiance, Huang Zhu.

Huang郛 était un personnage clé dans la liaison de Chiang Kai-shek avec les ploutocrates et les chefs de gangs de Jiangzhe. Zhang Jia Miao a vu Huang Zu, bien sûr, connaissait déjà son intention. Bien qu'il ait décidé que le gouvernement de Pékin pourrait ne pas être un rival du corps expéditionnaire du Nord, il était prudent, il devait donc traiter avec Huang Zu et le renvoyer d'abord. Il a ensuite envoyé secrètement des hommes à Guangzhou pour vérifier la situation, tandis qu'il prenait lui-même le commandement à Shanghai et apportait un "soutien financier" après avoir décidé que le corps expéditionnaire du Nord allait certainement gagner.

Plus tard, ceux qui furent envoyés rapportèrent que "le corps expéditionnaire du Nord avait réussi à se frayer un chemin jusqu'au Jiangxi et que Tchang Kaï-chek était déjà à Nanchang". En 1927, Zhang a décidé de miser son trésor sur Chiang Kai-shek, et a envoyé la précieuse aide par l'intermédiaire de Huang Cao. En 1927, Zhang a secrètement ordonné au directeur de la succursale de Hankou d'emprunter un million de yuans à son arrivée à Wuhan. C'est vraiment une approche étape par étape.

Lorsque Chiang Kai-shek est arrivé à Shanghai, la collecte de fonds a augmenté étape par étape, et a finalement proposé d'emprunter 10 millions de yuans. Zhang n'était pas préparé à une telle somme d'argent et a immédiatement refusé l'avance, mais il a également compris que Chiang Kai-shek préparait quelque chose d'important. Zhang Jiajiajie était réticent à payer l'énorme somme d'argent, et Chiang Kai-shek et Song Ziwen l'ont invité à Nanjing plusieurs fois pour discuter de l'affaire, mais Zhang Jiajiajie est resté à Shanghai et a refusé de faire face.

À ce stade, Chiang Kai-shek était furieux et a commencé à retourner les vieux dossiers de la Banque de Chine, "Vérifiez la Banque de Chine avait l'habitude de prêter cinq millions à Wu Pei Fu, Zhang Zongchang millions, et maintenant quand mes salaires de l'armée sont dix mille urgent, si difficile, l'intention est de ne pas demander. "Dans un télégramme, il a menacé : " J'ai entendu dire que vous avez donné une grande somme d'argent aux seigneurs de la guerre l'année dernière pour les aider dans leur rébellion contre cette armée, et que vous avez toujours un plan pour les aider. J'ai entendu dire que M. Je sais que vous êtes vertueux, alors je ne veux plus que votre entreprise vous aide. "Chiang Kai-shek a émis des ordres stricts : 1, la Banque de Chine préachète 10 millions de yuans de bons du Trésor ; 2, si elle n'est pas remplie, le chef de la Banque de Chine sera recherché ; 3, si elle n'est toujours pas valable, la Banque de Chine sera confisquée et remplacée par la Banque centrale.

Pour cette raison, Chen Guangfu, un autre grand homme du secteur financier de Shanghai, est venu conseiller Tchang Kaï-chek : " Le gouvernement doit lever des fonds et de l'argent d'une part, et ne peut pas ignorer la circulation financière dans la ville d'autre part ; s'il est trop pressé, s'il y a des problèmes dans le secteur financier, il n'y aura pas moyen de lever de l'argent et des dangers apparaîtront, ce qui aura un grand impact sur l'avenir militaire. Ce qui signifie : "Mec, tu ne peux pas jouer avec la Banque de Chine maintenant ! Allons-y doucement !

Qu'est-ce qui fait que la Banque de Chine est si peu concernée par le gouvernement ?

Le prédécesseur de la Banque de Chine était la banque centrale de l'empire Qing, la Grande Banque Qing, fondée par Sheng Xuanhuai. Sheng Xuanhuai lui-même était un pro-japonais typique, et avait une "profonde implication" avec le Japon dans les affaires, comme Han Ye Ping. En raison de son contexte historique, elle a été contrôlée par le système de Pékin, et ses présidents successifs ont tous été des personnalités pro-japonaises. Le "grand banquier" de la Bank of China, Zhang Jiajiajia, diplômé de l'université de Keio, est passionné par la culture japonaise et superstitieux quant à la force du Japon, au point de porter des kimonos et de parler couramment le japonais dans un style totalement oriental. Plus tard, Song démissionne de la présidence de la Banque centrale et fonde la China Construction Bank Corporation

(CCB), à laquelle le Japon s'oppose fermement. Le boycott de la CCB de Song par la Banque de Chine est un signe de l'influence des forces japonaises sur la Banque de Chine. Outre les coulisses japonaises, les coulisses puissantes du principal actionnaire de la Banque de Chine sont HSBC, derrière lequel l'Empire britannique ne peut être sous-estimé, et la Grande-Bretagne et le Japon constituaient une importante alliance anti-russe.

Lorsque Sheng Xuanhuai préparait la création de la Hoba Bank, Xi Zhengfu, le chef du gang de la montagne Dongting, a "dirigé" la Hoba Bank de Sheng Xuanhai grâce à sa grande expérience de la monopolisation de 15 banques étrangères et de positions d'acheteurs étrangers. Sheng Xuanhuai était ami avec la famille Xi depuis des décennies et avait uni ses forces pour se débarrasser de Hu Xue Yan. Le siège du ministère des Finances est situé à Pékin, et son département des fonds propres souscrit la moitié des actions, tandis que l'autre moitié est privée et constitue une banque en coentreprise gouvernement-entreprise. Après la création de la succursale de la banque à Shanghai, Xi Zhengfu, l'un des trois fils de Xi Yuguang, est devenu le directeur adjoint de la banque.[87]

Plus tard, la Hoba Bank a changé de nom pour devenir la Qing Qing Bank, avec Xi Yuguang comme directeur associé de la Qing Qing Bank à Shanghai, Xi Yukun, le deuxième fils de Xi Zhengfu, comme directeur de la succursale de Yingkou, et Xi Yukui, le sixième fils de Xi Zhengfu, comme directeur de la succursale de Hankou, et plus tard comme bureau d'achat adjoint de HSBC pendant 10 ans.

Après la révolution Xinhai, la banque Qing a été réorganisée pour devenir la Banque de Chine. À cette époque, la famille Xi est devenue l'un des "propriétaires" de la Banque de Chine, et le "propriétaire" de la famille Xi est HSBC. Outre le système britannique, la famille Xi a également entretenu une relation inhabituelle avec le pouvoir bancaire japonais, le sixième fils de Xi Zhengfu, Xi Yuqi, est devenu le troisième plus grand ploutocrate japonais Sumitomo Bank en 1916 pour acheter la banque, a régné pendant 15 ans, le gendre de Xi, Ye Mingzai, a été l'acheteur de la banque japonaise Yokohama Shogun pendant 21 ans.

---

[87] Jiang Nan Xi Jia, *Ma Xueqiang*, Commercial Printing House, 2007, p. 97.

Non seulement la famille XI a occupé la position d'acheteur de HSBC pendant trois générations, mais elle a également utilisé son influence pour placer d'autres enfants de la famille XI dans des systèmes bancaires étrangers. Que ce soit les banques britanniques comme McGarry, Leigh et Derby, ou les banques françaises comme Orientale et ICBC, ou les banques allemandes comme Dwight Bank, ou les banques russes comme Doddson Bank, ou les banques belges comme Warby Bank, ou les banques américaines comme Citi, Amex et Shinki Bank, ou les banques japonaises comme Yokohama Shinkin et Sumitomo Bank, toutes étaient sous le contrôle de la famille XI. Selon des statistiques incomplètes, au cours des 75 années allant de 1874 à 1949, plus de 20 banques étrangères ont été ouvertes à Shanghai, dont 15 ont été rachetées par la famille Xi. En outre, la famille Xi est également un actionnaire important dans d'autres banques du Jiangsu et du Zhejiang, et la seule banque d'argent de Shanghai est de la famille Xi.

Les racines profondes et l'influence de la famille XI dans le système bancaire chinois sont sans équivalent dans l'histoire récente de la Chine. On peut dire sans exagérer que la famille Xi est le principal pilier du système ploutocratique du Jiangsu et du Zhejiang, et que derrière la famille Xi se cache une puissante force de banquiers internationaux.

Dans le système bancaire chinois, XI Jia est non seulement le "propriétaire", mais il contrôle aussi directement les secteurs d'activité importants des banques chinoises, notamment le secteur des changes.

La Banque de Chine avait été l'équivalent d'une banque centrale à la fin de la dynastie Qing et à l'époque du gouvernement de Pékin, une banque à capitaux nationaux à part entière et indépendante. À une époque où la Grande-Bretagne, le Japon et d'autres puissances ont déjà étroitement contrôlé la haute frontière financière de la Chine, comment est-il possible de devenir une banque centrale indépendante ?

N'était-ce pas un rêve éveillé lorsque Chiang Kai-shek a essayé de faire bouger les cerveaux de la Banque de Chine ? Chiang Kai-shek n'avait ni la force ni le cran d'interpeller les grandes puissances, après tout, combattre un chien, c'est voir son maître. En fin de compte, Chiang Kai-shek a dû abandonner son idée initiale de restructurer la Banque de Chine et se retirer pour créer lui-même une banque centrale.

Sous la direction de Chen Guangfu, Chiang Kai-shek a compris sa situation, et il a dû demander à la Banque de Chine.

Entre-temps, il est arrivé juste à temps pour la mort de la mère de Zhang. Il est important de savoir qu'avant cela, Chiang Kai-shek et Zhang Jiawei ne s'étaient pas rencontrés, mais Chiang Kai-shek avait passé du temps dans les cercles financiers de Shanghai, de plus il était également originaire du Jiangsu et du Zhejiang, et avait également quelques contacts avec les différents canaux des ploutocrates du Jiangsu et du Zhejiang, Chiang Kai-shek a donc décidé de se rendre en personne aux condoléances.

Le jour des condoléances, Tchang Kai-chek est soudainement venu au funérarium de la mère de Zhang, et sans dire un mot, il s'est prosterné la tête en bas, ce qui pourrait être décrit comme un choc pour les quatre sièges, et a également donné un visage à Zhang Jia Miao. Ce geste a tellement touché Zhang Jiawu qu'il ne s'attendait pas à ce que Chiang Kai-shek accorde autant d'attention à l'"amitié Zhendong". Cependant, il ne savait pas que pour Chiang Kai-shek, qui s'était mêlé à la "jetée", cet ensemble n'est pas du tout difficile, en ce moment la "ceinture" de Chiang Kai-shek n'est pas assez difficile pour collecter de l'argent pour solliciter les gens, c'est juste l'action standard de "entrer la porte de la jetée".

À cette époque, le gouvernement national de Nanjing de Chiang Kai-shek était instable et devait être reconnu par les grandes puissances, et le seul recours en la matière était Zhang Jiawu. Zhang rencontrait fréquemment les consuls japonais, britanniques et américains à Shanghai pour combler le fossé diplomatique entre le gouvernement de Nanjing, et même les négociations diplomatiques entre le ministre des affaires étrangères du gouvernement national de Nanjing, Huang Zhu, et les gouvernements britannique et américain se tenaient au domicile de Zhang Jiajiajie.

Et la question de "l'avance", Chiang Kai-shek a finalement envoyé une équipe complète de personnes, par Zhang Jingjiang et Chen Guangfu médiateur au milieu, a déclaré que le gouvernement va bientôt émettre la dette publique, est en effet capable de remboursement. Zhang Jiaxiel a pensé que Chiang Kai-shek pourrait être en mesure de profiter de la puissance imparable de Chiang pour devenir plus grand et plus fort, et a finalement accepté de payer 10 millions de yuans en plusieurs versements par la Banque de Chine.

"Avant l'incident du 12 avril, la Banque de Chine a fourni des montants élevés de parrainage pour l'Expédition du Nord, on peut voir que la Banque de Chine a fait un "apport en sueur"

pour l'Expédition du Nord. À l'époque, la succursale de Hankou de la Banque de Chine a donné au gouvernement national de Wuhan la somme énorme de 16,5 millions de yuans. Il n'est pas difficile d'imaginer que les ploutocrates ne sont pas tous des joueurs, et que les œufs ne peuvent être mis dans le même panier ! La Banque de Chine a également joué un rôle dans la "fusion de Ninghan" qui a suivi.

En fait, Zhang Jia Miao n'est qu'un employé de bureau, la personne qui tourne le dos au grand arbre n'est pas elle-même un grand arbre. Ce n'est pas Chiang Kai-shek qui a supplié, mais les puissances derrière lui. Plus tard, les ploutocrates du Jiang et du Zhejiang, qui ont forcé Chiang Kai-shek à se mettre à l'abri, étaient également derrière l'énergie des grandes puissances.

Cependant, tout comme Hitler avait emprunté le pouvoir des banquiers internationaux lorsqu'il est arrivé au pouvoir et a commencé à s'emparer du pouvoir de la banque centrale allemande sous le contrôle des banquiers internationaux étape par étape une fois que le pouvoir était entre ses mains, il a fallu à Chiang Kai-shek plus de six ans entre la création de la banque centrale en novembre 1928 et 1935 pour s'emparer du contrôle des banques chinoises et établir officiellement l'autorité de la banque centrale du gouvernement de Nanjing. Et il a fallu à Hitler six années complètes, à partir de 1933, pour finalement s'emparer du pouvoir de la banque centrale.

Réorganisation et prise d'empreintes digitales

Après l'établissement de la banque centrale du gouvernement de Nanjing, nominalement établi le statut de "vrai dragon et fils du ciel", les deux géants d'origine — la Banque de Chine et la Banque des communications, a été désigné comme une banque spécialisée de l'échange international et le développement de l'industrie. Toutefois, en 1935 encore, la banque centrale était loin derrière la Bank of China, puisqu'elle n'émettait qu'autant d'argent que la Bank of Communications. Comment une banque centrale dont la fonction principale est l'émission d'argent peut-elle être ainsi ?

Les billets de banque de la Banque de Chine ont une histoire qui explique leur grande réputation sur le marché.

Il y avait trois personnages importants dans le Jiangzhe zaibatsu — Chen Guangfu, directeur général de la Shanghai Commercial

Savings Bank, Li Fusun, directeur général de la Zhejiang Local Industrial Bank, et Zhang Jiajiajia de la Bank of China, qui étaient connus comme les "Trois Dingjia" du Jiangzhe zaibatsu. À l'âge de 28 ans, M. Zhang a été nommé directeur associé de la succursale de la Bank of China à Shanghai. Pendant la période du gouvernement de Pékin, les deux banques semi-officielles, la Bank of China et la Bank of Communications, étaient les deux plus importantes banques financées par la Chine, et jouaient dans une certaine mesure le rôle de banque centrale. La Bank of China et la Bank of Communications étaient responsables de l'émission de "coupons de dollars d'argent", dont le volume avait été multiplié par sept ou huit en deux ans seulement.

À l'époque, Liang Shiyi était le secrétaire général de l'administration présidentielle de Yuan Shikai, et voyant la hausse des prix, il a eu une mauvaise idée : fusionner les deux banques de Chine et de transport. L'idée est vraisemblablement de procéder à une "fusion réductrice" afin d'émettre davantage de billets de banque. Dès que la nouvelle s'est répandue, elle a immédiatement provoqué une ruée panique des déposants. En désespoir de cause, le gouvernement de Pékin a fait en sorte que les banques de Chine et Jiao Tong cessent d'encaisser.

Zhang Jiajiajie, le jeune directeur adjoint de la Bank of China à Shanghai à l'époque, pensait que "si l'ordre était respecté, le crédit des banques chinoises serait ruiné et il n'y aurait aucun espoir de rétablissement". Alors, avec le directeur de la succursale de la Bank of China à Shanghai, Song Hanzhang, il a pris une décision audacieuse : désobéir ! Mais il n'est pas facile de désobéir ! En défiant les ordres du gouvernement et en affrontant ouvertement le gouvernement, le gouvernement de Pékin pourrait immédiatement les mettre "hors circuit". Dans le même temps, si le trésor de la Banque de Chine est ouvert à l'argent liquide, la succursale de Shanghai seule n'a pas la force nécessaire. À ce moment-là, il y avait un peu plus de deux millions d'argent dans la chambre forte, et la quantité exacte d'argent nécessaire pour ouvrir la bourse devait être prévue avec précision. Mais à ce moment-là, Chang avait un plan en tête et était prêt à faire un bon spectacle !

Zhang Jiahua et son partenaire Song Hanzhang ne cachaient pas qu'ils avaient d'abord trouvé plusieurs des grands patrons des zaibatsu du Zhejiang : Chen Guangfu, directeur général de la Shanghai Commercial Savings Bank, Jiang Honglin, directeur général de la

Zhejiang Industrial Bank et Li Fusun, directeur général de la Zhejiang Local Industrial Bank. Il s'agit des trois banques privées du Sud les plus célèbres du secteur bancaire pendant la période de Pékin, également connues sous le nom de "Trois banques du Sud". Zhang leur a demandé de se poursuivre en justice au nom des actionnaires et des déposants respectivement !

Selon la loi de l'époque, les autorités ne pouvaient pas arrêter et remplacer le directeur ou le directeur adjoint en place pendant la procédure, scellant ainsi la "caverne" du gouvernement de Pékin en premier. Immédiatement après, Zhang a engagé l'Anglais Cooper et le Japonais Murakami pour l'aider à chanter un merveilleux duo. Cooper et Murakami prirent la direction de la Banque de Chine au nom des actionnaires, après quoi ils adressèrent à Zhangjiajie et Song Hanzhang des lettres d'actionnaires leur enjoignant de continuer à présider aux affaires de la succursale et de mener les affaires comme d'habitude. (Les Britanniques et les Japonais sont restés de grands amis à l'époque de la mer du Nord et ne se sont séparés que progressivement après les années 1930.

Pour la banque de trésorerie, Zhang a contacté les "Trois banques du Sud" et les banques étrangères pour soutenir la Banque de Chine. La plupart des "Trois banques du Sud" sont des actionnaires de la Banque de Chine et ont des intérêts connexes, en même temps, les banques étrangères sont bien conscientes que la Banque de Chine est le pilier de la finance chinoise, une fois que la Banque de Chine s'effondre, toute la situation est ingérable et n'est pas bonne pour les banques étrangères, et très rapidement conclu un contrat de découvert avec la Banque de Chine pour 2 millions. [88]

L'application formelle de l'"ordonnance de cessation et de désistement" du gouvernement a immédiatement entraîné une ruée vers l'argent. La porte de la banque était bondée de gens, "se bousculant pour être les premiers, frappant aux portes et grimpant aux fenêtres, presque sans se soucier de la vie ou de la mort". La succursale de la Bank of China à Shanghai était bien préparée et a encaissé l'argent, mais les coureurs étaient toujours aussi nombreux. Le samedi, elle n'était ouverte qu'une demi-journée comme d'habitude, mais Zhang a décidé

---

[88] Zhejiang Xingdian : Procès-verbal de la réunion du conseil d'administration, 17 mai 1961, Shanghai Yindian

de rester ouverte l'après-midi et de faire paraître une annonce dans le journal.

Le dimanche, la banque a publié une autre annonce dans les journaux pour annoncer qu'elle était toujours ouverte aux paiements en espèces. Le public a constaté que Bank of China est une banque "digne de confiance", qu'il n'est pas nécessaire d'aller à la ruée, de sorte que le cœur des gens est apaisé, et la ruée a été complètement calmée. Au lendemain de la tempête, la réputation de la Bank of China a bondi, et Zhang Jiajiajie et Song Hanzhang ont été qualifiés de "banquiers audacieux et ingénieux" par la presse de l'époque. S'il n'y avait pas eu de grandes puissances derrière eux, Yuan Shikai n'aurait pas laissé partir ces deux banquiers audacieux.

Plus tard, Zhang Jiahua est devenu le vice-président du siège de la Banque de Chine, où il dirigeait effectivement les affaires de la Banque de Chine. Dès son arrivée au pouvoir, il a proposé que les banques chinoises recrutent des actions commerciales, réduisent les actions gouvernementales et se débarrassent du contrôle du gouvernement. S'appuyant sur la solide amitié qu'il entretenait avec Chen Guangfu, Li Fusun, Yu Qiaqing, Song Hanzhang, Jiang Honglin, Qian Xinzhi et d'autres, Zhang Jiawu a lancé le "Friday Dinner Party" à Zhangfu, qui s'est progressivement développé pour devenir l'Association bancaire de Shanghai. Le Zhejiang Zaibatsu contrôlait 14 des 22 banques membres de l'Association bancaire de Shanghai, qui, en 1925, détenait 84% des fonds totaux de toutes les banques membres.

Afin d'accroître le pouvoir des actions commerciales dans la Banque de Chine, les ploutocrates du Jiangsu et du Zhejiang ont à plusieurs reprises augmenté leur participation dans les actions commerciales, en levant 6 millions de yuans d'actions. Plus tard, le gouvernement de Pékin, à court d'argent, a vendu 5 millions de yuans supplémentaires en actions gouvernementales. La proportion d'actions commerciales a progressivement augmenté pour atteindre 97,47% en 1923, date à laquelle la Banque de Chine était déjà contrôlée par des actions commerciales. [89]

Au moment où Chiang Kai-shek est entré à Shanghai, la banque centrale a été créée en 1928, le gouvernement national a mis en œuvre

---

[89] *The General History of Chinese Finance*, Volume 3, par Hong Jia Guan, China Finance Press, 2008, p. 127.

la réorganisation de la Banque de Chine, la Banque des communications, etc., et a forcé l'augmentation de capital et l'expansion des actions, bien qu'il était un petit actionnaire, le gouvernement a finalement occupé une place dans ces deux principales banques, dans un coin très important des actions officielles.

Le jeu du pouvoir d'or entre les actions gouvernementales et les actions commerciales

Si le Kuomintang veut réorganiser la Banque de Chine, il ne peut évidemment pas le faire sans la famille Xi, et si la famille Xi ne coopère pas, les grandes puissances non plus. Le nouveau chef de la famille XI a une fois de plus "l'amitié" profondément impliquée. Il est le petit-fils de Xi Zhengfu, le vieux maître du gang de la montagne Dongting, qui a participé à la création de la Tobu Bank cette année-là.

En 1928, la Banque centrale a été créée, et Song Ziwen était le ministre des Finances et le président de la Banque centrale. En raison de sa "profonde amitié" avec Song Ziwen, une fois la Banque centrale créée, il a rejoint la Banque centrale en tant que directeur du département des devises étrangères, et a rapidement été promu directeur du bureau des devises étrangères et directeur des affaires.[90] Xi Meiying, la plus jeune fille de Xi De Mao, a épousé le frère cadet de Song Ziwen, Song Ziliang, et le frère cadet de Xi De Mao, Xi De Shou, est devenu le directeur de la Monnaie centrale et a régi le pouvoir du gouvernement du Kuomintang d'émettre de la monnaie.

En restructurant la Banque de Chine, le gouvernement nationaliste concluait en fait un accord — Chiang Kai-shek prenait une participation dans la Banque de Chine et les forces de la famille Xi intervenaient dans la banque centrale. Les intérêts des deux parties sont réciproques et échangés, et la vente est raisonnable.

Le siège de la Banque de Chine a été transféré de Pékin à Shanghai et est devenu une "banque de change internationale agréée par le gouvernement", ce qui a donné à la Banque de Chine un avantage concurrentiel dans les opérations de change, avantage qui s'est accumulé et amélioré jusqu'à ce jour. Il est un "expert" des opérations

---

[90] Jiang Nan Xi Jia, *Ma Xueqiang*, Commercial Printing House, 2007, p. 100.

de change en Chine, ce qu'il n'aurait pu faire sans sa longue tradition familiale d'achat et de vente.

En novembre de la même année, la Banque de Chine a tenu une assemblée générale des actionnaires et a décidé des directeurs des actions commerciales et gouvernementales. À cette époque, malgré le contrôle accru du gouvernement sur la Banque de Chine, sa direction reste entre les mains des actions commerciales, car elles restent majoritaires. Le directeur de la Banque de Chine et le directeur de la Banque des communications, en termes de formation de capital, a augmenté le poids des actions officielles. De la "Banque du ministère de la Maison" à la "Banque de la dynastie Qing" à la "Banque de Chine", nous pouvons voir l'évolution de la pensée de l'actionnariat du gouvernement, et dans le processus, la transformation réussie de "l'achat et la gestion" à "l'achat et la gestion bureaucratiques" est vraiment un chemin de croissance distinctif qui est différent du capital privé.

Il n'est pas difficile de voir, à travers la série de compétitions entre les stocks officiels et commerciaux des banques chinoises, que la concurrence entre le capital bureaucratique et le capital privé s'intensifie dans le développement de l'industrie bancaire en Chine ces derniers temps. Bien que Zhang Jiajiajie soit une figure de comptoir, il représente le côté capitaliste privé des ploutocrates du Jiangsu et du Zhejiang, avec la grande énergie du capital étranger derrière lui, dans l'espoir de prendre le contrôle de la puissance financière de la Chine et de contrôler davantage l'industrie chinoise par la détention d'actions commerciales.

Et le capital bureaucratique représenté par Chiang Kai-shek a un fort désir de contrôler le système financier de la Chine, et avec le pouvoir en main, il est impératif. Bien que le capital bureaucratique n'ose pas flirter directement avec le capital étranger derrière le capital privé, le pouvoir d'empiéter sur le capital privé pour le démanteler se renforce.

Le plus embarrassant de tous est le capital privé, qui n'a pas d'indépendance claire, ou qui dépend du capital étranger, qui lutte contre le capital bureaucratique, ou qui se jette dans les bras du capital bureaucratique en échange de l'autonomie pour le droit de distribuer des dividendes. Le capital privé pur n'a pas d'avenir en Chine ; soit il est subsumé par le capital bureaucratique ou étranger, soit il est complètement marginalisé.

Lorsque le capital bureaucratique rencontre le capital étranger, il y a à nouveau une dépendance marquée. Chiang Kai-shek a dû compter sur les forces européennes et américaines pour mener la guerre, surtout face à la pression agressive de plus en plus pressante du Japon.

Bien sûr, au début de l'ère de Chiang Kai-shek, le gouvernement de Nanjing vient d'être établi, la banque centrale est encore faible et ne peut pas jouer les fonctions d'une banque nationale, la Banque de Chine, la Banque des communications continue à entreprendre les activités de la banque centrale d'émission de monnaie, d'émission d'obligations publiques, d'avances sur la dette nationale, Chiang Kai-shek considère toujours le système bancaire contrôlé par le capital privé des ploutocrates du Jiangsu et du Zhejiang comme un sac d'argent, et la Bank of China, Bank of Communications, la banque la plus puissante de Chine à cette époque, est toujours détenue par le capital privé des ploutocrates du Jiangsu et du Zhejiang.

Chiang Kai-shek et les ploutocrates du Jiangsu et du Zhejiang sont parvenus à un accord, le gouvernement national a émis des obligations publiques, dirigées par les ploutocrates du Jiangsu et du Zhejiang pour acheter plusieurs grandes banques, souscrites en partie par eux-mêmes, le reste des banques étant ensuite mis en vente sur le marché des titres. À cet égard, le conseil d'administration du Fonds de la dette publique a également été créé, dont le président était M. Lee Fusun, l'ancien associé de M. Cheung. En octobre 1928, la Bank of China a été réorganisée et Zhang Jia Miao est devenu directeur général.

Alors que le gouvernement national éliminait progressivement les principales forces en présence en Chine, les banques contrôlées par les ploutocrates du Jiangsu et du Zhejiang, chacune avec sa propre porte, étaient naturellement riches, et les grands frères de la "petite table à manger de Zhangfu" faisaient fortune. La Shanghai Commercial Savings Bank de Chen Guangfu faisait non seulement un bon travail de souscription d'obligations, mais aussi, grâce à ses "bonnes relations" avec le secteur bancaire américain, elle était responsable de la plupart des prêts en dollars du gouvernement national.

Après la réorganisation de la Banque de Chine, Zhang Jiajiajie a effectué des visites à l'étranger pour lever des fonds en devises et créer des institutions à l'étranger. En 1934, le total des actifs des banques chinoises avait atteint 970 millions de yuans. Pendant son mandat, le gouvernement a émis plus de 2,6 milliards de yuans de dette intérieure, et son "service" au gouvernement est remarquable.

Au début des années 1930, le système financier chinois avait formé une sorte d'équilibre des forces, le capital bureaucratique et le capital privé, ainsi que le capital étranger qui le soutenait, évoluant vers une "fusion", avec une participation mutuelle au capital et une richesse mutuelle.

Toutefois, il ne s'agissait que d'une brève transition, et l'objectif ultime poursuivi par Chiang Kai-shek était la centralisation financière.

La concentration financière de Chiang Kai-shek : "Abolir deux et changer le yuan" et "Quatre lignes et deux bureaux".

Chiang Kai-shek avait compris que les banques centrales ne suffisaient pas à elles seules à réaliser la centralisation financière ; la clé était d'unifier la monnaie. Sans une monnaie unifiée, il n'y aura pas de trésor unifié, ni de base de pouvoir politique et militaire unifiée. Et la prémisse d'une monnaie unifiée est que la norme monétaire doit être établie en premier.

Afin de réaliser l'unification de l'étalon monétaire, le gouvernement de Nanjing a décidé de mettre en œuvre l'"abolition des deux yuans", en changeant l'étalon monétaire de l'argent et des deux yuans en yuans d'argent, et la base de valeur de toute la monnaie papier a été unifiée en yuans d'argent.

En Chine à cette époque, l'argent était disponible dans une variété de couleurs, de poids et de tailles, et la conversion de l'argent dans les transactions était très difficile. Les différents dollars d'argent sont également très complexes, les dollars d'argent communs dans le marché, il y a les premiers marchands étrangers ont apporté en Chine des pièces d'argent espagnoles — quand appelé "Hongyang", le peuple britannique initialement fait des affaires, utilisé pour recevoir ce "Hongyang". Plus tard, le commerce du "Yangzhuang" est devenu de plus en plus important, de sorte que les pièces d'argent mexicaines, alors appelées "Eagle Yang", sont également passées progressivement en Chine. [91]Un certain nombre de "Long Yang" semblables à des "Ying Yang" ont également été coulés dans diverses provinces de Chine, ce

---

[91] *L'histoire de la monnaie et des finances dans la dynastie Qing*, par Yang Duanliu, Librairie Sanlian, 1962, p. 261.

qui, avec diverses imitations de dollars en argent, constituait un spectacle éblouissant.

En circulation, la conversion entre les différents types d'argent, de dollars d'argent et d'argent de cuivre est assez difficile, et c'est au banquier de décider comment le convertir. Pour abolir tout l'argent sur le marché, la résistance vient principalement de la banque d'argent, la banque d'argent est l'argent sec, les dollars d'argent et les affaires d'échange d'argent de cuivre, la monnaie unifiée, la banque d'argent perdra le droit d'échange, et aussi perdre le droit au discours financier. Bien sûr, Chiang Kai-shek s'est engagé plus tard dans l'unification financière, la banque monétaire ces "petites crevettes" est naturellement d'être réunie.

Le gouvernement national était également conscient de la question du dollar d'argent comme étalon monétaire, et avait organisé une étude spéciale, dirigée par Song Ziwen, selon laquelle l'abolition du dollar d'argent en faveur du dollar d'argent nécessitait une approche par étapes. Song Ziwen a commencé à réformer le système monétaire, et Side-Mao a de nouveau "l'amitié" pour participer à "l'abolition des deux pour changer le yuan".

La "suppression des deux yuans" est un projet systémique très difficile, qui implique non seulement les banques et les banques monétaires chinoises, mais aussi les banques et les devises étrangères. En tant que représentant de la banque centrale, M. Szeto est un membre clé du comité de gestion du dollar et de la bourse de l'argent de Shanghai, qui est responsable de la conception, de la mise en œuvre et de la coordination de toutes les parties.

À la veille du cinquième "siège", sous la supervision personnelle du président Chiang, en avril 1933, la "suppression des deux côtés pour le nouveau yuan" se concrétise enfin.

L'unification de l'étalon monétaire a constitué une étape cruciale dans l'unification monétaire de Chiang Kai-shek. Ensuite, il contrôlera complètement la Banque de Chine et la Banque des communications, établira l'autorité de la banque centrale et achèvera le schéma complet de la centralisation financière.

Donc, Chiang Kai-shek a appelé le ministre des finances Kong Xiangxi et a dit sévèrement :

> *"Le pays et la société sont au bord de la faillite, et la clé, ce sont les deux banques de Chine. Le doigt est pointé directement vers*

la Banque de Chine, et la Banque des communications n'est rien de plus qu'un acolyte. "

Le 27 mars 1935, le Yuan législatif du gouvernement populaire national a approuvé l'émission de 100 millions de yuans d'obligations financières destinées à financer l'augmentation de capital de la Banque centrale, de la Banque de Chine et de la Banque des communications. La Banque de Chine a ensuite été "réformée" de force, en remplaçant le système de direction générale par une présidence, et en nommant directement Song Ziwen comme président, avec Song Ziliang et Du Yuesheng au conseil d'administration. Dans le même temps, l'ajout forcé de 15 millions de yuans d'actions du gouvernement, l'expansion totale du capital social de 40 millions de yuans, le gouvernement et l'entreprise en deux, de sorte que les actions du gouvernement ont augmenté de 5 millions de yuans à 20 millions de yuans. Le transfert de Chang au poste de vice-président de la Banque centrale a en fait mis Chang au placard, ne lui laissant qu'un titre. Je ne savais rien à l'avance d'un événement aussi important. Par la suite, Chiang Kai-shek a "repris" la Banque des communications de la même manière, et en avril, la Banque des communications a modifié sa constitution, et la proportion des actions du gouvernement a été modifiée à 63%, et la Banque des communications a également été "dirigée officiellement".

La partie japonaise est extrêmement mécontente de l'"acte pervers" de Chiang Kai-shek consistant à expulser le médecin pro-japonais Zhang Jiawu. Dans un télégramme confidentiel de Kawagoe, consul général de Tianjin, au conseiller Wakayoshi à Pékin, il est indiqué que

> *"Selon une conversation confidentielle avec un dignitaire, Zhang Gongquan (Zhang Jiaquiao) a été expulsé de la Banque de Chine parce que Chiang Kai-shek, pour écraser les communistes et développer l'armement, avait provoqué un déficit mensuel de 25 millions de yuans et un déficit annuel de 300 millions de yuans pour le gouvernement de Nanjing. Cela a été planifié par Kong et Song pour renforcer le régime de Chiang Kai-shek... En dernière analyse, ce qu'ils ont comploté, c'est de rechercher l'unification (du droit d'émettre de la monnaie) au nom du contrôle financier et de la rectification de la monnaie, afin que les forces du gouvernement de Nanjing puissent émettre du papier-monnaie non convertible de manière unifiée... Au moment où l'air de l'amitié sino-japonaise s'élève, c'est une grande plaisanterie de chasser Zhang Gongquan, qui*

avait des liens étroits avec le Japon, juste pour Kong et Song, etc... "

Après la reprise des deux banques, les "quatre banques et deux bureaux", contrôlés par le capital bureaucratique, ont formé un nouveau modèle de l'industrie financière chinoise. Les quatre banques étaient la Banque centrale, la Banque de Chine, la Banque des communications et, plus tard, la Banque des fermiers chinois ; le deuxième bureau était le Central Trust Bureau et le Postal Reserve and Banking Bureau. À partir de ce jour, le directeur général de la Bank of China, Zhang Jiaqi, a été contraint de démissionner et de se dissocier de la Bank of China, qui a été réduite à un instrument du capital bureaucratique, marquant la fin de l'ère du capital libre en Chine. Étant donné l'influence sociale de Zhang et le sentiment du côté japonais, Chiang Kai-shek avait des doutes. Afin de gagner le cœur et l'esprit du peuple, Zhang Jia Miel est nommé membre du cabinet et ministre six mois plus tard, mais il démissionne du poste ministériel en raison de sa mauvaise santé et part aux États-Unis pour un "voyage d'étude".

L'épuration des capitaux privés venait de commencer, et Tchang Kaï-chek, qui avait franchi la première étape de la "prise de contrôle" de la Banque de Chine, avait amené les trois banques, à savoir la Banque centrale de Chine et la Banque des communications, à accumuler une grande quantité de billets de banque provenant de la Banque de Chine, de la Banque industrielle de Chine et de la Banque Si Ming, et à les encaisser tous en même temps, créant ainsi une ruée sur la banque.

Dernière des trois banques à subir une ruée sur la banque, le président et directeur général de la Banque, Fu Xiaoan, était le patron le plus intime de Sheng Xuanhuai cette année-là. Il avait prévu que Chiang Kai-shek allait venir et a supplié Du Yuesheng, un directeur et "ami personnel" de la Banque, de l'aider à "dégager la voie".

Du Yuesheng était peiné : "Avec nous pour te soutenir, n'aie pas peur. "En fait, Fu Shinan était précisément tombé dans le piège de Du Yuesheng.

Du Yuesheng se tapota la poitrine et dit : " Combien de positions manquent, il suffit de venir et de le démolir, c'est une petite faveur, tu devrais aider comme un petit frère, mais tu dois encore être pleinement préparé. Quant au sommet, faites de votre mieux pour voir l'opportunité. "

Fu Shinan a décidé de vendre le "Bank of Commerce Building", bientôt achevé, au prix de 1,8 million de yuans pour la partie payée de l'"Amitié". Il a demandé à Du de transmettre à "above" pour le reprendre et Du Yuesheng a accepté.

Immédiatement, le bâtiment a été acheté par Song Zilian, le frère de Song Zilian, au nom du Bureau de l'épargne postale et des finances de Shanghai. Song Ziliang a immédiatement changé le nom du bâtiment en "Construction Building" et a commencé à travailler pendant la nuit pour changer le panneau d'affichage du bâtiment.

La rumeur a immédiatement couru que la Chambre générale de commerce de Chine allait s'effondrer et même le bâtiment a été vendu. À ce moment-là, la Banque centrale a informé Song Ziliang que l'argent pour l'achat du bâtiment serait d'abord remboursé à la Banque centrale, avant que Fu Xiaoan puisse toucher l'argent pour la vente du bâtiment, il a été transféré à la Banque centrale par Song Ziliang, et la Banque de commerce et d'industrie de Chine a été retirée du paiement.

À la veille du festival des bateaux-dragons, Fu Shinan a rassemblé quelques titres négociables et a demandé à la banque centrale un prêt hypothécaire de 3 millions de yuans. De façon inattendue, après le festival des bateaux-dragons, nous avons soudainement reçu un appel téléphonique de la banque centrale nous informant que nous n'avions plus de positions dans nos livres. Fu Xiaoan s'est alors précipité vers le Trésor, s'est agenouillé et s'est incliné, a plaidé et plaide encore en vain. À ce moment-là, Du Yuesheng continuait à faire courir le bruit à l'extérieur que la China Merchant Bank était sur le point de s'effondrer et que les déposants retiraient leur argent en masse.

Fu Shinan ne pouvait qu'aller supplier à nouveau Du Yuesheng de l'aider à maintenir le désordre. Du Yuesheng se montra à nouveau faussement poli. À la fin, Fu Shinan a tenu l'inventaire des actifs de la banque à deux mains et l'a remis à Du Yuesheng, qui s'est retiré en disgrâce.

La Banque de commerce et d'industrie de Chine a été réorganisée en "banque conjointe gouvernement-entreprise", et les anciennes actions ont été escomptées. Après quelques négociations, le ministère des Finances n'a accepté de décompter les anciennes actions que de 15%, c'est-à-dire que chaque 100 yuans a été décompté de 15 yuans en nouvelles actions. La Banque de commerce et d'industrie de Chine ne possède que 525 000 yuans d'anciennes actions, et le ministère des Finances a ajouté 3,475 millions de yuans d'actions officielles. Toutes les actions officielles ont été financées par le ministère des Finances avec le même montant de l'"obligation de renaissance", avec Du Yuesheng comme président. Cela était censé faire partie de la récompense donnée par l'État-parti au Gang Qing, mais les ploutocrates de Jiang et Zhejiang, qui n'ont pas réussi à "suivre le rythme" et continuent de lutter contre le gouvernement, ont été complètement "joués" par Chiang Kai Shek.

Après ce tas de banques, il reste encore une banque paysanne, et elle est dans une situation particulière. La banque paysanne chinoise a été réorganisée par la banque paysanne de quatre provinces, Chiang Kai-shek lui-même était le président, les actions privées sont dans les mains de Chiang lui-même ou de la famille immédiate de Chiang, l'acte de Chiang a besoin d'émettre des billets de banque à tout moment, et l'émission de réserves ne fait pas partie de la supervision, Chiang Kai-shek a construit la banque paysanne dans son propre "jardin arrière". Plus tard, lorsque le conseiller financier britannique Liz Ross est venu en Chine et a demandé une inspection du fonds de réserve bancaire chinois, Kong Xiangxi a informé les banques paysannes de coopérer au processus, à la surprise de personne, Chiang Kai-shek était furieux et a crié : " Je n'ai même plus ce droit ? "

Selon un rapport de Snow, les banques des agriculteurs pourraient secrètement avoir des revenus provenant de l'opium. Le Bureau national de lutte contre le tabagisme gagne près de 200 millions de yuans par an, dont une partie est détenue par des bandes de jeunes et d'autres organisations de triades, et une autre partie est remise au gouvernement est directement contrôlée par la commission militaire de Chiang Kai-shek. En raison de la nature "ambiguë" de ses activités, la Banque paysanne n'a pas obtenu le droit d'émettre des billets de banque au moment de la réforme monétaire, mais la Banque agricole a rapidement été placée aux côtés des trois grandes banques avec le droit d'émettre des billets de banque, et c'est clairement Chiang Kai-shek qui est à l'origine de ce changement rapide.

Le personnage clé qui a poussé le gouvernement à manipuler davantage l'économie privée était Song Ziwen, qui, après avoir démissionné de son poste de ministre des Finances, a conservé le poste du Conseil économique national, un organe dont les politiques de base étaient déterminées par Chiang Kai-shek et dont le "travail quotidien" était assuré par Song Ziwen. Plus tard, Song est devenu président de la Bank of China et a exercé une domination sur près d'un quart du capital de l'industrie bancaire chinoise. À son tour, Song a créé la China

Construction Bank Corporation, qui était basée en Chine, et a investi massivement dans l'industrie et le commerce, y compris dans tous les aspects du commerce du coton, de l'industrie chimique et de la construction automobile. Song a utilisé son autorité pour accroître les investissements privés de lui-même et de ses proches, pour finalement prendre le contrôle d'un grand nombre d'entreprises.

Après l'"incident de la gifle", Song Ziwen a démissionné de son poste de ministre des Finances et a été remplacé par Kong Xiangxi, qui occupait également les postes de vice-président du Yuan exécutif et de président de la Banque centrale, et qui était identifié par Tchang Kai-shek comme "l'homme de la situation". Le Conseil de la Banque centrale avait adopté un plan pour vendre 40 millions des 100 millions d'actions à des actions commerciales, et Kong avait "sollicité" des souscriptions privées auprès de Chiang, mais en fait les actions de la Banque centrale n'avaient jamais été vendues à des "particuliers". Comment Chiang Kai-shek, dont l'intention était de centraliser le pouvoir, pouvait-il réduire son contrôle sur cette institution clé.

Le système bancaire central de Kong Xiangxi contrôle le secteur des assurances, il souhaite donc naturellement créer son propre terrain. Il crée la prestigieuse Central Trust Authority, spécialisée dans les trusts et les investissements. En sa qualité de président de la banque centrale et de président du conseil d'administration, Kong nomme son fils aîné, Kong Lingkhan, au poste de directeur exécutif. Il détient en fait un grand pouvoir sur les affaires et le personnel, ce qui fait du Bureau central des fiducies une institution spécialisée dans le commerce des armes, la contrebande et le détournement de fonds, ainsi que le raclage des devises étrangères pour la famille Kong.

Le système bancaire chinois sous le contrôle de Song et le système bancaire central sous le contrôle de Kong se complètent dans la prise de décisions importantes. Le système financier chinois, après un remaniement éblouissant, est devenu les cordons de la bourse du capital bureaucratique avec, en son centre, les "quatre grandes familles" qui, bien sûr, comprenaient également l'homme de main de premier plan de Chiang Kai-shek, Du Yuesheng.

Je vais te vendre un gros enculé !

Avec l'unification des quatre grandes banques, le gouvernement peut à juste titre demander aux quatre grandes banques d'emprunter de l'argent et ne plus être "exploité" par les banques commerciales et les banques d'argent. Le gouvernement se prépare à consolider l'ancienne dette publique et à émettre une nouvelle dette publique. Afin de favoriser l'échange de la nouvelle dette publique, il est prévu d'accorder des concessions appropriées à l'ancienne dette publique, au motif qu'après l'échange, le taux d'intérêt sera augmenté au profit de ceux qui ont "soutenu le Gouvernement" au moment critique, afin de ne pas aggraver la situation de ceux qui avaient acheté la dette publique auparavant.

C'était le tour de Kong de dominer, et bien sûr, Song a eu la nouvelle tout de suite, alors elle s'est immédiatement arrangée pour manger les vieilles dettes publiques. Au début, la famille Kong a envoyé des gens pour les acheter tranquillement, et quand ils ont eu presque fini, ils ont répandu la nouvelle, et le prix des vieilles obligations a immédiatement grimpé en flèche, et en quelques jours, les vieilles obligations sont devenues "l'investissement chaud" à Shanghai.

Du Yuesheng n'a pas reçu la première poignée de nouvelles, et quand il a vu que le prix des anciennes obligations augmentait fortement, il est immédiatement allé chez la famille Kong pour demander des informations. Du Yuesheng a calculé que l'ancienne dette publique devait continuer à augmenter, et dans le même temps, il a envoyé des gens répandre des rumeurs selon lesquelles la situation économique du pays s'améliorait et que ceux qui avaient soutenu le gouvernement dans les moments difficiles devaient en bénéficier. Mais le prix de l'ancienne dette publique a tellement augmenté que payer des intérêts sur l'ancienne dette publique au prix fabuleux ne fera que faire baisser les finances du gouvernement. Du Yuesheng attend toujours une autre hausse, et Song霭ling est déjà en train de " fermer le filet " discrètement sur les expéditions.

Au moment où Du Yuesheng l'a découvert, l'ancienne dette publique avait déjà commencé à s'effondrer, et Du Yuesheng était furieux. La caractéristique de la société des triades est "noire", il n'y a aucune raison d'être stupide, sinon, comment pourrons-nous marcher dans les rivières et les lacs à l'avenir ! Du Yuesheng a décidé qu'il voulait voler Kong Xiangxi !

Il a demandé à Kong Xiangxi de sortir dîner, Kong Xiangxi est arrivé au dîner, a vu une grande tortue sur la table, a pensé que ça allait être un "gros plat", alors il s'est précipité, a rapidement mijoté. Mais Du Yueh-Sheng ne savait pas trop comment lui parler de l'ancienne information sur l'ancienne dette publique, et comment il avait subi une grosse perte, et l'a forcé à donner un demi-million de dollars pour "acheter" le gros bâtard.

Kong Xiangxi l'a compris et a répondu : "Vous avez perdu la dette publique, c'est uniquement de votre faute ! Pas besoin de ça ! " Plus Du Yuesheng l'entendait, plus il était en colère : " Alors la source de Mme Kong n'est-elle pas toujours vous ? Tu es sur ce travail et tu fais semblant ! "

"Quelle absurdité ! " Kong Xiangxi était sur le point de perdre son sang-froid lorsque deux des rabatteurs de Du Yuesheng ont simultanément dégainé leurs armes et les ont pointées vers la tête de Kong Xiangxi. Kong Xiangxi a mené une guerre froide, mais après tout, il était un vieux jongleur, alors il s'est rapidement calmé, Du Yuesheng était si audacieux, après tout, il n'osait pas vraiment se tuer, il voulait juste escroquer un peu d'argent, alors il a calmement pointé sa propre tête et a dit : " Si vous pensez qu'un œil de pistolet sur ma tête vaut un demi-million de dollars, alors tirez, battez-vous ici ! ". "Kong Xiangxi n'a même pas sourcillé.

La pensée originale de traiter avec Kong Xiangxi, en utilisant la triade sur les moyens d'une peur, il n'est pas encore un désordre, ne s'attend pas à sortir du composé Shanxi de Kong Xiangxi, ne pas manger cela.

Du Yuesheng s'est empressé de détourner le visage et a grondé : " Dégage ! Nous parlons affaires avec Dean Kong, pas kidnapping. Va-t'en ! Pourquoi le ministre des finances compterait-il sur nous pour une si petite somme d'argent pour envoyer ce gros bâtard à la famille du président Kong ? Renvoyez les invités ! "

Kong Xiangxi est "reconduite" chez elle par les hommes de Du Yuesheng, et Song est confuse lorsqu'elle voit une grande tortue de mer transportée derrière elle. L'histoire est racontée par Kong Xiangxi, qui est tellement en colère qu'elle hurle sur Du Yuesheng pour avoir osé aller voir la famille Kong. Il a dit qu'il irait voir Chiang Kai-shek pour faire des commentaires. La société est encore beaucoup plus sophistiquée, et si cette affaire doit être remuée, comment peut-il encore avoir le visage pour être ministre des finances ?

Le lendemain matin, les gardes accoururent en panique et signalèrent que celui qui avait placé le grand cercueil peint en noir à la porte était inconnu. Bien sûr, Kong Xiangxi a compris que c'était Du Yuesheng qui le dégoûtait.

Kong Xiangxi a alors convoqué une réunion spéciale du conseil d'administration de la Banque centrale et a solennellement déclaré un patriote ayant apporté une contribution exceptionnelle à la cause de la dette publique, que le conseil de la Banque centrale a décidé de récompenser. Bien sûr, ce patriote est Du Yuesheng ! Du Yuesheng a été immédiatement soulagé de sa colère et a estimé que Kong Xiangxi avait fait un travail très "décent", en conséquence, les deux "pas de dispute, pas d'accord", Kong Xiangxi et Du Yuesheng sont devenus des "copains de guerre" plus proches. [92]

La ruée vers l'argent : la première guerre du taux de change entre les États-Unis et la Chine

À l'heure où les différents systèmes de capitaux nationaux sont en pleine effervescence, l'environnement international subit également des changements majeurs. Lorsque la Grande Dépression des années 30 a balayé le monde, les grands pays capitalistes tels que la Grande-Bretagne, le Canada, le Japon et l'Autriche ont abandonné l'étalon-or et ont commencé à dévaluer leur monnaie pour tenter d'ouvrir les portes des marchés des autres pays et de trouver une issue à leurs économies.

En 1933, le président américain Roosevelt, afin de sortir de la crise économique, commence à mettre en œuvre le New Deal, qui augmente les dépenses publiques et stimule la croissance économique. Dans le même temps, afin de lutter contre la déflation et la chute des prix, la loi sur l'acquisition d'argent a été adoptée, autorisant le Trésor américain à acquérir de l'argent sur les marchés nationaux et étrangers jusqu'à ce que le prix de l'argent atteigne 1,29 $ l'once, [93]ou jusqu'à ce que la valeur de l'argent dans les réserves du Trésor atteigne 1/3 de la valeur

---

[92] *Kong Xiangxi, l'homme le plus riche du Shanxi*, par Chen Tingyi, Oriental Press, 2008, pp. 317-323.

[93] *China's Financial and Economic Situation from 1927 to 1937*, par Yang Ge, China Social Science Press, 1981, p. 224.

des réserves d'or, en tant que réserve du Trésor.[94] Cette politique visait à atteindre deux objectifs stratégiques : premièrement, l'augmentation des réserves a naturellement élargi la base de la masse monétaire dans le but d'atténuer l'aggravation de la déflation en augmentant la masse monétaire ; deuxièmement, les États-Unis espéraient faire monter le prix de l'argent et augmenter le pouvoir d'achat des pays à étalon-argent en achetant de l'argent sur le marché, forçant ainsi la monnaie de la Chine et des autres pays à étalon-argent à s'apprécier afin de leur vendre les produits excédentaires.

L'histoire est étonnamment similaire ! La loi sur la prise de contrôle de l'argent de 1933, promue par Roosevelt, et la tentative d'Obama de forcer le yuan à s'apprécier en 2010 sont sans doute identiques dans leur raisonnement !

Les deux principaux objectifs de Roosevelt avaient clairement peu de chances de réussir. Le problème central de la Grande Dépression aux États-Unis est le rapport excessif entre la dette et le PIB, qui atteint 300% en 1929 ! L'industrie américaine, fortement endettée, se développe à un rythme qui dépasse de loin l'augmentation du pouvoir d'achat national, de sorte que la capacité de consommation intérieure est insuffisante, ce qui déclenche une grave offre excédentaire de produits par les entreprises industrielles, des défauts de paiement massifs sur l'endettement des entreprises et, par conséquent, des krachs boursiers et des faillites bancaires généralisées. La crise des défauts de paiement a contraint les banques à resserrer leur crédit, avec pour résultat qu'un plus grand nombre d'entreprises ont fermé, qu'un grand nombre de travailleurs ont perdu leur emploi, que le pouvoir de consommation domestique a été considérablement réduit et que le problème de l'excès de produits industriels s'est aggravé, entraînant un cercle vicieux de déflation, de chute des prix, de chômage de masse et de dépression économique. C'est exactement la même chose que l'essence du tsunami financier américain de 2008 ! En 2008, le ratio dette totale/PIB des États-Unis était de près de 400%, et la gestion de la crise par Obama est également très similaire à celle de Roosevelt. (Voir *L'économie des mensonges liquidateurs : Roosevelt, Greenspan et*

---

[94] *Monetary History of the Republic of China*, Second Series, édité par le General Staff Office of the People's Bank of China, Shanghai People's Publishing House, 1991, p. 119.

Obama, aucun ne peut sauver l'Amérique, par Thomas Woods, China Business Federation Press, 2010,1)

C'est une impasse de ne pas commencer par réduire la taille de la dette, mais seulement par augmenter la monnaie et le crédit ! Le New Deal de Roosevelt n'a pas réglé la Grande Dépression pendant 8 ans, et la chance d'Obama a peut-être été pire.

Si la taille de la dette est trop importante au cœur de la crise, une augmentation des provisions pour l'émission de monnaie serait-elle utile ? La conclusion est nécessairement négative. L'augmentation des réserves ne résoudra pas le problème de l'absence de personnes désireuses ou capables d'emprunter de l'argent face à un endettement élevé, et le crédit doit compter sur l'emprunt pour circuler dans l'économie. Le premier objectif de Roosevelt était tout simplement impossible à atteindre.

Faire grimper le prix de l'argent et forcer la monnaie chinoise à s'apprécier résoudra-t-il le problème des exportations américaines ? La hausse du prix de l'argent aux États-Unis ne manquera pas de déclencher l'arbitrage de sortie de la monnaie métallique de la Chine et d'ébranler sérieusement la monnaie nationale chinoise. Il en résulte une grave récession de l'économie chinoise, avec une baisse importante de la capacité de consommation et une réduction inévitable des importations.

La loi sur la prise de contrôle de l'argent de Roosevelt a joué un rôle qui était nécessairement à l'opposé de ce qu'il envisageait. Il n'y a pas d'explication sur scène quant à la raison pour laquelle l'approche néfaste de Roosevelt a vu le jour. En fait, l'élite dirigeante aux États-Unis pense entièrement à un niveau stratégique supérieur ! C'est-à-dire, comment le dollar a remplacé la livre comme nouvel hégémon de la monnaie mondiale !

Lorsque Chiang Kai-shek a achevé la centralisation financière et l'unification monétaire, et qu'il a établi l'étalon-argent, l'hégémon monétaire actuel, la Grande-Bretagne, et l'hégémon monétaire potentiel, les États-Unis, ainsi que le Japon en proie au tigre, ont créé un puissant sentiment de crise. Si l'on permet à Chiang Kai-shek de consolider la haute frontière financière de la Chine, celle-ci pourrait devenir un autre Japon, dont la force économique, politique et militaire gagnerait progressivement en indépendance et en autonomie. Personne dans les trois grandes puissances ne veut voir apparaître une Chine vraiment forte et indépendante sur le continent asiatique !

Si l'étalon-argent de la Chine doit être subverti, la première cible à atteindre est la pierre angulaire monétaire de la Chine — l'argent ! Cela n'est pas sans rappeler la stratégie britannique de l'opium de cette année-là, qui a subverti le standard monétaire de l'empire Qing. Seulement, cette fois, ce sont les États-Unis qui l'ont fait, et d'une manière plus secrète et "civilisée". Augmenter artificiellement le prix de l'argent dans le monde entraînera une sortie massive d'argent chinois, aucune monnaie d'argent en circulation, et l'étalon argent ne sera pas brisé ! Lorsque Chiang Kai-shek n'a pas pu obtenir l'indépendance monétaire, il a dû s'en remettre à l'une des trois grandes puissances. Après avoir renversé l'étalon-argent et l'autonomie monétaire de la Chine, l'avenir monétaire de la Chine n'a que trois voies : premièrement, être rattaché à la livre sterling et rejoindre l'alliance de la livre sterling, devenant ainsi un vassal monétaire de la livre sterling ; deuxièmement, être lié au yen japonais et intégré dans la "sphère de coprospérité de la Grande Asie orientale", devenant ainsi une colonie économique japonaise ; troisièmement, s'allier au dollar américain et sauter sur le navire américain, devenant ainsi le plus grand marché américain et la plus grande base d'approvisionnement en matières premières en Extrême-Orient.

Quelle que soit la monnaie fixée, la Chine est condamnée à perdre sa souveraineté monétaire ! L'étalon monétaire de la Chine deviendra un étalon de change, avec des devises étrangères comme réserve, ou sur la base d'un taux de change fixe quelconque, pour émettre de la monnaie chinoise. Afin de maintenir la stabilité du taux de change, la Chine devait stocker de grandes quantités de devises étrangères afin d'intervenir sur le marché lorsque le taux de change fluctuait. De cette façon, le pays émetteur de devises étrangères équivaut à créer un morceau de réserves d'outre-mer "taxe de monnayage" de sa propre terre, plus le montant des réserves de devises étrangères d'outre-mer est important, plus le revenu de la "taxe de monnayage" du pays émetteur est étonnant ! De plus, le pays émetteur peut indirectement contrôler l'expansion et la contraction du crédit de tous les pays de réserve d'outre-mer grâce aux ajustements de la politique monétaire de sa propre banque centrale. C'est la même phrase célèbre : " Si je peux contrôler l'émission de la monnaie d'un pays, je me fiche de savoir qui fait les lois ! "

Ainsi, la monnaie chinoise est devenue le principal champ de bataille pour les monnaies américaine, britannique et japonaise, auxquelles elle est arrimée.

Les prix de l'argent ont grimpé en flèche lorsque le gouvernement américain a effectué d'importants achats d'argent sur les marchés de New York et de Londres. Attiré par la hausse des prix internationaux de l'argent, l'argent de la Chine est "exporté" en grandes quantités. En 1934, en un peu plus de trois mois, le flux sortant a atteint 200 millions de dollars d'argent.

Les USA ont continué à acheter de l'argent et en 1934, le prix de l'argent sur le marché de Londres avait augmenté deux fois plus qu'avant ! Les banquiers, voyant un tel marché, ont depuis longtemps découvert l'opportunité ici, et peuvent faire un profit considérable en vendant l'argent par la mer depuis le haut vers Londres ou New York, comment peuvent-ils laisser passer une telle opportunité ! À cette époque, Shanghai stocke la plupart de l'argent de la Chine, en particulier la Tenancy de Shanghai est considérée comme l'endroit le plus sûr, et les propriétaires, les seigneurs de la guerre et les fonctionnaires corrompus de partout transportent leur argent à la Tenancy pour le stocker, car il est protégé par la juridiction extraterritoriale des puissances étrangères.

À cette époque, les grandes banques roulaient leurs livres tous les soirs, et si la trésorerie générale manquait de position, elles informaient la trésorerie de transférer les réserves stockées aux banques étrangères et à la trésorerie de la banque centrale. Cela peut être très occupé pour les gardes du corps, les boîtes d'entrepôt de yuan d'argent, une centaine de taels de barres d'argent et de grands yuan a été transporté sur le "ironclad car" pour transporter hors. L'argent qui entre dans les banques étrangères, mais qui n'y entre pas, est expédié. Le 21 août 1934, les billets de la HSBC sont livrés au navire postal britannique HMS LaPuren pour être exportés de Shanghai, ce qui représente 11,5 millions de yuans d'argent. [95]Sous l'impulsion des banques étrangères, les marchés financiers de Shanghai sont pris d'une frénésie de sorties d'argent.

La description de la marée de l'argent dans le livre du journaliste américain Hosse, "Betrayal of Shanghai Tang", illustre peut-être bien la situation à Shanghai à cette époque : sur la Xiffei Road, à minuit, dans une salle de bal, Mr. Shanghai s'excusait auprès des danseuses assises avec lui, allait à la cabine téléphonique, appelait son agent,

---

[95] Déclaration, 22 août 1934.

s'informait du marché de l'argent du jour, prenait garde que si le marché est meilleur qu'hier, il puisse vendre un peu plus, puis retournait à sa table et demandait au cichlidé d'ouvrir une bouteille de champagne pour faire un peu la fête. Que ce soit au bureau ou dans la cour de récréation, il n'y a que de l'argent qui plane au-dessus de leurs têtes. Ils ont abandonné leurs anciennes entreprises, les lettres dont ils devraient s'occuper au quotidien, tous leurs amis, et ils ne pensent qu'à l'argent.

Les banques étrangères détiennent la plus grande quantité d'argent à Shanghai, et comme elles peuvent se déplacer librement et que le gouvernement national ne peut pas interférer avec leurs décisions, elles deviennent naturellement le pilier des exportations d'argent. Les stocks d'argent dans les banques étrangères ont changé de façon spectaculaire pendant la ruée vers l'argent, les stocks d'argent ayant chuté jusqu'à 85%! Les banques étrangères en Chine ont transporté une grande quantité d'argent accumulé au cours des années précédentes "d'or et d'argent précieux" vers le marché international pour le vendre, tandis que la quantité d'argent déposée à Shanghai a fortement diminué, passant d'un maximum de 275 millions de yuans d'argent à un minimum de 42 millions de yuans d'argent. [96]

Les sorties d'argent, la monnaie chinoise est "appréciée", le déficit du commerce extérieur se creuse, les marchandises étrangères inondent le marché chinois, les exportations chinoises sont de plus en plus difficiles. Les sorties d'argent ont également provoqué une déflation, le crédit bancaire a diminué, les taux d'intérêt ont augmenté, à cette époque à Shanghai était presque aussi élevé que le taux d'intérêt ne pouvait pas emprunter de l'argent. Les sorties d'argent, la pénurie de racines d'argent, le manque de jetons de marché, les prix ont chuté, ce qui a entraîné la faillite et l'effondrement industriel et commercial.[97]À la fin de l'année 1934, le prix des maisons était en chute libre, et le prix des propriétés louées à Shanghai a chuté de 90%! Les cœurs des gens flottent sur le marché, les retraits bancaires sont généralisés et les banques et les caisses font faillite.

---

[96] *China's Foreign Trade and Industrial Development (1840–1949)*, par Zheng Youkui, Shanghai Academy of Social Sciences Press, 1984, p. 104.

[97] *Economic History of the People's Republic of China*, édité par Zhu Sihuang, édition de 1947, p. 408.

Afin d'endiguer le flux d'argent, le gouvernement national a introduit une taxe sur les exportations d'argent, ce qui a entraîné une vague encore plus importante de contrebande d'argent, avec plus de 20 millions de dollars d'argent passés en contrebande pour l'exportation au cours des dernières semaines de 1934. En 1935, le montant de la contrebande d'argent a atteint 150 à 230 millions de dollars d'argent. La sortie massive d'argent a eu des conséquences financières et économiques désastreuses pour la Chine.

Les changements dramatiques de l'écologie financière ont fait paniquer les cœurs et les esprits de toute la société. Le gouvernement national a supplié les États-Unis de baisser le prix des achats d'argent sur le marché mondial afin d'atténuer le grave préjudice causé à la Chine par la hausse du prix de l'argent, mais les États-Unis ont refusé. À ce moment-là, le gouvernement national a dû proposer de vendre l'argent restant de la Chine aux États-Unis à un prix convenu d'un commun accord pour répondre aux besoins d'achat d'argent des États-Unis.

Finalement, la Chine a été contrainte d'abandonner l'étalon-argent afin d'échapper à la crise économique. Le rêve d'indépendance monétaire de Chiang Kai-shek a été salement réveillé par Roosevelt.

La réforme monétaire française : La mèche de la guerre du Japon contre la Chine

Les "quatre grandes familles", en raison de la répartition inégale du butin, se battent constamment, tandis que la marée d'argent sur le marché continue de s'étendre, le gouvernement national a imposé une taxe sur les exportations d'argent, la contrebande d'argent est de plus en plus répandue. Ce n'est qu'à ce moment-là que Chiang Kai-shek a reconnu la politique américaine en matière d'argent et a visé directement la Chine. La Chine adopte l'étalon-argent, alors que le pouvoir de fixation des prix de l'argent est fermement entre les mains des Américains. La forte hausse du prix de l'argent a déclenché une grave crise économique, obligeant Chiang Kai-shek à envisager une réforme monétaire.

À cette époque, les États-Unis, la Grande-Bretagne et le Japon étaient depuis longtemps engagés dans une bataille féroce pour prendre le contrôle de la monnaie chinoise.

En envahissant le nord-est de la Chine, le Japon étend son pouvoir en Chine du Nord. Dans la déclaration de Teneba, le Japon a déclaré qu'il avait une "responsabilité spéciale" pour l'Asie de l'Est et la Chine, et que les autres pays ne pouvaient pas interférer dans les affaires de la Chine sans le consentement du Japon, et que la Chine était devenue le principal repas du Japon. La Grande-Bretagne a les plus gros investissements en Chine et les plus gros intérêts commerciaux, face à l'ancien "jianghu junior" agressif du Japon, l'Empire britannique ne peut pas avaler ce souffle ? C'est seulement que l'Allemagne nazie en Europe, qui subissait une pression croissante de la part de l'Empire britannique et avait l'intention d'emballer le Japon, était clairement dépassée.

Le seul qui a la force, la motivation et les moyens d'abattre le Japon, ce sont les États-Unis, et c'est aussi les États-Unis que le Japon craint, redoute et est le plus impuissant. Les États-Unis contrôlent le pétrole et l'acier qui font vivre le Japon, et dès que la main se resserre, le Japon est immédiatement à bout de souffle. La principale raison pour laquelle les États-Unis n'ont pas commencé est qu'ils voulaient s'asseoir sur la montagne et regarder le combat du tigre. D'une part, ils voulaient prendre la main de l'Allemagne et se débarrasser des plus grands obstacles à l'hégémonie, la Grande-Bretagne et l'Union soviétique, et en même temps, ils ne voulaient pas être les méchants et attendre que la Grande-Bretagne, l'Allemagne et l'Union soviétique perdent plusieurs fois avant de s'en prendre au monde. D'autre part, on espère que le Japon s'enfoncera profondément dans le bourbier chinois, épuisant grandement la force du Japon, et qu'il finira par porter un coup fatal. À ce moment-là, si l'on regarde les grandes puissances mondiales, qui d'autre pourrait rivaliser avec les États-Unis alors que les puissances anglo-française, allemande, japonaise et soviétique ont toutes été durement touchées ?

Le gouvernement national, tellement accablé par la récession, ne pouvait que proposer de vendre les États-Unis en argent et d'abandonner l'étalon-argent, mais les Américains étaient plutôt tièdes en apparence ; ils attendaient un meilleur moment pour tuer le prix. Le gouvernement national est également allé mendier auprès de la HSBC, le prêt de la Standard Chartered Bank à la Chine, Song Ziwen a présidé à la collecte de la dette extérieure, à la HSBC a proposé un prêt de 20 millions de livres, dans le principal à la Chine de prendre une politique étrangère "active" du secteur financier britannique sous l'exhortation de la Grande-Bretagne a dit accepté de prêt "conditionnel" à la Chine. Dans ce cycle de batailles, les États-Unis sont plus anciens que le Royaume-Uni.

Le gouvernement britannique demande à George, le conseiller commercial par intérim de l'ambassade britannique en Chine, de transmettre à Kong Xiangxi et Song Ziwen les conditions britanniques : les prêts peuvent être accordés, mais la future monnaie française de Chine doit être séparée de l'étalon-argent et rattachée au taux de change de la livre. [98]

Dans le même temps, le Royaume-Uni a suggéré que le Japon, les États-Unis et la France convoquent conjointement une conférence financière internationale pour discuter de l'"assistance collective" au gouvernement chinois. La Grande-Bretagne a compris que sans la participation des États-Unis et du Japon, je craignais que ces deux hommes ne travaillent secrètement à saper la beauté de l'Empire britannique, et que le meilleur cas était que, sous la direction britannique, les pays écouteraient les arrangements britanniques, et qu'une fois la monnaie chinoise française liée à la livre sterling, ils s'uniraient tous pour soutenir la cause. Les Britanniques sont manifestement trop naïfs sur cette question.

Si la France se dit prête à coopérer avec la Grande-Bretagne, c'est parce qu'elle doit compter sur le soutien britannique face à l'Allemagne nazie, qui jure de se venger. Cependant, la partie japonaise rejette catégoriquement l'initiative, tandis que les États-Unis adoptent une "attitude attentiste". Craignant que la Grande-Bretagne ne prenne le contrôle des finances de la Chine après avoir dominé la réforme monétaire du pays, les États-Unis décident finalement de ne pas envoyer de représentant à la réunion de discussion. Le Royaume-Uni, ne voyant personne, a annoncé la visite en Chine de la conseillère financière en chef du gouvernement, Liz Ross, pour "offrir des conseils" sur la réforme monétaire de la Chine. [99]

Ross voulait "vérifier" un accord aux États-Unis avant de partir, mais le gouvernement américain ne voulait pas l'inviter à rester à Washington, alors il est allé au Japon. Ross est venu au Japon dans

---

[98] *The History of the Central Bank*, édité par Hong Jia Guan, China Finance Press, pp. 318–319.

[99] *Monetary History of the Republic of China*, Second Series, édité par le Counsellor's Office, General Bank of China, Shanghai People's Publishing House, 1991, p. 164.

l'espoir de susciter une coopération anglo-japonaise. Lorsqu'il a rencontré le ministre japonais des Affaires étrangères, M. Hirota, il a proposé que si le "Mandchoukouo" pouvait payer des droits de douane au gouvernement national, la Grande-Bretagne pourrait utiliser ses bons offices pour amener le gouvernement national à reconnaître le "Mandchoukouo". Si la question de la Mandchourie est résolue, le différend entre le Japon et la Chine au sujet de la Chine du Nord sera résolu. Si le tarif de la Mandchourie est ajouté au tarif du gouvernement national, alors la capacité de garantir les prêts du gouvernement national sera renforcée, ce qui stabilisera la monnaie chinoise, et le commerce anglo-japonais avec la Chine sera efficacement protégé, et ne sera-t-il pas un résultat bénéfique pour tout le monde ? Si la réforme de la monnaie est réussie, le commerce se développera avec elle, et le Japon sera alors le pays qui en profitera le plus.

Les Japonais étaient furieux que Rose se soit ridiculisée en tant qu'enfant de trois ans ! Le Mandchoukouo est dans la poche depuis longtemps, et Ross veut profiter de la perte des droits de douane mandchous par le Japon pour aider la Grande-Bretagne à vendre des faveurs devant Tchang Kaï-chek ? C'est scandaleux ! Ce qui est encore plus pathétique, c'est que Ross échangerait une petite faveur commerciale contre l'énorme intérêt du Japon à abandonner le contrôle de la question de la monnaie chinoise ? Les Japonais étaient furieux.

En fin de compte, ni le Japon ni les États-Unis ne coopèrent, et la Grande-Bretagne est laissée à elle-même. Ross est arrivé en Chine en septembre 1935 en tant que conseiller principal, déclarant que l'une de ses "tâches importantes" en Chine était d'étudier la possibilité de gérer la monnaie en Chine.

Il a mené cette "étude" avec Patsy, du Trésor britannique, et Rowlands, d'ABN AMRO. Comme prévu, contrairement à l'opinion japonaise de l'époque, ils sont arrivés à la conclusion que c'était "tout à fait faisable". L'"étude" a révélé que, bien qu'il y ait eu des "perturbations" dans le transport de l'argent dans le nord de la Chine, une grande quantité d'argent avait été concentrée dans les banques du gouvernement national à Shanghai et Nanjing, de sorte qu'un système d'inflation contrôlée avait été mis en place et qu'il y avait suffisamment d'argent pour maintenir la stabilité du marché des changes et donc assurer la stabilité de l'inflation. Le Royaume-Uni a donc pensé qu'il pouvait accorder des prêts à la Chine et provoquer une réforme monétaire.

Plus tard, selon les souvenirs de Dai Mingli, directeur du département de numismatique, il reçut l'ordre de se rendre de Nanjing à Shanghai pour participer à la rédaction d'une proclamation sur la réforme du système monétaire. Les principaux éléments du programme ont été traduits de l'anglais au chinois, et la traduction des dispositions de l'article 6 du programme était toujours inappropriée, Song concluant qu'" il suffit de déclarer que la Banque centrale, la Banque de Chine et la Banque des communications feront du commerce de devises sans restriction, et le reste n'a pas besoin d'être dit ". "En fait, le "contenu technique" de cette phrase est assez élevé, ce qui indique que Chiang Kai-shek, dans le processus d'équilibrage des pays, veut aussi en tirer le maximum de bénéfices. La rédaction du bulletin de réforme monétaire du ministère des Finances est terminée à minuit, et le personnel se précipite à la résidence de Kong, où il est signé par Kong et publié dans la nuit. [100]

Malheureusement, les documents de réforme monétaire les plus importants du gouvernement national de Nanjing ont tous été rédigés par les Britanniques, alors comment un tel gouvernement peut-il parler de la possibilité d'une indépendance monétaire ?

Le 4 novembre 1935, le gouvernement national annonce sa politique en matière de monnaie française, stipulant que les billets de banque émis par la Banque centrale, la Banque de Chine et la Banque des communications sont de la "monnaie française", c'est-à-dire qu'ils ont un cours légal illimité. La circulation des dollars en argent sur le marché est interdite, et les dollars en argent déposés par les institutions financières et les particuliers ne peuvent être collectés que par la Banque centrale. Après beaucoup de "planification secrète", Kong Xiangxi et Liz Ross ont finalement déterminé le taux de change de la monnaie française par rapport à la livre sterling, le dollar français pour la livre sterling un shilling et deux pence et demi, de sorte que la monnaie française est liée à la livre sterling par le taux de change.

À partir de ce jour, la monnaie française de Chine est devenue un appendice de la monnaie étrangère.

HSBC a été un facteur clé dans le "consensus monétaire" conclu entre Chiang Kai-shek et la Grande-Bretagne. Lorsque la ruée vers l'argent a frappé la Chine, seule HSBC avait la force de maintenir

---

[100] *The Old Financial Dialects*, édité par Hong Jia, China Financial Press, 1991, p. 129.

Shanghai à flot. Sa position centrale sur les marchés financiers chinois et sa vaste puissance capitalistique ont fait s'exclamer les auteurs de The History of HSBC :

" Il est incroyable que HSBC puisse maintenir la monnaie d'un grand pays stable pendant la majeure partie de l'année. " [101]

Après la réforme monétaire, conformément au décret de l'empereur, HSBC a pris l'initiative de remettre des dizaines de millions de dollars d'argent dans ses stocks à la banque centrale du gouvernement national en échange de billets de banque chinois et de devises françaises, et des banques comme Standard Chartered ont immédiatement et inconditionnellement accepté de remettre de l'argent, tout en soutenant la réforme monétaire. [102]

Le ministre britannique en Chine a publié une circulaire à l'intention des ressortissants britanniques disant :

" Il est illégal pour toute personne morale ou toute personne de nationalité britannique résidant en Chine de payer tout ou partie de ses dettes en espèces. "

La nationalisation de l'argent a permis au gouvernement national d'obtenir environ 300 millions de yuans d'argent, le gouvernement de Nanjing a ensuite expédié une grande quantité d'argent à Londres pour le vendre en échange de la livre sterling au Royaume-Uni comme réserve pour maintenir la stabilité de la monnaie française. Au départ, le gouvernement national disposait d'une réserve de monnaie française de la Banque d'Angleterre d'environ 25 millions de livres sterling.

La stérilisation de la monnaie française a fortement stimulé les nerfs du Japon. Le défi flagrant lancé par le Royaume-Uni à la sphère d'influence du Japon et la stérilisation de la monnaie française signifient que l'alliance entre la Chine et le Royaume-Uni est complètement verrouillée au niveau monétaire et qu'une scission entre le Japon et le Royaume-Uni sera inévitable. Dans le même temps, le Japon commence à intensifier son expansion agressive en Chine du

---

[101] *A Centennial History of the HSBC Bank*, (anglais) par Corliss, China Books, 1979, p. 129.

[102] *History of the Central Bank*, édité par Hong Jiabang, China Finance Press, 2005, p. 333.

Nord. Puisque le yen français est devenu une bulle, le soft ne peut pas devenir hard.

Chiang Kai-shek a également dû donner une "explication" afin d'apaiser la colère de la partie japonaise. Le jour même où le ministère des Finances a publié sa réforme monétaire, l'exécutif Yuanliang du gouvernement national a officiellement accepté de démissionner de sa propre initiative du poste de maire de Pékin et d'abolir la branche du Comité militaire de Pékin. Il s'agissait dans les deux cas de demandes faites par la garnison japonaise de Chine du Nord aux responsables chinois de la Chine du Nord. Chiang Kai-shek a adopté un profil bas et a satisfait aux exigences japonaises, espérant ainsi relâcher la pression du côté japonais. Mais le Japon n'était pas dupe, et l'armée du Kanto et la garnison japonaise de Chine du Nord ont fait valoir que la mise en œuvre de la réforme monétaire épuiserait l'économie de la Chine du Nord et que la Grande-Bretagne aurait le contrôle économique de toute la Chine. Cela a incité le major général Tufeihara à proposer la ligne suivante : "Que la Chine du Nord soit économiquement coupée du régime de Nanjing."

Au même moment, l'ambassade du Japon en Chine a publié une déclaration de l'attaché militaire Isotani, refusant catégoriquement de transporter l'argent du nord de la Chine vers le sud et s'opposant à la réforme monétaire.[103] Le ministère des Affaires étrangères du Japon a pris la parole, accusant directement le Japon d'être responsable de la réforme monétaire. À Pékin, le Japon a demandé aux ronins et aux hooligans d'acheter des marchandises en devises étrangères sur le marché, et si les magasins utilisaient des pièces françaises pour rendre la monnaie, ils prétendaient ne pas pouvoir les encaisser et refusaient catégoriquement. Cette réciprocité a découragé les entreprises d'accepter à nouveau la monnaie française. Pendant un certain temps, la population de la Chine du Nord était sur les dents. Jusqu'au déclenchement de la guerre de résistance, le Japon a tout simplement commencé à le faire lui-même, en "bricolant" des faux billets français, la fausse monnaie française à l'envers en devises étrangères, puis en achetant des matériaux.

L'impression de la fausse monnaie au Japon a été réalisée par Kenzo Yamamoto de l'état-major japonais. Il rêvait de fabriquer des

---

[103] *Le problème de l'inflation en Chine pendant la guerre*, Tadao (Japon) Miyashita.

fausses pièces depuis sa jeunesse, et a finalement réalisé son "rêve de fausses pièces" à l'adolescence avec les pièces françaises du gouvernement national. Au début, Yamamoto a choisi des pièces françaises de 5 yuans et a imprimé des centaines de milliers de yuans, mais lorsque les fausses pièces sont arrivées en Chine, il y a eu une "mauvaise nouvelle" : les pièces françaises de 5 yuans avaient été mises au rebut en Chine.

Plus tard, il a finalement réussi à contrefaire de la fausse monnaie de faible valeur auprès de la banque des agriculteurs chinois et a acheté une grande quantité de fournitures en Chine. "Pendant la Seconde Guerre mondiale, la marine allemande a intercepté un navire marchand américain dans l'océan Pacifique et a saisi un lot semi-fini de 1 milliard de francs français imprimés par la Monnaie américaine pour la Banque des communications de Chine, auquel il ne manquait que des chiffres et des symboles. Après avoir acheté ce lot de produits semi-finis, le Japon a finalement maîtrisé tous les secrets de l'impression de la monnaie française, le Japon a fabriqué un total de 4 milliards de yuans de fausse monnaie française avant et après.

Chiang Kai-shek a tenté de contrer le Japon en se battant pour la Grande-Bretagne et les États-Unis, et a créé un Comité de conception de la défense nationale pour étudier la réforme monétaire de la Chine et intégrer la question de la réforme monétaire de la Chine dans la "conception de la défense nationale". Cela montre que Chiang Kai-shek, en examinant la proposition de réforme monétaire française, avait déjà développé l'intention de se rapprocher de la Grande-Bretagne et des Etats-Unis et de se prémunir contre le Japon.

C'est dans la lutte pour le contrôle de la monnaie avec la Chine que les Japonais, qui avaient successivement perdu, sont devenus "furieux" et ont ainsi accéléré la guerre d'agression à grande échelle contre la Chine. On peut dire que la réforme monétaire française est devenue le détonateur de la guerre du Japon contre la Chine !

Après l'Oiseau Jaune, les Américains rient jusqu'au bout

En fait, la proposition de réforme monétaire de la Chine a été préparée bien avant l'arrivée de Ross en Chine, avec la participation secrète de Kong Xiangxi, Song Ziwen et de trois conseillers financiers américains. Ross n'était pas l'architecte de la réforme monétaire de

1935, et son arrivée en tant que représentant britannique a finalement conduit à un compromis avec les intérêts établis des États-Unis.

Lorsque Leez Ross est arrivé à Shanghai, le gouvernement national s'est d'abord arrangé pour que le conseiller américain, Yang Ge, l'informe secrètement à Nanjing de l'ensemble de la situation et de l'idée de la réforme monétaire, afin que la Grande-Bretagne et les États-Unis puissent "toucher" les principes de base sur la question de la monnaie chinoise en premier ! Ce n'est qu'ensuite que Kong Xiangxi et Song Ziwen ont "informé" Ross du contenu de la proposition de réforme monétaire. [104]

Lors d'une réunion secrète, M. Kong a de nouveau suggéré à M. Ross que l'arrimage de la monnaie était ouvert à la discussion, mais au lieu de continuer à discuter de l'arrimage à la livre, M. Ross a proposé que le taux de change soit abaissé à un niveau approprié et a ensuite annoncé qu'il serait stabilisé à ce niveau, ce qui semblait "plus naturel".

Au même moment, à Washington, Shi Zhaoji, le ministre du gouvernement national aux États-Unis, a également fait quelques progrès dans les négociations avec le secrétaire américain au Trésor, Morgan Soh, dont la "haine" de l'agression du Japon en Asie a finalement eu raison de ses soupçons à l'égard de la Grande-Bretagne.

Morgenthau a promis d'acheter 100 millions d'onces d'argent, mais a exigé de savoir ce qu'il adviendrait des devises après que la Chine aurait vendu l'argent et proposé d'avoir un "lien ferme" avec le dollar. Kong a immédiatement répondu que même si la Chine était prudente dans sa formulation de la réforme monétaire, le Japon était déjà extrêmement ennuyé, et que les États-Unis pouvaient aider la Chine à expliquer au Japon qu'elle était liée au dollar. À ce stade, les États-Unis, tout en promettant à la Chine, ne bougent toujours pas réellement.

Kong Xiangxi a dû jouer la dernière carte pour faire pression sur les États-Unis :

---

[104] *China's Fiscal and Economic Situation from 1927 to 1937*, par Yang Ge (USA), traduit par Chen Zexian et Chen Xiaofei, China Social Science Press, 1981.

" Même dans le pire des cas, nous pouvons toujours vendre de l'argent sur le marché libre à Londres, mais ce serait juste mauvais pour la Chine et les États-Unis. "

Le télégramme fit l'affaire, et après que Morgenthau eut consulté Roosevelt et convenu que la monnaie française devait être rattachée au dollar, les Trésors chinois et américain conclurent un accord selon lequel la Chine vendrait 50 millions d'onces d'argent aux États-Unis. Les 50 millions d'onces d'argent, présentées pour expédition aux États-Unis par la Chase Bank à Shanghai et la Citibank à Citibank, N.Y., ont été vendues en dollars, comme convenu, et ont été déposées au siège de la Chase Bank à New York. [105]

Pour que la Chine puisse stabiliser sa monnaie, elle doit de toute urgence vendre les dollars d'argent qu'elle a acquis pour obtenir davantage de réserves de change. Le gouvernement national décide que Chen Guangfu se rendra aux États-Unis pour négocier. À la suite des négociations, la banque centrale chinoise adoptera l'approche consistant à fixer le côté supérieur du taux de change anglo-américain, c'est-à-dire que lorsque le taux de change anglo-américain change de manière significative, la banque centrale chinoise ajustera le taux de change du côté inférieur de sa monnaie.

Ainsi, le "China-US Silver Agreement" a été officiellement signé, et le département du Trésor américain a acheté 50 millions d'onces d'argent à la Chine au prix de 50 cents l'once, afin de maintenir le taux de change de la monnaie française, et a déterminé que le taux de change entre la monnaie française et le dollar américain était de 100 dollars français égaux à 30 dollars américains, de sorte que la monnaie française et le dollar américain étaient "liés" par le taux de change.

La Chine a ensuite vendu plusieurs lots d'argent aux États-Unis, et les dollars reçus comme réserves de change de la Chine ont été déposés auprès de la Federal Reserve Bank of New York ou d'autres banques américaines. Le dossier montre : au Japon a lancé le "7 Juillet Incident" avant que le gouvernement national réserves de change, le dollar américain 073,9 millions de dollars, la livre a atteint 92 millions de dollars, le yen seulement une fraction. Cela a encore renforcé le contrôle financier du gouvernement national par le Royaume-Uni et les États-

---

[105] *History of the Central Bank*, édité par Hong Jiabang, China Finance Press, 2005, p. 359.

Unis, tandis que la monnaie française est devenue un vassal commun de la livre et le dollar, et fermement "exclu" le yen.

En fait, la dépendance financière du gouvernement national à l'égard des États-Unis s'est accrue en raison de la puissance économique de ce pays et de la réserve croissante de dollars français, qui ont par la suite été effectivement attirés dans le groupe du dollar.

La fin de la réforme de la monnaie française, c'est que la "mante qui attrape la cigale" britannique est devant, tandis que les États-Unis sont "l'oiseau jaune est derrière", la monnaie française est enfin attachée au char du dollar.

La réforme monétaire française a permis à Chiang Kai-shek de renforcer son contrôle sur les banques commerciales et de compléter son monopole sur les finances de la nation. Les "quatre grandes familles" contrôlaient directement l'industrie et le commerce de la Chine dans le cadre du système "quatre rangs et deux bureaux". Les bureaucrates et le capital d'achat ont complètement fusionné pour se partager le gâteau des richesses de la Chine.

Song Ziwen et Kong Xiangxi ont fait une grande quantité d'affaires d'argent dans le processus de la réforme monétaire française, et les Britanniques et les Américains ont acheté une grande quantité d'argent, Kong Xiangxi en a également tiré beaucoup d'argent. Et Song exagère encore plus, car le Wall Street Journal asiatique a fait une fois une sélection des 50 personnes les plus riches du monde au cours des mille dernières années, dont Sa Majesté le Sultan de Brunei, Haji Hassan Naberja, et Bill Gates. Sur les 50 personnes sélectionnées, six étaient chinoises : Gengis Khan, Kublai, Heshen, Liu Jin, un eunuque, Wu Bingjian, un homme d'affaires Qing, et Song Ziwen.

Lorsque Chiang Kai-shek a finalement achevé la réforme monétaire française, il avait déjà posé le monde d'or de la dynastie Chiang. Cependant, l'expansion agressive du Japon en Chine s'intensifie, menaçant sérieusement la Chine, qui vient d'achever la réunification monétaire.

CHAPITRE VI

Le pouvoir royal et le pouvoir de l'or

Pourquoi le "coup d'État de Taisho" a-t-il marqué le recul du pouvoir de l'Empereur ? Pourquoi y a-t-il eu des coups d'État répétés au Japon dans les années 1920 et 1930 ? Pourquoi l'armée japonaise, qui a toujours été très bien classée, est-elle souvent considérée comme un étrange phénomène de "down and up" ? Pourquoi la "guerre de Shanghai" était-elle une "fausse guerre" lancée par le Japon ? Pourquoi la puissance d'or du Japon a-t-elle finalement perdu face à la puissance impériale ?

Il y a toujours eu une lutte acharnée entre le pouvoir impérial et le pouvoir d'or, et l'histoire récente du Japon ne fait pas exception. De la "rétro du gouvernement du roi" à la "restauration Meiji", du "coup de Taisho" à la mutinerie des "226", tous reflètent le jeu féroce du pouvoir impérial et du pouvoir d'or.

Depuis que l'empereur Taisho a été contraint de faire des compromis et de reculer face au pouvoir d'or, la dépression a commencé et le pouvoir impérial du Japon a connu une grave crise. Depuis son accession au trône, l'empereur Hirohito complote à chaque instant pour ramener le pouvoir royal. Et ses principaux adversaires sont les forces ploutocratiques et leurs supplétifs politiciens.

Depuis la période Meiji, les quatre clans de Nagasu, Satsuma, Hizen et Tosa ont progressivement formé un centre de pouvoir politique de l'oligarchie Meiji, représenté par les Genros de Meiji Kau. Derrière eux se trouve le double soutien des forces des seigneurs de la guerre et des forces ploutocratiques. Ils ont fait de l'empereur un dieu et ont ensuite "emprunté" le nom de l'empereur pour influencer la politique générale du pays. La volonté de l'empereur ne doit et ne peut être exécutée que par leur intermédiaire.

Pour que l'Empereur puisse véritablement dominer le destin du Japon, il devait vaincre l'alliance patriarcale-zakuri-warlord.

L'empereur Hirohito a été brillant dans sa stratégie consistant à "libérer la base pour combattre le sommet", à accepter tacitement et à encourager le phénomène de "main inférieure et main supérieure" de l'armée, et à reprendre progressivement le pouvoir impérial. Il a finalement ouvert la boîte de Pandore de la Grande Guerre.

Le yen n'est plus un étalon-or, et les ploutocrates sont dans le coup.

Samedi 12 décembre 1931. Trois mois après l'incident du "18 septembre", le gouvernement japonais annonce brusquement l'abandon de l'étalon-or, qui est officiellement mis en œuvre dès le lundi. Le marché financier japonais est immédiatement frappé par un tremblement de terre de magnitude 8, ce qui provoque un tollé dans l'arène politique, et les milieux d'affaires sont en ébullition, laissant le public japonais dans un état de panique.

Le yen, un yen fort émis sur la garantie de l'or, deviendra désormais " personne sur qui compter " !

Bien que des rumeurs aient circulé sur le marché il y a un mois, l'annonce officielle du gouvernement laisse l'homme du peuple sur sa faim. Les vendeurs des grands magasins de Tokyo font des heures supplémentaires pour ajuster les prix des différentes marchandises ; les ménagères du marché s'arrachent frénétiquement les produits de première nécessité, et l'idée que dans deux jours les prix des différentes marchandises seront généralement augmentés leur donne des palpitations. Avec la Grande Dépression, les revenus des gens ordinaires sont précaires et la vie est de plus en plus stressante. À ce moment-là, la nouvelle que le yen avait perdu sa garantie de conversion en or a sans aucun doute poussé le malaise du public au bord de la panique.

Mais tout le monde n'est pas dans un état de panique, et quelques-uns font rebondir leurs couronnes.

Les cambistes fêtent au champagne dans les bureaux clinquants de Mitsui et Mitsubishi à Tokyo et à New York. Il y a plus de deux mois, des fonctionnaires inquiets, qui ont été "soutenus" par les ploutocrates pendant des années, leur ont révélé que le Japon était sur le point de suivre la Grande-Bretagne en abandonnant l'étalon-or et que le yen se déprécierait d'au moins 30% par rapport au dollar après l'abandon de l'étalon-or par le Japon !

Les ploutocrates ne manquent certainement pas ce gros gâteau qui tombe du ciel.

La famille Mitsui Zaibatsu, à elle seule, est immédiatement allée thésauriser 100 millions de dollars et a vendu à découvert le yen sur le marché des changes. Mitsubishi et d'autres ploutocrates n'étaient pas en reste, et tout le monde achetait des dollars et jetait des yens. À un moment donné, le marché des changes de Tokyo était en proie à une frénésie de fumée et de confusion.

Les ploutocrates attendaient chaque jour l'annonce du gouvernement concernant le découplage du yen et de l'or, et voilà qu'elle se réalise enfin ! Ils font fortune. Avec la famille Mitsui qui a gagné au moins 20 millions de dollars, les prix de fin d'année des traders doivent manquer !

En ce moment, le bureau de Sumitomo Zaibatsu, le troisième plus grand ploutocrate du Japon, est silencieux. Ces deux derniers mois, les cambistes ont retenu leur souffle, regardant les énormes profits à portée de main ne pas se faire, et ne savent pas si les dirigeants du siège de la société prennent le mauvais médicament. Bien que Sumitomo ait également obtenu le même initié grâce à ses relations, le siège social a ordonné à plusieurs reprises aux cambistes de ne pas participer à la spéculation sur le yen.

Deux mois plus tard, le 9 février 1932, l'ancien ministre des finances, qui avait annoncé l'abolition de l'étalon-or, a été abattu de trois balles, et le 5 mars, le président de la Mitsui Zaibatsu a été assassiné. Le peuple a finalement compris que quelque chose n'allait pas, et il s'est avéré que les importantes sommes d'argent gagnées par la Zaibatsu Mitsui devaient être échangées contre du sang ! Pourquoi le Sumitomo, tout aussi bien informé, ne s'est-il pas mêlé de cette affaire ?

Il s'avère que la Sumitomo Zaibatsu a suivi le conseil de Nishionji Kouwang : ne jamais s'impliquer dans la spéculation sur le dollar, car il s'agissait d'un piège élaboré par l'empereur Hirohito !

Il était membre de la famille Fujiwara, et dans l'histoire du Japon, il a été honoré comme le "Meiji Kuken" avec Hirobumi Ito, Masayoshi Matsukata, et Katsumi Inoue. Alors que les "neuf sénateurs" s'estompent, Nishionji Kouwang devient finalement la figure la plus puissante de la politique japonaise. Aux époques Taisho et Showa, lorsque le gouvernement était plus puissant que les autres, les premiers ministres des gouvernements successifs devaient remporter les élections générales, mais ils devaient être recommandés par eux. Son descendant, Koichi Xiyuanji, fut un jour salué par Zhou Enlai comme "l'ambassadeur civil Chine-Japon". Depuis trois générations, la famille Nishionji Kouwang est politiquement influente au Japon depuis cent ans, ce qui en fait la plus prestigieuse famille de nobles de l'histoire moderne du Japon.

À l'âge de 19 ans, Nishionji Kouwang servit dans le gouvernement Meiji en tant que ministre proche de l'Empereur et occupa un poste clé de "sénateur". Face à l'armée rampante du shogunat Tokugawa, il rejette résolument les vues de compromis de certains ministres et les exhorte à s'unir et à combattre l'ennemi ensemble. Il a ensuite pris part à de nombreuses batailles pour renverser le shogunat, et a accompli de nombreux exploits remarquables. Après la stabilisation du régime Meiji, Nishionji s'est rendu en Europe pour explorer le chemin du Japon vers une paix et une stabilité durables. Il est resté en France pendant dix ans, examinant le système politique et les coutumes du pays, rencontrant de nombreux libéraux et constitutionnalistes, et a été profondément influencé par la pensée libérale occidentale des droits civils. Sur le plan politique, il s'oppose à la déification de l'empereur et insiste sur la voie de l'État de droit et du constitutionnalisme. Il a aidé son professeur, Hirobumi Ito, à rédiger la première constitution du Japon et a fait partie de son cabinet.

Plus tard, Nishonji Kouwang s'est joint à Hirobumi Ito pour fonder la Masatomo-kai, qui limitait le pouvoir impérial, et a servi comme président de la Masatomo-kai. L'argent de Masatomo provenait principalement de la Mitsui Zaibatsu, et le frère du Nishonji Kouwang passa à la Sumitomo Zaibatsu, ainsi la Sumitomo Zaibatsu se rangea du côté du Nishonji Kouwang.

Nishiyuanji espère que c'est l'empereur Hirohito qui a eu le premier aperçu du "piège de l'arbitrage du dollar" et qui a averti Sumitomo Zaibatsu de ne pas s'y laisser prendre, sinon les conséquences seraient impensables.

Pourquoi la sortie du yen de l'étalon-or et l'arbitrage des ploutocrates par le renforcement du dollar et la dépréciation du yen seraient-ils un énorme piège tendu par l'empereur ?

Réunion secrète de la famille du Marquis de Kido

Le 23 septembre 1931, cinq jours seulement après l'incident du 18 septembre, les membres du Onzième Club tiennent une réunion d'urgence au domicile du marquis de Kido à Tokyo. Le "Onzième Club" est un petit cercle secret fondé par Kido le 11 novembre 1922, composé d'un groupe de nobles du clan et de quelques diplomates et officiers de confiance. Ce club était le "groupe de réflexion surnuméraire" sur lequel l'empereur Hirohito pouvait le plus compter, en dehors de ses propres ministres. Ils se réunissent le soir du 11 de chaque mois pour discuter des politiques et des plans de mise en œuvre de l'empereur et de ses proches ministres pour gouverner le pays.

Cinq jours avant l'incident du 18 septembre, l'armée japonaise du Kanto avait lancé une opération militaire pour occuper les trois provinces orientales de la Chine, suscitant immédiatement une forte opinion publique contre le Japon en Chine et dans le monde, et la Société des Nations avait sévèrement condamné les actions du Japon. Dans le même temps, les partis politiques nationaux, les ploutocrates et les blocs de pouvoir capitalistes ont exprimé un sérieux mécontentement. Une fois que la Société des Nations aura décidé de sanctions contre l'économie japonaise, l'économie du pays en grave dépression souffrira encore plus, au détriment des ploutocrates et des capitalistes.

Afin de calmer l'opinion internationale et d'apaiser les différentes forces en présence dans le pays, le "Club des onze" a convoqué d'urgence cette réunion et a dû proposer une réponse à l'empereur dans les plus brefs délais. Premièrement, éviter toute sanction introduite par la coalition internationale pour boycotter le commerce du Japon, la récession mondiale a durement touché l'économie japonaise et toute sanction internationale serait un cauchemar pour le Japon. Deuxièmement, il faut s'efforcer d'apaiser et de contrôler les banquiers et les capitalistes industriels "à courte vue" afin qu'ils continuent à financer le développement militaire de l'Empire.

La réunion, qui a duré jusque tard dans la nuit, a permis d'identifier trois propositions viables, trois événements majeurs qui façonneraient l'histoire du Japon et de la Chine pour les huit mois à venir.

La première grande chose, le "piège de l'arbitrage du dollar", a été proposée par les experts financiers du club. Il y a deux jours, le Royaume-Uni a brusquement annoncé sans avertissement qu'il abandonnait l'étalon-or, laissant la livre se déprécier de 20% du jour au lendemain et la Banque du Japon perdre lourdement sur les devises. La bonne nouvelle, c'est que le gouvernement britannique semble traiter ses banquiers de la même manière et sans préavis, et qu'ils perdent encore plus. Si une telle chose se produit au Japon, les fonctionnaires du gouvernement donneront certainement la nouvelle à l'avance aux ménages concernés, les banquiers ne manqueront pas, dans les mois qui précèdent l'abolition de l'étalon-or, d'échanger le yen contre des devises étrangères, lorsque le yen se dépréciera fortement, puis d'échanger à nouveau contre le yen, faisant ainsi fortune à partir de rien. Pour les banquiers japonais, qui sont doués pour la voie gouvernementale, c'est la "pratique industrielle" naturelle, tandis que l'approche britannique est tout simplement incroyable et stupide. À ce stade, l'empereur avait une carte maîtresse entre les mains : s'il acceptait que le yen soit également dévalué de cette ampleur, et s'il le révélait aux ploutocrates à l'avance, leurs bénéfices pourraient s'élever à environ 100 millions de dollars ! Ce chiffre était suffisant pour soudoyer n'importe quel zaibatsu japonais, y compris le plus grand, Mitsui, pour qu'il s'aligne sur la pensée de l'Empereur.

Si les ploutocrates achètent vraiment beaucoup de dollars et vendent à découvert le yen sur la base d'informations privilégiées concernant la dévaluation imminente du yen, ils seront tenus par l'empereur à cet effet de levier majeur, c'est-à-dire que les ploutocrates sont riches en désastre national, une fois l'information révélée, c'est un scandale majeur pour les capitalistes ploutocrates, l'empereur les tient dans cette position courte, n'ayant pas peur que les ploutocrates ne coopèrent pas. De cette façon, l'empereur aurait plus de poids dans la politique de l'État. Si les ploutocrates soutiennent les plans d'expansion de l'armée, l'empereur pourrait soutenir le cabinet financé par les ploutocrates, plus le "bonus" supplémentaire d'un abandon approuvé de l'étalon-or. [106]

Le deuxième événement majeur a été la coercition forcée de Chiang Kai-shek pour mettre en scène une "fausse guerre" à Shanghai afin de détourner l'attention internationale. Le Japon créera des opportunités pour que les forces japonaises soient "forcées" à entrer dans un conflit militaire d'"autodéfense" à Shanghai qui menacera

---

[106] *La conspiration de l'empereur du Japon*, par Bergamini (USA), Commercial Press, 1984, p. 578.

directement la sécurité du personnel des puissances occidentales et des milliards de dollars d'investissements en Chine. Il s'agissait d'une manœuvre hautaine visant à menacer les intérêts occidentaux en Chine avec la guerre sino-japonaise, puis à la demande de la Société des Nations, l'armée japonaise a publiquement cédé et s'est retirée, de sorte que les pays occidentaux doivent une faveur au Japon, de sorte que la Société des Nations soit naturellement embarrassée de poursuivre ce qui s'est passé en Mandchourie. Dans le même temps, le Japon a soutenu un "Mandchoukouo" fantoche en Mandchourie avec Pu Yi comme empereur, ostensiblement indépendant, mais en réalité une marionnette du Japon, et devant être reconnu par Chiang Kai Shek. Dans ces circonstances, la Société des Nations a encore moins de raisons d'intervenir et de condamner. [107]

Le troisième événement majeur a été la création d'un "faux coup" dans lequel les militaires ont menacé l'empereur. Que l'Occident voie que l'armée essaie de se débarrasser du contrôle de l'Empereur. Si une pression est exercée sur le Japon, celui-ci perdra cette démocratie, la plus grande monarchie constitutionnelle d'Asie, faisant ainsi basculer le Japon dans un État centralisé fasciste. La Société des Nations ne voulait pas créer un autre État fasciste en Asie, étant donné que le fascisme de l'Italie et de l'Allemagne avait créé suffisamment de problèmes, et que seul l'Empereur avait la capacité de réglementer l'armée, ce qui mettrait naturellement beaucoup moins de pression sur le Japon.

Le groupe de réflexion de l'empereur, rompu à l'évolution des Trois Royaumes, a conçu un ensemble éblouissant de stratagèmes en série. L'idée principale était de mettre les ploutocrates dans un piège, puis de voir si la résolution de la Société des Nations pouvait satisfaire Eugène, et sinon, de déclencher une deuxième "fausse guerre" et de faire en sorte que Pu Yi mette en place un "Mandchoukouo", tous les coûts étant payés par les ploutocrates "déjà dans le piège". Si les ploutocrates ne veulent pas payer, ils lancent le scandale des politiciens et des banquiers qui ont payé pour la tragédie nationale et en font l'objet de la colère du public, tout en utilisant la troisième ruse de l'assassinat et du coup d'État contre eux et en détournant l'attention de la Société des Nations.

---

[107] Ibid. p. 579.

L'Empereur n'était-il pas le chef suprême du Japon ? Pourquoi se donner tant de mal pour traiter avec les banquiers et les politiciens ? Un seul édit aurait résolu le problème, n'est-ce pas ?

Le problème est que l'édit de l'Empereur n'est pas toujours bon ! Le pouvoir impérial peut ne pas être capable de rivaliser avec le pouvoir d'or !

Le "Coup Taisho" et la perte du pouvoir impérial

En 1868, les quatre clans de Nagasu, Satsuma, Hizen et Tosa ont uni leurs forces pour vaincre le shogunat Tokugawa, levant la bannière de la "restauration du gouvernement du roi" et inaugurant l'ère de la restauration Meiji avec l'établissement de l'empereur Meiji. Le Japon devient une monarchie constitutionnelle et l'empereur devient le "chef suprême" reconnu par la constitution nationale. Quel est donc le pouvoir réel de l'empereur ? Qui est la véritable force dominante de la société japonaise ?

Il faut dire que pour un même système, pour les mêmes lois, les différents Empereurs ont des degrés de pouvoir différents ! Le pouvoir n'est jamais entièrement conféré par la loi, ni entièrement garanti par le système ; il est le résultat d'une concurrence acharnée d'intérêts.

Depuis la prise du pouvoir par les quatre clans, les oligarques Meiji ont progressivement formé le noyau du pouvoir politique, qui est représenté par le Meiji Kau Genro. Derrière eux se trouve le double soutien des forces des seigneurs de la guerre et des forces ploutocratiques. Ils ont fait de l'empereur un dieu et ont ensuite "emprunté" le nom de l'empereur pour influencer la politique générale du pays. La volonté de l'empereur ne doit et ne peut être exécutée que par leur intermédiaire.

L'empereur Meiji, grâce à son charisme personnel unique et à son pouvoir politique, a intégré efficacement sa volonté impériale aux intérêts des "oligarques Meiji", obtenant ainsi le soutien de toutes les parties, consolidant le pouvoir impérial et manifestant l'autorité de l'empereur.

Cependant, lorsque l'empereur Meiji est mort et que son fils, l'empereur Taisho, est monté sur le trône, la situation a considérablement changé. Taisho était un empereur faible typique, ne possédant ni le charisme personnel de Meiji ni le pouvoir politique de

Meiji, et son talent, ses réalisations politiques et son prestige étaient bien inférieurs à ceux de Nao. Comme le dit le proverbe, les gens sont généralement tolérants lorsque le talent d'une personne est supérieur à son tempérament, mais lorsque le tempérament est supérieur au talent, cela entraîne souvent un retour de bâton.

C'est ce qui ne va pas avec Taisho, et sa tragédie est qu'il l'ignore.

À l'époque de la révolution Xinhai, le deuxième cabinet fut formé, au cours duquel l'empereur Taisho devint empereur. Le sens du pouvoir impérial de Taisho était si fort qu'il était évident que toutes les parties en éprouvaient du ressentiment, et il n'avait pas le pouvoir d'attendre son heure, et encore moins la main politique pour prêter sa force. Il avait le sentiment d'être un super taureau, un taureau doublement béni par Dieu et par la Constitution, un taureau tel qu'à un mot, toutes les parties obéiraient immédiatement et sans condition.

Dès son arrivée au pouvoir, Taisho a commencé à développer l'armée et à renforcer la défense nationale, notamment en augmentant le nombre et l'équipement de l'armée et de la marine, afin de pouvoir rattraper, voire dépasser, son père, l'empereur Meiji, dans l'ouverture de nouveaux territoires et les conquêtes militaires. Sa hauteur de vue et sa détermination ont simplement fait oublier que la base de son pouvoir n'était pas suffisante pour soutenir ses ambitions.

Les patriarches ne l'ont pas acheté en premier lieu.

Nishionji Gongwang est l'opposition évidente, et derrière lui se trouvent les forces des grands banquiers et des capitalistes industriels. Il compte sur ses aspirants politiques pour avoir une majorité écrasante au Parlement, et les politiques de son cabinet sont très différentes de la volonté de l'Empereur. Il s'efforce de réduire l'énorme dette de 1,5 milliard de yens contractée par le Japon lors de la guerre russo-japonaise et contrôle fermement le budget fiscal. Le résultat est une impasse avec l'empereur Taisho.

La politique d'expansion de la préparation militaire est bien sûr dans l'intérêt des militaires, et le Taisho est donc allié avec eux. Afin de forcer Nishionji Gongwang à céder, le ministre de la guerre du Cabinet a démissionné, ce qui a conduit à la dissolution du Cabinet Nishionji Gongwang.

Comment la démission du secrétaire d'État à l'armée a-t-elle conduit à l'effondrement du Cabinet ? À l'origine, la loi japonaise stipulait qu'au sein du Cabinet, les ministres de l'Armée et de la Marine devaient être des militaires actifs. Si l'un des deux partis était déterminé à ne pas coopérer avec le Premier ministre, il pouvait refuser d'envoyer des représentants au Cabinet, rendant ainsi le Cabinet inexistant.

Après l'effondrement du cabinet Nishionji Gongwang, Taisho chargea Katsutaro de l'armée de former un cabinet. Le gouvernement de Xiyuanji lui a immédiatement rendu la pareille en réunissant tous les fonctionnaires civils qui refusaient d'occuper le poste de ministre, ce qui a entraîné l'échec du cabinet. En fin de compte, Taisho dut user de son droit constitutionnel suprême pour pousser Katsutaro sur le trône de premier ministre.

Cette manœuvre de Taisho était plutôt brute, s'envoyant directement au centre de la tempête, perdant complètement la marge de manœuvre que l'Empereur méritait.

Bien sûr, l'approche de l'empereur Taisho a provoqué une tempête de protestations au sein du conseil. En apparence, les législateurs accusaient Katsutaro d'être "le type qui se cache derrière la manche du dragon", mais ils se plaignaient en fait de l'abus de pouvoir de l'empereur. L'empereur Taisho était furieux et a directement ordonné au conseil d'ajourner pendant trois jours pour réfléchir à la question. Cependant, le temple Nishionji souhaitait que ces hommes politiques défenseurs des droits civiques aient été "gâtés", et critiqua encore ouvertement le Cabinet après la reprise de la réunion. À l'ère Meiji, il suffisait d'un froncement de sourcils et d'un rot de l'empereur pour que les choses s'arrangent, mais maintenant l'empereur lui-même a donné un édit et il n'y arrive toujours pas !

L'empereur Taisho, furieux, convoqua le Gongwang du Temple du Jardin de l'Ouest et lui ordonna de rentrer pour unifier son esprit et cesser de résister à l'ordre. Il y retourna et transmit le message sacré. Le conseil en discuta encore pendant deux jours et rejeta toujours la proposition de l'empereur !

Le Japon tout entier devient fou ! Jamais dans l'histoire du Japon, la volonté de l'Empereur n'a été refusée aussi impitoyablement ! Après tout, il était un patriarche royal et devait être du côté de l'Empereur, sinon comment les gens du monde entier verraient-ils celui qui a trahi l'Empereur ? En conséquence, Nishionji Kouwang a démissionné de son poste de président de l'Association Jeongyou. Mais son insistance sur le fait que l'empereur était un homme et non un dieu et que le pouvoir impérial devait être tempéré par la Constitution n'a rien changé.

S'en sont suivies des manifestations et des émeutes contre le Cabinet à Tokyo et Osaka, la première "crise constitutionnelle" de l'histoire du Japon. Les principaux partis politiques ont également mis en avant le slogan "À bas les clans et préservons le constitutionnalisme". Et les partisans de ce slogan sont les banquiers et les capitalistes industriels qui veulent arracher le pouvoir à l'aristocratie et aux seigneurs de la guerre. Les acheteurs et les vendeurs sont avant tout préoccupés par le retour sur investissement, et personne ne veut passer une commande lorsqu'il perd de l'argent. Si l'aventure militaire échoue, les investisseurs qui ont investi d'énormes sommes d'argent n'auront-ils pas rien à perdre ? Personne ne fera une affaire perdante.

L'empereur Taisho s'est immédiatement retrouvé dans la position délicate d'un isolement extrême. Outre l'armée, avec en son sein le clan Changzhou, qui avait bénéficié directement de la politique d'expansion militaire, qui était également du côté de l'empereur, diverses autres forces étaient du côté du prestige des Nishionji.

La situation se détériore encore et le Premier ministre Katsura est contraint de démissionner. À cette époque, l'empereur Taisho était épuisé et perdait son autorité. En fin de compte, que ce soit par humeur ou sous la menace d'une abdication, l'empereur Taisho a dû faire une série d'arrangements et de concessions en matière de politique nationale et de personnel.

(a) Retrait de la plupart des éléments du plan d'expansion de l'armée.

(b) d'abandonner pour l'instant les projets de conquête de l'océan Sud par la force.

(c) En cas de guerre mondiale, le Japon et les pays anglo-français et américains qui contrôlent la région du Pacifique.

Le plus ancien conseiller de l'empereur a été remplacé par un fonctionnaire d'origine civile.

Le prince héritier Hirohito a quitté l'école spéciale des fils royaux pour être éduqué dans une école de style spartiate. [108]

Cet événement est connu sous le nom de "Coup Taisho".

---

[108] Ibid, p. 410-411.

L'empereur Taisho est désormais déprimé et souffre d'une soudaine hémorragie cérébrale en 1919, après quoi il devient malade mentalement. Lors d'une parade militaire, il regarda autour de lui avec l'édit enroulé comme un télescope devant un envoyé étranger. Les ministres décidèrent que l'empereur n'était plus apte à diriger la dynastie et, en 1921, le prince Hirohito régna.

Pourquoi les concessions de l'empereur Taisho ont-elles impliqué Hirohito ?

L'aristocratie royale pensait que la cause profonde du "Coup Taisho" était l'Empereur et que c'était sa paresse et son manque de pouvoir de décision qui avaient conduit à la crise du pouvoir royal. En conséquence, Hirohito a été placé chez un officier de marine à la retraite 70 jours seulement après sa naissance, où il a été éduqué au "Bushido" et ensuite formé par des professeurs de l'institut spécial "Gosakuin", dans le but de créer un monarque autoritaire qualifié qui serait capable de réaffirmer son pouvoir à l'avenir.

Le rêve de l'empereur : L'ascension du pouvoir impérial

Un jour de décembre 1921, le régent, Hirohito, qui revenait d'un voyage en Europe, reçut au palais le noble et homme politique, le duc Wang du temple du Jardin de l'Ouest. Avant de venir au palais, ce dernier avait entendu dire que la veille, Hirohito avait organisé une fête sans prétention au palais pour célébrer son retour de sa lune de miel en Europe et prendre la tête du Grand Gouvernement. De tels rassemblements publics du Régent et d'une poignée de ses acolytes étaient encore très rares à l'époque. Cela a beaucoup inquiété et choqué le temple West Garden Gongwang. La haute société japonaise spécule maintenant sur la question de savoir si Hirohito s'appuiera sur une société secrète ou un cabinet après son entrée en fonction. Le Gongwang de Xiyuanji et quelques anciens courtisans à la retraite pensaient que Yujin devait être prudent. Hirohito écouta très patiemment les conseils de l'Empereur, s'excusa sérieusement pour l'absurdité de la nuit précédente, puis demanda très sincèrement à l'Empereur d'être son conseiller principal.

Il a dit qu'il était septuagénaire et avait atteint l'âge de la retraite, qu'il voulait simplement vivre au bord de la mer, lire des romans, jouer du luth et passer son crépuscule en paix, et qu'il n'avait pas l'énergie nécessaire pour occuper un poste aussi important.

Comprenant ses préoccupations, Hirohito promet de montrer son respect pour la monarchie constitutionnelle en renonçant publiquement à son soutien au petit groupe clandestin si le Nishikonji Gongwang accepte.

Xiyuanji Gongwang a réfléchi en silence pendant un moment. En tant que membre de la noble famille Fujiwara, il devait respecter la tradition familiale pour défendre le système de l'empereur. D'un autre côté, il craint de ne pas pouvoir arrêter le comportement despotique de Yuhito comme celui de son père, l'empereur Taisho, et d'être pris dans la lutte entre l'empereur et les ploutocrates, ce qui le rendrait impopulaire et ruinerait la réputation de toute une vie de lutte pour les droits civils et la liberté. Enfin, il pense que le peuple japonais a progressivement changé au cours de la dernière décennie et qu'il pourrait être en mesure d'accepter les idéaux de l'État de droit et du constitutionnalisme prônés par son mentor, Hirobumi Ito. Si l'opinion publique se heurte à la volonté de l'empereur, on pense que Yuhito respectera et acceptera l'opinion de la majorité de ses sujets. Maintenant que le pays a besoin de lui, il devrait accepter cette position. Il a donc accepté ce que Hirohito avait proposé.

Hirohito s'impatiente en attendant la réponse du Saiyuanji Gong, mais il doit être patient. Il avait servi pendant plus de 40 ans au sein du cabinet et du Conseil privé, le plus haut organe consultatif de l'ère Meiji, et jouissait d'une grande réputation et de nombreux contacts parmi les bureaucrates et les parlementaires. Il était prompt à agir et réfléchi, et avait l'intégrité nécessaire pour faire une impression harmonieuse et prudente sur l'empereur, mais il était aussi capable de parler sans détours et de défendre les politiques excessives et les bévues de l'empereur.

Après l'achèvement du temple Xiyuanji, l'empereur Hirohito a pu se cacher dans les coulisses et utiliser pleinement ses moyens politiques à manches longues et le pouvoir de l'arroseur arrosé, pour dissimuler la situation politique, pour accumuler le pouvoir impérial sans aucune pression, et pour attendre l'occasion de bouger.

Avec de nombreuses années au pouvoir, l'empereur Hirohito devient de plus en plus mature. Il a aussi ses moments de dépression et de douleur, et chaque fois que c'était le cas, il venait dans le bureau impérial du palais. Dans un coin de la pièce, il gardait précieusement un buste en bronze de Napoléon, qui lui remontait immédiatement le moral chaque fois qu'il le voyait. C'était le seul souvenir qu'il s'achetait pendant ses voyages en Europe. Je me souviens que lorsque je visitais le tombeau de Napoléon en France, il avait l'habitude de fixer l'épée d'Austerlitz de Napoléon et de s'imaginer galopant comme Napoléon. "Un héros comme Napoléon. "Chaque fois qu'il rencontrait des difficultés, il se motivait souvent en pensant à la traversée de l'Europe par Napoléon. Il croyait que le rêve de Zeng Zu Xiao de "Respecter le Roi et rejoindre les Barbares" se réaliserait dans sa vie !

Il y a plus de 400 ans, avec les guerres fréquentes et la chute du pouvoir impérial, le shogunat était si arrogant qu'il ne fournissait aucune aide financière à l'empereur, qui était si pauvre qu'il ne pouvait souvent pas se permettre d'organiser un banquet somptueux pour ses ministres. En raison du manque d'argent, l'empereur de Houdu a été enterré 44 jours après sa mort, et ses héritiers ont dû reporter de 22 ans la cérémonie d'intronisation. Nara, la future impératrice du ciel, était si déprimée qu'elle est descendue dans la rue pour vendre des mots, et a ensuite collecté de l'argent auprès du roi Chin pour enfin construire un nouveau palais afin d'offrir à l'empereur une vie décente. Malgré cela, lorsque des Occidentaux sont venus à Kyoto pour voir l'impératrice Nara, l'impératrice du ciel, on leur a répondu que la demande ne pouvait être satisfaite car le Shogun était absent. Ainsi, l'empereur est dépeint comme un chef religieux reclus à Kyoto et sans pouvoir. Pendant les quelque 300 ans qui suivirent, pas un seul étranger ne vit l'empereur. En Occident, l'existence de l'empereur est complètement oubliée.

À l'époque de la piété filiale de l'empereur, les États-Unis contraignent le shogunat à signer un traité de commerce et de navigation, et l'empereur ouvre son pays à l'Occident dans l'humiliation. Dès lors, le rêve des empereurs successifs est de "régner en maître". Le grand-père de Hirohito, l'empereur Meiji, entreprit la Restauration Meiji avec le soutien financier des Zaibatsu, dont Mitsui, qui abolit le Shogunat et restaura le pouvoir impérial.

Les leçons de la dépendance passée à l'égard des aumônes du Shogun firent comprendre à Meiji que l'argent était souvent plus important que la force pour maintenir le pouvoir du Seigneur Suprême. Le Meiji a donné le nouveau monopole industriel sur le développement au Japon et le droit de faire le commerce des matériaux coloniaux à des zaibatsu tels que Mitsui, Mitsubishi et Sumitomo, et a pris une part des dividendes. Mitsui détient les droits d'exploitation de la plus grande mine de charbon du Japon, ainsi qu'une franchise pour le camphre et le sucre à Taiwan, en Chine. L'empereur et les Zaibatsu ont formé une alliance mutuellement dépendante et, avec le soutien de l'empereur, les

Zaibatsu ont contrôlé les industries piliers de la banque japonaise, de l'industrie lourde, du transport, du commerce, etc. En retour, les Zaibatsu étaient fidèles à l'Empereur et ajustaient leurs plans industriels et commerciaux en fonction de la politique nationale à long terme de l'Empereur, devenant ainsi un véritable "gouvernement et entreprise". À la fin de l'ère Meiji, le domaine royal était passé de quelques dizaines de milliers de dollars lors de la prise de pouvoir de Meiji à 40 millions de dollars.

Mais au début de l'ère Taisho, les ploutocrates qui détenaient les ressources économiques de la nation, à l'instar des grands banquiers occidentaux, avaient de plus en plus à cœur leurs propres intérêts et cherchaient à passer outre l'empereur. Ils intervenaient fréquemment dans les politiques de l'Empire. Lorsque Taisho a mis en œuvre le programme impérial de "perfectionnement de la défense nationale" et a procédé à un enrichissement massif de l'armée, les patriarches représentant les intérêts des zaibatsu, menés par Nishionji Gongwang, ont rejeté à plusieurs reprises le plan élaboré de l'empereur pour développer l'armée au motif que la nation avait encore du mal à équilibrer le déficit fiscal laissé par la guerre russo-japonaise, ce qui a contraint l'empereur à presque abdiquer du trône, et a fini par le déprimer.

Maintenant, les ploutocrates et les politiciens, qui ne peuvent pas voir la "planification et les intérêts à long terme" de l'Empire, repoussent le projet de l'empereur Hirohito d'occuper la Mandchourie, ce qui fait que l'empereur Hirohito se sent très limité dans la réalisation de son rêve d'une Chine prospère.

Depuis l'époque de l'empereur Takashi Tomo, le Japon avait élaboré un plan stratégique pour expulser les barbares et unifier le pays sous la direction de l'empereur. Il s'agissait d'abord d'accroître la force nationale et de se moderniser, puis de combattre l'ennemi en s'étendant à l'étranger, en créant une zone tampon entre le Japon et l'Occident pour assurer la sécurité du pays. Cela a donné lieu à une dispute entre "vers le nord" et "vers le sud". Les progressistes du Nord préconisaient l'annexion de la Corée et l'occupation de la Mandchourie, de la Mongolie et, plus tard, de la région sibérienne, tandis que les progressistes du Sud plaidaient pour l'occupation ou le contrôle de la partie sud du Japon, y compris les îles maritimes et la région de l'océan Austral en Asie du Sud-Est.

Selon Hirohito, l'avancée vers le nord n'est nécessaire que pour la défense nationale et ne résout en rien les problèmes essentiels que sont la surpopulation du Japon, les exportations de biens industriels et les sources de biens stratégiques. Hokkaido fait partie du Japon depuis des siècles, mais elle est encore très peu peuplée. Cela n'a pas aidé que l'empereur Meiji ait conquis le même froid Joseon. Les progressistes nordiques naïfs et simples d'esprit dans l'armée aujourd'hui, qui veulent s'étendre encore plus loin dans la Sibérie glacée et la Mongolie sablonneuse en utilisant la Mandchourie comme base, sont tout simplement fous !

Le climat chaud de l'océan Sud, la rareté et la paresse des indigènes, facilitaient l'immigration japonaise, et les richesses en pétrole, caoutchouc et minéraux des Indes orientales fourniraient un flux constant de ressources stratégiques pour le développement industriel japonais, de sorte que l'avenir et l'espoir de l'empire japonais se trouvaient au Sud, et non au Nord. [109]

À l'heure actuelle, Tchang Kaï-chek est occupé à "assiéger" les bastions communistes de la Chine ; l'Union soviétique est absorbée par ses travaux intérieurs, et la Grande-Bretagne et les États-Unis, en proie à une crise économique, ferment les yeux sur l'incident du "18 septembre". La Mandchourie n'était que la première étape d'un plan qui permettrait ensuite aux puissances impériales de se déplacer vers le sud à partir de la Mandchourie, le long du littoral chinois, et de prendre finalement le contrôle des points stratégiques de l'océan Austral.

Biologiste formé en Occident et porteur du rêve du "respect du roi et du Joi" depuis des générations, Hirohito estime que sa compréhension du "Joi" dépasse celle de ses prédécesseurs. Son ambition va bien au-delà de la simple "résistance à l'Ezo", car il estime que le Japon ne peut plus exister de manière isolée, mais qu'il doit entrer en Asie et dans le monde avec un esprit de leadership. Inspiré par les réalisations de ses idoles, Napoléon, Lincoln et Darwin, il est déterminé à résister aux puissances anglo-américaines et occidentales comme l'a fait Napoléon, à "sauver" l'Asie et le monde de la domination coloniale comme Lincoln l'a fait pour l'émancipation des esclaves noirs, et à

---

[109] Minamijinomoto, (Japon) Muro Fuchikanobu, 1936.

"faire évoluer" les autres races avec le shintoïsme du peuple Yamato. Attaquer, libérer, évoluer, voilà ce que le Divin lui a donné.

Pour que la nation soit unie au monde extérieur, il est nécessaire de convaincre les principales forces politiques de la société japonaise. Parmi elles, l'armée et les ronin sont très compréhensifs et soutiennent les intentions de l'Empereur, suivant de près ses pas. Quant aux ploutocrates et aux partis politiques qu'ils soutiennent, ils font souvent passer leurs propres intérêts avant l'intérêt national. Selon Hirohito, le pouvoir des ploutocrates se développerait naturellement avec l'expansion des frontières de l'Empire, et il est ennuyeux qu'ils soient maintenant confinés à leurs intérêts immédiats, craignant que les sanctions économiques que la Société des Nations pourrait proposer les affectent, et peu disposés à se ranger du côté de l'Empire dans une planification à long terme pour fournir un flux régulier de fonds pour l'occupation de la Mandchourie et les opérations futures.

En repensant à la pauvreté de ses ancêtres due à la chute du pouvoir, aux concessions forcées de son père et à ses propres luttes de pouvoir avec les ploutocrates et les politiciens d'aujourd'hui, Yuhito s'est juré d'établir fermement un empire centré sur le pouvoir impérial, où la force est le cœur de tous les problèmes, et où, si nécessaire, il n'hésiterait pas à utiliser la force et ne serait jamais aussi bienveillant que son père.

Au fil des ans, Hirohito s'est imaginé comment il aurait géré le "Coup Taisho" s'il avait été à la place de son père. Son père ne connaissait pas grand-chose du Japon, et son ensemble de lois qui unissaient le peuple dans sa lutte commune et son allégeance au pays restait en théorie et n'était pas vraiment ressenti. Le père pensait que, quoi qu'il arrive, il suffisait de prendre les décisions. Il ne pouvait pas imaginer à quel moment l'Empereur serait désobéi. Il ne savait pas comment exercer le charme décontracté de l'Empereur Meiji et la manipulation prudente du pouvoir.

Si mon père avait été un peu plus déterminé et puissant comme mon grand-père, l'empereur Meiji, les choses n'auraient jamais été aussi loin. Le "coup d'État de Taisho" a été une régression complète du pouvoir impérial, et c'était maintenant à lui de remettre les choses en ordre et de revitaliser le système impérial.

Puisque les politiciens et les ploutocrates n'écoutent pas, ils peuvent simplement les contourner et mobiliser directement leurs sujets à la base, comme les militaires de bas niveau, les ronins et les paysans, et les mobiliser pour combattre les députés et les ploutocrates par le biais des organisations de base, des gangs et de l'opinion publique qui soutiennent le pouvoir royal. D'autre part, la manipulation des zaibatsu et des politiciens est laissée à l'œil public du temple Nishikonji et il est utilisé pour faire des plans. Si la décision est mauvaise, c'est au public du Temple West Garden de supporter les critiques de la cour, et si les choses ne sont pas mal faites, c'est à la sagesse de l'empereur Hirohito.

L'empereur Hirohito s'accrochait à son cœur pour montrer comment il avait repris le pouvoir aux ploutocrates et aux politiciens qui rêvaient de "constitutionnalisme".

La question principale est maintenant de savoir comment traiter avec la coalition de politiciens Zaibatsu, centrée sur le patriarche Nishienji Gongwang.

Le matin du deuxième jour de la réunion du "Club des Onze", les copains qui assistaient à la réunion ont rapporté les trois propositions à l'empereur Hirohito, qui, après les avoir examinées, les a jugées bonnes et leur a ordonné de procéder immédiatement, en mettant d'abord Mitsui et d'autres zaibatsu dans un "piège d'arbitrage en dollars".

Mitsui est tombé dans le "piège de l'arbitrage du dollar" en faisant appel à l'empereur.

Si le Japon parvient à un gouvernement républicain, alors Mitsui et Mitsubishi seront certainement candidats à la présidence. [110]

Mitsui avait soutenu l'empereur, et l'empereur n'avait pas traité Mitsui moins favorablement. L'essor rapide de la Mitsui Zaibatsu après la restauration Meiji était impensable sans le soutien du gouvernement.

En 1888, le gouvernement Meiji organise une vente aux enchères publique de la mine de charbon de Miike. Quatre sociétés privées, dont Mitsui et Mitsubishi, cherchent toutes des connexions en coulisses pour décrocher la grosse affaire. Le ministre des finances, Justice Matsubata, a décidé que l'enchère ne devait pas être inférieure à 4,5 millions de yens et que si elle n'était pas atteinte, il démissionnerait et le cabinet pourrait être dissous.

---

[110] *The Japanese Truth*, par Takeshi Takashi, Hunan Education Press, 2008, p. 220.

L'ambition de Mitsui était de remporter la mine de charbon de Sanchi, et ils ont fait appel à Inoue, l'un des principaux conseillers de Mitsui et un gros bonnet de la politique, pour entrer en contact. Inoue a fusionné sa propre société immobilière avec Mitsui pour former ce qui est maintenant Mitsui Products, et les deux sociétés ont formé un lien incompréhensible. Après que Xin Inoue ait salué le département gouvernemental, la mine de charbon et la banque Mitsui sont entrées en négociations secrètes pour finaliser les détails. Puis le gouvernement a soudainement annoncé que la mine de charbon Miike avait été vendue pour 4,55 millions de yens à M. Sasaki, sorti de nulle part, et bien sûr Sasaki représentait Mitsui. Mitsui a alors repris la mine de charbon de Miike pour un simple acompte de 1 million de yens et a payé le montant restant sur 15 ans.

Moins d'un an après l'achat de la mine de charbon de Miike, Mitsui a non seulement récupéré 4,55 millions de yens de coûts, mais a également gagné beaucoup d'argent. Si la mine de charbon peut être exploitée pendant 50 ans selon des estimations prudentes, elle générera un bénéfice de 450 millions de yens pour Mitsui, soit 400 fois l'investissement initial d'un million de yens dans un dépôt ! C'est le plus grand cas de "perte d'actifs de l'État" de l'histoire du Japon ! [111]

Le succès de l'exploitation de la mine de charbon de Sanchi ne peut être dissocié de l'équipe de génies techniques de Sanjing, qui ont été retenus avec des salaires élevés. Diplômé du Massachusetts Institute of Technology, il s'est montré à la hauteur de la situation en utilisant la technologie des grandes pompes à eau qu'il venait d'apprendre à l'étranger pour résoudre le problème du drainage des mines de charbon et augmenter considérablement la production de charbon. Grâce au talent de Takuma en matière de gestion et de technique, les bénéfices de la mine Miike ont dépassé ceux de la Mitsui Bank et ont été comparables à ceux de la Mitsui & Co. La mine de charbon de Sanchi est connue sous le nom de "coffre-fort portable de Sanji". Takuma s'est également rapidement hissé au rang de président de Mitsui et est devenu le "roi des travailleurs à temps partiel" du Japon avec un salaire annuel de 300 000 yens. Malheureusement, sa brillante vie a pris fin brutalement à cause du "piège de l'arbitrage du dollar". [112]

---

[111] *The House of Mitsui*, Oland Russell, Little, Brown and Company, 1939, p. 223–224.

[112] Ibid. p. 225.

Après l'acquisition réussie de la mine de charbon de Miike, l'activité de Mitsui s'est déplacée des secteurs commercial et financier vers le secteur industriel. Après les guerres sino-japonaise et russo-japonaise, il est progressivement devenu un conglomérat à capital monopolistique, et après la Première Guerre mondiale, il est devenu une ploutocratie ayant du pouvoir dans diverses industries.

Le New York Times décrivait Mitsui de cette façon en 1922 : il n'y a jamais eu une telle organisation dans la civilisation occidentale. Les Rothschild, qui ne s'occupaient que d'affaires financières, étaient très moyens comparés aux Mitsui Zaibatsu. Mitsui était le conglomérat le plus riche du monde oriental, contrôlant des mines, des banques, des chemins de fer, des transports maritimes, des usines et des sociétés commerciales. "Riche comme Mitsui" signifie autant de richesse pour les Japonais que pour les Américains qui rêvent d'être "riche comme Rockefeller".[113]

Les ploutocrates ne contrôlent pas seulement l'économie du pays, mais s'allient également aux patriarches, aux bureaucrates et aux seigneurs de la guerre pour manipuler les partis politiques et exercer le pouvoir. Les principaux partis politiques japonais de l'époque avaient tous leurs propres "dieux de la richesse" derrière eux. Le patriarche du parti politique, Sorin Inoue, était connu comme "le grand patron de Mitsui" et les figures centrales, Taro Yamamoto et Morikori, avaient des liens étroits avec le zaibatsu de Mitsui, tandis que Shigunobu Okuma, président du Parti de l'amélioration, et Takamine Kato, président du Parti constitutionnaliste, avaient des liens étroits avec le zaibatsu de Mitsubishi, qui est devenu le gendre du fondateur de Mitsubishi, Iwasaki. Ces hommes ont été les personnalités politiques les plus actives du Japon depuis la fin du 19e siècle, devenant des agents des zaibatsu et servant leurs intérêts.

En 1927, le Japon a connu une crise financière d'une ampleur sans précédent et les banques ont fait faillite en raison de pannes. Le ministre des Finances Isao Kiyoshi Takahashi a publié un décret d'urgence suspendant les banques de la nation pendant trois semaines et aidant le capital financier monopolistique par le biais d'un prêt extraordinaire de 2,2 milliards de yens accordé par la Banque du Japon aux principales banques et d'une subvention gouvernementale de 700 millions de yens.

---

[113] *The New York Times*, 8 janvier 1922.

Par la suite, le gouvernement a modifié la loi bancaire afin de relever le seuil de capital pour la création d'une banque à 1 million de yens, accélérant ainsi la consolidation du secteur bancaire, de sorte qu'un grand nombre de petites et moyennes banques ont fait faillite ou ont été absorbées par de grandes banques lors de la crise financière, tandis que les cinq plus grandes banques, telles que Mitsui et Mitsubishi, ont profité de l'occasion pour prendre le relais et se sont développées de manière spectaculaire, leur capital total atteignant un tiers du capital total des banques du pays. [114]

Les capitalistes monopolistes, qui s'appuient sur le pouvoir du gouvernement pour former une oligarchie financière, ont au contraire "récolté les fruits" de la crise financière et ont poursuivi leur croissance. Cela rappelle la crise financière américaine de 2007, lorsque le gouvernement américain a fait des pieds et des mains pour renflouer plusieurs banques "grandes mais pas mauvaises", dont Goldman Sachs. Le même gouvernement qui a prêté l'argent des contribuables aux grandes banques, le même gouvernement qui a laissé leurs concurrents faire faillite, pas étonnant que Buffett n'ait pas hésité à plonger dans l'action Goldman Sachs lors de la crise, avec le gouvernement du côté des ploutocrates, voyons qui peut combattre l'ennemi !

Après le grand succès du "Coup Taisho", les ploutocrates, avec leur alliance de partis politiques et le contrôle à distance du Cabinet des ministres, deviennent de plus en plus sans scrupules et arrogants envers l'Empereur et les militaires. Mais cette fois, ils se heurtent à l'astucieux et puissant empereur Hirohito !

Le lendemain de la réunion du "Onze Club", après avoir appris par ses espions la conspiration du groupe de réflexion de l'Empereur Hirohito, Nishionji Kouwang comprit qu'au lieu de "s'arrêter et réfléchir" comme il l'avait demandé, l'Empereur et sa coterie accéléraient en avant après l'occupation de la Mandchourie. Il décida d'annuler ses plans de retour à Tokyo et de rester à Kyoto, suggérant à la nation que son absence de l'Empereur était due à son désaccord avec la nouvelle politique expansionniste du pays.

Dans le même temps, en raison de ses relations privilégiées avec le Sumitomo zaibatsu, il a averti les banquiers du Sumitomo de ne pas

---

[114] *Japanese Banking*, Norio Tamaki, Cambridge University Press, p155-156.

s'impliquer dans le "piège de l'arbitrage du dollar" et a fait pression sur l'empereur en discutant de la question en privé avec leur entourage.

Au début du mois d'octobre 1931, le plus grand des Zaibatsu Mitsui après avoir entendu l'initié, n'a pas pu résister à la tentation de spéculer sur le marché des changes, en achetant 100 millions de dollars américains, assis et attendant l'arbitrage du dollar dans la réalité, d'autres Zaibatsu doivent également suivre le vent pour acheter. L'initiative est maintenant entre les mains de l'empereur, et si les Zaibatsu et Xiyuanji Kouwang prennent parti et ne financent pas l'occupation de la Mandchourie, Yuhito restera sur l'étalon-or et conduira les Zaibatsu au bord de la faillite. S'ils s'impliquent, ils peuvent gagner rapidement des millions, voire des dizaines de millions de dollars.

Lorsqu'il a appris que Mitsui et d'autres Zaibatsu étaient tombés dans le piège, il a réalisé qu'il était, comme Mitsui, dans un dilemme, mais il a tout de même insisté pour rester à Kyoto. Dans le même temps, il a de nouveau averti la direction de Sumitomo qu'un holocauste financier était imminent, leur laissant le soin de décider si cela valait la peine d'en profiter. La plupart des cadres ont tenu compte de son avertissement, à tel point qu'ils ont perdu beaucoup d'argent deux mois plus tard lorsque le yen s'est déprécié.

À Tokyo, la coterie de l'empereur était occupée à organiser des forces politiques aux intérêts différents, une alliance qui comprenait des officiers militaires, des politiciens et des directeurs de la Mitsui zaibatsu. Craignant que le risque soit trop grand pour assumer la responsabilité, le cabinet du parti des affaires civiles sur la scène a demandé à plusieurs reprises à l'empereur de démissionner. L'AGA a dû tenir bon car elle avait déjà assuré à Mitsui, le "dieu de la richesse" en arrière-plan, que le Japon abandonnerait l'étalon-or. Mitsui a déjà parié 100 millions de dollars pour éviter une longue nuit, et ils sont impatients d'avoir leur propre AGA au pouvoir pour encaisser des dollars et faire des profits spéculatifs.

L'empereur Hirohito ne panique pas et demande au cabinet actuel de rester en place quelques jours de plus, en attendant une résolution de la Société des Nations. Mais Zaibatsu Mitsui attendit de plus en plus anxieusement, pressant chaque jour Masatomo de trouver un moyen. Acculé, le président du Jeongyoukai s'engagea publiquement, lors d'un rassemblement d'électeurs en novembre, à ce que le Japon suive l'exemple de la Grande-Bretagne en quittant l'étalon-or. La nouvelle est sortie, le marché des changes sur le yen a immédiatement chuté, le Mitsui Zaibatsu dollar contre le yen livre un profit substantiel, la pression a immédiatement diminué. En entendant cette nouvelle, Nishiyuanji n'en croit pas ses oreilles et dit : " N'est-ce pas une banque qui a déclaré faillite avant même d'ouvrir ? "

Le 10 décembre, la résolution de la Société des Nations est finalement tombée, ne condamnant ni n'abritant le Japon, mais envoyant une mission d'enquête en Mandchourie et au Japon pour déterminer "ce qui est bien et ce qui est mal". Bien que la Société des Nations se soit engagée dans une dérobade sans principe, l'envoi de la mission était, de l'avis de Hirohito, extrêmement peu fiable, et il s'agissait sans aucun doute de remonter le moral des combattants antijaponais en Mandchourie et de retarder indéfiniment la crise entre la Société des Nations et le Japon.

Hirohito décide de lancer immédiatement une rupture de l'étalon-or et une "fausse guerre".

Quelques jours plus tard, le "rêve du dollar" de Zaibatsu Mitsui s'est réalisé, et la Zaibatsu japonaise et la Yokohama Shogin Bank du gouvernement ont réalisé ensemble des dizaines de millions de dollars de bénéfices comptables. Les ploutocrates ont fait sauter leurs couronnes, et une fois de plus ils ont compromis l'empereur ! Mais ils ont oublié qu'il n'y a pas de repas gratuit dans le monde, "la mante attrape la cigale, le moineau jaune est derrière", et l'argent est devenu un levier dans les mains de Yuren pour toujours !

Après avoir accepté la démission du cabinet actuel, Hirohito envoie quelqu'un informer Nishionji Gongwang de venir à Tokyo pour la cérémonie d'inauguration du nouveau gouvernement. Le gouverneur du temple Nishinenji de Kyoto se rend finalement compte qu'il doit jouer plus souvent ce jeu de "recommander le premier ministre et trouver un bouc émissaire" avec Hirohito. Il ne peut s'empêcher de demander, plein de sarcasme, "Qui la coterie de l'Empereur a-t-elle choisi ?"

Lorsqu'il apprend que le prochain bouc émissaire est Inuyasha, qui était autrefois le président de l'association Jeongyou, il ne peut s'empêcher d'admirer la sagacité d'Hirohito, et Inuyasha est l'appât parfait pour attraper Tchang Kaï-chek !

La "guerre de Shanghai" : La "fausse guerre" du Japon

Inuyoue est un vétéran des trois dynasties depuis la période Meiji et entretient des liens étroits avec des figures de proue du Kuomintang. Il était un ami proche de la révolution de Sun Yat-sen et a toujours soutenu ses activités révolutionnaires. Lorsque Chiang Kai-shek était au Japon, Inuyasha l'a accueilli et l'a aidé.

Ce n'est que lorsque quelqu'un comme Inuyasha a dit à Tchang Kaï-chek que la guerre prévue à Shanghai était une pièce de théâtre pour la Société des Nations, que Tchang Kaï-chek l'a cru et a même été prêt à coopérer pour donner un bon spectacle !

Le 13 décembre 1931, le cabinet d'Inuyoui prend officiellement le pouvoir, et son envoyé se trouve depuis quelque temps à Nankin pour des pourparlers secrets avec Chiang Kai-shek. Les deux parties ont convenu que Chiang Kai-shek acquiesçait à la "légalité" de l'occupation japonaise de la Mandchourie et qu'en échange, le Japon aidait Chiang Kai-shek à éliminer la 19e armée de la route stationnée à Shanghai. La 19e armée de route appartenait aux forces cantonaises qui s'opposaient à la dictature de Chiang Kai-shek. Une fois le "Mandchoukouo" "indépendant" reconnu par Chiang Kai-shek, la Société des Nations n'aurait aucune raison de condamner le gouvernement japonais, et encore moins d'imposer des sanctions économiques.

Le 15 décembre, Chiang Kai-shek démissionne pour la deuxième fois de ses fonctions de président du gouvernement national, de président du Yuan exécutif et de commandant en chef de l'armée, tandis que le ministre des finances Song Ziwen et l'ensemble du cabinet démissionnent en masse, emportant tous les livres avec eux. Lorsque Chiang Kai-shek part, il place également ses propres proches collaborateurs à la présidence de quatre gouvernements provinciaux, préparant ainsi le terrain pour reprendre le pouvoir. De cette façon, il peut s'asseoir et regarder la "fausse guerre" se dérouler, évitant la responsabilité de la guerre et attendant l'occasion de revenir et de devenir un héros pour y mettre fin.

Afin de s'assurer que la guerre se déroule comme prévu, Hirohito envoie son grand-oncle, Kakuninomiya, comme chef d'état-major de l'armée, et le général Itagaki, cadre de l'armée du Kanto, qui avait planifié l'incident du "18 septembre", est transféré à Tokyo pour aider à formuler le plan de bataille de la "fausse guerre".

En janvier 1932, avant même le départ de la Société des Nations pour la Mandchourie, l'armée du Kwantung lança une attaque rapide et de grande envergure sur toutes les régions du nord-est, ce qui jeta l'opprobre sur les puissances occidentales. Le secrétaire d'État américain a proposé le rappel de l'ambassadeur et des sanctions économiques, mais il n'y avait que peu de partisans au Congrès et dans l'administration, si bien qu'ils ont envoyé au Japon une note sévère de non-reconnaissance de la Mandchourie. Cela a permis au Japon de comprendre les cartes de fond des Britanniques et des Américains et d'exécuter le plan prévu avec plus de confiance.

Les États-Unis, Chiang Kai-shek, et le pays sont tous faits, c'est vraiment "tout est prêt, il ne manque que le vent d'est", maintenant nous attendons de créer une raison pour commencer une guerre.

Le 8 janvier, l'empereur Hirohito se rend dans la banlieue de Tokyo pour assister à des exercices militaires. Les journaux ont fait état de ce déplacement cinq jours plus tôt, de manière perverse. Ce jour-là, les forces de police secrète du Kanto ont été envoyées par avion de Mandchourie pour assurer la sécurité. Des lieux publics de Tokyo et des hôtels préférés des Coréens ont été perquisitionnés, mais un membre du mouvement indépendantiste coréen de Shanghai a été "oublié". Il a quitté Shanghai en décembre, a mystérieusement "échappé" à l'agent d'immigration toujours avisé lorsqu'il est entré au Japon, et a pris un train pour Tokyo sous l'œil vigilant de la police en civil des chemins de fer. À ce moment-là, il portait une grenade dans chaque poche de son corps et attendait en silence le convoi de l'Empereur.

Lorsqu'il a vu passer la voiture de l'Empereur marquée de chrysanthèmes, il a sorti une grenade et l'a lancée ; malheureusement, la grenade a atterri sous la voiture d'un ministre de l'intérieur, et seule une petite explosion s'est produite, laissant le ministre indemne. L'assassin est immédiatement arrêté, placé dans le couloir de la mort dans un isolement total et exécuté par la police secrète neuf mois plus tard.

Après l'incident, le ministre de l'intérieur attaqué a calmement informé qu'il n'était pas nécessaire de dénoncer Seowonji Gongwang ; l'empereur, connaissant l'identité de l'assassin, a dit en plaisantant qu'il devait être membre du Parti de l'indépendance de la Corée ; l'un des proches collaborateurs de l'empereur a écrit dans son journal qu'il avait le sentiment que quelque chose allait se produire ce jour-là.

L'assassinat avait suscité une forte sympathie chez les sujets qui s'étaient montrés de plus en plus frustrés par l'empereur et avaient exigé que le ministre des Affaires intérieures, qui était chargé de la police, se coupe le ventre et s'excuse. Le ministre de l'Intérieur a dû remettre sa démission en même temps que le reste du Cabinet, et l'empereur est revenu sans un regard et a laissé tout le Cabinet en fonction.

Après avoir entendu tout cela, Gongwang de Xiyuanji est resté silencieux pendant un long moment et a dit une grande perfidie : " On dit souvent que l'Empereur est au-dessus de la Constitution, mais où l'Empereur peut-il trouver une raison d'exister à part la Constitution ?"[115]

Le 9 janvier, le premier jour après l'assassinat, à Shanghai, un journaliste ayant des liens avec les services secrets japonais a rapporté la nouvelle et a écrit : " Il a juste fait exploser la voiture qui l'accompagnait, c'est une honte ". "Des journaux tels que l'organe du KMT de Shanghai, le Republican Daily, ont repris l'histoire, ce qui a provoqué une émeute au sein de la diaspora japonaise. Le consulat japonais de Shanghai a alors protesté et exigé des excuses pour la suspension du journal. Les agents japonais se sont emparés de l'affaire et ont commencé à trouver des excuses pour la guerre.

Le lendemain de l'assassinat, les services secrets japonais à Shanghai ont reçu un télégramme de Tokyo : "L'incident de Mandchourie" se développait comme prévu, mais certains membres du Cabinet étaient encore sceptiques en raison de l'opposition des Grandes Puissances, alors veuillez profiter des tensions actuelles entre la Chine et le Japon pour réaliser l'incident que vous aviez prévu, afin que les Grandes Puissances tournent leur attention vers Shanghai.

Le 18 janvier, cinq moines japonais se sont rendus à l'entrée de l'usine de serviettes Sanyou pour fouiner et, soudain, des rabatteurs non identifiés déguisés en ouvriers se sont précipités sur le côté, battant les moines japonais à mort et les blessant. Le lendemain matin, la diaspora japonaise de Shanghai a tenu une assemblée générale pour demander la protection du gouvernement japonais. Des agents de renseignement japonais ont fait irruption dans le bureau de Mitsui à Shanghai et ont forcé les employés de Mitsui, armés de pistolets, à envoyer un

---

[115] *La conspiration de l'empereur du Japon,* par Bergamini (USA), Commercial Press, 1984, p. 605.

télégramme au siège de Tokyo pour demander la protection du gouvernement.

Les membres de la coterie de l'empereur ont utilisé le télégramme pour exiger que Mitsui supporte le coût du déclenchement de la " fausse guerre " car il s'agissait de " protéger les intérêts de Mitsui à Shanghai ". Inuyasha a demandé à Mitsui de donner 8 millions de dollars pour payer le gouvernement afin de mobiliser des troupes pour protéger Mitsui à Shanghai. Le groupe du président a pensé que les demandes du gouvernement étaient simplement un chantage de la pègre, et a répondu que Mitsui n'avait pas besoin d'une telle protection et ne pouvait pas se permettre cette énorme somme. Inuyasha a rappelé au groupe qu'ils avaient entendu que Mitsui venait de gagner au moins 20 millions de dollars grâce à l'arbitrage en dollars, et que les gens devaient être gentils, alors comment Mitsui aurait-il pu gagner cet argent sans l'aide du gouvernement ? Si Mitsui acceptait de fournir les fonds, le gouvernement pourrait négocier avec Chiang Kai-shek pour rendre la Mandchourie "indépendante", évitant ainsi les sanctions économiques internationales et garantissant les intérêts de Mitsui.

Le groupe a compris que cela faisait partie du plan de l'Empereur pour établir l'empire par la force, et que cela ne changerait pas à cause de l'opposition de ces politiciens ou de la Mitsui Zaibatsu. L'Empereur utilisera toutes sortes de moyens pour les forcer à faire des compromis, et l'arbitrage en dollars est un piège pour l'Empereur, et un grand combat s'annonce. Il accepte de considérer la proposition du premier ministre, mais ne peut garantir que Mitsui et les autres Zaibatsu soutiendront le plan.

Le 21 janvier, l'empereur ordonne l'ajournement du parlement en vue des élections générales qui auront lieu un mois plus tard. De cette façon, pendant la transition, Hirohito pouvait exercer une prérogative constitutionnelle accordée à l'empereur — approuver des dépenses supplémentaires qui ne figuraient pas dans le budget. Au même moment, les acolytes de Hirohito ont averti Nishionji Gongwang que si les Zaibatsu ne se décidaient pas à financer la "fausse guerre" avant le 10 février, un bain de sang choquerait la nation.

Depuis le 23 janvier, la flotte navale japonaise jette l'ancre à Shanghai, et les citoyens de Shanghai ont demandé au gouvernement de Nanjing d'envoyer des troupes pour renforcer la dix-neuvième armée de route à Shanghai, et le gouvernement de Nanjing continue de rester inactif.

Le 26 janvier, le chef d'état-major, l'oncle paternel de Hirohito, Idle House, convoque une conférence militaire suprême et ordonne à la marine de Shanghai d'exercer des pouvoirs d'autodéfense.

Dans la nuit du 27 janvier, suivant les instructions de Chiang Kai-shek en coulisses, le ministre de la Défense, He Yingqin, a envoyé trois télégrammes urgents à la dix-neuvième armée de route, lui demandant de supporter l'humiliation, d'éviter le conflit et de ne faire aucun mouvement afin de ne pas interférer avec les événements de la défense nationale.

Le 28 janvier à 8 heures du matin, un Chinois qui semblait appartenir au mouvement antijaponais "Sauvons la Diète" a jeté ce qui semblait être une bombe dans le consulat japonais, selon les rapports officiels japonais. Cela a donné à la marine japonaise l'excuse ultime pour entrer en guerre.

À 17 heures, un journaliste du *New York Times* qui s'est rendu au port pour interviewer un commandant de la marine japonaise a appris qu'à 23 heures, les marines japonais entreraient dans Zhabei pour protéger la diaspora japonaise, mais que les Japonais qui avaient besoin de protection à Zhabei à ce moment-là avaient été évacués deux jours plus tôt.

À 20 h 30, les Japonais ont publié une soi-disant "proclamation" demandant "le retrait immédiat de toutes les troupes chinoises et des installations hostiles à Zhabei par la partie chinoise". Afin de s'assurer un prétexte pour l'invasion, les Japonais ont délibérément retardé la notification du maire de Shanghai par lettre jusqu'à 11 heures. Quelques minutes seulement après le briefing, et avant même qu'il soit certain que l'ultimatum ait été délivré, les marines japonais sont entrés dans Zhabei. En d'autres termes, le Japon ne laissera aucune chance à la Chine.

La guerre de résistance éclate à Shanghai. La Dix-neuvième armée de la route résiste avec ténacité à l'armée japonaise, et le chef Cai Tingkai déclare qu'il combattra les Japonais jusqu'au dernier homme. Voyant qu'au lieu d'être anéantie par les Japonais, la dix-neuvième armée de la route était devenue un héros et ne pouvait plus rester sans rien faire, Chiang Kai-shek est immédiatement retourné en courant à Nankin et a annoncé qu'il s'avancerait pour diriger le gouvernement et l'armée en cette période de crise nationale.

Chiang Kai-shek a dû jouer deux pièces en même temps, une pièce sombre pour les Japonais afin de continuer à communiquer avec l'envoyé japonais, et une pièce lumineuse pour les Chinois avec une intrigue hilarante qui allait à l'encontre des revendications de Chiang Kai-shek d'entrer en guerre. L'ambassadeur chinois a assisté à la cérémonie et a porté un toast à la longévité de l'amitié entre la Chine et le Japon avec les officiers de la grande marine impériale japonaise. Où est-ce que cela ressemble à deux nations en guerre ? Ils sont comme deux frères dans le cercle de coprospérité de la Grande Asie orientale.

La dix-neuvième armée se réjouit en entendant les promesses de Tchang Kaï-chek, pensant qu'il avait enfin trouvé sa conscience et n'était plus troublé par les banquiers et les capitalistes qui l'entouraient et commençait à veiller à l'intérêt national. Ils se sont battus courageusement pour tenir la ligne, au grand déshonneur de l'armée impériale du Grand Japon. Les marines, l'élite de l'armée japonaise, sous les bombardements des avions et des canonnières, avec l'aide des expatriés et des marins japonais, ne parviennent pas à percer la ligne de l'armée de la 19ème route.

Mais le vénérable empereur Hirohito était plus anxieux qu'eux. Afin d'empêcher la marine japonaise de faire de faux semblants et d'étendre la guerre pour se racheter, il ordonna aux renforts d'avancer lentement et sans impatience, et il examina personnellement chaque jour chaque détail du déploiement et de la logistique de la bataille. Il savait au fond de lui que ce jeu était trop gros pour tromper non seulement la communauté internationale, mais aussi ses sujets et les officiers et soldats qui se sont battus dans le sang pour lui. À la fin, il était tellement soulagé qu'il a transféré le cousin de la Reine au poste de chef de la marine. Maintenant que les hauts commandants de la marine et de l'armée sont tous des parents de l'empereur, une personne lucide peut voir à quel point cette guerre est importante pour Yuren !

D'une part, Hirohito était furieux, et d'autre part, les zaibatsu tels que Mitsui prenaient leur temps pour ne pas verser d'argent. Selon la pratique japonaise, les ambitions financières du pays sont soumises à l'approbation des grands zaibatsu. Maintenant que l'argent n'est pas là, il est clair qu'ils sont en désaccord avec la politique impériale. C'est un appel flagrant à l'Empereur ! Ils vont être gâtés cette fois.

Le pays de l'assassinat

Au début du mois de février 1932, alors que les cibles des bombardements japonais se rapprochaient de plus en plus des locataires des puissances occidentales à Shanghai, le gouvernement japonais a envoyé une offre aux envoyés étrangers à Tokyo pour servir de médiateur dans un "malentendu" entre la Chine et le Japon. Au bout de deux jours, le secrétaire d'État américain a déclaré qu'il était important de combiner les bons offices à Shanghai avec la question de la Mandchourie. De cette façon, tant que l'Occident adopte une ligne dure sur Shanghai, les ploutocrates qui craignent les sanctions économiques ne paieront pas pour la guerre. Bien que le crédit national du Japon soit au plus bas sur les marchés financiers internationaux comme New York, ce qui est très défavorable pour les futurs financements japonais à l'étranger, Hirohito rejette toujours obstinément la proposition américaine, sans parler de la date limite du 10 février dont il a averti la ploutocratie il y a un mois. Puisqu'ils ne veulent toujours rien entendre, le plan pour punir les banquiers entre en action.

Cette fois, c'est Junnosuke Inoue, l'ex-Ozosho, qui avait coordonné l'entrée des Zaibatsu, dont Mitsui, pour thésauriser des dollars, et qui savait que le complot venait du palais, et qui, plus tard, a fait un mauvais travail en persuadant les Zaibatsu de donner une partie de leurs bénéfices à l'État. Comme le dit le proverbe, "Un homme est comme un tigre". "Qui a laissé Inoue Junnosuke en savoir trop !

Le 9 février, Hirohito a invité le chef du premier réseau de renseignements chinois, qui était affilié en Chine au chef du groupe de droite japonais de la Ligue des Blood, connu pour ses assassinats de politiciens, à donner une conférence au Palais impérial. À 20 heures ce soir-là, Junnosuke Inoue s'apprêtait à prononcer un discours de campagne dans une école primaire lorsqu'il a été abattu de trois balles par une compagnie des plus puissants assassins de la Ligue des Sangs. La première victime de la "triple conspiration" était née. L'assassin a été traité avec une préférence inhabituelle au commissariat de police et s'est présenté au tribunal quelques mois plus tard, rafraîchi et le visage rouge.

Un autre objectif de se débarrasser de Junnosuke Inoue est de porter un coup à l'Akyu et à l'Inuyasha au pouvoir lors des prochaines élections, car des arbitrages en dollars ont eu lieu pendant le cabinet Inuyasha, et le plaidoyer modéré de l'Akyu tend à être en contradiction avec les politiques expansionnistes de l'empereur et des militaires, qui pensent que l'empire doit poursuivre son expansion économique plutôt que son expansion militaire et maintenir une coopération à long terme avec la Chine.

Le résultat des élections générales inquiète le petit cercle d'Hirohito. Il semble que les gens du peuple ne soient pas stupides, ils savent que la politique économique actuelle a été héritée par le cabinet du gouvernement précédent et continuent donc à voter pour l'AFP.

Le Zaibatsu, qui venait d'avoir des sueurs froides à la mort d'Inoue Junnosuke, voyant que les électeurs ne soutenaient pas la guerre, se leva et se prépara à défier à nouveau l'Empereur. Les ploutocrates qui avaient tourné le dos au Nishiwon-ji pour leurs propres intérêts, se présentent maintenant à sa porte pour le rejoindre dans le "Mouvement de défense constitutionnelle" et recréer la gloire de la période du "Coup Taisho".

Les ploutocrates avaient recruté leur propre équipe de sécurité pour combattre le groupe de la Ligue des Sangs. Au lieu de payer pour la "fausse guerre" à Shanghai, ils ont eu l'idée d'acheter l'armée de Kanto, qui était la plus loyale à l'Empereur. Un représentant de Mitsubishi a approché le commandant de l'armée de Kanto et lui a demandé d'accepter un "don" d'un montant maximal de 100 000 dollars. La réponse qu'ils ont reçue était que le montant était trop faible et que Mitsubishi aurait dû être plus généreux et faire un don directement au chef d'état-major de l'armée à Tokyo.

La coterie Yuhren reconnaît qu'il s'agit d'une grave crise politique, avec des ploutocrates soucieux du profit qui s'entendent avec les politiciens, qui confondent les sujets de l'empereur et qui tentent maintenant d'acheter l'armée. Et les politiciens, corrompus par l'argent des ploutocrates et la soi-disant démocratie parlementaire de l'Occident, perdent leur loyauté envers l'État et l'empereur. Par conséquent, les ploutocrates qui sont les coupables doivent recevoir un coup direct.

Au grand soulagement de la coterie Yuhito, le 29 février, lorsque la Société des Nations arrive à Tokyo, l'élite japonaise forte de 70 000 hommes finit par percer les défenses des 50 000 19 guerriers de la route, et le 1er mars, la marionnette "Manchukuo" est annoncée en grande pompe, et le 2 mars, l'opinion internationale est complètement captivée par l'enlèvement de l'enfant d'un pilote américain de renommée mondiale. Cette série de bonnes nouvelles est considérée comme une aubaine par ces derniers, qui peuvent désormais se reposer sur leurs lauriers pour se préparer à affronter les ploutocrates.

Ce jour-là, la Mitsui Bank a tenu une assemblée des actionnaires pour discuter du rapport annuel, qui soulignait spécifiquement que les difficultés rencontrées par l'activité bancaire au cours de l'année écoulée, les pertes causées par le marché boursier et la dévaluation de la livre ont largement dépassé les bénéfices de l'arbitrage sur le dollar, qui était entièrement destiné à couvrir les pertes dues à la dévaluation de la livre, et au final, la Mitsui Bank a subi une perte nette de 4 millions de dollars, et les critiques extérieures à l'encontre de Mitsui pour avoir spéculé sur le dollar afin de gagner beaucoup d'argent noir sont totalement injustifiées. [116]

Le 3 mars, le ministère des Finances semblait avoir complètement ignoré les cris de pauvreté de Mitsui et annonçait qu'il allait émettre environ 8 millions de dollars d'obligations afin de rembourser la dette contractée lors de la guerre de Shanghai, en espérant que les zaibatsu, dont Mitsui, les achèteraient activement dans l'intérêt du pays. Takuma, le groupe du président Mitsui, n'est pas convaincu et répond : " Les grands entrepreneurs de la nation sont unanimes : la société est en difficulté financière et n'a pas les liquidités nécessaires pour acheter les obligations comme souhaité. "Les deux parties sont baisées ! [117]

En 1932, le Japon est en pleine crise économique, tandis que les campagnes du Nord-Est subissent les pires réductions de production alimentaire depuis 1869. Les paysans se nourrissent à la base, leurs filles sont achetées pour travailler comme courtisanes et leurs fils partent en Mandchourie pour "défendre l'intérêt national". L'argent qui aurait dû être utilisé pour racheter la fille a dû servir à payer le loyer et les impôts. Une autre tragédie est arrivée à un père paysan dont le fils était en Mandchourie et qui a écrit une lettre à son père avant son départ pour la Mandchourie, mais a oublié de mettre un timbre dessus et le père n'a pas pu recevoir la lettre parce qu'il ne pouvait pas payer l'affranchissement de quatre cents. Un mois plus tard, le père a reçu la notification officielle de la mort de son fils en Mandchourie. [118]

---

[116] *The House of Mitsui*, Oland Russell, Little, Brown and Company, 1939, p. 254–255.

[117] Ibid. p. 255.

[118] Ibid, p. 249–250.

Les gens du peuple ont eu des moments très difficiles et se sont plaints des capitalistes. La coterie Yuhito a vu là le moment idéal pour agir contre les Zaibatsu, à la fois en les prenant pour cible pour évacuer leur colère et en leur disant d'obéir aux ordres de l'Empereur.

Le 5 mars, Takuma a été abattu par un assassin de la Ligue des Blood devant le bâtiment de la Mitsui Bank et est mort 20 minutes plus tard.

L'assassin a déclaré plus tard à l'Asahi Shimbun,

> *"Mon objectif est de briser les partis politiques établis corrompus, mais derrière les partis établis il doit y avoir des géants Zaibatsu, donc mon plan est de commencer par l'assassinat des géants Zaibatsu, et le groupe (Takuma) est le centre du Mitsui Zaibatsu, donc je vais le tuer."*[119]

La critique de l'assassin à l'égard des ploutocrates était vraiment juste et exactement dans l'esprit de l'empereur.

Le lendemain de l'assassinat de Takuma, Nishinonji Kouwang est rentré à Tokyo, mais a refusé d'entrer dans le palais pour voir l'empereur, pour des raisons de protocole. Il est en pourparlers avec différents partis, essayant de préserver le rêve du constitutionnalisme pour lequel il s'est battu toute sa vie. Il veut que le cabinet Inuye reste en place, qu'il garde un peu d'espoir et de confiance dans l'Assemblée constituante et qu'il fasse tout son possible pour mettre fin à la politique terroriste de l'assassinat. En échange, Xiyuanji exige que le Grand Zaibatsu achète tous les 8 millions de dollars d'obligations émises pour la guerre de Shanghai, et 7,5 millions de plus comme fonds de démarrage pour le fantoche "Manchukuo".

Après que tout ait été convenu, l'Empereur du Temple du Jardin de l'Ouest a conclu un arrangement avec l'Empereur. Mais les choses ne se sont pas déroulées comme il le souhaitait, les assassinats n'ont pas cessé, et toutes les forces qui faisaient obstacle à l'expansion de l'Empire ont dû être éliminées.

Le 15 mai, un coup d'État armé a été perpétré par un petit groupe d'officiers de la marine et de membres d'une organisation fasciste paysanne. Ils avaient prévu d'attaquer la résidence du Premier ministre

---

[119] *The Japanese Truth*, par Takeshi Gao, Hunan Education Press, 2008, p. 127.

Inuyugae, la résidence du ministre de l'Intérieur, le siège de l'Association Jeongyou et la Banque de Mitsubishi de quatre manières différentes, puis d'occuper le commissariat de police et de détruire la sous-station. À l'exception de l'assassinat de l'ancien premier ministre Dog Yang Yi, la plupart des autres cibles de l'attaque n'ont pas été atteintes, et ils ont fini par prendre un taxi jusqu'au département de la police pour se rendre.

Onze des assassins du Premier ministre Nyi ont été traduits en cour martiale. Cependant, juste avant le procès, le tribunal a reçu une pétition signée de sang par 350 000 personnes, initiée et signée par des sympathisants de tout le Japon, demandant au tribunal d'accorder la clémence. Pendant le procès, au lieu d'avouer leur culpabilité, les tueurs ont utilisé la salle d'audience comme une scène de propagande pour proclamer leur loyauté abjecte envers l'empereur et pour susciter davantage de sympathie de la part du public et des appels à la réforme du gouvernement et de l'économie. En plus de la pétition, un autre plaidoyer envoyé par 11 jeunes gens a été transmis à la cour. Ils ont joint un doigt de chacun d'eux pour montrer leur respect pour les assassins et ont demandé à mourir à la place des onze assassins.

Si l'opinion publique est ainsi faite, comment l'Empereur ne peut-il pas avoir une confiance totale dans son rêve de "révérer le Roi et combattre les barbares" dont il a personnellement la charge ?

Le pouvoir impérial sur le pouvoir d'or

"Dès le début, Hirohito a été un empereur puissant et tourné vers l'action, mais paradoxalement, il a donné au monde l'impression d'un monarque défensif et passif. Le monde croit qu'il ne joue aucun rôle personnel décisif dans le processus décisionnel et insiste pour qu'il soit considéré comme un chef d'État incompétent, célèbre et insubstantiel, manquant d'intelligence et de connaissances. En réalité, il est plus rusé, plus astucieux et plus énergique que la plupart des évaluations. On peut lire plus dans les paroles prudentes d'Hirohito que ce qu'il dit et fait réellement. Au cours de ses 22 premières années

au pouvoir, il a exercé un haut degré d'influence et a rarement fait preuve d'incompétence quant à ce qu'il voulait faire. » [120]

Le contexte de l'invasion et de l'expansion japonaise dirigée par l'empereur Hirohito était très similaire à celui de l'Allemagne. Ils avaient tous un monopole économique complet ; leurs traditions culturelles d'amour de la force, de respect de l'autorité, de culte de l'ordre, de travail acharné et de diligence étaient des expressions profondes de vanité et d'irrespect de leurs valeurs uniques ; politiquement, le modèle de la constitution japonaise de 1889 était la constitution allemande de Bismarck, et bien que les deux pays soient constitutionnels, c'était l'armée, les propriétaires terriens et les capitalistes qui détenaient réellement le pouvoir derrière le parlement. La seule différence significative entre les deux pays est leur puissance industrielle, le Japon est un pays véritablement pauvre en ressources, manquant de charbon, de minerai de fer, de pétrole, de matériaux d'alliage, de ressources hydroélectriques et même de nourriture. Et l'Allemagne l'utilise juste pour sa propagande. [121]

Le manque congénital de ressources et la croissance rapide de la population du Japon après la restauration Meiji ont créé une forte contradiction. La population du Japon dans son ensemble est passée d'environ 30 millions en 1873 à 70 millions en 1939. Les Japonais voulaient imiter l'émigration européenne pour résoudre le problème démographique, mais la plupart des colonies du monde avaient été défrichées par les pays européens et américains. Dans le même temps, la Grande-Bretagne, les États-Unis, l'Allemagne, la France, la Russie et d'autres pays étaient très vigilants et mal à l'aise face à l'expansion du Japon, et en 1921, la Grande-Bretagne a refusé de rétablir l'alliance anglo-japonaise ; en 1922, la Cour suprême des États-Unis a déclaré que les Japonais n'étaient pas éligibles à la naturalisation en tant que citoyens américains, ce qui a grandement blessé l'estime de soi et la fierté du peuple japonais, et a accru l'hostilité du Japon envers la Grande-Bretagne et les États-Unis, et s'est tourné vers l'expansion forcée pour résoudre les conflits intérieurs.

---

[120] *The Truth – Emperor Hirohito and the War of Aggression against China*, (U.S.) par Bix, traduit par Wang Liping et Sun Shengping, Xinhua Press, 2004, p. 8.

[121] *Tragédie et espoir*, Carroll Quigley, GSG & Associates, 1996, p. 561.

À la suite de la récession économique mondiale et de la crise financière des années 1930, le Japon et l'Allemagne ont tous deux mené une politique de répression interne et d'expansion de l'agression externe et ont instauré un régime fasciste pour surmonter la crise en augmentant les dépenses de défense et en militarisant l'économie nationale.

En Allemagne, en raison de l'effondrement du pouvoir impérial, le changement de régime s'est fait de bas en haut, par le biais d'élections générales.

En 1929, la crise économique qui balaie le monde éclate et l'économie allemande prend un tournant brutal. Le nombre de chômeurs en Allemagne atteint 2 millions en 1930 et passe à 6 millions en 1932. Les nazis saisissent immédiatement cette occasion historique pour blâmer le traité de Versailles et les réparations de guerre pour la crise économique de l'Allemagne, et la faiblesse du gouvernement pour avoir piégé le peuple dans des eaux profondes. La dépression économique et les bouleversements sociaux font que le peuple allemand perd complètement confiance dans la République de Weimar et se tourne vers le soutien des nazis, premier grand parti au Reichstag, et le gouvernement Hitler arrive au pouvoir.

De nombreuses personnes ont cru à tort que le régime nazi était une dictature disposant de tous les pouvoirs pour diriger une société, qu'il pouvait dicter toutes les ressources sociales à sa guise et qu'Hitler pouvait décider du sort de tous. En réalité, Hitler, en tant que politicien, devait compter sur la coopération des quatre plateformes de pouvoir de la société allemande pour diriger son gouvernement.

La plate-forme du pouvoir social en Allemagne à cette époque comprenait les capitalistes industriels, les militaires, la classe bureaucratique et la classe des propriétaires fonciers Junker. Hitler protège les intérêts de la classe des propriétaires fonciers Junker et obtient leur soutien par une série de mesures telles que la garantie des bénéfices sur les produits agricoles, la réglementation des salaires des agriculteurs, la réduction des intérêts et des taxes sur les prêts et l'exemption de l'assurance chômage.

Étant donné que la puissance militaire historique, avec le corps des officiers prussiens en son centre, avait des liens profonds avec la classe des propriétaires Junker, l'élite du corps des officiers prussiens était issue de la classe des propriétaires Junker, et la protection de la classe des propriétaires Junker a valu à Hitler le soutien de l'armée.

En exigeant la retraite anticipée des Juifs et des antinazis dans la hiérarchie bureaucratique, un grand nombre de nazis sont devenus fonctionnaires, renforçant ainsi le pouvoir nazi.

Les capitalistes ont gagné en puissance après l'arrivée au pouvoir des nazis. Cette classe de personnes n'est pas organisée à grande échelle, ni contrôlée et contrainte selon un principe tel que la loyauté envers un leader particulier. Le gouvernement nazi n'a essentiellement pas interféré avec le libre fonctionnement de l'industrie et du commerce, et les nazis n'ont pas eu beaucoup de contrôle sur les capitalistes industriels en général, sauf dans l'urgence de la guerre.

La vision traditionnelle selon laquelle l'Allemagne nazie pratiquait un système politique étatique-capitaliste et totalement autoritaire est en fait inexacte, car un tel modèle d'organisation n'était pas réellement établi en Allemagne à l'époque. Il faut dire que ce système dans l'Allemagne nazie était un capitalisme autoritaire, mais pas un capitalisme autoritaire, dont la caractéristique principale était l'organisation effective de la société dans son ensemble, dans des conditions où les différents actes sociaux et la mobilisation des ressources visaient principalement à satisfaire des fins capitalistes dans la recherche du profit. [122]

Au lieu de s'appuyer sur des partis politiques et des élections générales pour contrôler le gouvernement, le Japon s'appuie sur une approche descendante, dominée par l'empereur et un puissant ministère militaire, s'appuyant sur la planification interne d'une série d'assassinats, de coups d'État et autres incidents terroristes, menant des guerres d'agression pour étendre son pouvoir et son influence, et instaurant une dictature militaro-fasciste.

La "monarchie constitutionnelle" du Japon est une constitution dans laquelle le monarque est le sujet, et la constitution n'est que le moyen par lequel le monarque gère le pays, et non un contrôle du monarque. Au contraire, la constitution doit non seulement protéger l'empereur, mais aussi spécifier un mécanisme pour que le pouvoir de l'empereur ne soit en aucun cas limité. L'empereur est le "chef de l'empire", qui nomme le Cabinet des ministres et doit lui être loyal à tous les niveaux ; l'empereur est le "grand maréchal" de l'armée, qui

---

[122] *La guerre des monnaies II – Le pouvoir de l'or* par Song Hongbing, Omnia Veritas Limited, 2021.

commande et dirige directement l'armée, sans aucune interférence du gouvernement ou du Parlement ; l'empereur peut convoquer ou dissoudre le Parlement et peut émettre des bulles à la place des lois ; le Parlement n'a qu'un rôle d'assistance et de conseil auprès de l'empereur. On peut voir que l'empereur du Japon avait plus de pouvoir qu'Hitler, et il existe des lois qui le stipulent clairement. Bien sûr, la loi est la loi, et le pouvoir réel de l'empereur dépend toujours du jeu entre l'empereur lui-même et les ploutocrates, les partis politiques et l'armée.

Le bloc de pouvoir militaire japonais, basé sur la fondation politique après la restauration Meiji, est devenu le centre de pouvoir du gouvernement après deux guerres étrangères, la guerre sino-japonaise et la guerre russo-japonaise, et a occupé une position politique spéciale. Il existe deux piliers du pouvoir militaire, l'un est la mise en œuvre du principe de la séparation des pouvoirs entre le gouvernement militaire et les ordres militaires et l'indépendance du commandement, qui a considérablement renforcé le statut politique des militaires, en référence à l'Allemagne. Deuxièmement, la loi japonaise stipule expressément que le ministre de la Terre et de la Marine au sein du Cabinet doit être un soldat actif et établit la base juridique de l'ingérence des militaires, ce qui conduira inévitablement à l'effondrement du Cabinet si les militaires résistent ; l'ordre militaire de 1907 indique clairement que seul le ministre des Affaires militaires doit donner son consentement en matière de commandement, en contournant le Premier ministre. Ce système permet aux partis politiques et au gouvernement de n'avoir aucun contrôle sur le pouvoir militaire, tandis que le ministère de l'Armée peut nommer des ministres au Cabinet des ministres selon la volonté des militaires et contrôler directement les affaires de l'État et la survie du Cabinet. Tout comme lors du "Coup Taisho", la démission du ministre de la Guerre a facilement fait tomber le Cabinet Kouwang de Nishionji, qui n'était pas satisfait des militaires.

À l'époque de la restauration Meiji, l'objectif du pays était de faire du Japon une nation industrialisée en une génération. En revanche, le Japon est un pays dont la base est mince et le démarrage tardif, et la seule façon de développer son économie est d'être guidé par le gouvernement et d'investir les efforts de la nation. Ainsi, le Japon a formé plusieurs grands monopoles étroitement liés au gouvernement, et les intérêts des capitalistes monopolistes sont souvent combinés avec ceux de l'État, et les capitalistes adoptent souvent une attitude coopérative pour mettre en œuvre la politique de l'État.

L'activité politique des partis au Japon s'est appuyée sur le système de nomination des genros dans ses premières années. Il existe deux seuils que les partis politiques doivent franchir pour former un cabinet performant, le premier étant la nomination du patriarche et le second une victoire électorale. Plutôt que d'essayer de gagner le soutien de l'électorat par le biais de leurs propres programmes et de leur propagande, les partis essaient de trouver le moyen de gagner le cœur et l'esprit des patriarches. Lorsque les patriarches sont partis les uns après les autres, les cabinets des partis, dépourvus de racines et de programmes populaires, étaient impuissants face aux actions du ministère militaire pur et dur.

Un pouvoir impérial protégé par la constitution, une armée forte, des capitalistes coopératifs et des partis politiques faibles ont rendu le chemin de l'empereur vers le despotisme militariste encore plus facile que celui d'Hitler.

Hirohito a également prouvé au monde qu'il était supérieur à Hitler — la capacité de l'empereur à contrôler et à agiter ses sujets de base. Ceux-ci comprenaient les officiers de rang inférieur, les ronins et les paysans. Lorsqu'un ministre, un bureaucrate ou un officier supérieur de l'armée n'écoute pas ses ordres, il mobilise directement la population à la base et les officiers de rang inférieur pour qu'ils accomplissent la volonté de l'empereur en "subordonnant le sommet".

Hirohito, avec l'aide de ses patriarches royaux, commence très tôt à former de jeunes officiers et bureaucrates. Dès 1921, alors qu'il voyageait en Europe, il reçut et gagna l'allégeance de jeunes officiers japonais tels que Tetsuyama Nagata, Toshiro Obata et Ninji Okamura, qui formèrent plus tard le "Onze de Baden-Baden", une organisation à laquelle Hirohito défia les patriarches militaires, parmi lesquels Ninji Okamura, Hideki Tojo et Kenji Tohohara furent au cœur de l'expansion militaire japonaise.

Hirohito créa un centre d'enseignement dans le palais pour contrôler et former les jeunes officiers et bureaucrates, qui prit le nom plutôt obscur d'"université diao". Pour les officiers subalternes et les bureaucrates en herbe, c'était un grand privilège de pouvoir écouter les discussions dans le palais sacré, où peu de ceux qui restaient trahissaient l'empereur, et où les amitiés nouées entre camarades de classe se poursuivaient tout au long de la vie, et où leur alliance avait une influence majeure sur la politique japonaise après la Seconde Guerre mondiale.

Il a travaillé pendant de nombreuses années avec les proches collaborateurs de Yuhito, a été un assistant fidèle du chef du plus grand gang du Japon, le gang du Dragon noir, et a travaillé comme espion en Chine pendant 10 ans. Autour de lui se rassemblaient les adeptes du Grand Asiatisme, des espions et des nationalistes représentant toutes les classes. Connu comme le "parrain spirituel du militarisme" et le "Goebbels du Japon", c'était un homme pratique qui savait manger blanc et noir.

Sous la direction du Dr Okawa, diverses "doctrines" qu'il jugeait utiles ont été ajoutées au programme de l'université. Confucianisme, développement des armes, élaboration de plans d'urgence, restructuration de l'armée et doctrine géopolitique, etc. Le principal conseiller de l'Empereur a donné un cours sur le statut de l'Empereur, expliquant les différents devoirs de la famille royale, le rôle de ces devoirs dans la conciliation des différends de l'Empereur avec ses fidèles acolytes, et la nécessité de ne pas laisser le public et l'opinion publique ternir l'Empereur. Les conférences ont même été données par des membres du système paramilitaire, tels que la police secrète, les espions commerciaux, les trafiquants de drogue, les propriétaires de bordels, les terroristes et les experts en interrogatoire, qui sont en première ligne de la "construction du fascisme". [123]

En plus de cultiver les talents, l'Empereur soutient également l'attraction de gangs et d'organisations fascistes comme la Société du Dragon Noir et la Ligue du Sang, leur permettant d'appâter l'opinion publique et de purger l'opposition par des assassinats et des coups d'État.

Fondée en 1901, la Société du Dragon Noir est le centre du mouvement nationaliste japonais et le port d'attache des ronins japonais, plus puissants que tout autre groupe. À cette époque, un cabinet japonais a été formé, et personne ne pouvait le faire sans l'approbation du grand frère de la Black Dragon Society, Head Yamanaman. La Société du Dragon Noir s'est également illustrée lors de la guerre sino-japonaise et de la guerre russo-japonaise. La coopération avec l'armée japonaise s'est intensifiée depuis, en liaison

---

[123] *La conspiration de l'empereur du Japon*, par Bergamini (USA), Commercial Press, 1984, pp. 458-459.

avec l'invasion de la Chine par l'armée et le lancement de la guerre du Pacifique.

La Ligue des Sangs est une organisation terroriste japonaise de droite fondée par le moine fasciste Inoue Nikkai, dont les principaux membres sont des étudiants et des jeunes ruraux. Ancien espion en Chine, Inoue est revenu au Japon dans les années 1920 avec son vieil ami, le Dr Okawa. Lui et ses disciples ont tenté de renverser les partis politiques, les ploutocrates et la classe privilégiée par l'assassinat afin de mettre en place le système fasciste de "gouvernement commun du peuple" au Japon. Le ministre des Finances Junnosuke Inoue et le président Takuma Mitsui, qui étaient impliqués dans le "piège de l'arbitrage du dollar", sont morts sous les balles de la Ligue des Blood.

Avec la coopération clandestine de ces organisations, l'Empereur, en l'espace d'un an, a utilisé le "Grand Décalage" pour manipuler en coulisse la situation politique au Japon, en recourant à plusieurs reprises à des complots, des assassinats et des tactiques de guerre, de sorte que les partis politiques ont été anéantis, que les capitalistes ploutocrates sont tombés dans l'oreille d'un sourd, et que la communauté internationale s'est tue et a tenu le pouvoir impérial entre ses mains. Ses réalisations ont été bien au-delà de la portée de Daishō, rattrapant directement Meiji.

> *"Cela met fin à l'expérience d'un gouvernement démocratiquement élu au Japon. Le meurtre d'Inuyeongyeol a effectivement mis l'Aizyoukai hors de vue. Pendant les 13 années qui ont suivi, même si les Japonais ont continué à voter régulièrement, leurs votes n'avaient aucune signification — au mieux, ils ne représentaient que des points de vue irréalistes sur des questions médiatisées à l'époque. Dans les années qui suivirent, maintenant que les ploutocrates étaient volontairement devenus les rouages de la rectification militaire du pays, la seule résistance possible au plan militaire que Hirohito avait hérité de ses ancêtres impériaux provenait des "militaristes" de l'armée.*
>
> *Lorsque la dernière grenade a explosé, que la fumée s'est dissipée, que le dernier taxi s'est arrêté devant le bâtiment de la police secrète et que la dernière falaise de l'ultime stratagème d'intimidation du temple Nishiyonji a été abattue par la ville de Hirohito, le nombre total de morts n'était que de quatre. Un an plus tard, lorsque Hitler a pris le pouvoir, il a dû assassiner 51 de ses ennemis politiques et mettre le feu au Reichstag allemand. Le nom d'Hitler est alors immédiatement devenu synonyme du*

diable dans le monde entier ; tandis que Hirohito est resté méconnu après son coup d'État de la "triple conspiration" — toujours un personnage mystérieux sous le couvert de préceptes à connotation religieuse et toujours, en apparence, un parfait parangon d'honnêteté. Il a profité d'être un empereur qui pouvait s'appuyer sur des milliers d'années d'expérience en matière de conspiration. " [124]

Le 26 février 1936, lorsque plus de 1 000 officiers subalternes et soldats japonais ont crié pour le renversement de la ploutocratie et le nettoyage sanglant de Tokyo en renversant les politiciens bureaucratiques corrompus, la mutinerie du "26 février", qui a secoué le monde entier, a complètement écrasé les forces qui avaient osé lutter contre l'empereur.

Le temple Nishiyonji était parmi ceux qui ont été assassinés, mais finalement les soldats du coup d'état l'ont épargné par un "acte de bonté soudaine". À ce moment, le Saiyuanji Gongwang comprit complètement, c'était une sorte d'avertissement des plus sévères venant du plus haut niveau, il n'était pas du tout un adversaire de l'empereur Hirohito, il était impossible pour la constitution de contraindre l'empereur, et il était difficile pour le pouvoir d'or de surmonter le pouvoir impérial !

À partir de là, le Japon a ouvert la boîte de Pandore de la guerre mondiale.

---

[124] Ibid. p. 663.

CHAPITRE VII

La rupture du rêve du Mausolée d'or

Pourquoi le Fonds de parité des changes était-il la deuxième banque centrale en Chine à l'époque ? Pourquoi les quatre grandes familles ont-elles pu s'emparer d'une richesse étonnante grâce à la monnaie française ? Pourquoi la libéralisation du marché des changes est-elle une mauvaise décision à lancer au mauvais moment ? Pourquoi l'"infiltration financière" du Parti communiste chinois a-t-elle accéléré la chute de la dynastie Chiang ? Pourquoi Chiang Kai-shek a-t-il finalement perdu la guerre des devises ?

La réforme monétaire française de 1935, qui a unifié la monnaie chinoise, a accéléré la guerre d'agression du Japon contre la Chine. Dès que la guerre a éclaté, il y a eu une pénurie immédiate de devises étrangères et la base de la monnaie française a été sévèrement affaiblie. Chiang Kai-shek a dû compter sur les prêts anglo-américains pour stabiliser la monnaie et résister à la guerre. La Grande-Bretagne et les États-Unis ont pleinement profité de la situation critique de Chiang Kai-shek, utilisant le fonds de parité des changes comme plate-forme pour les prêts en devises, et ont d'un seul coup retiré le pouvoir de la banque centrale.

Après la victoire de la guerre de résistance, les quatre grandes familles ont utilisé des moyens monétaires pour piller impitoyablement les richesses du Grand Arrière-Pays et des régions déchues, perdant ainsi le cœur et l'esprit du peuple. À un moment critique où l'économie se redressait et où la stabilité monétaire aurait dû l'emporter, Song a introduit au mauvais moment une politique monétaire malavisée, à savoir la libéralisation des changes, dont les conséquences ont conduit à l'hyperinflation et à l'effondrement du crédit français.

Le chèque rond d'or était censé réparer le désordre de la monnaie française, mais, contre toute attente, il a créé un désordre encore plus grand qui a fini par enterrer la dynastie Jiang.

La mort du banquier

Par un petit matin d'août 1938, un vol de l'aviation civile a décollé de l'aéroport de Hong Kong et s'est dirigé directement vers l'ouest à destination de Chongqing. L'avion venait de survoler Zhongshan, dans le Guangdong, lorsque le commandant de bord a soudain remarqué un avion de chasse qui sortait des nuages non loin de là. Le drapeau solaire japonais peint sur les flancs du fuselage était effrayant : c'était un avion de chasse japonais qui était tombé dans une embuscade ! En peu de temps, un autre chasseur est apparu sur le flanc de l'avion japonais, suivi du troisième, du quatrième et du cinquième, et les personnes à bord du vol civil se sont immédiatement crispées, et elles sont tombées dans un piège aérien tendu par les Japonais.

Le capitaine, voyant que la situation n'était pas bonne, a tiré violemment sur le manche à balai et s'est enfoncé dans les nuages épais pour tenter d'échapper à l'embuscade japonaise ; cinq avions japonais se sont immédiatement dressés en éventail, et les mitrailleuses ont tiré la langue sur l'avion civil. En moins d'une minute, l'avion de l'aviation civile a été mis hors de combat, dégageant une fumée noire et plongeant vers le bas, et le pilote n'a pu que faire tout ce qu'il a pu pour forcer l'avion à s'écraser dans le champ d'eau.

Heureusement pour le conducteur, ça a marché. Les passagers qui étaient encore en vie ont lutté pour sortir de la cabine et se sont dispersés. L'un des passagers venait de faire deux pas lorsqu'il s'est souvenu qu'il avait encore une importante mallette dans sa cabine et s'est immédiatement retourné pour la saisir. À ce moment-là, des avions de guerre japonais se sont abattus, balayant toute vie encore en vie. Le passager qui venait de retourner dans sa cabine a été tragiquement abattu.

Le courageux passager était un banquier chinois nommé Hu Penjiang, président de la Bank of Communications. Il y a aussi un autre banquier de poids, Xu Xinliu, président de la Zhejiang Industrial Bank, l'une des "trois banques du Sud".

Ce n'est pas un hasard si l'avion de chasse japonais est tombé sur cet avion civil et l'a abattu. En fait, les espions japonais surveillaient de près les allées et venues de plusieurs banquiers chinois à Hong Kong depuis longtemps, ils ont utilisé une astuce de beauté pour obtenir les informations de vol de Hu Penjiang, Xu Xinliu et d'autres dans la bouche des fonctionnaires de Hong Kong et de la Grande-Bretagne, en conséquence, l'armée de l'air japonaise a envoyé des avions de chasse d'élite pour intercepter à mi-chemin entre Hong Kong et Chongqing.

Il semble que l'armée de l'air et les groupes d'espions japonais n'aient pas besoin d'en faire tout un plat, ne serait-ce que pour assassiner deux banquiers chinois. En fait, ce ne sont pas seulement ces deux banquiers que le Japon cherche à assassiner, c'est l'importante mission qui leur est confiée !

À ce moment-là, les bourses des deux banquiers portaient le sort de la monnaie chinoise française, qui déterminerait finalement le sort du pays.

En novembre 1935, la Chine a achevé sa réforme monétaire, abolissant l'étalon argent vieux de 400 ans, nationalisant l'argent et faisant de la monnaie française la seule monnaie légale en Chine. Les quatre grandes familles, Jiang, Song, Kong et Chen, ont tiré le plus grand profit de cette série de réformes monétaires. Parmi les Quatre Banques, la famille Song contrôlait la Banque de Chine ; la famille Kong dirigeait la Banque centrale ; les familles Chen et Song se partageaient la Banque des communications ; et la Banque paysanne était la chasse gardée de Chiang, les frères de la pègre comme Chiang Kai-shek et Du Yuesheng se partageant les énormes profits de l'opium financés par la Banque paysanne. Dans les "Deux Conseils", la famille Kong a pris le contrôle du Central Trust Board et a monopolisé le commerce extérieur et le commerce des armes ; le gros gâteau de la Réserve postale et du Bureau de change a été partagé entre les familles. Le "Trésor central de coopération", qui a été créé plus tard, était l'univers de la famille Chen. Les devises étrangères, la ressource financière la plus rare de Chine, sont monopolisées par les familles Song et Kong. Bien sûr, le plus grand patron est toujours Chiang Kai-shek.

À mesure que Chiang passait de la centralisation militaire et politique à la centralisation financière, la capacité du gouvernement national à contrôler les ressources économiques de la nation augmentait de façon spectaculaire. Par le biais du système financier, les quatre grandes familles ont monopolisé la quasi-totalité de l'industrie lourde, des infrastructures, du commerce et des devises étrangères, réalisant ainsi le schéma du monopole du pouvoir de l'or. Le pouvoir bancaire étranger en Chine a dû passer d'un contrôle direct à un contrôle indirect, du monopole du système financier chinois au partage du pouvoir avec les quatre grandes familles. Objectivement parlant, les quatre grands clans ont eu la possibilité d'évoluer vers le système de ploutocratie japonais, et le gouvernement national a progressivement resserré son emprise sur la haute frontière financière.

Dans l'ancienne Chine, le paysage monétaire était divisé ; désormais, l'avènement de la monnaie française a unifié le monde et mis fin au désordre du système monétaire chinois. L'unification de la monnaie, à son tour, a favorisé la formation d'un marché intérieur unifié et a stimulé le développement de l'industrie et du commerce nationaux. Après la réforme monétaire française, et dans les 20 mois précédant le déclenchement de la guerre, "pour la première fois de son histoire, la Chine a connu la stabilité du taux de change", [125]ce qui a considérablement renforcé la capacité du commerce extérieur chinois, et l'économie chinoise a commencé à sortir de l'ombre de la Grande Dépression et à s'engager sur la voie d'une croissance régulière. Si les États-Unis n'avaient pas déclenché unilatéralement la "marée d'argent", la Chine aurait probablement fait partie des pays qui sont sortis plus tôt de la dépression économique mondiale.

Le succès de la réforme monétaire chinoise a fortement stimulé le Japon, en particulier l'armée japonaise, qui a une forte envie de conquérir la Chine.

Le principe de base de la grande stratégie japonaise consistant à "conquérir le monde en commençant par la Chine" est que la Chine est faible et fragmentée. Maintenant que la Chine a réformé son système monétaire et unifié sa question monétaire, c'est un signal très dangereux pour le Japon. La restauration Meiji du Japon a commencé par l'unification monétaire et a progressivement amélioré sa frontière financière élevée, et finalement, avec le soutien solide de ses propres finances, le Japon était sur la voie rapide d'une industrialisation complète en une génération.

Les sources diplomatiques américaines en sont parfaitement conscientes,

> "Les militaires japonais ont la conviction que le programme chinois d'unification nationale, de développement économique et de perfectionnement militaire, qui a progressé et obtenu des succès évidents au cours des dernières années, est devenu une

---

[125] *China's Financial and Economic Situation from 1927 to 1937*, (U.S.) Yang, China Social Science Press, 1981, p. 317.

menace pour la sécurité du Japon. L'ajournement de l'action
actuellement en cours pour détruire ce programme signifie
seulement qu'il sera difficile de le faire plus tard."[126]

Ce qui est encore plus ennuyeux pour les militaires japonais, c'est le fait que la monnaie française a choisi la politique de l'arrimage à la livre et au dollar pour maintenir la stabilité de la monnaie, rejetant ainsi efficacement la possibilité d'une yénification de la monnaie française. En mai 1936, le "Sino-US Silver Agreement" a été signé, et les États-Unis ont acheté 70 millions d'onces d'argent à la Chine en or, et ont emprunté 25 millions de dollars en 50 millions d'onces d'argent, et ont déposé l'or et le dollar américain sur le compte du gouvernement chinois à la Réserve fédérale comme réserve pour l'émission de la monnaie française, et ont stipulé que le taux de change entre la monnaie française et le dollar américain était de 30 cents pour 1 monnaie française. Cet accord liait fermement la monnaie française à la livre et au dollar.

Un groupe de lieutenants et de majors de l'armée japonaise et de l'armée du Kanto ont immédiatement pris conscience que le résultat de cette démarche du gouvernement chinois était de faire entrer la Chine dans la zone de la livre et du dollar et de la faire entrer dans une communauté de destin avec les forces anglo-américaines, excluant ainsi totalement le Japon du jeu. Le sous-secrétaire d'État japonais au ministère des Armées, Furusho, a accusé la Chine de réforme monétaire et "d'absence d'accord sur le Japon, un pays voisin avec des liens politiques et économiques forts... Il est évident que le Japon a abandonné sa politique pro-japonaise, il est donc difficile de l'ignorer quand il compte sur la stabilité des puissances orientales". Même le ministère japonais des Affaires étrangères, qui a été qualifié de "pigeon", a déclaré que la mise en œuvre de la réforme monétaire par la Chine est "méprisante pour la position du Japon et ne peut donc pas s'engager", et que la partie japonaise "la rejettera résolument et, bien que recourant à la force, empêchera sa réalisation".[127] La réponse de l'armée de Kanto à la réforme monétaire a été de parler directement depuis l'artillerie. Dès que la Chine a annoncé son programme de réforme monétaire le 3 novembre, l'armée du Kwantung a

---

[126] United States Foreign Documents, vol. 1937.3, p. 545–547.

[127] Archives historiques, n° 2, 1982.

immédiatement envoyé des unités d'infanterie, de chars et d'artillerie de campagne le 15 novembre pour se rassembler sur le front des douanes de Shan, prête à pénétrer dans le territoire et à étendre son agression militaire contre la Chine. Dans le même temps, les Japonais ont commencé à mobiliser le soi-disant "Mouvement autonome des cinq provinces de la Chine du Nord" et ont infiltré la Chine du Nord pour tenter de la transformer en un "Mandchoukouo".

La logique du Japon est claire, et la réforme monétaire de la Chine démontre en fait que le gouvernement national est déterminé à "regarder à l'extérieur" de la "sphère de coprospérité de la grande Asie orientale" du Japon. Puisque la Chine ne veut pas manger de vin, nous allons le lui servir !

Le déclenchement total de la guerre antijaponaise en 1937 a été une raison majeure pour laquelle la monnaie française de la Chine est complètement tombée aux mains de la Grande-Bretagne et de l'Amérique !

Grâce à la réforme monétaire, le système financier chinois, qui venait de se stabiliser, a commencé à vaciller. La guerre a besoin d'argent, la guerre moderne a besoin de plus d'argent. Le gouvernement national a dû recourir à l'inflation pour mobiliser la capacité de la nation à faire la guerre, ce qui, pour dire les choses crûment, consistait à faire tourner à plein régime les imprimantes de la Monnaie de la Banque centrale pour imprimer de l'argent. La clé du maintien de la stabilité de la monnaie française est la stabilité du taux de change sur le marché des changes, tandis que la stabilité du taux de change réel nécessite la libre circulation des devises. En raison de la guerre et de l'inflation, la population a commencé à jeter la monnaie française en masse, s'arrachant des dollars, des livres, de l'or et de l'argent, et le gouvernement national s'est rapidement retrouvé à court de réserves de change.

En février 1938, après que la pseudo " China United Preparatory Bank " soit sortie de sa cage en Chine du Nord, le marché des devises à Shanghai a été envahi par les forces financières japonaises des activités de couverture de la pseudo finance, le montant quotidien des achats de devises à la Banque Centrale, de 50 000 livres précédemment à 500 000 livres a explosé ![128] Dans le même temps, la valeur de la

---

[128] *North China Express*, 6 avril 1938.

monnaie française s'est effondrée. De mars à août 1938, le dollar français passe de 14 pence à 8 pence par rapport à la livre et de 30 cents à 16 cents par rapport au dollar, soit une perte de la moitié de sa valeur en cinq mois !

Contraint par l'énorme pression de la ruée vers les devises, le gouvernement national a abandonné la politique de libre échange des devises, gérée par la banque centrale, et a mis en place le système de "demande et approbation de devises", c'est-à-dire que toutes les demandes d'achat de devises doivent être approuvées par la banque centrale, puis vendues au taux de change légal. Shanghai et Hong Kong sont devenus deux marchés officiels des changes, le taux de change légal étant exclu du marché.

Cependant, les restrictions sur l'achat et la vente de devises ont immédiatement entraîné l'émergence d'un marché noir des devises à Shanghai, ce qui a eu un impact plus violent sur la valeur de la monnaie française.

Le crédit de la monnaie française était en jeu, et le seul moyen de maintenir sa valeur et de stabiliser ainsi le système financier dont dépendait la guerre de résistance chinoise était d'emprunter de l'argent aux États-Unis et à la Grande-Bretagne. Les livres et les dollars empruntés seraient déposés sur les comptes du gouvernement chinois auprès de la Banque d'Angleterre et de la Réserve fédérale, et un "conseil" serait mis en place par les bailleurs de fonds pour gérer les devises, dans le but de stabiliser la valeur de la monnaie française en déversant systématiquement les livres et les dollars sur le marché des changes chinois et en restituant la monnaie française. Une fois la guerre terminée et la stabilité financière assurée, la Chine remboursera régulièrement les livres et les dollars qu'elle aura empruntés.

Cet argent est appelé fonds de parité des changes, et le "conseil" qui gère le fonds de parité est la commission du fonds de parité. La Commission est essentiellement une institution financière semi-indépendante qui a le pouvoir de prendre des décisions d'intervention sur le marché des changes de manière indépendante, en fonction des fluctuations du marché des changes à ce moment-là. La monnaie française étant un étalon de change, le pouvoir de la Commission de manipuler le taux de change équivaut à un certain degré de contrôle sur l'émission de la monnaie chinoise. De plus, toute institution ou individu souhaitant obtenir des devises étrangères doit s'adresser à la Commission pour obtenir une autorisation et un déboursement. De cette manière, le Fonds de péréquation prend en main le pouvoir d'"approbation des demandes de devises" exercé auparavant par la Banque centrale. En outre, toute politique monétaire du gouvernement chinois doit être soumise à la Commission du Fonds de péréquation avant de pouvoir être mise en œuvre, et la Commission du Fonds de péréquation proposée, une fois mise en œuvre, deviendra la banque centrale de facto de la Chine !

Xu Xinliu et Hu Penjiang, qui ont été abattus par des avions de guerre japonais, ont ensuite été rappelés par le gouvernement chinois dans la capitale de la guerre, Chongqing, où ils devaient se rendre en Grande-Bretagne et aux États-Unis pour emprunter de l'argent au nom du gouvernement chinois pour le fonds Ping Lo. Xu Xinliu et Hu Penjiang étaient également les personnes les mieux placées pour accomplir cette mission. Xu Xinliu a étudié en Angleterre dans ses premières années, est retourné en Chine et a rejoint le secteur bancaire, s'est rapidement élevé pour devenir l'un des piliers des ploutocrates du Jiangsu et du Zhejiang, et a également servi pendant longtemps en tant que directeur chinois du Conseil international des banquiers en Chine — Shanghai Public Tenants Bureau of Industry, des contacts étroits avec la communauté financière internationale, est également le secrétaire américain au Trésor Morgan Sow vieil ami, il a représenté la Chine à Londres Financial City et Wall Street pour parler du fonds de parité, n'est tout simplement pas plus approprié. En tant que président de la Banque des communications, Hu Penjiang était une faction résolument antijaponaise des ploutocrates du Jiangxi et du Zhejiang, et avait été mis sur la liste noire de Chiang Kai-shek et de l'armée japonaise pour avoir vigoureusement financé l'Armée des 19 Routes pendant la guerre de Shanghai. La demande d'une coopération monétaire internationale en insistant sur la guerre a été très convaincante dans les cercles des banquiers internationaux, dans les parlements occidentaux et dans les médias. On peut dire que ce duo est une paire en or.

C'est pourquoi les Japonais doivent mettre à mort ces deux banquiers chinois. Une fois que le fonds de parité des changes sino-britannique et américain sera établi, la valeur de la monnaie chinoise française sera stabilisée, ce qui améliorera fondamentalement la capacité de mobilisation financière du gouvernement chinois pour la guerre contre le Japon. Et la détention par les Anglo-Américains du fonds de parité équivaut à faire entrer fermement la Chine dans leur sphère d'influence, ce que le Japon, dans sa tentative de dominer la

Chine, ne tolérera jamais. Par conséquent, le Japon doit faire tout ce qu'il faut pour remuer cette affaire, et même si elle ne peut être arrêtée, il doit faire tout son possible pour en perturber le rythme et la cadence.

On peut dire que Xu Xinliu et Hu Penjiang sont tombés sur les lignes de front de la "guerre de résistance monétaire".

Fonds de parité des changes : Deuxième banque centrale

Après de nombreux efforts, en mars 1939, les gouvernements chinois et britannique sont finalement parvenus à un accord. Du côté chinois, la Bank of China a financé 3,25 millions de livres, la Bank of Communications a financé 1,75 million de livres, du côté britannique, la HSBC a financé 3 millions de livres, la Standard Chartered Bank a financé 2 millions de livres, soit un total de 10 millions de livres (environ 50 millions de dollars américains, 1 milliard de devises françaises) pour former le "fonds de parité sino-britannique". dollars, 1 milliard de monnaie française) pour former le "fonds de parité sino-britannique", toutes les livres déposées par le gouvernement chinois sur le compte de la Banque d'Angleterre, et a formé le "comité du fonds de parité des changes sino-britannique" pour intervenir sur le marché des changes, la parité des opérations en monnaie française.

À la fin du mois de mai 1939, deux mois seulement après le début de l'exploitation du fonds, toutes les balles de 2/3 £ du fonds étaient déjà épuisées. Mais face à la guerre, au redoutable hachoir à viande de la fortune, et à la folie de l'argent français, c'était tout simplement trop lourd à porter. À la mi-juillet, le fonds de péréquation n'avait plus d'argent ! Les réserves de devises du gouvernement national tombèrent également à leur point le plus bas depuis le début de la guerre de résistance, laissant la Banque centrale avec seulement 25 millions de dollars d'économies en devises. [129]

En désespoir de cause, la Commission a dû arrêter de vendre des devises étrangères à deux reprises, et la monnaie française s'est inévitablement dépréciée à tel point qu'en octobre 1939, le dollar français était tombé à un niveau historiquement bas de 4 pence.

À ce moment-là, les Américains ont frappé.

---

[129] La Chine et l'aide étrangère de 1937 à 1945, p. 163.

En juillet 1939, Arthur Younger, conseiller américain au Trésor du gouvernement national, a informé l'ambassade des États-Unis que "les trois derniers jours ont vu une dépense extraordinaire du Fonds de péréquation, dont environ la moitié a été achetée par American Express et Citibank". "[130]Même Kong Xiangxi, toujours pro-américain, était en colère et a appelé directement le Département d'État américain le 18 juillet :

> *"La situation des devises étrangères est de plus en plus grave, il reste peu de choses dans le fonds de parité. Les devises étrangères vendues récemment, dont la plupart sont des acheteurs étrangers à aller. Selon les rapports reçus, une part importante de ceux-ci ont été achetés par American Express, Citibank et d'autres entreprises américaines. Il ne s'agit en aucun cas d'une démarche amicale. Il est donc impératif de mettre un terme à cette affaire le plus rapidement possible. "* [131]

La formulation de Kong Xiangxi était si dure qu'il a failli maudire directement sa mère.

À ce stade, c'est Hitler qui s'est avancé pour soulager la Chine.

En septembre 1939, l'Allemagne nazie a bombardé la Pologne. Le même jour, la Grande-Bretagne et la France déclarent la guerre à l'Allemagne, la livre se déprécie et la monnaie française s'apprécie sur le marché des changes de Shanghai. Au début de 1940, la monnaie française avait augmenté de 80% par rapport à la livre et de 50% par rapport au dollar. Le Parity Fund Board a profité de l'occasion pour larguer 4,2 millions de livres en devises françaises pour racheter 4,2 millions de livres, soit 40% du montant total précédemment vendu. [132]

Début mai, la Commission pour la péréquation des fonds cesse à nouveau de fournir des devises illimitées au marché des changes de Shanghai et la monnaie française s'effondre face à la livre. Deux mois plus tard, le fonds de parité sino-britannique de 10 millions de livres

---

[130] Télégramme de l'ambassadeur Jensen au secrétaire d'État (18 juillet 1939), United States Foreign Relations Papers 1939, vol. 3, p. 684.

[131] *Histoire monétaire de la République de Chine*, série 2, Shanghai People's Publishing House, 1991, p. 458.

[132] *Compilation d'informations historiques sur les banques chinoises (1912-1949)*, vol. 2, Archives Press, 1991, p. 1412.

sterling n'est plus que de 2 millions de livres sterling, ce qui le rend inutile pour la fonction de parité.

Les Japonais ont démantelé Taïwan, le gouvernement traître et bidon a démantelé Taïwan, les Américains ont également démantelé Taïwan, les spéculateurs ont fait pression pour obtenir plus de carburant, et l'Europe a été submergée par le déclenchement de la guerre.

Le 14 mai 1940, Chiang Kai-shek a téléphoné au président américain Roosevelt et l'a supplié :

> *"Actuellement, les progrès militaires du Japon ont été frappés et la guerre non déclarée s'est transformée en guerre économique. L'annonce récente de la création d'une banque d'émission à Shanghai par une pseudo-organisation, couplée à la situation de plus en plus dangereuse en Europe, a exercé une pression de plus en plus forte sur notre système monétaire, provoquant la hausse des prix, la baisse des cours de change et l'absence de reconstitution du fonds de change, la situation économique s'affaiblira et sera de plus en plus affectée, ce qui conduira au chaos et au désordre. "* [133]

Les États-Unis attendent toujours une offre "plus favorable", Chiang Kai-shek peut difficilement attendre.

En juin 1940, Song Ziwen lui-même se rend aux États-Unis pour demander de l'aide. À cette époque, la société américaine est "isolationniste" en puissance, le peuple américain estime qu'il y a deux océans à protéger, que les Japonais ou les Allemands ne peuvent rien faire pour moi, pourquoi devez-vous construire les os de vos propres enfants pour les Chinois et les Européens. Malgré sa clairvoyance, le président Roosevelt a également été contraint d'agir avec prudence sur la question de l'aide à la Chine sous la pression du vote populaire. Ce n'est que lorsque le pseudo-gouvernement de Wang Jingwei a été mis en place et que les Allemands, qui étaient dans la force de l'âge, ont fait pression sur le gouvernement chinois pour qu'il fasse un compromis avec le Japon, que Roosevelt, craignant que la Chine ne supporte pas de se ranger du côté du Japon, s'est lâché et a accepté de prêter à la Chine un fonds de parité en devises étrangères.

---

[133] United States Foreign Relations Papers, 1940, vol. 4, p. 691.

Après de nombreux marchandages, les deux pays parviennent finalement à un accord sur le Fonds de péréquation et son comité de gestion en avril 1941. Le même jour, une nouvelle phase de l'accord sur le Fonds de péréquation sino-britannique a été conclue. Par la suite, les trois pays ont échangé des lettres et ont fusionné les deux fonds de péréquation, les États-Unis contribuant à hauteur de 50 millions de dollars, le Royaume-Uni à hauteur de 10 millions de livres sterling (environ 40 millions de dollars) et la Chine à hauteur de 20 millions de dollars, soit un total de 110 millions de dollars pour former le nouveau "fonds de péréquation Chine-États-Unis-Bretagne". [134]

Le nouveau Comité du Fonds a le pouvoir d'examiner tous les échanges commerciaux entre les États-Unis et la Chine, en plus des opérations quotidiennes du marché des changes et de la parité des taux des devises françaises. Quiconque fait des affaires entre les États-Unis et la Chine doit avoir un certificat d'autorisation du Comité du Fonds pour l'utilisation de devises étrangères avant de commander des marchandises des États-Unis vers la Chine. Pour toutes les exportations chinoises vers les États-Unis, le gouvernement américain doit produire un certificat du Conseil du Fonds de péréquation et de vente des devises étrangères avant que le gouvernement américain ne permette à ses marchandises d'entrer en douane. En d'autres termes, ce Conseil du fonds de péréquation n'est pas seulement la banque centrale de Chine par essence, mais aussi le plus haut organe de gestion du commerce extérieur en Chine !

Les Américains ont un appétit bien plus grand que les Britanniques !

Ce sont, bien sûr, les Américains qui jouent un rôle de premier plan dans cette commission. Selon les termes de l'accord sur le fonds de péréquation, les commissaires américains doivent rendre compte de toutes les décisions et de tous les plans de la commission au département du Trésor américain à tout moment. L'approbation du secrétaire au Trésor américain ou de la Réserve fédérale doit être obtenue avant que la Commission puisse utiliser les fonds pour des opérations telles que l'investissement ou le refinancement. En outre, la Banque de Chine, la Banque centrale et le Conseil du Fonds de

---

[134] Secrétaire d'État Hull à l'ambassadeur Jensen (28 avril 1941), United States Foreign Relations Papers 1941, vol. 5, p. 637.

péréquation doivent rendre compte régulièrement de l'utilisation du Fonds au Trésor américain pour sa "référence".

Jetons un coup d'œil à cette liste des membres chinois du comité de gestion sino-américain du FSE : Chen Guangfu, Tse Tak Mao et Pei Zu Yi. Chen Guangfu est diplômé de la Wharton School de l'Université de Pennsylvanie et est une personnalité éminente de la ploutocratie du Jiangsu et du Zhejiang. L'identité officielle de la famille Dongting Xi est celle du directeur du Bureau central des banques, alors que le pouvoir réel qu'il représente est l'"Armée alliée des huit nations" des banques étrangères. Pei Zu'ie est né dans la famille Sheng Xuanhuai de la société Han Ye Ping, et a ensuite rejoint la Banque de Chine, devenant le confident de Song et agissant en tant qu'agent de Song dans le Fonds de péréquation.[135]

Comme le montre la liste de composition de ce comité, il s'agit d'une organisation centrale sous la direction de banquiers internationaux, avec des acheteurs et des vendeurs travaillant en étroite collaboration avec le capital bureaucratique pour contrôler la souveraineté financière de la Chine.

Afin de soutenir cette institution, le gouvernement américain a même décidé de geler tous les fonds privés entre la Chine et le Japon aux États-Unis, puis au Royaume-Uni et aux Pays-Bas, ce qui a, dans une certaine mesure, calmé la couverture du marché et réduit la pression exercée sur la Fondation pour vendre. Le secrétaire au Trésor américain, M. Morgenthau, a fait l'éloge du rôle du Fonds de péréquation, affirmant qu'il avait aidé le gouvernement chinois à organiser ses finances et à mener une guerre économique contre la monnaie du régime fantoche.[136] L'ambassadeur américain en Chine, M. Jensen, a même soutenu que " sans ce prêt, le gouvernement de Chongqing se serait effondré."[137]

Pourtant, ni Morgantho, ni Jensen, n'expriment un sens plus profond, à savoir qu'un fonds plat est effectivement une bonne chose,

---

[135] *Shanghai Times*, (Japon) par Shigeharu Matsumoto, Shanghai Century Press, 2010, pp. 90–91.

[136] *Xinhua Daily*, 10, 17 mai 1941.

[137] Song, Z. Wenzhuan, Wang Song, Hubei People's Publishing House, 2006, p. 154.

bonne dans le sens où il peut contrôler la Chine plus profondément et mieux fonctionner pour elle !

La fortune en dollars de Kong Xiangxi

En décembre 1941, quatre mois seulement après l'ouverture du Fonds sino-américain Anglo-Pac à Hong Kong, la guerre du Pacifique éclate. Le Congrès américain, profondément enragé par Pearl Harbor, décida au début de 1942, dans une atmosphère de haine partagée, d'accorder un énorme prêt de 500 millions de dollars au gouvernement chinois, qui avait persisté dans la guerre, pour l'aider à améliorer sa capacité à lutter contre le Japon.

À l'époque, l'émission de devises américaines ne représentait que 9,6 milliards de dollars, et tout d'un coup, elle a donné 500 millions de dollars à la Chine ! À cette époque, les recettes annuelles du gouvernement chinois n'étaient que de 1 milliard de francs français, et au taux de change officiel, 500 millions de dollars américains équivalaient à 10 milliards de francs français, soit la somme des recettes fiscales de la Chine sur 10 ans ! Et ce prêt, sans limite de temps pour le remboursement, sans exigence d'intérêt et sans conditions supplémentaires, est le seul prêt "trois fois rien" dans l'histoire de la dette extérieure chinoise.

Pour les Américains, ce prêt semble à première vue être une opération absolument déficitaire, mais il s'agit en fait d'un million de dollars ! Les 500 millions de dollars renforceraient considérablement le moral de la Chine et sa capacité à se battre contre le Japon, et plus la Chine se battra, moins il y aura de pertes américaines sur le front du Pacifique.

Et Wall Street a depuis longtemps dessiné le paysage stratégique de la monnaie mondiale d'après-guerre. Du point de vue de la stratégie monétaire, le "capital" de 500 millions de dollars apportera quatre bénéfices majeurs : Tout d'abord, le prêt permettra à l'industrie militaire américaine d'augmenter rapidement l'échelle de production, et en même temps de revitaliser un grand nombre d'industries telles que l'acier, l'exploitation minière, la fabrication de machines, le transport, la construction navale, l'automobile, l'aéronautique et d'autres industries, afin de sortir de la détresse de la Grande Dépression, d'améliorer considérablement le taux de chômage jusqu'à 18%, d'augmenter la capacité de consommation intérieure ; deuxièmement, le prêt permettra de dollariser complètement le système monétaire chinois, afin de contrôler fermement la ligne de vie économique de la Chine au plus fort de l'émission de la monnaie ; Troisièmement, le "plan Marshall" européen et d'autres plans d'assistance économique régionale vont considérablement accroître la circulation du dollar, renforcer l'intégration des ressources du dollar à l'échelle mondiale ; quatrièmement, l'expansion de la puissance du dollar finira par remplacer la livre sterling pour établir la future hégémonie de la monnaie mondiale, lorsque les pays du monde entier se disputeront les prêts en dollars, les réserves internationales du dollar et le statut de monnaie commerciale seront établis. Après la guerre, les États-Unis imposeront aux pays une "taxe de frappe" annuelle sous forme de billets de dollars supplémentaires pendant 70 ans !

Il faut toujours payer ! Les architectes de la stratégie monétaire du dollar ont découvert que la "réserve de dollars" équivaut à un impôt déguisé et constitue une "super-taxe" dont le monde ne peut se débarrasser et qui ne cessera pas avant des générations ! Comment ne pas aimer une activité aussi lucrative ?

Un demi-milliard de dollars, c'est une énorme manne pour le gouvernement national ! Les quatre grandes familles ont dépensé beaucoup d'efforts pour manger du lait et supporter d'innombrables réprimandes, uniquement pour s'emparer du pouvoir financier détenu à l'origine par les ploutocrates du Jiangsu et du Zhejiang, et construire un système de pouvoir financier centralisé "quatre banques et deux bureaux", à la suite de quelques années d'efforts, par inadvertance, le Comité du Fonds PingZhu s'est emparé du pouvoir. En privé, je détestais cela, mais comme je n'avais pas de monnaie forte entre les mains, et que j'avais des dollars et des livres entre les mains, j'ai dû tenir ma langue. C'est génial, il y a 500 millions de dollars sur le compte de la Fed qui peuvent être retirés à tout moment, alors pourquoi garder un comité de fonds forfaitaire avec seulement 100 millions de dollars dedans comme si c'était un grand-père ?

Ainsi, sous la direction de Kong Xiangxi, l'établissement du Comité de gestion des devises de la Banque centrale, immédiatement la gestion de cette quantité de devises dans les mains du droit de s'asseoir sur la véritable position de "banque centrale". Au début de la création du Comité de gestion des devises de la Banque centrale, Kong Xiangxi a faussement nommé Chen Guangfu, Sidemar et d'autres membres du Comité du fonds paritaire comme membres du Comité de gestion des devises. Cependant, Chen Guangfu a émis une lettre de démission juste après avoir reçu la nomination, et Xi De Mao a seulement nommé un agent pour représenter Xi Jia en tant que membre de ce comité de gestion des devises étrangères, son propre cul est toujours assis dans le bureau du comité du fonds paritaire.

Avec le changement de l'environnement général, lorsque les gros bonnets de Wall Street ont découvert l'essence des "réserves de dollars", ils ont commencé à "saisir le gros et mettre le petit", ce que chacun des problèmes de gestion du commerce Chine-États-Unis et l'approbation de l'autorité d'utilisation des devises étrangères et ainsi de suite des bagatelles de type haricot vert sésame, n'est pas suffisant pour le déranger. Ainsi, le Conseil du fonds de péréquation est progressivement tombé en disgrâce. Les membres ont également dû "suivre le rythme", et se rapprocher du Comité de gestion des devises de la Banque centrale.

Quand Kong Xiangxi a soudainement fait fortune, ce qu'il faut faire avec l'argent est devenu une question d'urgence. Alors, comment exactement est-il dans votre intérêt de dépenser ?

Le programme ne tarda pas à être présenté : 100 millions de dollars en fonds d'épargne ; 100 millions de dollars en dette publique ; 220 millions de dollars pour acheter de l'or aux États-Unis ; 50 millions de dollars pour acheter toutes sortes de marchandises aux États-Unis ; et le reste de l'argent pour payer toutes sortes de dépenses, y compris les frais de manutention, les frais de transport, les assurances, etc.

Le "fonds d'épargne en dollars américains" a été mis de côté par le ministère des Finances du gouvernement national à partir d'avril 1942 pour déposer 100 millions de dollars à la Banque centrale en tant que fonds. Les "quatre rangs et deux bureaux" sont stockés en monnaie française en dollars américains au taux de 1 dollar américain pour 20 dollars français. La dénomination minimale du certificat d'épargne est de 10 dollars américains, et la durée du certificat est de 1 an, 2 ans et 3 ans, avec des taux d'intérêt de 3%, 3½% et 4% par an, respectivement, le principal et les intérêts étant payables en dollars américains à l'échéance.

Les "obligations en dollars américains" ont été émises par le ministère des Finances du gouvernement national avec une garantie de 100 millions de dollars américains à partir d'avril 1942. Ceux qui ont souscrit à la dette nationale ont acheté les obligations en monnaie française au taux de 100 dollars français pour 5 à 6 dollars américains et ont commencé à rembourser la dette en 10 ans à partir de 1944. Ces obligations peuvent être achetées et vendues comme garantie, peuvent être utilisées comme dépôt dans les affaires officielles et peuvent être utilisées comme réserve dans les banques.

Cela semble beau, mais le peuple, y compris les entreprises industrielles et commerciales et les banques, sont effrayés par la "glorieuse tradition" de la concurrence avec le peuple pour les bénéfices et l'émission de dettes, du gouvernement de Pékin au gouvernement national, et ils ne sont pas sûrs de pouvoir payer le principal et les intérêts à l'échéance. Cependant, au début de 1942, il y avait un fonds de parité et 500 millions de dollars américains adossés à la monnaie française était une fois forte, le prix du marché noir du dollar américain et le prix officiel n'est pas beaucoup de différence, il n'y a pas beaucoup de place pour l'arbitrage, donc que ce soit le fonds d'épargne en dollars américains ou la dette publique en dollars américains, au début il y avait très peu de répondants, a dû utiliser la "persuasion", "amortissement", "collocation" façon de promouvoir avec force. Les "quatre banques et deux bureaux" ont reçu pour instruction d'"amortir" deux types d'investissements auprès du public, et tous les emprunteurs des "quatre banques et deux bureaux", qu'ils soient publics ou gouvernementaux, ont été contraints de convertir 5 à 20% du montant du prêt en bons d'épargne en dollars américains. Les "quatre lignes" elles-mêmes ont dû souscrire pour 2 millions de dollars de certificats d'épargne en dollars américains, et ont même ordonné aux provinces de les "apparier" aux acheteurs de la même manière que pour la vente de nourriture.

Le sort des obligations publiques en dollars américains n'est pas meilleur, le dossier de crédit du gouvernement n'était pas bon, après la guerre, même la bourse a été fermée, le commerce légal des obligations publiques n'existait plus, et maintenant, soudainement, un nouveau type d'obligations publiques est émis, prétendant toujours rembourser le principal et les intérêts en dollars ? Le public croit que la banque centrale et le ministère des finances sont un groupe de personnes qui sont venues pour tromper le peuple.

Face à une telle situation, le "Bureau général des quatre unions", le plus haut organe de réglementation financière du gouvernement national, n'a pas eu de meilleure solution que d'utiliser la méthode de promotion des certificats d'épargne en dollars américains pour promouvoir les obligations publiques en dollars américains. En plus de la "persuasion", de l'"amortissement" et de la "collocation", la banque centrale, la Banque de Chine, la Banque des communications et la

Banque des fermiers de Chine ont également été contraintes de souscrire pour 2 millions de dollars américains d'obligations publiques chacune à des fins de promotion.

Cependant, le ministre des finances et président de la banque centrale, Kong Xiangxi, a tiré les leçons de sa situation difficile pour faire fortune.

Si d'autres personnes ne connaissent pas les détails de la dette publique en dollars américains, comment Kong Xiangxi peut-il ne pas les connaître ? Les 100 millions de dollars mis de côté pour l'émission de la dette publique se trouvent sur le compte de la Réserve fédérale, et la dette ne pose aucun problème. De plus, comment pouvez-vous blâmer le ministre des finances et le président de la banque centrale ? Et on ne sait pas combien de temps il faudra avant que la guerre ne soit terminée, et tant qu'il y aura une guerre, la monnaie française ne manquera pas de se déprécier, et l'espace d'arbitrage entre les prix officiels et ceux du marché noir augmentera considérablement avec le temps, et on ne sait pas combien d'argent sera gagné sur cette seule main ! Qu'est-ce que la finance ? Kong Xiangxi est la finance ; qu'est-ce que la régulation ? Kong Cheung-hee est le superviseur ! Faites-le. Au moment où il devenait clair pour tout le monde qu'ils étaient impatients d'acheter des obligations en dollars américains, Kong ordonna au bureau du trésor de la banque centrale de cesser de vendre des obligations en dollars américains à partir du 15 octobre 1943, sous prétexte qu'elles étaient épuisées.

Tout est vraiment épuisé ? Selon les souvenirs de Chen赓雅, membre et directeur de la branche provinciale du Yunnan, en octobre 1943, il y avait encore 50 millions de dollars américains d'obligations publiques qui n'avaient pas été vendues, mais Kong Xiangxi a ordonné qu'elles soient résiliées et achetées par le bureau commercial de la banque centrale.[138] En fait, le bureau d'affaires de la banque centrale n'a pas tout acheté ; Kong Xiangxi a lui-même acheté 11,5 millions de dollars d'obligations en dollars américains ! Les obligations ont été achetées par Kong Xiangxi au prix officiel de 1 dollar US pour 20 francs français, alors que le prix moyen des obligations en dollars US pour le mois était d'environ 250 francs français pour 1 dollar US.

---

[138] *The Kong Xiangxi I Know*, édité par Wen Si, Beijing, China Literature and History Press, 2003, p. 145.

Avec ce seul geste, Kong Xiangxi et ses sbires avaient détourné plus de 2 milliards de pièces françaises !

Et ce n'est pas tout. Après avoir fait ce travail, l'appétit de Kong Xiangxi est devenu si grand qu'il voulait manger la totalité de la dette publique de 50 millions de dollars. Cependant, le pouvoir de Kong Xiangxi est si grand qu'il ne peut que tromper temporairement tout le monde, ou toujours tromper quelques personnes, mais pas tout le monde pour toujours. Il n'y avait pas de mur imperméable, et lorsque les actions de Kong ont été exposées à l'opinion publique, il y a eu un tollé !

Huang Yanpei, Fu Shih-nian et un groupe de "fonctionnaires historiques royaux" du Sénat national, au Sénat national en juillet 1945, ont conjointement mis en avant le questionnement de la vente d'obligations publiques en dollars américains pour la fraude privée, Fu Shih-nian a également recueilli une grande quantité d'informations originales et de preuves du cas de Kong Xiangxi U. Les obligations publiques en dollars américains, et l'intention de le soumettre officiellement au Sénat pour discussion, doit jouer une main "démocratie à l'américaine", se débarrasser de toutes les coupures, mais aussi de tirer vers le bas le royal pro-pays parent, pro-américain ploutocrate Kong Xiangxi.

Cependant, à la veille de la réunion officielle de la Conférence consultative politique du peuple national, le secrétaire de chambre de Tchang Kaï-chek, Chen Bray, s'est présenté à la porte et a "supplié" Fu Shih-nian, lui demandant de "tenir compte de la situation générale", de ne pas laisser les "pays amis" et les "réactionnaires" attaquer la véracité du gouvernement, de croire que le président Chiang sera impartial, dans l'espoir que le dossier de l'affaire Kong Xiangxi puisse être apporté d'abord à la résidence de Chiang Kai-shek, "le siège du comité pour voir à l'avance".[139] Bien sûr, ce dossier est voué à finir par "disparaître" pour toujours. Par la suite, bien que Kong ait été contraint de démissionner du pouvoir, il n'a fait l'objet d'aucune enquête judiciaire, ni d'aucune poursuite pénale, et l'argent qu'il avait détourné n'a pas été utilisé, et s'est perdu dans la pile des documents historiques.

---

[139] *Biographie de Kong Xiangxi*, par Shen Guoyi, Anhui Wenyi Press, 1994, p. 274.

Chiang Kai-shek essayait clairement de protéger Kong Xiangxi, en fait, les quatre grandes familles qui dirigent le gouvernement national, Chiang, Song, Kong et Chen, aucune d'entre elles n'est propre.

Dès 1943, le Wall Street Journal asiatique estimait la fortune de Song à 70 millions de dollars, avec des investissements dans General Motors et DuPont, et il était évident qu'il était impossible de gagner autant d'argent avec son salaire de ministre des finances, de président de la Banque centrale, de président de la Banque de Chine et d'autres fonctions publiques nationales. Lorsque l'écrivain politique américain Merle Miller a interviewé le président Harry S. Truman, réélu sans succès en 1953, ce dernier a vigoureusement affirmé que c'était Song, Kong Xiangxi et d'autres qui prévoyaient de détourner secrètement l'aide du gouvernement américain à la Chine. Truman est devenu de plus en plus agité, et finalement, ne pouvant se retenir, il s'est mis à hurler,

> " Ce sont des voleurs, chacun d'entre eux, bon sang... Ils ont volé 750 millions sur les 3,8 milliards de dollars que nous avons envoyés à Tchang Kaï-chek. Ils ont volé l'argent et l'ont investi à São Paulo, au Brésil, et dans l'immobilier ici même, à New York ! " [140]

Les dollars qu'ils leur ont pris devront finalement être remboursés par le travail acharné des Chinois ordinaires pour créer de la richesse. Ce qu'ils volent, en fait, ce n'est pas l'argent des contribuables américains, mais l'argent durement gagné par les Chinois ordinaires. Un tel gouvernement n'est pas un "gouvernement national", mais une machine à presser les richesses pour que les quatre grandes familles de Jiang, Song, Kong et Chen puissent extraire le sang et la sueur du peuple !

Un tel "gouvernement national" est voué à être abandonné par le peuple tôt ou tard !

La version financière de "Lurking"

À l'automne 1939, à New York, Chen Guangfu interroge un jeune homme dans un restaurant chinois. Il constate que ce jeune homme a un

---

[140] Madame Chiang Kai-shek, a Power in Husband's China and Abroad, Dies at 105, *New York Times*, 25 octobre 2003.

soupçon de sophistication. Il a l'œil vif et l'esprit vif, et il parle couramment l'anglais lorsqu'il s'agit de répondre aux questions de Chen Guangfu. Chen Guangfu a secrètement hoché la tête, c'est vraiment le secrétaire adjoint du département du Trésor américain et directeur du département des devises, son vieil ami Bai Laodou a personnellement parrainé le jeune talent, c'est vraiment la prochaine génération de la peur. Chen Guangfu a immédiatement pris la décision d'engager le jeune homme en face de lui comme secrétaire et de se concentrer sur sa culture.

Ce jeune homme, Ji Chaoding, originaire du Shanxi, est titulaire d'un doctorat en économie de l'université de Columbia et est membre du Pacific International Institute. Ce qui n'est pas très connu, c'est qu'il est un ancien membre du parti communiste chinois qui a adhéré au plus fort de la Terreur blanche en 1927. Il était sous la direction unique de Zhou Enlai en termes de relations organisationnelles du parti. Son frère, Ji Chaozhu, qui représentera plus tard la Chine nouvelle en tant que secrétaire général adjoint des Nations unies.

Alors qu'il était envoyé par l'organisation pour étudier aux États-Unis, grâce aux relations organisationnelles entre le Parti communiste chinois et le Parti communiste des États-Unis, Ji Chaoding s'est lié d'amitié avec Edler, un fonctionnaire du Bureau de recherche sur la politique monétaire du Département du Trésor américain qui a rejoint le Parti communiste des États-Unis en 1935. Plus tard, Adele a présenté Ji Zhaoding à l'homme puissant du Trésor américain, Bai Laodou. En tant que membre du Council on Foreign Relations (CFR) à l'époque, Baird a vu que Ji Chaoding était un talent rare en Chine et l'a présenté au Pacific International Institute en tant que boursier.

Cette société internationale du Pacifique est extraordinaire. Fondée à Honolulu en 1925 en tant que branche du Council on Foreign Relations des États-Unis, elle est composée de l'élite des pays riverains du Pacifique, y compris l'Amérique centrale et le Japon. Il est financé par la Fondation Rockefeller et la Fondation Carnegie, et est contrôlé par une coalition de Wall Street représentant les intérêts des familles Morgan et Rockefeller.[141] Contribuent également à l'organisation Mobil Oil, American Telephone and Telegraph, IBM, General Electric,

---

[141] Carroll Quigley, op. cit. p. 947.

Time Magazine, J.P. Morgan, Citibank, Chase Manhattan Bank et d'autres institutions liées à Wall Street.

En tant que principal représentant des États-Unis au sein de cet organisme, le puissant personnage du Trésor, le secrétaire adjoint au Trésor Robert White, a ses propres opinions sur la conception institutionnelle de l'ordre financier international d'après-guerre. Afin d'éviter la répétition de tragédies telles que la Grande Dépression, il estime qu'un fonds international de péréquation devrait être créé avec la participation des principaux pays du monde, avec un montant minimum de 5 milliards de dollars, à verser par les États membres dans les parts prescrites, qui seraient déterminées sur la base de leurs réserves de change en or, de leur balance des paiements et de leur revenu national, et que le fonds devrait être mis de côté pour émettre une unité monétaire distincte, l'Unita. Chaque unité monétaire est égale à 10 dollars des États-Unis ou à 137 grammes d'or pur (1 gramme = 0,064 8 gramme d'or pur), l'unité monétaire est rattachée au dollar des États-Unis et à l'or, les monnaies de tous les États membres doivent maintenir une parité fixe avec l'unité monétaire, et les monnaies des États membres ne peuvent être dévaluées sans le vote des 3/4 des membres du Fonds. En outre, les mesures discriminatoires telles que le contrôle des changes et les règlements bilatéraux ont été éliminées, et des crédits à court terme ont été accordés aux États membres pour combler le déficit de leur balance des paiements.

Il s'agissait du prédécesseur du Fonds monétaire international (FMI), qui régit aujourd'hui l'ordre financier mondial, et du programme du Fonds international de parité (FIP) proposé par Whitehead, qui est finalement entré dans l'histoire monétaire et financière internationale sous le nom de "Plan Blanc".

White Lauder et le département du Trésor américain, qui ont proposé le programme IAF, avaient désespérément besoin d'un terrain d'essai pour tester le bon fonctionnement de leur programme. Afin de stabiliser sa monnaie, la Chine a pris l'initiative d'envoyer Xu Xinliu et Hu Penjiang aux États-Unis en août 1938 pour négocier la création d'un fonds de parité sino-américain ; toutefois, les deux banquiers chinois ont été abattus par des avions de guerre japonais avant d'avoir eu le temps de quitter la Chine. Dès le deuxième mois de la tragédie, le gouvernement national, qui avait grand besoin de l'aide des États-Unis, a rapidement envoyé Chen Guangfu pour poursuivre les négociations aux États-Unis.

C'était censé être quelque chose que le Trésor américain voulait, mais en raison de la force des forces isolationnistes américaines et de l'impossibilité de prêter directement au gouvernement chinois. Chen Guangfu, qui connaît bien le climat politique et les pratiques commerciales aux États-Unis, a donc suggéré que le département du Trésor américain accorde des prêts pour la promotion du commerce à une société enregistrée aux États-Unis, la China Global Import and Export Corporation, en utilisant cette plate-forme comme une transition pour la création future d'un fonds de parité, dont le gouvernement américain peut vérifier les registres à tout moment. Ces prêts sont garantis par les ressources naturelles chinoises, notamment l'huile de tungstène, l'étain, le tungstène, etc. dont les États-Unis sont dépourvus. L'exportation de ces ressources permettra à la Chine de se doter d'industries vitales dotées de capacités de défense minimales, comme les camions, le transport automobile, les communications, les machines minières modernes et les usines de transformation modernes.[142]Par la suite, Chen Guangfu s'engage dans des négociations intensives avec les secrétaires au Trésor américains Morgenthau et White Lauder, qui aboutissent au premier accord de "prêt d'huile de tung" de 25 millions de dollars à la fin de 1938.

Laodou Baek et Chen Guangfu, qui sont impatients d'établir le fonds de parité Chine-États-Unis, savent très bien que ce "prêt d'huile de tung" n'est qu'un avant-goût de l'établissement futur du fonds de parité Chine-États-Unis, Laodou Baek a besoin d'installer "ses propres gens" à la China Global Import and Export Corporation dès que possible, Chen Guangfu a également besoin d'une personne compétente qui peut gérer les affaires quotidiennes de la société, mais aussi maintenir une communication étroite avec le département du Trésor américain. Juste à ce moment-là, Ji Chaoding est apparu. Le premier travail que Chen Guangfu a arrangé pour Ji Chaoding était de rédiger le rapport sur le "prêt d'huile de tung". [143]

En 1944, il représente le gouvernement américain à la conférence de Bretton Woods et, après avoir utilisé son "plan blanc" pour faire

---

[142] Documents de K. P. Chen (Documents de Chen Guangfu) [R]. Collection de l'Université Columbia, New York, p. 4.

[143] *Les réminiscences de Chen Guangfu* (mémoires orales en anglais) [A]. Histoire orale chinoise [Z]. Chen Guangfu, Special Collections, Columbia University, New York, p. 109.

échouer le plan keynésien au nom des intérêts britanniques, il est "doublé" par le FBI qui le soupçonne d'espionnage soviétique. Peu de temps après, White Lauder, qui avait pénétré les centres nerveux du cerveau capitaliste mondial pour s'y tapir en profondeur, mourut inexplicablement.

Alors que la guerre s'intensifiait, les routes commerciales étrangères de la Chine étaient presque entièrement coupées par l'armée japonaise, et il n'y avait pratiquement plus de commerce extérieur. Puisque les importations et les exportations mondiales de la Chine n'étaient pas nécessaires, Chen Guangfu est rentré en Chine avec Ji Chaoding pour occuper le poste de directeur du Comité du fonds de péréquation anglo-indonésien Chine-États-Unis nouvellement créé. Ji Chaoding est également devenu le secrétaire général du Conseil du Fonds de péréquation, comme une évidence. Les principaux membres du Comité du Fonds de péréquation, tels que Chen Guangfu, Sidachem et Pei Zuoyi, sont tous des gros bonnets de la finance avec plusieurs postes, chacun avec sa propre "bouche" bancaire, chacun avec une grande tâche, pour le travail quotidien du Comité du Fonds de péréquation ne peut pas être personnellement, donc le fonctionnement quotidien du fonds est tout dans les mains de Ji Chaoding. Et le fonds de péréquation à cette époque était presque équivalent à la banque centrale de facto de la Chine, cet "espion" profondément caché, peut vraiment être décrit comme un haut niveau d'autorité.

Ce qui est encore plus étonnant, c'est que Ji Chaoding ne s'est pas seulement fait un nom au sein du Comité du fonds de péréquation, mais est rapidement devenu le secrétaire général du Comité de gestion des devises étrangères, sous le contrôle de Kong Xiangxi. Il s'avère qu'à son poste, Ji Chaoding était parfaitement conscient qu'entre les deux comités, et surtout entre Chen Guangfu et Kong Xiangxi, la balance du pouvoir allait tôt ou tard pencher du côté de ce dernier, et pour se tapir plus profondément, il devait profiter des contradictions entre les deux et ajuster sa stratégie à temps pour passer dans le camp de Kong Xiangxi. Bien que le talent, la vertu personnelle et le charisme de Chen Guangfu soient bien supérieurs à ceux de Kong Xiangxi, bien que plus de deux ans de vie commune aient fait que Chen Guangfu et lui aient déjà une profonde affection, bien que tourner le dos à Chen Guangfu fasse souffrir Ji Chaoding dans son cœur, mais pour une plus grande justice, il y a des choses qu'il doit faire.

Après l'invasion japonaise de Hong Kong, le Fonds de péréquation, qui avait ouvert ses portes à Hong Kong, a dû déménager à Chongqing, la capitale, où il était installé dans le bâtiment de la Banque centrale. Le personnel du Fonds de péréquation, dont Ji Chaoding, vit dans les bâtiments du complexe Kongxiangxi à Fanzhuang, sur la rive nord de Chongqing. Ji Chaoding occupait le "terrain favorable" et pouvait avoir des contacts quotidiens avec Kong Xiangxi. Grâce aux relations mondaines des deux puissantes familles du Shanxi, Kong et Ji, Ji Chaoding est rapidement devenu un invité régulier de la famille Kong, jouant au bridge avec Song Anling chaque semaine et devenant si proche de Kong qu'il l'appelait "vieil oncle". Peu de temps après, il est nommé par Kong Xiangxi au poste de secrétaire général du Conseil de gestion des devises étrangères.

Dans les calculs de Kong Xiangxi, Ji Chaoding était un mauvais payeur avec le membre américain du Conseil du Fonds de péréquation, Edelardo (le communiste américain qui se cachait dans le Trésor américain), et avait également des liens étroits avec le Trésor américain (ne peut-il pas être proche ? (Le département du Trésor américain est plein d'"espions communistes"), et il y a "quelqu'un d'en haut" à la Maison Blanche (pas étonnant que McCarthy soit si furieux), lorsque le prêt de 500 millions de dollars des "trois non" est en place, il est juste de remplacer Chen Guangfu par Ji Chaoding pour traiter avec les Américains et virer Chen Guangfu complètement. Ji Chaoding est également originaire du Shanxi, et après avoir bu de l'encre étrangère américaine, il a des liens étroits avec les échelons supérieurs américains, et il est également superbe dans les affaires, donc le cadre "digne de confiance, fiable et utile" n'a pas besoin de qui d'autre ? Comment Kong Xiangxi aurait-il pu imaginer que le Jizhao Ding serait un membre du Parti communiste avec un tel parcours ! Ji Chaoding devint rapidement le confident de Kong Xiangxi et gagna sa confiance suprême, à tel point qu'il donna tous ses costumes coûteux qu'il n'avait pas portés à Ji Chaoding. Lorsque le Comité du fonds de péréquation fut dissous en février 1944, Ji Chaoding devint immédiatement le directeur du Comité de gestion des devises étrangères.

À ce moment-là, Ji Chaoding était devenu l'artisan de facto de la politique monétaire du gouvernement national ! Avec un grand pouvoir dans ses mains, Ji Chaoding était sur le point de frapper.

La faillite de la monnaie française : les conséquences de la libéralisation des changes

Le 15 août 1945, l'empereur Hirohito du Japon a donné un édit déclarant la reddition inconditionnelle du Japon. La nouvelle est tombée et la nation s'est réjouie que le peuple chinois, au prix de 35 millions de vies, ait finalement remporté cette bataille décisive qui allait déterminer le destin de la nation chinoise. À ce stade, il est impératif pour le gouvernement national de prendre en charge les régions déchues et de restaurer et développer l'économie nationale.

Kong Xiangxi, qui était en charge des finances pendant la guerre, a démissionné à cause de l'affaire de la dette publique en dollars américains, et a été remplacé par Song Ziwen comme président administratif et ministre des finances. De retour sur la scène, au cœur de la gestion de l'économie du pays, Song se retrouve face à une véritable pagaille.

L'histoire d'un gouvernement national est une histoire de guerre. Tout d'abord, l'Expédition du Nord, puis les "communistes", et ensuite les seigneurs de guerre des diverses factions du pouvoir local, suivis de la guerre antijaponaise, qui n'a pratiquement pas cessé pendant plusieurs années, la guerre a longtemps été menée jusqu'au bout de la pauvreté du peuple, et les recettes financières et fiscales normales du gouvernement diminuaient, et cela ne suffisait pas pour joindre les deux bouts. Dans les premiers temps, le gouvernement national a pu compter sur le soutien des ploutocrates du Jiangsu et du Zhejiang pour émettre des dettes publiques. Après 1935, le pouvoir financier des ploutocrates du Jiangsu et du Zhejiang a été essentiellement accaparé par les quatre grandes familles de Jiang, Song, Kong et Chen, et le gouvernement de Jiang a à plusieurs reprises fait défaut sur ses dettes et le crédit est extrêmement faible, ce qui fait que la dette publique fait de plus en plus défaut. Après le déclenchement de la guerre de résistance, ils ont dû vivre de la dette extérieure. Or, pour un pays de cette taille, confronté à une guerre de cette ampleur, le recours à l'aide étrangère ne peut être qu'un pis-aller. Dans une tentative désespérée de financer les dépenses militaires et politiques et de couvrir le déficit budgétaire, Tchang Kaï-chek était plus enclin à laisser les banques nationales avancer de l'argent, et après 1945, les avances de la banque centrale au gouvernement ont toujours représenté plus de 60% des dépenses publiques !

La Banque centrale n'est pas non plus un Ali Baba qui, en psalmodiant un mantra, peut vous transformer en richesse à partir de rien. Face à l'appétit insatiable du gouvernement, la banque centrale n'avait plus qu'une seule astuce : lancer la machine à imprimer de l'argent. Aujourd'hui, cette astuce porte un nom mémorable et déroutant, "l'assouplissement quantitatif".

La banque centrale a récité son mantra d'"assouplissement quantitatif", dont le résultat a été le réveil d'un démon appelé "inflation", tandis que la politique de Song Ziwen consistant à piller la zone déchue en échangeant 1 yuan de monnaie française contre 200 yuans de fausse monnaie a ouvert les bouchons de l'emprisonnement du démon. Bientôt, ce démon transformerait le district de Nuzhu en un purgatoire terrestre.

Afin de stabiliser l'ordre économique dans les zones déchues, l'armée japonaise envahissante a suivi sa stratégie de "guerre pour la guerre" en annonçant l'échange d'un billet militaire japonais contre un dollar français pour chaque territoire qu'elle capturait, excluant ainsi la monnaie française des zones déchues. Lors de l'instauration du régime de Wang, l'émission de pseudo-bons CRP, qui permettaient d'échanger 1 yuan de pseudo-bons CRP contre 2 yuans de billets militaires japonais, a en fait dévalué la monnaie de moitié. Après la restauration, Song Ziwen a annoncé de manière surprenante l'échange de pièces françaises contre des pseudo-CBN à un ratio de 1 :200, ce qui signifie qu'un col blanc dans la zone déchue avec un salaire mensuel de 10 000 yuans peut encore maintenir un revenu mensuel de 10 000 yuans après le combat japonais ; après l'établissement du pseudo-régime de Wang, il ne restait que 5 000 yuans, mais la vie peut encore être vécue ; mais il n'était pas facile de survivre jusqu'à la restauration, des orgies toute la nuit, et le lendemain, il se réveillait soudainement pour découvrir que son revenu mensuel n'est plus que de 25 yuans ! Où est passé le reste des 9975 dollars ? Privé de force par le gouvernement et pris pour combler le trou budgétaire.

" Pensez au centre, espérez le centre, et le centre souffrira encore plus ". " La politique monétaire de Song a fait que les habitants des zones déchues ont vraiment pleuré le ciel et la terre. Mais ce qui est bien, c'est que la lumière est enfin revenue, qu'il n'y a plus de guerres, et que quelques années de dur labeur avec le pantalon serré vous feront toujours du bien. Et pourtant, les gens du peuple ont soudain été frappés par une douleur plus grande encore : l'inflation ! Les prix du marché s'envolent de jour en jour, le parti nationaliste d'origine, ceux qui reçoivent les grands officiers, ainsi que les spéculateurs à l'arrière, se retrouvent à détenir la monnaie française dans la zone déchue est vraiment précieuse, 1 yuan dans le portefeuille pour aller dans la zone déchue peut être utilisé comme 200 yuans d'argent, qui ne profite pas de cela ! Un essaim de personnes semblent courir vers les zones déchues pour se précipiter pour acheter des fournitures, à l'origine après la dévastation de la guerre, l'approvisionnement en matériaux est extrêmement rare, couplé avec la ruée pour acheter le vent, les prix comme une fusée immédiatement monté en flèche.

En conséquence, le gouvernement national a perdu le cœur et l'esprit du peuple en s'emparant des richesses des régions déchues.

Il s'agit de la zone déchue, donc les choses seront-elles meilleures au grand retour ?

Après 1942, le gouvernement national a émis des obligations publiques en dollars américains et des obligations publiques en or, beaucoup de gens ont acheté des obligations publiques, pensant à l'origine que ces deux lots d'obligations publiques avaient des dollars américains et de l'or pour la préparation, le crédit ne sera pas un problème, et peut également soutenir le pays pour combattre la guerre et couvrir le risque d'inflation, pourquoi pas ? Il a pris le livre du cercueil et a tout mangé en quelques obligations en dollars américains et en or, s'attendant à obtenir sa part de dollars et d'or lorsqu'il aura gagné la guerre. Résultat, la guerre est finalement gagnée, mais tout ce que l'on attend, c'est un avis du gouvernement indiquant que les obligations en or doivent être reçues avec une décote de 60% et que les obligations en dollars US ne doivent pas être reçues en dollars US. Le gouvernement vole ouvertement le portefeuille des gens ! Et l'inflation vicieuse de la zone déchue s'est maintenant étendue à toutes les régions du pays, et le grand retour du marché est un jour à un prix. Il y a déjà une sombre marée de haine parmi les gens ordinaires envers le gouvernement.

Song Ziwen, qui est haut placé dans le monde, ne pense pas à la vie des gens ordinaires, son esprit est dépensé sur la façon d'accumuler des "devises fortes" dès que possible par divers moyens d'accumulation de richesse. Avec l'argent que Kong avait récupéré auprès de son prédécesseur, Song Ziwen avait déjà environ 900 millions de dollars en devises et en or dans ses mains.

Sous l'orchestration de Ji Chaoding, Song pensait qu'il y avait déjà suffisamment de capitaux pour lancer une réforme financière de redressement — la libéralisation du marché des changes.

À l'origine, la base de crédit de la monnaie française est la stabilité du taux de change générée par le libre-échange de la monnaie française et des devises étrangères sur le marché des changes, ce qui est aussi le point principal du système dit "système de standard de change". Cependant, dans les circonstances particulières de la guerre de résistance, afin d'empêcher les Japonais d'utiliser la monnaie française pour acheter des devises étrangères, puis d'utiliser les devises étrangères pour acheter des biens stratégiques, le gouvernement national a gelé le libre-échange de la monnaie française avec les devises étrangères. À la fin de la guerre, Ji Chaoding fait pression sur Song Ziwen pour qu'il maintienne le contrôle des changes, ce qui n'est pas favorable à la stabilité et à la pérennité du système monétaire national, et n'est pas non plus conforme aux principes de libéralisation énoncés dans le système de Bretton Woods. Ji Chaoding insiste sur le fait que si la Chine veut se développer, comment ne pourrait-elle pas suivre la scène internationale ? Comment pourrait-elle être contraire à la pratique internationale du "consensus de Bretton Woods" ? Il faut donc libéraliser le contrôle des changes et libéraliser le marché des changes !

Ainsi, en février 1946, "la Banque centrale des mesures provisoires de gestion des devises étrangères" a été introduit, prévoyant que la Banque centrale à 500 millions de dollars américains en préparation de l'émission de la monnaie française, le dollar et le taux de change de la monnaie française de 1:20 à 1:2020, l'or et le commerce des devises étrangères librement à nouveau, et par la banque centrale de mettre en place un fonds de parité à tout moment pour effectuer la régulation du marché, pour maintenir la stabilité de la monnaie française.

Cependant, face à une inflation féroce, le taux de change officiel se déprécie plus vite et le taux du marché noir se déprécie encore plus vite ! Le marché noir des devises continue de faire les beaux jours des spéculateurs, et la monnaie française en prend un coup de plus en plus dur. La dégringolade de la valeur de la monnaie française, par contre, n'a pas eu l'effet de stimulation des exportations et d'augmentation de la génération de devises que Song avait prévu. En raison de la grande destruction de la guerre mondiale sur la productivité, la Chine ne peut pas faire quelque chose de décent à exporter, les pays industrialisés autres que les États-Unis a été réduit à des décombres, la demande de matières premières en Chine a également chuté, ce qui rend l'exportation de devises à devenir un rêve chimérique, et le peuple chinois a vraiment besoin de certains produits de base, la capacité de production nationale ne peut pas répondre, avant le contrôle des changes, les hommes d'affaires nationaux veulent importer ne peut pas être, maintenant le change est libéralisé, peut être justifiée pour trouver la banque centrale d'approuver des devises étrangères pour acheter des biens étrangers, ce sera un seul coup et ne peut pas être collecté. Huit mois après la réforme de la libéralisation des devises, la consommation de la banque centrale de dollars, de livres et d'or à partir de devises vendues sur les biens importés et d'autres utilisations du gouvernement, net des recettes d'exportation, a atteint 400 millions de dollars ! Le montant des fonds en devises dont disposait la banque centrale a été réduit de 60% d'un seul coup. Song Ziwen a mal vu et a dévalué à la hâte la monnaie française à 1 dollar américain pour 3 350 dollars français, avec pour résultat que rien n'a été gagné si ce n'est de stimuler l'inflation pour qu'elle augmente encore.

L'économie était déprimée, la guerre civile était perdue, et la Chine entière jetait des pièces françaises et s'arrachait les devises et l'or.

À cette époque, Song Ziwen est comme un joueur aux yeux rouges, son "bras droit" Ji Chaoding ne l'aide pas seulement à trouver des "idées", à "penser à des moyens", mais aussi à les exécuter de manière super puissante. Song Ziwen, sous son lobbying, a conclu que la libéralisation du marché des changes avait atteint un "stade de percée" critique, et qu'avancer serait récolter tout le crédit, et reculer serait mourir sans lieu d'enterrement, non seulement l'effondrement complet de la crédibilité personnelle, mais aussi la "ruine de la grande cause du Parti".

Ministre Song, regarde comme le ciel est bleu ! Continue, ne regarde pas des deux côtés, marche et tu fondras dans ce ciel bleu...

Song Ziwen, comme hypnotisé, va dépenser 220 millions de dollars cette année-là pour racheter 6,28 millions de taels d'or, sur le marché pour rejeter sauvagement la monnaie française, il ne croit pas qu'une telle échelle de vente d'or ne puisse pas supprimer l'élan de la chute de la monnaie française.

Il n'a vraiment pas tenu le coup !

En février 1947, Song Ziwen avait vendu plus de 3,3 millions de taels d'or, tandis que le taux de change officiel de la monnaie française était tombé à 12 000 francs pour un dollar ! Le prix du marché noir serait impossible à voir.

Le 16 février 1947, Chiang Kai-shek a personnellement introduit le "Programme de mesures d'urgence économique", interdisant une fois de plus le commerce de l'or et la circulation des devises étrangères, la banque centrale ne vend plus d'or et n'en achète que.

Le crédit du gouvernement s'est effondré. 50 ans plus tard, Chen Liff a publié ses mémoires à Taïwan, et a tristement rendu la politique monétaire erronée de Song Ziwen responsable de la ruine de "l'État-parti" : "Notre politique (monétaire) fait que les riches deviennent sans le sou, les gens sans le sou, et même sans le sou... En d'autres termes, nous avons transformé le peuple en prolétariat... N'est-ce pas ouvrir la voie au Parti communiste ? Quel genre d'expert financier est Song (Song Ziwen) ? ... Chiang Kung faisait trop confiance à Song, pensant toujours que Song était un expert en finance (et écoutait Song sur toutes les questions financières), alors qu'en fait certaines choses relevaient du bon sens et n'avaient rien à voir avec les experts... (et) tous ces tours de passe-passe étaient de mauvaises idées de Ji Chao Ding pour Song. " Au milieu de sa colère, Chen Liff a intitulé la section de ses mémoires "Le succès de la conspiration de la dynastie Ji contre l'État". [144]

La série de "coups tordus" monétaires de Ji Chaoding n'a-t-elle pas éveillé les soupçons du KMT ? Pas vraiment. Les recommandations de Ji Chaoding concernant la politique financière du gouvernement national ont été appliquées précisément parce qu'elles correspondent à la mentalité des personnes au pouvoir. Car ces politiques sont elles-mêmes conçues pour enrichir les quatre grandes familles à partir de leurs intérêts immédiats. Tant qu'ils peuvent engraisser les quatre grandes familles, pour eux, le Ji Chao Ding est non seulement innocent, mais aussi méritoire.

En fait, le Kuomintang avait perdu la guerre civile depuis l'échec des réformes de Song sur la libéralisation des changes en février 1947, qui ont déclenché une ruée vers l'or et une vicieuse hyperinflation.

---

[144] *A Study of Success and Failure*, par Chen Liff, Zhengzhong Books, 1994, pp. 388-340.

La dernière lutte pour le ticket d'or

L'hyperinflation n'illustre qu'un seul problème, celui de l'abandon total de la monnaie papier gouvernementale par le peuple. La faillite de la monnaie française trouve son origine dans un grave déficit budgétaire, les dépenses publiques étant 10 fois supérieures aux impôts ! L'impression de billets de banque est devenue le principal moyen de couvrir le déficit, de sorte que le crédit papier a rapidement fait faillite. Lorsque le peuple a cessé de faire confiance au papier-monnaie, les prix ont augmenté encore plus vite que le rythme d'impression de la monnaie ; au cours du premier semestre de 1947, l'émission de papier-monnaie a triplé alors que le prix du riz a été multiplié par sept, le peuple a cessé d'être disposé à échanger des marchandises contre du papier-monnaie, et le commerce et la production ont diminué en raison de l'absence d'inflation crédible, ce qui a encore affaibli les recettes publiques. Les gens ont traité la monnaie papier comme une patate chaude, une fois qu'elle est entre leurs mains, elle est immédiatement jetée et échangée contre des produits physiques, de sorte que les prix s'envolent et que l'hyperinflation est hors de contrôle. Dans le même temps, l'hyperinflation a entraîné une perte de confiance dans le gouvernement, un ressentiment accru des classes inférieures et moyennes à l'égard des autorités, et une augmentation des émeutes et des insurrections.

Et la cause première du déficit fiscal était la guerre civile totale menée par Chiang Kai-shek. L'épuisement de la guerre a gravement affecté les finances du gouvernement national, et en 1947, les dépenses militaires du gouvernement national représentaient la moitié des dépenses fiscales ! Les défaites constantes sur le champ de bataille ont renforcé la méfiance du peuple à l'égard de la monnaie de papier du gouvernement. Dans ce cercle vicieux, la monnaie fiduciaire se dirigeait vers son effondrement final.

Afin de nettoyer le gâchis de la monnaie française, Ji Chaoding a également exhorté le gouvernement à réformer le yuan. Maintenant que la monnaie française n'a plus de crédit, une nouvelle monnaie doit être émise pour reconstruire le crédit de la monnaie. JI Chaoding cite un classique, racontant comment l'Allemand Schacht a remplacé le mark de Weimar par le mark de la rente foncière, inversant ainsi la super-inflation de l'Allemagne dans les années 1920. Il parlait d'en haut et écoutait les hauts fonctionnaires hocher fréquemment la tête. Ainsi, le

20 août 1948, Chiang Kai-shek a réalisé ce qui a été décrit comme la plus grande réforme monétaire du monde — la réforme du cercle d'or.[145]

Le noyau de la ronde de l'or est la ronde de l'or comme monnaie, avec 40% de l'or, de l'argent, des devises étrangères et 60% des actifs de l'État comme garantie, pour émettre une nouvelle monnaie "entièrement préparée", avec une limite d'émission de 2 milliards ; arrêter la circulation de la monnaie française, et échanger 1 ronde de l'or pour 3 millions de francs français pour recycler l'ancienne monnaie ; recevoir tout l'or, l'argent et les devises étrangères du peuple pour une période limitée, le peuple n'est pas autorisé à posséder de l'or, de l'argent et des devises étrangères, et les violateurs sont confisqués et confisqués. Dans le même temps, les dépôts du peuple à l'étranger doivent être enregistrés et déclarés, faute de quoi ils sont condamnés et leurs biens confisqués.

C'est en fait un vol à main armée. Les gens ordinaires ne sont pas assez fous pour entendre que le gouvernement est sur le point d'introduire une nouvelle monnaie, et les personnes qui ont depuis longtemps perdu confiance dans le gouvernement se jettent immédiatement sur tout ce qu'elles peuvent acheter.

La Grand Gazette a rapporté le 7 octobre :

> *"Le marché de Pékin est de plus en plus mauvais, et une ruée vers l'achat envahit la ville. Le magasin de riz et de céréales de blé est vide depuis neuf pièces sur dix, le marché noir des cigarettes, le nombre de changements en une journée. Pourquoi les gens se rencontrent-ils et posent-ils des questions comme "comment puis-je l'obtenir ? Les produits de première nécessité et autres sont des bizarreries."*

La situation dans la capitale, Nankin, n'était pas bonne non plus. *Le Central Daily News* rapporte,

> *"Dans la capitale aujourd'hui, après un vent de jonc, le marché est vide de tout… Les ménagères ne peuvent plus acheter tout ce dont elles ont besoin le matin auprès des petits vendeurs de légumes. Le porc a depuis longtemps disparu, le poisson, les crevettes, le poulet et le canard, ont également suivi le porc*

---

[145] *General History of China's Finance*, Volume 4, édité par Hong Jia, China Finance Press, 2008, pp. 506–507.

"retraité" vers le haut, le marché des légumes de Nanjing, est le marché des légumes standard, en plus de la gentry pour chercher des prix élevés au marché noir, le public ne peut que suivre naturellement le végétarisme."

À Shanghai, où le marché est le plus prospère, la ruée vers l'achat est aussi la réponse au Yuan d'or. Le numéro de novembre 1948 du *Haiguang Monthly* décrit la ruée vers Shanghai :

"Il se trouve que c'était dimanche, et la ruée des habitants de Shanghai était excitée. La route de Nanjing était inhabituellement animée, les gens se déplaçant comme des fourmis, pour voir sur la route un essaim de personnes portant des sacs et des sacs de marchandises. Les quatre grandes entreprises, les grands magasins, les boutiques de soie et les magasins de coton étaient bondés de gens dont on peut dire qu'il leur reste un peu de pouvoir d'achat. En général, les petits ménages rivalisent pour acheter du riz, de l'huile, de la sauce, du sucre, du savon et d'autres produits de première nécessité dans les jardins de céréales, de pâte de soja, les magasins de bois de chauffage et les magasins d'articles du sud. Pendant dix jours d'affilée, les vitrines des magasins sont toutes vides. Entrer dans les magasins, grands et petits, c'est comme entrer dans un temple froid, et bien qu'il y ait des touristes, il n'y a pas de Bodhisattva. Ils courent dans toute la rue, s'alignent partout, ou à la tête, ne peuvent pas se soucier des pieds, soit préoccupés par le riz, soit préoccupés par les légumes, soit préoccupés par le bois de chauffage. Shanghai, connu comme le port d'affaires international, est en fait né paralysé."

La promesse de Chiang Kai-shek d'une "préparation complète" n'était rien d'autre qu'une escroquerie, car 40% de ses devises en or et en argent étaient déjà insuffisantes, et 60% de ses titres négociables n'étaient qu'une façade, tandis que le gouvernement national utilisait les actions courtes de plusieurs entreprises d'État comme réserves, et que personne ne prenait la peine d'émettre des actions de ces entreprises, dont les prix étaient calculés au plus haut. Malgré cela, le plafond fixé pour l'émission de 2 milliards de billets d'or a été immédiatement dépassé, atteignant 8,3 milliards à la fin de l'année ; en janvier 1949, 20,8 milliards ; en avril, 5 trillions ; et en mai, le chiffre étonnant de 68 trillions !

Les provinces se sont éloignées des circulaires d'or centralisées et ont émis leurs propres dollars en argent et en cuivre. Au moment où l'APL a combattu le fleuve Yangtze, le système monétaire du gouvernement national s'était complètement effondré, ses finances étaient complètement paralysées, l'armée était au bord de l'effondrement et la dynastie Chiang était à bout de souffle.

Le célèbre universitaire américain Fei Zhengqing a analysé plus tard que le peu d'argent qui restait dans les mains de la classe moyenne supérieure urbaine la plus anticommuniste était lié aux bons d'or, et que le dernier soutien des gens du peuple à la cause du Kuomintang était également parti en fumée, tout comme les bons d'or.

La "mauvaise idée" de poids que Ji Chaoding a participé à la conception de la "réforme du Yuan d'or" a finalement tué le "Parti-État" !

Après la perte totale de la confiance du public, le "parti-État" était si pauvre qu'il ne lui restait plus que de l'argent, et il est finalement rentré à Taïwan avec 2,5 millions de taels d'or.

La monnaie est le système de distribution de la richesse dans un pays, et faire un coup sur la monnaie, faire une perte, changera le flux de la richesse dans la société, intensifiant ainsi les conflits sociaux, sapant la crédibilité du gouvernement et perdant le moral du public. La monnaie est à nouveau le système circulatoire de l'économie nationale, et sa corruption va perturber l'économie, paralyser les finances, détruire le commerce et subvertir le marché. Ji Chaoding a injecté le super virus de la "concurrence avec le peuple pour les profits" directement dans le système monétaire du KMT, qui a circulé dans toute l'économie, accélérant directement l'effondrement du régime du KMT. De ce point de vue, la puissance meurtrière de la guerre monétaire de la dynastie Ji n'était pas inférieure à celle de millions de soldats masculins sur le champ de bataille !

Pourquoi Chiang Kai-shek a perdu la guerre des devises

L'émission de monnaie est le pouvoir le plus important de la société humaine, et le plus caché et le plus difficile à naviguer. L'argent fait tourner les roues de l'économie, l'argent régit les balances de la politique et l'argent dirige le rythme de la guerre. Les empereurs des temps anciens, qui ont découvert le secret du pouvoir monétaire, ont eu la première chance de gagner.

Une monnaie unifiée est une condition préalable à la consolidation du pouvoir ; sans monnaie unifiée, il n'y a pas de finances unifiées, une carte politique unifiée est difficile à réaliser et une force militaire unifiée ne peut être établie. Qu'il s'agisse du succès de la restauration Meiji au Japon ou de l'échec du "mouvement des affaires étrangères" de la dynastie Qing, l'unification de la monnaie a été un facteur clé du succès ou de l'échec. Mao Tse-tung et Chiang Kai-shek ont tous deux reconnu l'importance d'une monnaie unifiée, ce qui a conduit à la création de la Banque nationale de l'Union soviétique et de la Banque centrale de Nanjing, dont la responsabilité première était de détenir le pouvoir d'émettre la monnaie.

La différence la plus importante entre la monnaie soviétique et la monnaie française et les billets d'or est de savoir qui le pouvoir monétaire sert réellement. La monnaie soviétique sert le peuple, la monnaie de Chiang Kai-shek sert les quatre grandes familles ; la monnaie soviétique croît dans la pratique, la monnaie de Chiang Kai-shek se décompose dans la théorie étrangère ; la monnaie soviétique est un instrument public du régime, la monnaie de Chiang Kai-shek est le pouvoir privé des quatre grandes familles ; le "billet de l'Armée rouge" 13 jours d'émission et de récupération, se concentrant sur le crédit, le "billet circulaire d'or" 9 mois pour émettre 34 000 fois plus, le but est de piller.

Il existe une autre différence importante entre la monnaie soviétique et la monnaie de Chiang Kai-shek, à savoir si la monnaie peut être émise de manière indépendante. L'indépendance monétaire soviétique, la monnaie de Tchang Kaï-chek aux narines ; la monnaie soviétique pour éliminer l'intervention des forces de capital étranger, la monnaie de Tchang Kaï-chek est devenu les États-Unis, la Grande-Bretagne et le Japon pouvoirs de chasse pour le mouton gras ; monnaie soviétique pas de fonds de péréquation étrangers de la dictature, la monnaie de Tchang Kaï-chek sera la banque centrale et la gestion des devises de la souveraineté financière de la cession ; monnaie soviétique pas de comité consultatif étranger du commentaire, la monnaie de Tchang Kaï-chek est les membres britanniques et américains de la puissance d'approbation directe.

Une autre différence entre la monnaie soviétique et la monnaie de Chiang Kai-shek est de savoir si elle est basée sur le principe de la pratique. Les bâtisseurs de la monnaie soviétique n'avaient pas de théories monétaires et financières profondes, le niveau de décision monétaire de Tchang Kaï-chek était plein d'encre ; la monnaie soviétique était pleine de flexibilité et de souplesse dans la gestion de l'écoulement, la monnaie de Tchang Kaï-chek sur le marché des changes a été complètement écrasée par la ruée vers l'or ; la monnaie soviétique a courageusement essayé de normaliser les prix pour stabiliser les prix et le cœur des gens, la monnaie de Tchang Kaï-chek était coincée dans la préparation de l'émission d'or, d'argent et de titres, mais a trompé le peuple à plusieurs reprises, ce qui a finalement conduit à une inflation vicieuse.

Pourquoi Chiang Kai-shek a-t-il perdu la guerre des devises ?

En effet, son pouvoir monétaire n'a en tête que le bien-être d'un très petit nombre de riches, défiant et piétinant les intérêts de la majorité pauvre, avec pour résultat final que son régime, ainsi que sa monnaie, ne peuvent être abandonnés que par la majorité !

CHAPITRE VIII

La naissance du renminbi

Pourquoi la base antijaponaise a-t-elle perdu le droit d'émettre de la monnaie avant l'"Incident du sud de l'Anhui" ? Pourquoi le dollar de la mer du Nord "étalon de prix" a-t-il réussi ? Pourquoi le yuan est-il capable de vaincre l'hyperinflation ? Pourquoi la Chine doit-elle rembourser au plus vite la dette extérieure de l'Union soviétique ?

Dès la période d'avant-guerre, la base a commencé l'innovation financière d'émettre de la monnaie avec des "réserves matérielles", ce type de monnaie en l'absence totale de devises en or et en argent comme réserves, maintenant la stabilité de la monnaie et des prix, ce que le monde utilisait généralement à l'époque pour émettre de la monnaie avec des réserves d'or, ce qui était une situation de renommée mondiale. La pratique monétaire du Parti communiste chinois est bien plus avant-gardiste que la théorie monétaire occidentale. Plus important encore, le sentiment de le faire de ses propres mains n'est pas au même niveau que l'exploration théorique sur papier.

Zhang Yuyan, un érudit financier renommé, a un jour commenté les pratiques monétaires de la base antijaponaise et des zones libérées :

> *"Nous ne sommes pas surpris de constater que, malgré les différences d'échelle et de complexité, les questions de l'hégémonie du dollar, de la création de l'euro et de l'expansion de la zone euro, de la libéralisation financière, de la guerre des monnaies et de l'internationalisation du renminbi dont on parle aujourd'hui ont été rencontrées, discutées et admirablement traitées par les anciens gouvernements frontaliers, en particulier par les gouverneurs des banques. Si l'un des plus grands défis auxquels la Chine est confrontée aujourd'hui provient des sphères monétaire et financière, la merveilleuse histoire des communistes locaux d'il y a quelques décennies, qui ont eu le courage de pratiquer, d'accumuler de l'expérience, d'utiliser des lois et de résumer scientifiquement, peut nous en*

apprendre beaucoup. Il s'agit en particulier de celles telles que la théorie de l'impôt sur les monnaies et la théorie du "domaine de circulation", qui y est étroitement liée, ainsi que la théorie de l'inflation. "

L'émergence du renminbi marque l'unification complète de la monnaie chinoise. Outre les raisons subjectives de l'efficacité des mesures, les facteurs objectifs sont que l'économie chinoise a atteint quatre grands équilibres en peu de temps : un budget équilibré, qui a brisé la racine de l'inflation ; une monnaie équilibrée, qui a fixé la source de la stabilité monétaire ; une offre et une demande de biens équilibrées, qui a tiré parti des forces spéculatives ; et un change équilibré, qui a arrêté la voie de la panique monétaire.

Le renminbi n'est rattaché à aucune devise étrangère, ce qui élimine fondamentalement la possibilité pour les forces de capital étrangères de pénétrer dans le système financier chinois. Le RMB, totalement indépendant et auto-émis, protège fermement la frontière financière élevée de la Chine.

Le Dieu de la fortune de la Frontière

Par une nuit d'hiver du début de l'année 1941, Nan Hanchen, vice-ministre du département des travaux du Front uni du Comité central du PCC, marchait à pas pressés sur le chemin de Yangjialing à Yan'an. Une heure plus tôt, il venait de recevoir un avis urgent de Mao Zedong et s'était lancé à sa poursuite. En regardant les lumières du four de Yangjialing devant vous, vous vous sentez très chaud dans la nuit froide.

Après un bref échange de civilités, Mao Zedong a exposé sans détours la situation difficile dans la zone frontalière. À partir de 1940, le Japon intensifie sa campagne de capitulation contre le Kuomintang, et les frictions sont constantes entre le gouvernement du Kuomintang et le BALU et la Nouvelle Quatrième Armée.

Après cela, le gouvernement de Chiang Kai-shek a coupé les allocations financières et l'aide aux zones frontalières. Dans le même temps, une politique de "blocus" et de "siège" a été adoptée pour les zones frontalières, interdisant aux marchandises d'entrer et de sortir des zones frontalières, affirmant que "pas même une livre de coton ou un pied de tissu ne peut entrer dans les zones frontalières". Et la région frontalière subit de graves catastrophes depuis 1940, ce qui a entraîné

30 années de déclin agricole sans précédent. La zone frontalière est en extrême difficulté financière, on peut dire que le personnel militaire et politique n'a pas de nourriture, de vêtements, de couverture, de papier, jusqu'à la pauvreté.

Mao Zedong a dit à Nan Hanchen, la situation est très grave, Jiang, le président du comité ne nous donne pas à manger, nous ne pouvons pas ouvrir le pot. Mais nous ne pouvons pas sauter de la falaise, nous ne pouvons pas nous dissoudre, nous devons le faire nous-mêmes.

Face aux difficultés économiques de la région frontalière, comment Mao aurait-il pu penser à Nan Hanchen ?

C'est parce que Nan Hanchen avait une riche expérience de la révolution et un large éventail de contacts. En particulier, au début des années 1930, alors qu'il était secrétaire général du gouvernement provincial du Shaanxi, il a aidé le président provincial Yang Hucheng à sauver le Shaanxi de la crise économique qui a suivi la Grande sécheresse, en mettant de l'ordre dans tous les aspects du Shaanxi et en soutenant le personnel du gouvernement et les 50 000 soldats de l'armée du Nord-Ouest par des revenus financiers. Le gouvernement central a décidé de faire de lui le directeur financier de la zone frontalière de Shaanxi-Ganning, pour être "une belle-fille intelligente qui peut cuisiner sans riz", pour résoudre le problème de la zone frontalière de 40 000 à 50 000 militaires et personnels politiques pour s'habiller et manger.

Nan Hanchen a reçu l'ordre d'être le grand intendant de la zone frontalière en cas de crise. La priorité absolue de Hanchen Sud est de trouver de la nourriture, sans nourriture l'armée non seulement ne peut pas se battre, mais même la survie est un problème. La situation était en effet assez grave, l'entrepôt du Bureau des céréales avait été réduit à néant et l'administrateur a soigneusement ramassé un grain de riz sur le sol avant de rassembler une marmite et de préparer un repas de réveillon pour le chef du centre.

Après une enquête minutieuse, Nan Hanchen a trouvé le nœud du problème. Au début de la guerre de résistance, avec la petite taille des cadres démobilisés et de l'armée dans les zones frontalières et le niveau élevé de l'aide extérieure, le gouvernement a mis en œuvre une politique de repos et de récupération et de bénéfice pour le peuple, avec peu de collecte de nourriture auprès des agriculteurs. Mais avec l'augmentation du personnel militaire et politique, le nombre de chevaux a augmenté et les besoins en nourriture se sont accrus, mais les gouvernements frontaliers étaient toujours réticents à collecter de la nourriture auprès de la population, ce qui a provoqué la situation difficile de 1941.

Nan Hanchen pensait que si les finances gouvernementales mettaient toujours l'accent sur la "règle bienveillante" sans tenir compte des besoins réels de la révolution, cela deviendrait "la bienveillance de Xiang Gong de Song". La nation chinoise se trouve à un moment critique de vie et de mort, les habitants des zones frontalières doivent apporter de fortes contributions et avoir de l'argent. En 1940, le gouvernement avait besoin de 140 000 koku de nourriture, mais seulement 90 000 koku ont été collectés, et le peuple trouvait insupportable d'emprunter deux fois la nourriture au peuple et de l'acheter une fois, à cause de la différence.

Nan Hanchen a fait un compte-rendu détaillé et a conclu que sous la politique de repos et de récupération, d'une part, la charge des paysans était très légère ; les 90 000 grains de pierre prélevés en 1940 ne représentaient qu'environ 6% de la production annuelle, alors que sous le gouvernement national, la charge des paysans du Sichuan était 10 fois supérieure à celle des zones frontalières ! D'un autre côté, les agriculteurs ont de la nourriture dans les mains. Il a rendu visite à de nombreux agriculteurs le jour de l'an qui emballent des boulettes de pâte, et avant l'arrivée de l'Armée rouge dans le nord du Shaanxi, neuf ménages sur dix n'avaient pas de nourriture pour la nuit, par rapport à la situation actuelle, c'est tout simplement un monde de différence.

Après mûre réflexion, Nan Hanchen décida de prélever 200 000 pierres de céréales publiques et 26 millions de kilogrammes d'herbe publique en 1941, et déclara aux paysans que toutes les céréales empruntées auparavant seraient rendues et ne seraient plus empruntées l'année suivante. [146]

Par la suite, le ministère des Finances a pris l'initiative d'organiser un grand nombre de cadets et de membres du personnel de l'école du Parti pour aller dans les comtés expliquer aux masses qu'elles doivent avoir une armée pour défendre leur pays et qu'elles doivent avoir de la nourriture militaire pour avoir une armée. Les zones frontalières sont les zones les plus brillantes et les plus heureuses de Chine, et le bonheur

---

[146] *Le premier gouverneur de la banque centrale du royaume fondateur* — Nan Hanchen, Deng Jialong, China Finance Press, 2006, p. 57.

des gens dans les zones frontalières a été créé et protégé par l'armée communiste. L'armée doit protéger le peuple et le peuple doit approvisionner l'armée ; sans nourriture, l'armée ne peut pas survivre.

Grâce à la propagande, le travail de collecte de céréales et d'herbe a été compris et soutenu par le peuple, la collecte de suffisamment de céréales et d'herbe pour garantir fondamentalement l'approvisionnement des zones frontalières, de sorte que les zones frontalières ont surmonté les difficultés imminentes. Plus tard, Nan Hanchen a pris en compte le fait qu'après la révolution agraire, il n'y avait pas beaucoup de différence entre les riches et les pauvres, et a proposé un système d'impôt progressif pour l'agriculture basé sur la récolte réelle de chaque ménage, de sorte que la plupart des agriculteurs supporteraient l'impôt agricole, plus sur plus, moins sur moins, juste et raisonnable, et tout le monde a contribué à la guerre de résistance.

Le problème de la nourriture a été atténué, mais les produits de première nécessité, comme le coton, sont toujours en quantité insuffisante et ne peuvent être importés que de l'extérieur des zones frontalières, alors que le Kuomintang a imposé un blocus. Nan Hanchen réfléchit amèrement aux contre-mesures à prendre, pensant que le seul moyen de briser le blocus était de trouver les matériaux nécessaires à l'extérieur et de faire du commerce. Grâce à des recherches et des études, il a découvert que le nord du Shaanxi possède trois trésors : le sel, la fourrure et la réglisse, mais la réglisse est légère, prend de la place et est pénible à transporter ; la production de fourrure est limitée et les zones frontalières ne se suffisent pas à elles-mêmes. Le sel est donc devenu la seule option.

À cette époque, le sel du nord du Shaanxi présentait un avantage unique. Depuis la guerre de résistance, le sel marin était contrôlé par les Japonais et ne pouvait être transporté, tandis que d'autres régions productrices de sel voisines voyaient leur production diminuer d'année en année. Les régions productrices de sel du nord du Shaanxi ont vu leur statut de principal fournisseur de sel du nord-ouest s'élever. Avec des biens stratégiques comme le sel, la zone frontalière occupe le point culminant du commerce.

Afin de résoudre les problèmes de retard technologique, de faible production et de mauvaises conditions de distribution des exploitations de sel, le département des finances du district frontalier a mis en place un Bureau du sel spécial, responsable de la production et du transport du sel. Le Bureau du sel organise la participation de l'armée à la production de sel afin d'augmenter la production ; il achète le sel à l'armée et à la population à un prix raisonnable ; il encourage la population à transporter le sel ; les transporteurs de sel ne paient pas les céréales publiques pour leur revenu de fret, mais reçoivent également une part des bénéfices de la vente de sel ; le ministère des Finances alloue des fonds pour rénover les routes sur lesquelles le sel est transporté et pour installer des auberges le long de la route afin de résoudre les problèmes de nourriture, d'abri, d'eau et d'herbe sur les routes. Ces mesures ont mobilisé l'enthousiasme sur tous les fronts, et les masses refusent de se reposer, même le premier jour du Nouvel An lunaire, pour transporter le sel à des fins lucratives.

Le KMT a d'abord intercepté le sel expédié depuis les zones frontalières, mais n'a pas pu l'arrêter. En réponse au complot du KMT, le Bureau des affaires salines des zones frontalières a mis en place un système unifié d'achat et de vente de sel auprès des expéditeurs de sel et a attendu le bon moment pour le promouvoir. Lorsque le Bureau des affaires salines a appris que les zones de production de sel environnantes avaient été occupées par les Japonais, il a immédiatement doublé le prix du sel, et les autorités du KMT ont commencé à le retenir, mais le Bureau des affaires salines a rapidement reçu des informations précises selon lesquelles les autorités du KMT étaient sur le point d'épuiser leurs stocks de sel, et a attendu qu'elles se présentent à leur porte. Après plus de 20 jours, Yan Xishan a pris l'initiative de se présenter à la porte pour acheter, et quelques jours plus tard, Xi'an Hu Zonan n'a pas pu se retenir.

Ainsi, le plan gouvernemental de transport du sel a été mené à bien sans heurts, brisant puissamment le blocus du parti nationaliste et garantissant l'approvisionnement des zones frontalières.

Afin de faire le pont entre la zone frontalière et la zone Guotong, Nan Hanchen a également trouvé le chef de gang de Xi'an. Dans ses premières années, Nan Hanchen a rejoint la révolution, et afin de mobiliser les masses, il avait l'habitude de se lier d'amitié avec les trois sectes, et ses qualifications dans le club étaient anciennes. À cette époque, lorsqu'il est arrivé à Xi'an, les principaux frères aînés locaux ont tous dû respecter Nan Hanchen et écouter ses ordres. Grâce à eux, Nan Hanchen a mobilisé les membres du gang de l'armée de Hu Zongnan pour envoyer les souvenirs du district frontalier à Xi'an pour les vendre, puis pour acheter des médicaments, des tissus et d'autres fournitures indispensables au district frontalier, résolvant ainsi le besoin urgent du district frontalier.

Outre la possession de biens stratégiques et l'ouverture de canaux commerciaux, Nan Hanchen et Zhu Liji, le gouverneur de la banque du district frontalier, ont proposé d'émettre la monnaie du district frontalier de manière indépendante, de prendre le contrôle de l'émission de la monnaie et de soutenir le commerce et le développement économique avec leur propre monnaie, ce qui a permis au district frontalier de surmonter ses difficultés financières.

Le déficit de la zone frontalière a dépassé 5 millions de dollars en 1941, et après plus d'un an d'efforts, un excédent de plus de 10 millions de dollars a été atteint en 1942. Nan Hanchen, qui n'a jamais étudié l'économie, s'appuie sur l'expérience acquise dans la pratique et la recherche, a réussi à faire un retour à la zone frontalière "peut cuisiner sans riz pour la belle-fille intelligente", sauvant ainsi l'économie de la zone frontalière.

La renaissance difficile des monnaies frontalières

> *"La lutte sur le front économique derrière l'ennemi n'est nullement moins aiguë que sur le front militaire. Notre politique monétaire est également une arme importante dans le développement de la production et dans la guerre contre l'ennemi."*[147]
>
> Deng Xiaoping

Au printemps 1939, Lin Boqu, président du gouvernement du district frontalier de Shaanxi-Ganning, a reçu une lettre de Kong Xiangxi, doyen administratif du gouvernement national et ministre des Finances, interrogeant le gouvernement du district frontalier sur l'émission et la circulation forcée de pièces françaises d'un yuan et de coupons de prix des magasins Kuang Hua.

Lin Boqu a répondu :

> *"Le crédit de la monnaie française est très élevé et la circulation est fluide dans le gouvernement du district frontalier du Shaanxi, du Gan et du Ningxia, mais il y a une pénurie de petites quantités de pièces, ce qui affecte le prix des marchandises et entrave la subsistance des gens ordinaires". À la demande de la Chambre*

---

[147] *Economic Construction in the Taihang Region*, Deng Xiaoping, Liberation Daily, 1943.

de commerce locale et de l'Association des agriculteurs auprès du gouvernement du district frontalier, le magasin de Guanghua a été autorisé à émettre des bons de 2 cents, 5 cents et 10 cents. La circulation est limitée à la zone frontalière Shaanxi-Ganning. Depuis son émission, il a été bien préparé, a gagné la confiance du peuple et n'a pas été forcé par les forces armées à exercer des choses. Votre Excellence a écouté le rapport et il était complètement faux."[148]

À l'époque, la monnaie française émise par le gouvernement national était la monnaie légale du district limitrophe, et comme l'a dit Lin Boqu, la monnaie française était très solvable et circulait sans problème, tandis que le district limitrophe n'émettait que des petits billets d'un yuan ou moins, les coupons de prix de la boutique Guang Hua, qui n'étaient ni obligatoires dans le district limitrophe ni diffusés dans le district Guotong.

Après l'incident de Xi'an, le Kuomintang, pressé par la demande unanime du peuple du pays de résister à la guerre, forme un front uni national avec le Parti communiste contre le Japon. Le gouvernement démocratique des ouvriers, des paysans et des fermiers du Parti communiste est rebaptisé gouvernement du district de Shaanxi-Gangying-Ningbin et devient une région administrative spéciale sous la juridiction du Kuomintang. L'Armée rouge est réorganisée sous le nom d'Armée des Huit Routes et fait partie de l'Armée nationale révolutionnaire, recevant la solde militaire du gouvernement du Kuomintang.

Le Kuomintang finançait son ennemi juré, l'Armée rouge, qui avait perdu de l'argent, et devait le récupérer ailleurs, et le contrôle du système financier dans les zones frontalières est devenu la meilleure cible. Selon l'accord signé par les deux parties sur l'absence de banques dans la région frontalière, la monnaie française émise par le Kuomintang a été désignée comme la seule monnaie légale dans la région frontalière, et les banques de la région frontalière n'ont pas opéré ouvertement, mais ont seulement agi en tant que caissiers pour le gouvernement, ont reçu les salaires payés par le Kuomintang à l'armée des huit routes, et ont maintenu la circulation de la monnaie française.

[148] Selected government documents of the Shaanxi-Ganning Border District, Series 1, Shaanxi Provincial Archives, Shaanxi Provincial Academy of Social Sciences, Archives Press, édition de mai 1986, p. 230.

De cette façon, le gouvernement frontalier perd le droit d'émettre de l'argent !

Sans le droit d'émettre de l'argent, c'est comme une personne qui n'a pas de fonction hématopoïétique propre et qui dépend uniquement des transfusions sanguines pour maintenir le bon fonctionnement de son corps. Le BNP peut couper l'approvisionnement en argent à tout moment, laissant les zones frontalières dans une crise économique.

Le joueur d'argent Kong Xiangxi ne peut pas comprendre le mystère. Cependant, les pièces françaises fournies par le Kuomintang aux zones frontalières sont toutes d'un yuan ou plus de la pièce principale, ce qui est trop grand pour la vie quotidienne. Il y avait un manque de pièces en circulation dans les zones frontalières, et les gens devaient remplacer les pièces par des timbres. Ce n'est qu'en juin 1938 que le gouvernement du district frontalier et le gouvernement du Kuomintang, après des tentatives répétées et vaines, commencent à émettre des bons pour le coût des pièces au nom de Kwang Hua Shop, une coopérative affiliée à la Boundary District Bank.

Ce qui agaçait et effrayait Kong, ce n'était pas les petits billets émis par Bianchi, mais le fait que Bianchi émettait secrètement sa propre monnaie dans le but de restaurer sa fonction hématopoïétique et de créer son propre système indépendant de la monnaie légale du Kuomintang. Les Kong Xiangxi savaient combien cela leur avait coûté d'unifier la monnaie française et d'éliminer économiquement les seigneurs de la guerre. Par conséquent, si le Parti communiste devait avoir le moindre signe d'émettre de la monnaie de façon indépendante, il faut l'empêcher vigoureusement et enquêter jusqu'au bout.

Étant donné que la réponse de Lin Boqu était raisonnable et que les banques locales des provinces sous la juridiction du KMT avaient déjà émis de petites quantités de pièces supplémentaires, M. Kong n'avait d'autre choix que de laisser le "fiasco du bon Guang Hua" aller à son terme.

De 1935 à 1939, la valeur de la monnaie française du gouvernement de Chongqing était relativement stable et l'inflation modérée, mais à mesure que la guerre se poursuit, la consommation de matériel est énorme, l'aide étrangère est entravée et le déficit budgétaire commence à augmenter fortement. Afin de combler le déficit, le gouvernement de Chongqing ne peut que commencer à imprimer de l'argent et à s'engager dans un "assouplissement quantitatif", en conséquence de quoi la monnaie française a commencé à se déprécier fortement et le diable inflationniste a commencé à monter.

Après l'incident de l'Anhui du Sud, le gouvernement du Kuomintang a complètement arrêté les allocations financières et l'aide aux zones frontalières et a imposé un blocus économique complet. Dans le même temps, le gouvernement de Chongqing a activé ses armes monétaires, en introduisant la monnaie française fortement dévaluée dans les zones frontalières pour acheter de la nourriture et des souvenirs, et en la répercutant sur l'inflation. En conséquence, les prix à Yan'an sont montés en flèche : le prix de détail initial de 0,1 yuan pour une boîte de cigarettes est passé à 100 yuans, voire 300 yuans ; le prix de détail initial de 0,05 yuan pour une boîte d'allumettes est passé à 50 yuans, voire 100 yuans. Les masses se plaignent, l'économie et le commerce se contractent et le problème de la monnaie est exceptionnellement aigu.

À l'époque, la contre-mesure de Nan Hanchen consistait à interdire la circulation de la monnaie française dans la zone frontalière, à garder fermement entre ses mains le droit d'émettre la monnaie et de fixer les prix du commerce, et à demander aux banques de la zone frontalière d'émettre la monnaie frontalière. Cette proposition est très controversée au sein du parti, certains opposants faisant valoir que les zones frontalières manquent déjà de marchandises, et que si la monnaie frontalière était à nouveau émise, cela ne signifierait-il pas des prix élevés et une grave inflation ? Les deux parties étaient à couteaux tirés, et finalement, le secrétaire du secrétariat central, Ren Pil-Shi, a pris position au nom du gouvernement central en faveur de la proposition de Nam Hanchen. Cette décision reflète pleinement la vision stratégique des hauts dirigeants du Parti communiste, dont la compréhension de la situation financière globale n'est pas pire que celle du ploutocrate Kong Xiangxi. L'inflation n'est qu'une épreuve temporaire, et permettre à la monnaie française de circuler dans la périphérie ne fera que faire de la périphérie un endroit empoisonné où il n'y aura jamais de paix.

L'émission des pièces marginales a rétabli la fonction de formation du sang de la zone latérale ; l'expulsion des pièces françaises a également permis à la zone latérale de se désintoxiquer et d'assurer la circulation sans entrave de sang frais. En expulsant les pièces françaises de la circulation, elle libère de l'espace pour l'entrée des pièces marginales et élargit leur zone de circulation.

En mars 1941, le gouverneur de la banque du district frontalier, Zhu Liji, qui avait étudié l'économie à l'université de Tsinghua pendant deux ans, prend ses fonctions. Sur la base de nombreuses recherches et études, Richard Zhu a constaté que, comme les zones frontalières se trouvent dans des régions économiquement arriérées et qu'elles n'ont pas développé activement leur propre économie par le biais d'allocations et d'aides étrangères dans le passé, les recettes fiscales sont faibles, et il est impossible de compenser le déficit fiscal causé par la perte de l'aide étrangère dans un court laps de temps en augmentant considérablement les impôts. Par conséquent, l'émission de monnaie de crédit est le seul moyen de surmonter la crise fiscale et de développer la production.

L'émission de pièces frontalières et la suppression des pièces françaises sont les deux faces d'une même pièce, et les pièces françaises qui ont été remplacées peuvent être utilisées pour acheter des biens dans les juridictions du parti nationaliste, ce qui peut être décrit comme "faire d'une pierre deux coups". Cela permettrait d'atténuer les pressions inflationnistes dans la zone frontalière et de contrôler davantage la hausse des prix dans la zone frontalière en vendant les intrants de la zone gérée par l'État. Comme les gouvernements frontaliers ont le pouvoir d'émettre de la monnaie, ils ne sont plus impuissants dans la "guerre monétaire" avec le parti nationaliste.

Un autre dilemme auquel Jürgen est confronté est la nécessité d'émettre de la monnaie pour stimuler le développement économique sans laisser la monnaie inonder l'économie et rendre incontrôlable le problème déjà aigu de l'inflation. Comment gérer exactement la relation entre le volume de la monnaie émise et les prix ? Il reconnaissait que "si la circulation des marchandises est supposée constante, et que la circulation du papier-monnaie augmente, les prix doivent augmenter. De même, la quantité de monnaie en circulation sur le marché est supposée constante, et une diminution de la quantité de marchandises en circulation doit être suivie d'une augmentation des prix". [149]

Ainsi, Jules a proposé une approche à deux volets de l'inflation :

---

[149] A Collection of Essays in Memory of Zhu Lizhi, édité par le Party History Research Office of the CPC Henan Provincial Committee, CPC Party History Press, 2007, p. 112.

> " D'une part, prêter plus d'argent à l'industrie, à l'agriculture
> et aux transports pour favoriser la production ; d'autre part,
> développer le crédit autant que possible et réduire l'émission de
> monnaie pour que la monnaie marginale ne soit pas en inflation.
> „ 150

Une politique monétaire modérément restrictive fondée sur la garantie de l'offre et le soutien au développement économique, avec pour objectif principal de stabiliser la valeur de la monnaie marginale.

De 1941 à 1942, les banques frontalières réduisent de 11% la proportion des prêts financiers du gouvernement, réorientant une partie des réductions vers le commerce et la construction de la production, et les prêts destinés à soutenir les exportations de sel s'élèvent à eux seuls à près de 10 millions de yuans. Dans le même temps, l'épargne et les revenus du gouvernement provenant de la vente de sel sont utilisés pour récupérer de l'argent, réduire la quantité de monnaie en circulation et contrôler l'inflation.

La stabilité et la crédibilité des monnaies de la zone frontalière dépendent du commerce "extérieur" de la zone frontalière, dont la croissance est étroitement liée au problème du "taux de change" entre les monnaies frontalières françaises.

Peu après la création de la banque frontalière, le gouvernement est intervenu administrativement dans le rapport entre la monnaie frontalière et la monnaie française en raison de la faible solvabilité de la monnaie frontalière et de sa circulation limitée, ce qui a conduit à l'émergence d'un marché noir du "change". Jules estime que le problème du marché noir du "change" ne peut être résolu par une simple interdiction et une lutte contre celui-ci. " Parce que dans le cadre de la politique de change actuelle, la monnaie française de la banque ne fait que sortir, pas entrer, et le marché noir ne pourra jamais être évité. "[151] Jules a vu le problème pour ce qu'il était. La coexistence des pièces françaises et l'incapacité temporaire de ces dernières à rembourser intégralement les pièces françaises sont inévitables. Plutôt que la répression administrative, c'est le marché qui doit diriger.

---

[150] Inflation et gouvernance dans la période initiale d'émission de monnaie dans la région frontalière de Shanxi-Ganning, Gao Qiang.

[151] Pensée financière et contribution du camarade Zhu Liji, Song Linfei.

À la fin de l'année 1941, le gouvernement de la région frontalière a mis en place une bourse des devises, dans laquelle les pièces frontalières et françaises sont cotées en bourse et librement échangées, et les banques de la région frontalière régulent le prix des pièces frontalières et françaises en fonction de l'offre et de la demande du marché, en ajustant le temps et les excédents et pénuries régionaux, dans le but d'éliminer le marché noir et de stabiliser la valeur des pièces frontalières et le commerce financier dans la région frontalière.

La mise en place de la bourse des devises a grandement facilité l'échange des monnaies frontalières et françaises et a favorisé le développement du commerce d'importation et d'exportation dans les régions frontalières, notamment l'exportation de sel et de souvenirs. Elle joue également un rôle important dans la stabilisation du rapport entre les monnaies frontalières et les monnaies françaises, permettant aux banques frontalières de lutter contre la spéculation sur les devises grâce à la plate-forme de la chambre de compensation. L'effet de rehaussement de crédit d'une monnaie frontalière est obtenu en faisant monter régulièrement la valeur de la monnaie frontalière. Le résultat est que de plus en plus de personnes sont prêtes à utiliser et à détenir des monnaies frontalières, et que les monnaies frontalières deviennent de plus en plus disponibles, prenant progressivement le dessus dans la lutte monétaire contre la monnaie française.

Après un an et demi d'efforts pour contrôler la quantité de monnaie émise, développer l'économie et augmenter l'offre de biens, au cours du second semestre de 1942, les prix ont commencé à augmenter à un rythme inférieur à celui de l'augmentation de la monnaie émise, et le rapport entre la monnaie frontalière et la monnaie française a également augmenté, passant de 325:100 en juillet à 209:100 en décembre, la région frontalière a réalisé un succès bienvenu dans la suppression des prix et la stabilité financière, et la monnaie propre de la région frontalière est restée debout.

Zhang Yuyan, un érudit financier de renom, a commenté les réalisations monétaires et financières de la région frontalière de Shaanxi-Ganning il y a plus d'un demi-siècle.

> *"Nous n'avons pas été surpris de constater que, malgré les différences de taille et de complexité, les questions dont on parle aujourd'hui, comme l'hégémonie du dollar, la création de l'euro et l'expansion de la zone euro, la libéralisation financière, la guerre des monnaies et l'internationalisation du yuan, ont été rencontrées, discutées et admirablement traitées par les anciens*

gouvernements frontaliers, en particulier par les gouverneurs des banques. Si l'un des plus grands défis auxquels la Chine est confrontée aujourd'hui provient des sphères monétaire et financière, la merveilleuse histoire des communistes locaux d'il y a quelques décennies, qui ont eu le courage de pratiquer, d'accumuler de l'expérience, d'utiliser des lois et de résumer scientifiquement, peut nous en apprendre beaucoup. Il s'agit en particulier de celles telles que la théorie de l'impôt sur les monnaies et la théorie du "domaine de circulation", qui y est étroitement liée, ainsi que la théorie de l'inflation. " [152]

La même guerre des devises s'est répétée deux ans plus tard dans la base de Shandong.

La "norme de prix" de la monnaie de Beihai : l'innovation financière dans la base de Shandong

En août 1945, un jour après la victoire de la guerre antijaponaise, un journaliste américain interviewait un cadre de la 8Luftwaffe dans la base de Shandong.

Correspondant américain : Comment la monnaie de la base du Shandong, qui n'a ni or, ni argent, ni devises étrangères à émettre, peut-elle maintenir la stabilité de la monnaie et des prix ? C'est un miracle incroyable !

Huit cadres de l'Armée de la Route : Nous avons des matériaux à distribuer. Vous avez 40% de réserves d'or et nous avons 50% de nos réserves de matériaux.

(Les journalistes américains se regardent avec perplexité).

Cadres de l'Armée des huit routes : pour chaque 10 000 yuans de monnaie que nous avons émis, au moins 5 000 yuans ont été utilisés pour acheter des fournitures importantes comme des céréales, du coton, des tissus de coton, des arachides, etc. Si les prix augmentent, nous les revendons dans la monnaie et faisons baisser les prix. À l'inverse, si les prix baissent, nous émettons davantage de monnaie et achetons des fournitures. Nous utilisons ces nécessités de la vie pour préparer l'émission de monnaie, qui est bien supérieure à l'or et à l'argent qui ont trop faim pour être mangés et trop froid pour être habillés.

(Les journalistes américains réfléchissent en prenant des notes).

---

[152] *Pratique et connaissance véritable* — Lire "Le traité financier de Richard Zhu", Zhang Yuyan.

Le cadre du Huit Corps : *Après la réalisation du système de la monnaie papier, la valeur de la monnaie représentée était déterminée par la quantité de monnaie en circulation. La circulation est multipliée par 10, et les prix sont multipliés par 10, toutes choses égales par ailleurs. La raison pour laquelle les pièces françaises et les fausses pièces sont si dévaluées est qu'elles émettent de la monnaie papier sans discernement. Nos prix sont relativement stables parce que nous contrôlons correctement la quantité de monnaie en circulation.*

JOURNALISTE AMÉRICAIN : *C'est un point intéressant, si vous pouviez le développer.*

(Il a fallu quatre heures de comparaison avec le journaliste américain pour que les cadres du Huit Corps parviennent à lui faire comprendre cela).

American Reporter : *Pensez-vous que les Etats-Unis puissent avoir un tel système monétaire ?*

Cadre à huit voies : *Les États-Unis détiennent désormais les deux tiers de l'or mondial et peuvent encore atteindre un étalon-or.* [153]

Les cadres de l'armée des Huit Routes ne s'attendaient pas à ce que, 30 ans plus tard, les États-Unis soient également contraints d'abandonner l'étalon-or et de contrôler la quantité de monnaie émise pour stabiliser les prix, faisant ainsi de la doctrine monétariste de Friedman une épistémologie occidentale. Mais sa théorie avait des décennies de retard sur la pratique monétaire de la base du Shandong. Au moment de l'interview, Friedman était encore un doctorant à l'université, un "keynésien convaincu", et était encore loin d'une théorie de la monnaie.

À cette époque, la pratique monétaire du Parti communiste chinois était bien plus avant-gardiste que la théorie monétaire occidentale. Plus important encore, le sentiment de le faire de ses propres mains n'est pas au même niveau que l'exploration théorique sur papier. C'est comme un professeur de MBA dans une université qui parle de la manière dont les entreprises devraient être gérées, mais ses connaissances sont si grandes qu'elles ne peuvent être comparées à la pratique de gestion de Wang Yongqing ou de Li Ka-shing.

Après la réforme et l'ouverture, les "Friedman" étaient autrefois considérés comme des dieux, méprisant les grandes réalisations qu'ils

---

[153] *Mémoires de Xue Muxiao*, par Xue Muxiao, Tianjin People's Press, 2006, p. 170.

avaient créées avec la pratique monétaire, et perdus dans l'aura fascinante des théories occidentales de toutes sortes, s'écartant complètement du principe suprême de "la pratique est le seul test de la vérité", ce qui est vraiment déplorable ! Depuis l'apprentissage de la pensée monétaire américaine, le pouvoir d'achat réel du renminbi s'est fortement contracté au cours des 30 dernières années, et le ménage enviable "super-duper" d'un million de yuans du début des années 1980 est maintenant devenu la norme pour les "ménages à faibles revenus" de Chine.

La véritable identité d'un journaliste américain : un économiste.

Les cadres de l'armée des huit routes : Xue Muxiao, culture de l'école primaire, "diplômé" de l'"Université" de la prison de Shanghai, directeur du bureau de l'industrie et du commerce de la province du Shandong et hôte de la politique monétaire, l'un des fondateurs du nouveau système monétaire chinois.

Quel genre de monnaie Xue Muxiao a-t-il inventé pour que les économistes américains viennent en Chine comme s'ils exploraient des secrets nucléaires ?

À l'origine, la base de Shandong a commencé à émettre des "pièces de Beihai" comme monnaie complémentaire à la monnaie française en 1938, mais en raison du manque d'expérience de la base en matière d'émission de papier-monnaie, les pièces de Beihai étaient initialement moins solvables que la monnaie française.

À l'époque, la monnaie française était rattachée à la livre sterling et au dollar américain et était très forte dans les différents régimes. Non seulement les Japonais détenaient de grandes quantités de monnaie française pour assurer la stabilité de la monnaie locale, mais le régime japonais émettait également de fausses pièces dans les zones déchues et les remboursait en échange de devises ou de marchandises étrangères.

Après le déclenchement de la guerre du Pacifique, le Japon a confisqué les institutions financières anglo-américaines en Chine et ne pouvait plus utiliser la monnaie française pour couvrir les devises étrangères. Ils ont donc changé de tactique et utilisé les pièces françaises pour envoyer des milliards de pièces françaises des zones sous contrôle japonais vers le Kuomintang et les bastions antijaponais pour acheter des fournitures. Rien qu'en 1942, des centaines de millions de dollars de monnaie française ont afflué vers la base du Shandong. Cela a non seulement entraîné l'afflux de grandes quantités de matériel vers les zones occupées par l'ennemi, mais aussi le fait que le nombre de devises françaises dans les territoires dépasse de loin la demande du marché, que le pouvoir d'achat des devises françaises diminue de façon spectaculaire, que la devise de la mer du Nord qui lui est associée se déprécie rapidement et que l'inflation augmente. C'est la même chose que l'afflux massif de dollars en Chine aujourd'hui, qui a conduit à un développement excessif du renminbi tout en "couvrant" les produits, ressources et matières premières chinoises, entraînant ainsi une baisse du pouvoir d'achat du renminbi et une hausse des prix.

Le résultat de cette inflation rapide est que les prix des denrées alimentaires en 1943 étaient 25 fois plus élevés qu'en 1941 dans un pays qui croit traditionnellement à "la nourriture pour le peuple" !

Au début de l'année 1943, Xue Muxiao passait par hasard par la base de Shandong pour se rendre à Yan'an, et a été "retenu" par les dirigeants de la base pour aider la base dans la lutte contre l'ennemi.

Le gouvernement de l'époque, ignorant les lois de la monnaie et des prix, laisse circuler les pièces françaises et celles de la mer du Nord, mais interdit les fausses pièces émises par le gouvernement japonais. Sur le marché noir de la zone déchue, les pièces contrefaites sont plus chères que les pièces françaises. La pièce française est plus élevée que la pièce de la mer du Nord selon le lieu. Le Shandong a utilisé des moyens administratifs pour comprimer le ratio de la monnaie française et a annoncé que la monnaie de la mer du Nord serait échangée contre la monnaie française à un ratio de 1:2, ce qui n'a pas du tout fonctionné.

Après de nombreuses recherches, Xue Muxiao a proposé que la seule façon de stabiliser la valeur de la monnaie de la mer du Nord et le prix de la base soit d'expulser la monnaie française, de sorte que la monnaie de la mer du Nord devienne la seule monnaie en circulation dans la base, le droit exclusif d'émettre de la monnaie. La solution consiste à utiliser la monnaie de la mer du Nord pour évincer et collecter la monnaie française, et à utiliser la monnaie française collectée pour se procurer des fournitures dans les zones occupées par l'ennemi et utiliser ces fournitures pour soutenir la monnaie de la mer du Nord. Le gouvernement vend les marchandises lorsque les prix augmentent, et la monnaie revient, et les prix baissent naturellement.

Cette approche fonctionne. Après l'expulsion du franc, les prix ont effectivement baissé, mais de nouveaux problèmes sont apparus. Les prix ont chuté de manière excessive parce que la quantité de pièces de la mer du Nord n'est pas suffisante pour répondre à la demande de circulation sur le marché. À cette époque, le gouvernement local ne savait pas qu'il devait émettre plus de monnaie pour stabiliser les prix, mais il a préféré déverser les marchandises pour ramener la monnaie, et à temps pour la saison d'acquisition des produits agricoles, les agriculteurs se sont précipités pour vendre, et par conséquent, les prix ont plongé. Bien que le Bureau du commerce et de l'industrie se soit immédiatement déployé pour émettre des devises supplémentaires, il a manqué l'occasion d'acquérir des produits agricoles en raison de la faiblesse des banques à imprimer de la monnaie. Le résultat de ces trois facteurs est que les prix ont chuté de moitié à partir du moment où la monnaie française s'est arrêtée. Au moment de la famine du printemps, le gouvernement n'avait pas assez de produits agricoles en main pour rembourser l'augmentation "tardive" de la monnaie, ce qui a entraîné une autre forte hausse des prix.

Xue Muxiao et ses collègues se rendent compte que dans l'économie rurale, la saisonnalité de l'émission de monnaie et l'existence d'une certaine loi objective des prix : l'automne et l'hiver augmentent l'émission de monnaie pour acheter des produits agricoles, le printemps revend les produits agricoles à la monnaie, de sorte que les prix sont fondamentalement stables, et que la stabilité des prix est la marque du crédit monétaire, est la mesure du succès du système monétaire. C'est dans de telles pratiques monétaires qu'ils ont créé des innovations financières monétaires qui sont préparées pour être émises avec des matériaux !

Xue Muxiao s'est rappelé plus tard cette histoire :

> *"La monnaie émise par les banques devait être remise à moitié prix au Bureau du commerce et de l'industrie nouvellement créé pour l'acquisition de divers produits agricoles, qui pouvaient être consommés à tout moment pour stabiliser les prix. La monnaie que nous émettons n'est pas réservée en or, en argent ou en devises, elle est réservée en matières. Lorsque les prix montent ou descendent, le Bureau du commerce et de l'industrie est prêt à recevoir des marchandises et à réguler la quantité de monnaie en circulation afin de maintenir la valeur de la monnaie et les prix stables. À cette époque, les pays capitalistes étaient sur un étalon-or et l'inflation n'était pas un problème. Cette connaissance de la régularité que nous avons acquise par*

> *la pratique est peut-être une nouvelle découverte dans l'histoire de la doctrine monétaire.* " [154]

Le système monétaire est décrit comme un "étalon de prix", ce qui signifie que

> *"notre monnaie n'est pas liée à l'or ou à l'argent, ni à la monnaie française ou à la fausse monnaie. Notre monnaie locale est liée aux prix, en utilisant l'indice des prix (non pas l'indice d'une marchandise particulière, mais l'agrégat de plusieurs marchandises importantes) comme critère pour déterminer le niveau élevé ou bas de la monnaie.* " [155]

Après avoir terminé la lutte monétaire pour "expulser la monnaie française et stabiliser les prix", la lutte commerciale locale a commencé, et la Chambre de commerce et d'industrie locale est devenue le principal négociant.

Les "biens stratégiques" et la guerre commerciale

Tout comme Hanchen Sud a utilisé le sel comme "arme commerciale stratégique" dans la zone frontalière Shaanxi-Ganning, le Bureau industriel et commercial du Shandong a utilisé le sel marin et l'huile d'arachide, deux produits stratégiques dont les zones riches et occupées par l'ennemi avaient un besoin urgent, comme armes principales dans la lutte commerciale.

Dans le passé, le gouvernement ne disposait pas d'un organisme unifié pour gérer le sel marin, et les marchands de sel vendaient le sel à la main, exploitant les producteurs et les consommateurs aux deux extrémités. Le sel de mer a été monopolisé par le Bureau du commerce et de l'industrie, qui a chassé les marchands de sel exploités au milieu, et les magasins de sel du Bureau du commerce et de l'industrie l'ont acheté uniformément, tout en réduisant la taxe sur le sel, en encourageant les gens à se joindre à la production et au transport du sel, et en leur assurant un revenu raisonnable. Le Bureau du commerce et de l'industrie a mis au point une stratégie commerciale spéciale selon laquelle plus on se rapproche des zones occupées par l'ennemi, plus le prix du sel est élevé, ce dernier ayant augmenté de 50% dans les zones

---

[154] Ibid. p. 166.

[155] Ibid, p. 169.

limitrophes des zones ennemies. Ce prix du sel échelonné a été astucieusement conçu pour garantir un prix du sel bas au cœur de la place forte, ce qui était bénéfique pour la vie quotidienne de la population, et pour augmenter considérablement le coût du sel dans les zones occupées par l'ennemi, maximisant ainsi les revenus de la place forte.

L'huile d'arachide est une nécessité sur le marché de Shanghai, que le Bureau de l'industrie et du commerce achète et vend à Shanghai en tant qu'homme d'affaires privé en échange de fournitures industrielles nécessaires sur le terrain, notamment du matériel de papier pour l'impression de la monnaie et des fournitures militaires. Les Japonais à Shanghai connaissent bien la source de l'huile d'arachide, mais doivent la protéger secrètement car le marché de Shanghai en a besoin.

Grâce à la politique commerciale favorable de la Direction du commerce et de l'industrie, qui a instauré le monopole des biens stratégiques, le commerce extérieur du territoire a été largement dépassé, ce qui a permis de garantir fortement l'échange des marchandises dont le territoire a un besoin urgent. De cette manière, le Bureau du commerce et de l'industrie a pu contrôler la valeur de la monnaie de la mer du Nord et la stabilité des prix, et a soutenu activement la lutte contre la monnaie.

Celui qui contrôle les biens stratégiques contrôle le règlement monétaire du commerce. La monnaie française est stable lorsqu'on utilise le règlement en monnaie française, la dépréciation de la monnaie française puis l'utilisation du règlement en fausse monnaie, la dépréciation de la fausse monnaie selon les transactions matérielles limitées locales doivent être complétées par la pièce de la mer du Nord, de sorte que les hommes d'affaires de la zone occupée par l'ennemi doivent détenir une certaine quantité de pièce de la mer du Nord, et plus tard ces hommes d'affaires se rendent également compte que la pièce de la mer du Nord que la préservation de la stabilité monétaire de la zone occupée par l'ennemi, donc très heureux de détenir, la pièce de la mer du Nord si profondément dans la zone occupée par l'ennemi et prendre racine. La base de Shandong a découvert que la monnaie de la mer du Nord, en tant que "réserve de devises étrangères" de la zone ennemie, sera en mesure de mobiliser efficacement les ressources de la zone ennemie pour mon utilisation, ce qui est un avantage déguisé "taxe de frappe", qui est presque synchronisé avec la conception de la stratégie monétaire internationale du dollar des États-Unis.

Si l'ancienne génération de spécialistes de la monnaie et du commerce était encore en vie aujourd'hui, elle n'hésiterait pas à réaliser une belle combinaison financière basée sur des biens stratégiques essentiels sous contrôle chinois, tels que les ressources en terres rares. Vous voulez utiliser les terres rares chinoises ? C'est possible, à condition que le RMB soit utilisé pour le règlement des échanges, ce qui accroît la demande de réserves internationales de RMB et accélère le processus d'internationalisation du RMB.

Grâce à la pratique de la monnaie et du commerce, le bastion du Shandong est passé de la résistance à la guerre défensive de la monnaie française et de la protection des approvisionnements à la contre-attaque stratégique de l'expansion de la circulation de la monnaie de la mer du Nord et de l'achat d'approvisionnements dans les zones occupées par l'ennemi, améliorant considérablement la capacité du bastion à mener la guerre de la monnaie, apportant de grandes contributions aux revenus financiers du bastion, faisant du bastion du Shandong la zone la plus riche parmi les zones libérées, et posant une base matérielle solide pour la victoire de la guerre contre le Japon et de la guerre de libération.

Au début de la guerre de libération, lors d'une conférence sur les travaux financiers, lorsque Bo Yibo a rencontré Xue Muxiao, il a dit que le Kuomintang avait envoyé 700 000 soldats pour faire une attaque ciblée sur le Shandong, la force principale de la Nouvelle Quatrième Armée s'est déplacée vers le Shandong, le fardeau du Shandong était lourd. Combien de militaires et de politiques licenciés le Shandong doit-il supporter ? Xue Muxiao a demandé à Bo Yibo de l'estimer, et Bo Yibo a deviné qu'il y avait environ 700 000 personnes, et Xue Muxiao a ri et a répondu qu'il y en avait 900 000 ! Bo Yibo était très surpris après avoir écouté, il ne s'attendait pas à ce que la force financière de la base du Shandong soit si forte. [156]

La pratique de Xue Muxiao dans la base du Shandong a permis d'accumuler une expérience précieuse en matière d'émission de monnaie, qui a constitué une base importante pour l'indépendance du yuan vis-à-vis de l'émission d'or et d'argent quelques années plus tard.

En 1948, le PCC a commencé à discuter de la politique d'émission du yuan, et les vues de Xue Muxiao sur l'indépendance monétaire ont été fortement remises en question. De nombreux économistes de

---

[156] Ibid. p. 177.

Yan'an de l'époque pensaient que, puisque la base n'avait pas de réserves d'or et d'argent et n'était pas soutenue par des monnaies fortes comme le dollar et la livre, il était impossible de maintenir la stabilité des prix si le lien avec la monnaie française était à nouveau rompu.

Xue Muxiao, quant à lui, a utilisé l'expérience du Shandong pour prouver que la valeur de la monnaie est fondamentalement déterminée par le pouvoir d'achat de la monnaie, et peut se débarrasser complètement de l'association avec l'or, l'argent et les devises étrangères. Plus important encore, une fois le lien établi, l'économie de la base sera vulnérable à l'ennemi.

> *"Dans certaines régions (comme la Chine centrale), bien que la monnaie française n'ait pas été supprimée les années précédentes, elles modifient constamment le rapport entre la monnaie locale et la monnaie française afin de maintenir la stabilité relative de la monnaie locale et des prix en raison de la dépréciation constante de la monnaie française. Mais au Shandong et à Jinghiru, la lutte contre la monnaie a été gagnée en désactivant la monnaie française et en établissant un marché de la monnaie locale indépendant et autonome."[157]*

À la fin de l'année 1948, sur la base de la synthèse de l'expérience des luttes monétaires passées des différentes localités, le Parti communiste chinois a commencé à émettre une monnaie unifiée, le renminbi. Le renminbi ne contient pas d'or et affirme sa dissociation de l'or et de l'argent, le taux de change étant principalement basé sur le pouvoir d'achat réel de la monnaie.

À l'époque, le Kuomintang a retiré tout l'or et l'argent du trésor, et si le yuan était rattaché à l'or et à l'argent, l'acquisition d'or et d'argent augmenterait l'émission de monnaie et les prix augmenteraient, une situation similaire était déjà arrivée au Kuomintang lors de la réforme monétaire. Le Parti communiste a donc gelé le prix de l'or et de l'argent en même temps que l'émission du yuan, le rendant inférieur au taux d'augmentation des prix et inférieur aux prix internationaux de l'or et de l'argent. Ce fut le début de la politique de réglementation de l'or et de l'argent en Chine dans les décennies qui suivirent.

---

[157] Ibid. p. 181.

Plus important encore, le Parti communiste a tiré la leçon de la perte historique de la souveraineté monétaire des dynasties Ming et Qing et des gouvernements du Kuomintang parce qu'ils n'ont pas su saisir l'offre d'argent et ne l'ont pas liée à l'or, à l'argent et aux devises, se libérant ainsi du contrôle monétaire, économique et politique de la Chine par les puissances occidentales disposant de fortes réserves d'or et d'argent.

L'émission indépendante du renminbi à partir d'or et d'argent était un choix réaliste à l'époque pour libérer la Chine du contrôle monétaire des puissances occidentales, reflétant le principe important du pragmatisme. Aujourd'hui, avec le renminbi lié au dollar, le dollar doit se déprécier pendant longtemps en raison de son endettement excessif, et face à la perte du statut de monnaie mondiale, la position stratégique du renminbi sera très défavorable si le dollar choisit à l'avenir d'être rélié à l'or dans une "version améliorée de l'étalon-or" afin de renforcer le crédit du dollar, car les réserves d'or de la Chine sont sérieusement faibles.

La question stratégique majeure sera de savoir si l'avenir du renminbi sera lié au dollar américain ou s'il se suffira à lui-même pour créer un nouveau modèle d'émission de devises.

Le Yuan est né

En juillet 1947, l'Armée populaire de libération (APL) passe à une contre-offensive stratégique, et les zones libérées de Jinsui, Jincha et Hebei, et Jin-Hebei et Lu-yenyu deviennent progressivement une seule et même zone. Les différentes monnaies utilisées à l'origine dans les zones libérées affluent maintenant sur le marché unifié des zones libérées. Ainsi, de nombreux "problèmes monétaires" sont apparus. Dans une zone libérée unifiée, pour sortir à des centaines, voire des dizaines de kilomètres, il fallait changer de monnaie.

Dong Biwu, qui était alors chargé du travail financier en Chine du Nord, a fait l'expérience directe de ces difficultés. Il partit de Yan'an et alla inspecter la base de Jincha et de Hebei. En chemin, alors qu'il avait faim et soif, il s'est arrêté avec sa femme et ses enfants pour se reposer sous un grand acacia au bord de la route. Après avoir mangé toute la nourriture sèche qu'ils avaient apportée avec eux, le garde a couru à la petite et moyenne épicerie du village pour acheter des gâteaux brûlés et des patates douces rôties. Qui aurait cru qu'au moment de payer, il y aurait un problème.

Le vendeur de gâteaux brûlés a pris l'argent et l'a regardé, ne sachant pas où il se trouvait, le garde a dû lui expliquer qu'il s'agissait de la monnaie de la frontière de la zone libérée de Shaanxi-Ganning. Le vendeur de gâteaux brûlés a regardé l'argent plusieurs fois avant de finalement le rendre et de dire,

> " Non, on ne dépense pas cet argent ici ! ". " Il s'avère que seule la monnaie des zones libérées de Jincha et Hebei est utilisée localement, et aucune autre monnaie n'est utilisée !

Les gardes étaient impuissants, ont pris l'argent à un magasin de l'institution publique à proximité pour changer, le vendeur du magasin de l'institution n'a pas non plus donné de la monnaie, l'attitude résolument répondu :

> " La région de Jincha Hebei ne reconnaît que la pièce de monnaie frontalière de Jincha Hebei, les autres billets d'argent ne sont pas reconnus, j'ai reçu votre argent est aussi pour rien, qui peut faire cette chose stupide ? "

À ce moment-là, la femme de Dong Biwu a dit au garde : "Vous n'avez pas besoin de vous dépêcher ! Je porte un morceau de tissu sur moi pour les enfants, prenez-le et échangez-le avec les gens ! Je pense qu'il est suffisant d'échanger ce tissu contre quelques burritos ! " [158]Dong Biwu, le patriarche de la révolution, a été contraint par le problème de la monnaie d'échanger du tissu contre des gâteaux brûlés pour nourrir sa faim.

À cette époque, les systèmes financiers des zones libérées étaient fragmentés, non seulement en termes de monnaie, mais aussi en termes de taxation mutuelle et de protection commerciale. Certaines zones libérées, afin de réduire leurs déficits commerciaux, ont même augmenté les prix des spécialités locales en refusant l'entrée aux marchandises provenant d'autres zones libérées.

C'est dans le fief du Shandong que le Haiyan est le plus "fort", avec la plus forte émission de monnaie de Beihai ; la deuxième plus forte émission de billets de Hebei à Jinji, Hebei et Luheyuan ; et la plus

---

[158] *Le premier gouverneur de la banque centrale du royaume fondateur* — Nan Hanchen, Deng Garong, China Finance Press, 2006, p. 252.

faible émission de monnaie agricole du Nord-Ouest, en raison de la plus grande pénurie de matériaux et de la nécessité d'importations importantes. En conséquence, le boycott de Haiyan dans le Shandong par Jin-Hebei-Yu et la saisie de charbon ordonnée par Ji Zhong dans le sud ont suscité la confusion.

Dans son rapport aux autorités centrales à la fin de 1947, Dong Biwu critique sérieusement "la construction de barrières tarifaires, la suppression et le boycott de la monnaie régionale, la concurrence commerciale, les frictions mutuelles et l'oubli de l'ennemi".

L'unification du travail financier dans les zones libérées, l'établissement de banques dans toutes les zones libérées et l'émission d'une monnaie uniforme à utiliser dans tout le pays sont devenus une question urgente. Si nous n'unifions pas la monnaie et attendons la libération de Pékin, toutes les armées avec leurs propres billets de banque afflueront à Pékin et les utiliseront, et le marché sera dans le chaos.

Pour émettre une monnaie unifiée, il y a deux options : l'une consiste à s'inspirer de la réforme monétaire de l'Union soviétique de 1947 et, après la fin de la Seconde Guerre mondiale, à échanger la nouvelle monnaie contre l'ancienne, avec un taux de change différentiel de 1:10, auquel cas plus l'ancienne monnaie est détenue, plus la dévaluation est importante, de manière à saisir l'occasion de priver certaines personnes de leur richesse monétaire et de réduire la quantité de monnaie en circulation, atteignant ainsi l'objectif de stabilité monétaire.

En fait, lorsque Tchang Kaï-chek a pris le contrôle des régions déchues après la guerre, les pièces françaises ont été échangées contre des pièces contrefaites à 1:200, et l'Union soviétique a échangé les anciennes pièces à 1:10 contre de nouvelles pièces, toutes ces mesures pillant la richesse des anciens détenteurs de pièces. De la même manière, si les États-Unis forcent le RMB à s'apprécier, par rapport au pouvoir d'achat international des actifs en dollars reste inchangé, si le rapport de 1:7 dollar au RMB devient soudainement 1:6, cela équivaut à ce que le RMB "échange l'ancien contre le nouveau", au moment de l'appréciation, la "nouvelle monnaie" RMB "remplace" l'"ancienne monnaie" avec un rapport de 6:7, le résultat sera inévitablement la perte de richesse des détenteurs de l'"ancienne monnaie" ! C'est la raison pour laquelle l'appréciation du yuan est une "appréciation nominale" du pouvoir d'achat externe et une dépréciation réelle du pouvoir d'achat interne.

Du point de vue de la protection des intérêts du peuple, Nan Hanchen a fait valoir qu'il n'était pas approprié pour la Chine d'imiter la politique de réforme monétaire de l'Union soviétique.

Une autre option serait de fusionner et de simplifier les monnaies émises dans les zones libérées avant d'en émettre de nouvelles lorsque les prix et les monnaies se stabiliseront. En même temps, étant donné l'impact négatif de la réforme monétaire du Kuomintang, il est important que le peuple comprenne que le Parti communiste met en place une monnaie unifiée, et non une réforme monétaire, ce qui est complètement différent de ce que fait le Kuomintang. La réforme monétaire du KMT est un moyen de piller les richesses du peuple avec une inflation plus sévère, avec pour résultat une flambée des prix, une explosion des griefs du peuple et un effondrement de l'économie. L'unification de la monnaie vise à simplifier et à consolider le système monétaire dans les zones libérées et à promouvoir le développement économique et l'échange de marchandises, dans le seul intérêt du peuple.

Le 1er décembre 1948, la Banque populaire de Chine a été créée à Shijiazhuang, dans la province du Hebei, avec Nan Hanchen comme directeur général, et le billet de banque de la Banque populaire de Chine "RMB" a été émis à partir de cette date.

Afin de ne pas porter préjudice aux intérêts du peuple dans le processus d'unification monétaire, le gouvernement a adopté la politique de "parité fixe, circulation mixte, récupération progressive et responsabilité jusqu'au bout" et a récupéré progressivement la monnaie émise dans les zones libérées.

Le gouvernement a fixé un taux de change raisonnable entre le yuan et la monnaie des zones libérées, basé sur les niveaux de prix dans les zones libérées, et a arrêté l'émission de monnaie dans les zones, demandant aux banques des zones de retirer progressivement la monnaie conformément au taux de change prescrit. De cette manière, les relations économiques entre des régions auparavant fragmentées ont été rapidement ajustées. L'émergence du yuan a grandement facilité la circulation sur le marché.

Afin de dissiper les craintes du peuple que la monnaie des zones libérées entre ses mains ne soit pas prête à être échangée et puisse être mise au rebut, le gouvernement s'est engagé à être responsable non seulement de la nouvelle monnaie de la Banque populaire, mais aussi de l'ancienne monnaie précédemment émise par toutes les banques des zones libérées. Plus tard, le gouvernement a été chargé non seulement de récupérer la monnaie émise pendant la guerre de résistance et la guerre de libération, mais aussi de récupérer la monnaie, les billets à ordre et la dette publique émis pendant la révolution agraire à un taux de change raisonnable. Les intérêts du peuple sont entièrement protégés contre les pertes, établissant ainsi le crédit du yuan dans la société.

À la veille de la fondation de la République populaire de Chine, le gouvernement, par le biais de la récupération bancaire, fiscale et commerciale, a progressivement récupéré la monnaie émise par les zones libérées de Guan, posant ainsi une base solide pour la réunification monétaire de la Chine et évitant avec succès le chaos des monnaies des zones libérées dans la capitale.

En 1950, après la stabilisation de la situation économique intérieure, le rétablissement de la monnaie du Nord-Est a commencé. Gao Gang, qui présidait les travaux du Nord-Est, voulait s'engager dans l'indépendance, avait chargé le gouverneur de la Banque du Nord-Est de proposer de conserver la monnaie du Nord-Est, Nan Hanchen face à face a interrogé Gao Gang est ce que la tentative, Gao Gang n'a eu qu'à renoncer.

Ainsi, pour la première fois depuis 1911, la Chine a réalisé une véritable unification de la monnaie nationale. Au cours des 40 dernières années, le problème de la "sécession monétaire" de la Chine a été complètement éradiqué.

Outre la réunification progressive au sein des zones libérées, afin d'assurer la circulation du yuan, le gouvernement, s'inspirant de l'expérience de la "désintoxication" par l'expulsion de la monnaie française de son territoire, a adopté différentes mesures de "désintoxication" pour les circulaires en or, les devises étrangères et l'or et l'argent dans la zone de circulation du yuan.

La première est la purge résolue de la monnaie française et des lingots d'or, les coupables de l'hyperinflation, qui doivent être résolument purgés pour ouvrir la voie à l'occupation du marché par le RMB.

La deuxième est l'introduction de la gestion des devises étrangères. L'abolition du droit des banques étrangères d'émettre des devises, l'interdiction de la circulation des devises étrangères et la mise en place d'une gestion uniforme des devises étrangères. Les devises et les monnaies étrangères doivent être déposées auprès de la Banque de Chine, dont la vente ou le transfert est interdit et qui est gérée par la Banque d'État.

Une fois encore, la circulation de l'or et de l'argent est strictement interdite. L'hyperinflation a fait que l'or et l'argent circulent sur le marché et deviennent le principal objet de la spéculation financière et un obstacle majeur à l'occupation du marché par le RMB. Le gouvernement interdit strictement la circulation de l'or et de l'argent, stipule que l'achat, la vente et l'échange d'or et d'argent doivent être effectués uniformément par la Banque nationale, et que l'achat, la vente et l'évaluation privés sont illégaux. L'or et l'argent aux mains du peuple sont collectés à un prix approprié et progressivement concentrés dans les banques nationales pour servir de réserves internationales.

Cependant, lorsque le renminbi a été émis pour la première fois, il n'a pu résoudre que le problème de l'unification de la monnaie du pays avant celui de la stabilité monétaire ; en 1949, année de la victoire totale de la guerre de libération, les dépenses budgétaires ont explosé et le déficit a dû être couvert par l'émission de grandes quantités de renminbi, rendant l'inflation inévitable. Au cours de l'année, il y a eu plusieurs cas d'inflation à des degrés divers.

L'inflation et les forces spéculatives sont comme la relation entre le feu et le vent, le feu sans le vent ne suffit pas, et le feu par le vent, le vent pour aider le feu, alors l'inflation s'intensifiera immédiatement ! Au cœur de la lutte contre l'inflation, il y a la lutte contre les forces spéculatives.

À Shanghai, le centre économique de la Chine, le gouvernement et les forces spéculatives sont engagés dans une guerre des prix massive. Le gouvernement, en proie à l'inflation, s'est finalement occupé des spéculateurs et a obtenu la stabilité du yuan et des prix.

La bataille du dollar d'argent

Le 10 juin 1949, les rues autour du Securities Building sur Hankou Road à Shanghai étaient remplies de bruits de cliquetis et de cliquetis, avec de nombreuses personnes en chemise longue et de gros dollars en argent dans les mains, se cognant constamment les uns aux autres, attirant l'attention des passants et citant sans cesse le prix des dollars en argent. Ce sont les "silver bulls" qui vendent des dollars en argent à Shanghai. La Securities Tower est le centre du commerce spéculatif de Shanghai, avec des milliers de grands spéculateurs et de colporteurs rassemblés à l'intérieur et à l'extérieur. Ils maintiennent un contact étroit avec leurs succursales situées aux quatre coins de la ville grâce à des milliers de téléphones, manipulant ainsi le prix du dollar d'argent.

À 10 heures, plus d'une douzaine de gros camions militaires sont passés à toute allure et se sont arrêtés à l'entrée du bâtiment des titres, faisant sauter un bataillon de soldats de l'APL et entourant le bâtiment d'eau. Les agents de la sécurité publique en civil qui s'étaient déjà mis en embuscade dans le hall et à toutes les entrées et sorties ont également montré leur identité et ont ordonné que tout le personnel présent dans le hall soit inspecté sur place.

Un bureau spacieux au sixième étage contenait 50 téléphones et talkies-walkies, avec des lignes téléphoniques qui couraient densément à travers la porte et le long du plafond jusqu'à l'intérieur comme des toiles d'araignée. Les téléphones sonnent les uns après les autres, entrecoupés de mots de code pour les jetons spéculatifs, contactant constamment les appels du marché de Hong Kong et de Macao. Un tableau noir est accroché au mur, densément plâtré de bouts de papier, triés par or, dollars américains et dollars argentés, avec en dessous les prix d'achat et de vente du jour écrits au marqueur à eau à la craie blanche. Un homme d'âge moyen en costume, les cheveux défaits, fume un cigare et appelle frénétiquement :

> "Ça a bien augmenté aujourd'hui, ça a triplé en 10 jours ! Ne vous inquiétez pas, les communistes ne peuvent rien faire contre nous. L'autre jour, ils ont jeté 100 000 yuans en liquide pour étouffer notre élan, mais ils n'ont même pas entendu un mot. C'est le Grand Shanghai, pas Yan'an. On se bat contre eux pour des dollars en argent, pas pour des fusils. Détendez-vous et profitez de votre séjour à Hong Kong. Haha. "

Le spéculateur d'âge moyen était tellement abasourdi qu'il n'a même pas remarqué que son cigare brûlant était tombé sur ses genoux.

De 10 heures à minuit, les agents de la sécurité publique ont fouillé les différents magasins spéculatifs et enregistré les noms et les effets personnels de toutes les personnes qui avaient bloqué le bâtiment, puis ont ordonné à tout le personnel de se rassembler dans le hall du rez-de-chaussée pour écouter les représentants du gouvernement. Au total, 2 100 personnes se sont rassemblées dans le hall et, à l'exception de plus de 200 d'entre elles qui ont été détenues sur place et envoyées au tribunal populaire municipal sur la base d'une liste préétablie, le reste a été libéré après éducation.

Ils ont attaqué le bâtiment des titres et ont gagné d'un seul coup. Le Bureau de la sécurité publique a également suivi la piste et arrêté un grand nombre de trafiquants de dollars d'argent véreux. Depuis lors, le bruit des dollars en argent n'a plus jamais été entendu à Shanghai.

C'était la première bataille du Parti communiste pour libérer Shanghai et réorganiser l'économie — la "bataille du dollar d'argent". La bataille était commandée par un natif de Shanghai, Chen Yun, directeur de la Commission centrale financière et économique.

En 12 ans, du début de la guerre contre le Japon en 1937 à 1949, la monnaie émise par le gouvernement du Kuomintang a été multipliée par 144,5 milliards et les prix se sont envolés comme des chevaux sauvages. Les articles qui peuvent être achetés pour 100 dollars français, 2 vaches en 1937, 1 poisson en 1945, 1 œuf en 1946, 1/3 de boîte d'allumettes en 1947, ne permettent plus d'acheter un grain de riz en mai 1949.

Le gouvernement national a émis des coupures de 100 000 yuans, 500 000 yuans, 5 000 000 yuans et 10 000 000 yuans de Duan d'or en mai 1949, provoquant une hausse vertigineuse des prix, 12 000 000 yuans par carcasse de viande et 1 000 000 yuans par bâton de pâte... Certains ont décrit la dépréciation du Duan d'or en disant que manger le premier bol de riz était un prix, et qu'au moment de manger le deuxième bol de riz, le prix avait déjà augmenté !

Le prix du riz n'est pas le même si vous courez lentement ou rapidement. C'était encore la vie d'un professeur d'université à l'époque, sans parler des gens ordinaires. La "Chine vernaculaire" de Fei Xiaotong, publiée à la fin des années 1940, est très courte. Plus tard, quelqu'un a demandé à Ferrell pourquoi il n'écrivait pas davantage d'un si bon travail universitaire. Il a répondu qu'en raison de l'inflation, il faut écrire et publier, publier et être payé pour le manuscrit, et une fois payé pour le manuscrit, courir acheter du riz. Le processus ne doit pas être perturbé et doit être aussi court que possible, et au moment où une grande section est écrite, les frais de manuscrit seront sans valeur.

La dévaluation des lingots d'or a créé une psychologie de méfiance à l'égard de la monnaie papier et les gens étaient prêts à utiliser et à conserver des devises fortes comme l'or et l'argent. En 1948, le nombre de personnes impliquées dans la spéculation sur l'or et l'argent à Shanghai seulement dépassait les 500 000.

La frénésie de la spéculation a exacerbé l'inflation et s'est propagée des zones sous domination nationaliste aux zones libérées. Le Parti communiste, quant à lui, dut recourir à l'émission de renminbi pour faire face aux frais de subsistance de 9 millions de militaires et de personnel politique en raison des dépenses militaires de l'APL de plus de 5 millions, plus l'acceptation totale des fonctionnaires laissés par le gouvernement de Chiang Kai-shek. À partir de 1948, l'émission de renminbi a augmenté des dizaines, voire des centaines de fois, ce qui a rendu l'inflation laissée par Chiang Kai-shek non seulement incontrôlée, mais aussi de plus en plus intense. Sans solution au problème de la spéculation, il ne peut y avoir de stabilité économique et le régime naissant ne peut qu'être sérieusement menacé.

Mao a reconnu que pour que le régime soit stable, il faut d'abord stabiliser les prix, et pour stabiliser les prix, il faut combattre les activités et les forces spéculatives centrées à Shanghai. Par conséquent, il a été décidé de créer la Commission centrale financière et économique (CFEC) pour unifier la gestion des affaires financières nationales, sous le commandement de Chen Yun, qui a une grande expérience du travail financier dans les zones frontalières du Shaanxi, du Gan et du Ningxia et dans le nord-est, Nan Hanchen et Xue Muxiao sont les soldats d'élite de la CFEC.

À l'époque, diverses forces au pays et à l'étranger pensent que le Parti communiste ne peut pas résoudre les problèmes économiques. Le secrétaire d'État américain Acheson affirme qu'aucun gouvernement depuis le 19e siècle n'a été capable de résoudre le problème du peuple chinois qui mange. L'opinion de l'homme d'affaires de Shanghai, Rong Yiren, à l'époque, était que le Parti communiste pouvait mener une guerre avec 100 points en termes militaires, 80 points en termes politiques sur un front uni, et seulement 0 point en termes économiques.

Le 27 mai, jour de la libération de Shanghai, le gouvernement a annoncé que le renminbi serait l'unité de mesure, et que le rapport entre le renminbi et les coupons d'or serait de 1:100 000, et que les coupons d'or pourraient circuler jusqu'au 5 juin. Comme les coupons d'or étaient comme du papier brouillon dans le cœur des gens, certains les ont même utilisés pour coller des murs, le recyclage a été rapidement achevé.

Mais le renminbi n'est toujours pas entré sur le marché de Shanghai. Bien que le gouvernement ait explicitement interdit la libre circulation de l'or, de l'argent et des devises étrangères sur le marché, les citoyens vivant depuis longtemps dans la crainte de l'inflation ont toujours la mentalité que la conservation des billets de banque est pire que la conservation des objets physiques. Profitant de cette peur du papier-monnaie, les spéculateurs ont ignoré les décrets gouvernementaux et se sont concentrés sur la spéculation en dollars d'argent, certains menaçant même : " L'APL peut entrer à Shanghai, mais pas le yuan. "

Sous leur manipulation, seulement 10 jours après la libération de Shanghai, le dollar d'argent a augmenté de près de deux fois, et a fait monter le prix de l'ensemble, le riz et le coton comme une nécessité de la vie a suivi de 1 à 2 fois. À ce moment-là, les quatre principaux grands magasins privés de Shanghai ont commencé à fixer le prix de leurs produits en dollars d'argent et ont refusé d'accepter le yuan.

Le renminbi émis par la Banque populaire l'a été le matin et est retourné presque entièrement à la Banque populaire le soir. La crédibilité du yuan et du gouvernement est sérieusement remise en cause. Chen Yun a compris que le principal adversaire du yuan n'était pas le yuan or faible, mais le yuan argent fort.

En réponse, le gouvernement populaire avait eu recours à la vente de dollars d'argent pour stabiliser le marché. Mais dès que les 100 000 dollars d'argent ont été jetés, ils ont tous été mangés par les spéculateurs, non seulement ils n'ont pas stabilisé le marché, mais le vent spéculatif s'est intensifié. Shanghai était trop puissant pour que les liquidités et les spéculateurs puissent stabiliser le marché en vendant, et une crise spéculative sur les dollars d'argent a eu lieu lorsque les Japonais ont occupé Shanghai en 1937. Les Japonais, essayant de combattre la spéculation par les moyens du marché, ont expédié cinq tonnes d'or de Tokyo et les ont jetées à la mer, en vain.

À la veille de la libération de Shanghai, Chiang Kai-shek a transporté 2,7 millions de taels d'or, 15 millions de dollars en argent et 15 millions de dollars américains. Lorsque le gouvernement populaire a pris le contrôle de la Banque centrale, il ne restait plus qu'environ 6 000 taels d'or, 30 000 taels d'argent et plus de 1,5 million de dollars en argent. Il est un peu délicat d'utiliser la vente de dollars d'argent pour maintenir les prix du marché noir à un niveau bas. Et avec au moins 2 millions de dollars d'argent entre les mains des citoyens de

Shanghai, le gouvernement ne dispose pas d'un avantage absolu pour combattre la spéculation sur les dollars d'argent. Si elle ne s'arrête pas, elle risque d'attirer de l'argent chaud de tout le pays et même de Hong Kong et Macao pour assiéger Shanghai.

Après avoir pesé le pour et le contre, Chen Yun a décidé de saisir la bourse d'une main de fer et de punir sévèrement les spéculateurs. En moins d'un mois, la frénésie s'est calmée, le dollar d'argent a été complètement retiré du marché, et le yuan a commencé à prendre pied à Shanghai.

Mais les spéculateurs ne pouvaient pas se laisser faire si facilement, et lorsque la spéculation sur le dollar d'argent a échoué, ils ont investi tout leur argent dans la gaze et les céréales, pour se battre avec le gouvernement sur les produits de première nécessité.

La bataille du coton

Quiconque peut expliquer les succès de la Chine dans la gestion de l'inflation au cours des premières années d'existence du pays a de quoi remporter le prix Nobel d'économie.[159]

— Friedman.

Le 1er octobre 1949, Mao Zedong proclame solennellement du haut de la tour de la porte Tiananmen : " Le peuple chinois est debout ! "À peine un demi-mois plus tard, avec Shanghai et Tianjin en tête, les prix ont commencé à grimper en flèche dans le pays et, en novembre, ils avaient déjà doublé par rapport à la fin du mois de juillet ! Le peuple a été courbé par l'inflation avant d'avoir pu redresser son dos.

Cette situation était déjà prévue par Chen Yun. D'une part, la guerre est toujours en cours et les dépenses militaires sont si importantes que le gouvernement doit compenser en augmentant l'émission de monnaie. D'autre part, les spéculateurs qui ont été supprimés par la poigne de fer de Chen Yun dans la bataille pour le dollar d'argent ne voulaient pas perdre, et ont placé leurs paris sur les produits de première nécessité du peuple. Leur plan était que les communistes pourraient confisquer les dollars d'argent, et qu'ils seraient capables d'interdire le commerce des céréales et de la gaze ? Si

---

[159] Le "vieux rapatrié de la mer" qui ne regarde pas les affaires étrangères, Yang Bin, China Urban and Rural Finance News, 17 mars 2006.

le peuple ne pouvait pas acheter de la nourriture, il irait voir le parti communiste pour créer des problèmes, et ensuite le parti communiste devrait aller voir les spéculateurs pour acheter de la nourriture et du coton.

Où savent-ils que Chen Yun a compris depuis longtemps la clé de la stabilisation des prix, c'est-à-dire que le gouvernement dispose de la quantité des principaux matériaux, "le cœur du peuple n'est pas dans le chaos, dans le centre de la ville est la nourriture". La stratégie pour faire face aux spéculateurs, d'une part, que de thésauriser les fournitures, d'autre part, de prendre un chaudron de leurs sources de fonds, qui est l'austérité !

Les spéculateurs ont fait l'erreur fatale de Hu Xueyan à l'époque où le côté thésauriseur appelait le gouvernement, mais ne pas détenir le pouvoir d'émission de la monnaie, c'est chercher la mort !

La Commission centrale des finances a organisé et centralisé le mouvement à grande échelle des céréales, du coton et des tissus de coton dans tout le pays. Chen Yun a envoyé Cao Jiu Ru, l'épine dorsale de la Banque nationale de l'Union soviétique cette année-là, dans le nord-est pour déplacer le grain. Il a personnellement donné l'ordre à Cao Jiu Ru de s'asseoir à Shenyang et d'envoyer chaque jour une charrette de céréales à Pékin et de la thésauriser sur l'autel du ciel. Il doit faire voir aux trafiquants de céréales que la thésaurisation augmente chaque jour et que le pays a vraiment des céréales dans ses mains, de sorte que l'augmentation des prix ne vaudra pas la perte. Il a également chargé le chef du commerce soviétique, Qian Zhiguang, de se rendre à Shanghai, Xi'an et Guangzhou pour ajuster le stock de gaze dans chaque endroit en vue d'une action unifiée.

Dans le même temps, un certain nombre de mesures ont été prises pour resserrer la situation monétaire, notamment la collecte des impôts et l'émission de la dette publique. Les capitalistes ont également reçu l'ordre de payer leurs travailleurs à temps et de ne pas arrêter la production pour transférer des fonds vers des activités spéculatives. Les unités d'État sont également tenues de déposer leurs liquidités à la Banque nationale et non dans des banques privées. Une réglementation financière stricte des entreprises privées. La Banque populaire a également introduit "l'épargne escomptée" pour absorber les fonds sociaux oisifs. De cette manière, le capital de la société est progressivement vidé, tandis que les spéculateurs, toujours inconscients, continuent d'acheter de la nourriture et de la gaze à des taux d'intérêt élevés sur des fonds empruntés.

Au 13 novembre, l'État peut appeler pas moins de 5 milliards de livres de céréales, la société d'État chinoise de filature a maîtrisé le fil de coton et le tissu de coton jusqu'à la moitié de la production du pays, la Banque populaire a absorbé 800 milliards de yuans de guanxi social, les spéculateurs ont été profondément plongés dans le siège et ne se connaissent pas eux-mêmes.

À ce moment-là, Chen Yun pensait que les conditions de base pour stabiliser les prix étaient déjà en place, et il a déposé 12 médailles d'or, prenant les dernières dispositions pour la Grande Guerre en établissant des règles pour se concentrer sur les objectifs de prix, concentrer les matériaux et combattre les spéculateurs.

À partir du 20 novembre, Shanghai, Pékin, Tianjin, Hankou et d'autres grandes villes de sociétés commerciales d'État ont commencé à expédier des marchandises. Les spéculateurs, au premier coup d'œil, ont libéré les stocks, quel qu'en soit le prix, et se sont précipités pour les manger. Cette fois, la société d'État, tout en vendant les marchandises, augmente en fait progressivement le prix pour se rapprocher du prix du marché noir. Quel genre de médicament est vendu dans cette gourde ? Le gouvernement veut-il aussi utiliser la hausse des prix pour arbitrer ? Ils ne s'attendaient pas à ce qu'il s'agisse de l'astuce du "serpent qui sort du trou" de Chen Yun pour inciter les spéculateurs à sortir tous les fonds qu'ils ont en main.

Les spéculateurs, sur la base de l'expérience passée, les produits de base serrés peuvent monter plusieurs fois par jour, non seulement pour faire face aux intérêts d'emprunt, mais aussi pour réaliser d'énormes bénéfices. Ils ne réfléchissent pas non plus aux motivations des entreprises publiques à augmenter les prix, et les consomment frénétiquement à tout prix, tandis que l'argent de leurs poches est involontairement vidé. Lorsque les banques ne parviennent pas à trouver l'argent, elles font appel à des usuriers et vont même jusqu'à payer chaque jour des intérêts faramineux de 50%, voire de 100% !

Le 24 novembre, le niveau général des prix a atteint 2,2 fois celui de la fin juillet, ce qui correspond précisément à l'objectif de prix fixé par Chen Yun. À ce niveau, la quantité de biens aux mains de l'État est égale à la quantité d'argent en circulation sur le marché, et le moment est venu pour le gouvernement de concentrer ses efforts sur une attaque générale contre les spéculateurs !

Entre-temps, le 25 novembre, partout, les sociétés commerciales publiques ont commencé une liquidation générale de la gaze et ont continué à baisser les prix.

Les spéculateurs ont commencé à oser prendre le relais et à continuer à manger. Mais les approvisionnements de la société d'État sont arrivés dans tous les sens, et l'argent entre les mains des spéculateurs s'est vidé en quelques coups. C'est à ce moment-là que les spéculateurs se rendent compte que la grande affaire n'est pas bonne, et se dépêchent de " couper la viande " pour vendre au prix fort la gaze thésaurisée dans les mains. Plus ils jettent, plus ils perdent, les cotations du marché du coton comme une avalanche de spirale descendante générale.

Après 10 jours consécutifs de vente par le gouvernement, les prix des produits de base tels que les céréales et le coton ont plongé de 30 à 40% au total. De nombreux spéculateurs n'en peuvent plus et ont fait faillite, et des spéculateurs de Tianjin ont sauté à la mort. À Shanghai, des dizaines de grossistes privés ont fermé leurs portes en même temps, et les spéculateurs sur le coton ont perdu au total plus de 25 milliards de yuans.

Trois mois plus tard, Chen Yun a utilisé la même tactique, dans la guerre alimentaire, sur le coin négatif des spéculateurs têtus pour donner le coup fatal final, à partir de là, les forces spéculatives se sont effondrées, dans les 50 années suivantes, jamais plus formé le climat, jusqu'à ce que 2010 "l'ail vous dur", "haricots vous jouer", "gingembre vous armée".

Depuis lors, les prix se stabilisent progressivement, et la super-inflation qui sévissait en Chine depuis plus de dix ans a enfin été maîtrisée !

Les spéculateurs de Shanghai ont été vaincus et n'avaient plus rien à perdre, se lamentant : "Le Parti communiste est si puissant que nous ne pouvons pas battre ce petit gars de la Commercial Press (en référence à Chen Yun)". "La seule consolation était qu'ils avaient perdu contre un autre habitant de Shanghai qui était plus pointilleux et capable de naviguer sur le marché qu'eux.

Le coup dur porté au capital spéculatif a complètement subjugué les hommes d'affaires de Shanghai. Rong Yiren a déclaré qu'en juin, la marée du dollar d'argent, le Parti communiste chinois utilise le pouvoir politique pour supprimer, cette guerre de nourriture et de coton et utiliser complètement le pouvoir économique peut être stabilisé, a donné une leçon à la communauté des affaires de Shanghai.

Dans cette bataille pour la nourriture et le coton, le gouvernement a non seulement été capable de réagir de manière proactive, mais aussi d'atteindre les objectifs visés de manière planifiée et systématique. Tant l'indice général des prix que les prix des principaux produits de base se situent aux niveaux prévus. L'inflation que Chiang Kai-shek ne pouvait pas résoudre, le prix des marchandises que les Américains pensaient impossible à réprimer, ont été réalisés d'un seul coup par Chen Yun et ses collègues, après des calculs précis et une exécution stricte.

Le célèbre financier Zhang Naiqi, qui était alors conseiller du Comité des finances de la Chine, a admiré un jour le timing de Chen Yun pour contrer les forces spéculatives :

> "À ce moment critique, les intellectuels comme nous tombaient inévitablement malades du subjectivisme. À l'époque, je suggérais sans cesse de descendre tôt et de faire pression sur le marché. Cependant, le chef du travail financier (Chen Yun) est aussi calme et déterminé que jamais, estimant que le moment n'est pas venu de préparer plus de force sur la base de la comparaison de la quantité de monnaie et de la quantité de marchandises. En attendant, il peut être utile de reculer de quelques pas supplémentaires par rapport à la position sur le marché afin de prendre l'initiative et de lancer une contre-attaque. Avec le recul, nous constatons que cette stratégie était tout à fait appropriée. La contre-attaque économique a commencé à la mi-novembre, à Wufu tissu, par exemple, le marché le 13 Novembre était de 126 000 yuans par cheval, contre 55 000 yuans le 31 Octobre, a augmenté de plus du double. En d'autres termes, si la contre-attaque est menée un demi-mois plus tôt, deux chiffons ne pourront pas absorber l'argent en retour de la même manière qu'un demi-mois plus tard. Par exemple, après que l'ennemi a atteint un terrain qui m'est absolument avantageux, une division de soldats peut utiliser la force de deux divisions de soldats, et vous pourrez vaincre l'ennemi avec certitude."[160]

En 1948, Chen Cheng a recommandé à Chiang Kai-shek de nommer Zhang Naiqi au poste de ministre des finances pour sauver la

---

[160] Zhang Naiqi, premier volume, Zhang Lifan, Huaxia Publishing House, 1997, p. 621.

situation. Chiang Kai-shek a soupiré et a dit : "J'allais utiliser Zhang Naiqi, mais il n'est pas pour moi !". " On pouvait voir que le niveau de Zhang Naiqi, et Chen Yun était le top des maîtres.

Mao Zedong considérait que la victoire de cette bataille de défense des prix était d'une grande importance, "pas moins que la bataille de Huaihai". Une fois, lorsque Bo Yibo a rendu compte de son travail à Mao Zedong et a parlé de Chen Yun, il a dit : "Le camarade Chen Yun a présidé avec beaucoup de puissance les travaux du Comité central des finances et de l'économie, et a toujours eu le courage de faire ce qu'il jugeait bon." Mao a répondu : "Je n'ai pas vu cela dans le passé." La première fois que j'ai dit cela, j'ai pris le stylo dans ma main et j'ai écrit le mot "peut" sur le papier. Bo Yibo a demandé : "Ce mot "peut" que vous avez écrit fait-il référence à l'utilisation par Zhuge Liang du compliment de Liu Bei à Xiangyang dans son "Ancien tableau des divisions" : 'Le général Xiangyang, Shujun, qui est un bon militaire, a été jugé dans le passé, et l'ancien empereur l'a appelé 'peut'. Mao Zedong a hoché la tête et a dit oui.[161]

Si l'on en juge par le fait que Chen Yun a remporté la bataille des céréales et du coton, la combinaison de la perspicacité d'un économiste de génie et de la maîtrise des détails et du timing du marché d'un super trader est la combinaison parfaite de Friedman et de Soros.

Il n'est pas étonnant que l'on ait dit un jour que les lauréats du prix Nobel d'économie n'étaient pas au même niveau que Chen Yun, Xue Muxiao, Nan Hanchen et ainsi de suite, car ils n'ont pas eu l'occasion de tester réellement leurs théories dans le pays le plus peuplé du monde. Friedman et Samuelson, entre autres, se sont concentrés sur le marché libre, et Stiglitz a mis l'accent sur la réglementation des programmes gouvernementaux. Dès les premières années de la fondation du pays, Chen Yun a mis en avant le principe directeur "grand plan, petite liberté" dans le travail économique, en mettant l'accent à la fois sur la réglementation et le contrôle du gouvernement et en prêtant attention au marché libre.

S'il y avait des vétérans comme Chen Yun, Xue Muxiao et Nan Hanchen, y aurait-il encore le problème des prix élevés incontrôlables d'aujourd'hui en Chine ?

---

[161] Bo Yibo, He Lipo, le premier ministre des finances de la nouvelle Chine.

RMB : la monnaie du peuple

À la fin de 1954, le Comité central du PCC a donné pour instruction que "le yuan existant avait perdu son utilité en matière de calcul et avait un impact négatif sur la psychologie de la population du pays en termes de perception internationale". Améliorer et consolider davantage le système monétaire de notre pays, organiser la circulation de la monnaie, réduire la dénomination des billets et faciliter leur calcul et leur utilisation". Le gouvernement central a approuvé l'émission du nouveau renminbi en 1955, qui a été reprogrammée au 1er mars, compte tenu du fait que deux mois du début de l'année tombaient sur des jours fériés.

Avec l'introduction du nouveau yuan, deux questions majeures doivent être résolues : premièrement, le rattachement du yuan à l'or et, deuxièmement, la manière dont l'ancienne et la nouvelle monnaie seront converties.

À l'heure où le monde dispose d'une monnaie universelle avec un contenu en or, Chen Yun défend l'idée que le RMB n'est pas lié à l'or et n'a pas de contenu en or.

Pourquoi Chen Yun a-t-il été si prévenant dans la mise en place du contenu en or du RMB ? Il s'agit également de la perte du ministre soviétique des affaires étrangères, M. Gromyko.

Le 30 avril 1951, à l'initiative de Staline, le Politburo du Comité central du Parti communiste soviétique prend la décision d'annuler la décision du 5 avril prise par la Banque nationale d'URSS sur le taux de change entre le rouble et le yuan. Le gouverneur de la Banque nationale et le ministre des Finances ont reçu un avertissement, et le ministre des Affaires étrangères Gromyko a été rétrogradé au rang d'ambassadeur britannique parce que Gromyko avait mis Staline en colère sur la question du taux de change.

Au début de la nouvelle Chine, Mao Zedong et Zhou Enlai se sont rendus à Moscou pour négocier et signer le traité d'amitié et d'assistance mutuelle avec Staline et d'autres dirigeants soviétiques, qui a établi l'alliance stratégique entre la Chine et l'Union soviétique sous une forme juridique. La question la plus âprement disputée entre les deux parties était le taux de change entre le rouble et le renminbi, auquel le gouvernement soviétique s'était soigneusement préparé.

L'Union soviétique ne détermine pas, et ne veut pas déterminer, le rapport du rouble au renminbi sur la base d'un indice composite des prix des principaux produits, conformément à la pratique internationale normale, mais adopte plutôt l'approche consistant à augmenter le rouble pour déprimer le renminbi. Les Soviétiques ont d'abord établi avec la Chine que le rapport rouble/yuan était calculé par le biais du dollar. Immédiatement après que Mao Zedong ait négocié le cadre général du traité et quitté l'Union soviétique, ils ont annoncé une augmentation du taux de change du rouble par rapport à toutes les devises étrangères, y compris le dollar américain, ce qui, d'un seul coup, a augmenté le pouvoir d'achat du rouble de 30%, augmentant ainsi considérablement la difficulté de la question du taux de change dans les négociations commerciales sino-soviétiques. Le représentant de la partie chinoise était très mécontent et a exprimé une opinion dissidente sur la question. Cependant, en raison de l'empressement de la Chine à acquérir le matériel et la technologie soviétiques à cette époque, elle a dû faire des concessions et des compromis et fixer le taux de change des deux monnaies dans des conditions inégales, en fixant le rapport rouble/RMB à 1 rouble pour 9500 RMB.

Depuis lors, la partie chinoise s'efforce de trouver des moyens de modifier ce taux de change, en adoptant la même approche que l'Union soviétique, à savoir "traiter les gens comme ils ont été traités". En février 1951, l'ambassadeur soviétique rapporte que le gouvernement chinois a réduit le taux de change du dollar américain quatre fois de suite depuis la fin de 1950, et que, le taux de change du rouble par rapport au renminbi étant exprimé en dollars américains, la réduction du taux de change du dollar a entraîné directement une baisse du taux de change du rouble par rapport au renminbi, de 1 rouble à 5720 yuans. Le rapport estime que le taux de change entre le rouble et le renminbi, basé sur le dollar, est inférieur d'environ 20% au taux de change basé sur le prix officiel de l'or acquis par la Banque populaire de Chine. Par conséquent, un taux de change inférieur du dollar en Chine entraîne automatiquement un taux de change inférieur du rouble par rapport au renminbi est une anomalie et est politiquement et économiquement préjudiciable à l'Union soviétique, d'autant plus que le règlement entre l'Union soviétique et la Chine en 1951 va encore s'accroître et la situation sera encore plus préjudiciable à l'Union soviétique.

"L'ambassade soviétique a suggéré que le ministère soviétique des Finances et la Banque nationale de l'URSS négocient avec la Chine afin de déterminer le rapport entre le rouble et le

renminbi en termes de prix de l'or, et le 5 avril, la Banque nationale de l'URSS a préparé un document sur le taux de change du rouble par rapport au renminbi, dont les détails ne sont pas connus, mais qui, selon le souvenir de Dobrynin, alors ambassadeur aux États-Unis, était plus favorable à la Chine. Lorsque le vice-ministre des Affaires étrangères Zorin a présenté le document au ministre des Affaires étrangères par intérim Gromyko pour qu'il l'examine, ce dernier, par excès de prudence, n'a pas osé prendre sa propre décision et, estimant que le taux de change n'était pas un problème majeur et ne dérangerait pas Staline, a classé le document. Plus tard, les ambassades chinoises et soviétiques ont à nouveau fait pression et Zorin a soutenu le document, si bien que Gromyko l'a approuvé sans consulter Staline. Staline a été fortement contrarié lorsqu'il a appris cela. " [162]

Gromyko n'a apparemment pas bien compris les intentions profondes du grand leader Staline et a commis une grosse erreur d'un seul coup.

Lorsque Staline a intégré les pays d'Europe orientale dans la "famille socialiste" de l'Union soviétique, il avait une stratégie pour les contrôler économiquement. Puisque tous les pays d'Europe de l'Est insistent pour émettre leur propre monnaie indépendante, il est temps de travailler sur le taux de change. L'Union soviétique produisait de l'or, qui représentait à l'époque environ 2/5 de la production mondiale, elle a donc délibérément fixé la teneur en or du rouble à un niveau très élevé, dépassant de loin le pouvoir d'achat réel du rouble. Tirer profit du taux de change en utilisant de l'or intéressé comme critère d'évaluation du taux de change. Les pays d'Europe de l'Est crient en privé, mais personne n'ose affronter en face la ligne dure de Staline.

Dans les négociations sino-soviétiques, Staline a utilisé la même méthode contre la Chine, ce qui a conduit à l'appréciation soudaine du rouble par rapport au dollar après le départ de Mao de l'URSS. Staline a calculé que la Chine ne serait pas trop dure sur le taux de change lorsqu'elle aurait une demande de l'Union soviétique.

Comment Staline aurait-il pu mettre en place un dispositif pour que Gromyko, qui n'avait qu'un cerveau diplomatique mais pas de cerveau économique, ne soit pas indigné ! Chen Yun comprend que la Chine a

---

[162] Sur l'assistance économique soviétique à la Chine de 1950 à 1953, Shen Zhihua.

profité du taux de change, et que si la teneur en or du yuan est rendue publique, elle devient une cible pour l'Union soviétique qui exigera une redéfinition du taux de change.

Si le RMB ne précise pas de teneur en or, sur quoi se base exactement la valeur de la monnaie ? Chen Yun pense que le pouvoir d'achat de la monnaie française d'avant-guerre est utilisé comme système de référence pour évaluer la valeur de la monnaie à partir de l'observation de la pratique sociale. Étant donné que le prix de la monnaie française est resté stable depuis son introduction en 1936, et que le marché a bien réagi à sa valeur modérée, le nouveau renminbi devrait être à peu près équivalent au pouvoir d'achat d'une monnaie française cette année-là. Sur cette base, le taux de change entre l'ancien et le nouveau RMB devrait être de 1:10 000.

Quant à la conversion des anciens et des nouveaux RMB, la Chine a adopté le principe de la conversion sans différence, et tous les détenteurs de RMB, qu'il s'agisse de dépôts ou d'espèces, sont convertis de manière uniforme. L'effet final serait une réduction de quatre zéros sur toutes les unités monétaires, tout comme les prix, ce qui équivaut à un remplacement de la monnaie et non à une réforme monétaire, sans changement significatif de la richesse sociale.

L'émission du nouveau RMB s'est déroulée sans heurts. Dans les 10 premiers jours de l'émission de la nouvelle monnaie, 80% de l'ancienne monnaie en circulation est récupérée. Le 10 juin 1955, l'échange de l'ancienne et de la nouvelle monnaie est pratiquement terminé, le marché a bien réagi, les prix sont pratiquement stables et la population soutient activement l'opération. En seulement 100 jours, la Chine a tranquillement remplacé l'ancienne monnaie par la nouvelle, éliminant complètement les vestiges de l'inflation de l'ère du Kuomintang. Dès lors, le RMB a entamé un tout nouveau voyage.

Outre les raisons subjectives de l'efficacité des mesures, le facteur objectif est que l'économie chinoise a atteint quatre grands équilibres en peu de temps : un budget équilibré, qui a brisé la racine de l'inflation ; une caisse de change équilibrée, qui a consolidé la source de la stabilité de la monnaie ; une offre et une demande de biens équilibrées, qui a copié le fond des forces spéculatives ; et un change équilibré, qui a éliminé la voie de la peur de la monnaie.

Ce n'est qu'en ayant une monnaie totalement indépendante que nous pouvons parler d'indépendance économique, politique et militaire !

Après la guerre de l'opium, l'impérialisme a contrôlé l'histoire de la Chine par des moyens financiers à travers la bourgeoisie bureaucratique chinoise achetée et payée, et Mao Zedong, Chen Yun et d'autres le savaient mieux que quiconque. Au cours des cent dernières années environ, les capitaux étrangers, les acheteurs étrangers et les propriétaires bureaucratiques ont formé un vaste réseau d'intérêts imbriqués, et quel que soit le seigneur de guerre au pouvoir ou le gouvernement au pouvoir, ils doivent s'appuyer sur ce réseau et l'emprunter. Ils se sont concertés, se sont abrités les uns les autres et ont exploité le peuple ensemble. Ce n'est qu'en 1949 que la Chine a éradiqué ce vaste réseau de tumeurs, creusant même trois pieds dans le sol pour s'assurer qu'il n'y aurait jamais d'avenir.

Le refus du renminbi d'être rattaché à toute monnaie étrangère est une tentative de couper l'infiltration et le contrôle de la Chine par les forces du capital étranger à partir de ses racines financières, dans le but de contrôler complètement la haute frontière financière de la Chine, ce qui est la stratégie financière suprême du Parti communiste chinois !

Dans les premières années de sa fondation, la Chine a dû faire face aux sanctions des pays occidentaux, États-Unis en tête, et s'est tournée vers l'Union soviétique pour obtenir de l'argent et des technologies.

> *"Selon les statistiques soviétiques, de 1950 à 1961, l'Union soviétique a emprunté 14 fois à la Chine, pour un montant de 1 818 millions de roubles, qui comprenait également 200 millions de roubles d'emprunts militaires pour la guerre de Corée, à un taux d'intérêt de 2%. Tout au long de la guerre contre les États-Unis et la Corée du Nord, l'Union soviétique n'a jamais déclaré que les armes fournies par l'Union soviétique étaient des emprunts de guerre, mais a toujours affirmé qu'elles étaient une compensation pour les contributions militaires de la Chine à la défense des intérêts du bloc socialiste, une responsabilité que l'Union soviétique devait assumer. Cependant, cette partie des armes a ensuite été ajoutée à la dette de la Chine avec un taux d'intérêt élevé. "* [163]

Pour se débarrasser du contrôle financier de l'Union soviétique, la Chine a dû rembourser les prêts de l'Union soviétique le plus rapidement possible et, en l'absence d'un État fort à l'époque, elle s'est

---

[163] *L'ascension et la chute des dynasties Ming et Qing en 500 ans : Who Wrote the History in Five Hundred Years,* par Han Yuk-hai, Kyushu Press, 2009.

serré la ceinture et a établi un système budgétaire d'État extrêmement strict, garantissant ainsi l'indépendance du yuan. En 1965, la Chine a finalement remboursé l'intégralité des prêts de l'Union soviétique. À la fin de cette année, le ministre des Affaires étrangères Chen Yi a fièrement déclaré lors d'une rencontre avec des journalistes japonais que " la Chine est devenue un pays sans aucune dette extérieure. "

L'histoire du yuan est l'histoire du service au peuple, l'histoire de l'indépendance, l'histoire de la pratique qui fait des miracles !

CHAPITRE IX

Les hautes frontières financières et l'internationalisation du RMB

D ans le monde d'aujourd'hui, la fumée de la guerre des monnaies ne s'est pas dissipée, et les tambours de guerre au loin sont loin de s'arrêter. À l'avenir, à mesure que le "cancer de la dette" des États-Unis se propagera, le "corps du dragon" du dollar "Zhou Tianzi" sera de plus en plus affaibli, suivi d'une ère de "Printemps et d'Automne des États en guerre". Les guerres de devises deviendront la norme dans l'économie mondiale.

Le dilemme du yuan est que le compte de change a en fait essentiellement "dollarisé" le yuan. Au cœur des problèmes, tels que la crise du taux de change et les réserves de change, se trouve la déviation du positionnement de l'étalon monétaire du yuan. Le but suprême du RMB est de servir le peuple, ce qui nécessite une innovation importante dans l'émission du RMB, et la "parité des prix large" serait une alternative. Avec la dépréciation constante du dollar, la manière dont les réserves de change sont détenues doit être ajustée en conséquence.

Pour que le RMB se distingue et mette en œuvre la stratégie d'internationalisation, il doit être présenté comme un tout dans le cadre de la stratégie de la haute frontière financière. L'internationalisation du renminbi ne consiste pas simplement à libérer la monnaie à l'étranger. Là où le renminbi apparaît, c'est là où se trouve l'intérêt national et où les autorités monétaires réglementent la nouvelle frontière. La condition préalable pour que le yuan sorte du pays est la suivante : il peut être libéré, il peut être collecté, il peut être vu et il peut être géré.

L'étalon monétaire, la banque centrale, le réseau financier, le marché des changes, les institutions financières et les centres de compensation constituent ensemble un système stratégique de hautes frontières financières. L'objectif principal de ce système est d'assurer l'intensité et l'efficacité de la mobilisation de la monnaie contre les ressources. Depuis la source de l'argent créé par la banque centrale jusqu'à l'acceptation finale de l'argent par le terminal du client ; depuis le réseau dense du flux monétaire jusqu'au centre de compensation du règlement ; depuis le marché des instruments financiers jusqu'au système de notation de l'évaluation du crédit ; depuis la réglementation souple du système juridique financier jusqu'à l'infrastructure financière rigide ; depuis les énormes institutions financières jusqu'aux associations industrielles efficaces ; depuis les produits financiers complexes jusqu'aux simples investissements financiers, la haute frontière financière protège le sang monétaire depuis le cœur de la banque centrale jusqu'aux capillaires financiers et même aux cellules économiques du corps entier du système circulatoire complet et efficace.

La guerre des monnaies : la réincarnation de l'histoire

La couverture de l'édition d'octobre 2010 du magazine The Economist au Royaume-Uni, où l'on pouvait voir la "guerre des monnaies" comme si une nouvelle guerre mondiale avait commencé. Les médias de divers pays du monde ont immédiatement suivi et rapporté l'"état de la bataille" de la "guerre des monnaies", et divers dignitaires, économistes, organisations internationales et forums haut de gamme sont entrés les uns après les autres sur le "champ de bataille".

Au fil du temps, les appels au "siège" du taux de change du renminbi n'ont cessé de croître et de décroître en Occident, et la pression de la forte opinion publique semble être écrasante, car si le renminbi ne s'apprécie pas significativement par rapport au dollar, il n'y aura pas d'issue à la situation de déséquilibre économique mondial, la reprise économique de tous les pays finira par être contrecarrée, une guerre commerciale balayera le monde, et la tragédie de la Grande Dépression des années 1930 se répétera.

Certains économistes américains ont même lancé que la crise financière aux États-Unis est entièrement causée par le yuan. La sous-évaluation du renminbi a conduit à un excédent commercial trop important de la Chine, les Chinois aiment épargner plutôt que de dépenser de l'argent et achètent des bons du Trésor américain, ce qui fait que les États-Unis sont frappés par l'"argent chaud" bon marché de la Chine, ce qui fait que les taux d'intérêt à long terme sont bas aux États-Unis, induisant finalement des bulles d'actifs et une crise financière.

Sous prétexte de déséquilibre commercial, la répression de la monnaie chinoise constitue une percée, puis crée le chaos dans l'économie chinoise, entache le système financier chinois et finit par contrôler la haute frontière financière de la Chine, ce qui s'est répété dans l'histoire récente de la Chine.

Lorsque les Britanniques sont arrivés dans la riche Chine au XIXe siècle, ils avaient déjà conquis plus de 20 pays sur le continent africain, possédaient des dépendances du Commonwealth telles que l'Australie et la Nouvelle-Zélande en Océanie, contrôlaient le Canada, la Guyane, la Jamaïque et les Bahamas sur le continent américain et, en Asie, régnaient sur de vastes étendues de terres allant de l'Inde (y compris le Pakistan) à la Malaisie (y compris Singapour) et au Myanmar. Selon l'approche stratégique de l'Empire britannique en matière de colonisation mondiale, la Chine était trop faible pour être conquise par la force face à une grande nation de 400 millions d'habitants. Par conséquent, pour conquérir la Chine, il faut d'abord conquérir sa monnaie. L'effondrement du système monétaire entraînerait l'effondrement de la haute frontière financière, qui à son tour entraînerait la désintégration de la capacité financière du pays, la paralysie du pouvoir politique et la désintégration de la puissance militaire avant que la Chine ne puisse éventuellement être utilisée comme source de revenus pour ses colonies. Ainsi, le commerce de l'opium et la guerre de l'opium ont été menés sur la base de l'inégalité des échanges commerciaux, l'accent étant mis sur la monnaie d'argent de la Chine. Le commerce de l'opium avait brillamment achevé la destruction du système monétaire chinois en argent, entraînant une sortie massive d'argent de Chine, une déflation "l'argent est cher et l'argent est bon marché" dans le pays, une économie déprimée, une production en baisse, des souffrances indicibles pour le peuple, une intensification des conflits sociaux, un grave déficit commercial tout au long de l'année, l'incapacité des finances du pays à joindre les deux bouts et une lourde charge fiscale qui a poussé le peuple à se révolter. Les guerres internes et externes ont contraint le gouvernement Qing à contracter d'énormes dettes auprès des grandes puissances, à hypothéquer la principale source de revenus du trésor central, comme les droits de douane, les taxes sur le sel et les centimes, et à perdre le point d'orgue financier de la banque centrale, ce qui a entraîné la perte du pouvoir de fixation des prix du commerce, de l'autonomie des chemins de fer, de la navigation, des textiles, du fer et de l'acier et d'autres mouvements à l'étranger, ainsi que la perte du droit de financer des opérations militaires telles que la "défense de la mer" et la "défense du territoire", plongeant finalement le pays tout entier dans une situation tragique de massacre semi-colonial.

Au début des années 1930, alors que le gouvernement national était sur le point d'achever la "suppression des deux yuans", le système monétaire de l'étalon-argent, les "quatre banques et deux bureaux" et la centralisation financière de l'unification monétaire, afin de regagner la haute frontière financière, les Américains ont eu recours au même vieux truc pour frapper la monnaie d'argent de la Chine. Roosevelt annonça unilatéralement une acquisition massive d'argent mondial, prétendant qu'en achetant de l'argent sur le marché, il espérait faire grimper le prix de l'argent et augmenter le pouvoir d'achat des pays dominés par l'argent comme la Chine, forçant en fait la monnaie chinoise à s'apprécier pour écouler ses surplus de marchandises et déstabiliser sa monnaie. L'action américaine sur l'argent a fait monter en flèche les prix internationaux de l'argent, attiré par la hausse des prix internationaux de l'argent, une grande quantité d'argent chinois "a été exportée". La Chine n'est pas un grand pays producteur d'argent, l'argent utilisé à l'origine pour frapper les pièces de monnaie doit encore être importé, à ce moment-là, la monnaie métallique de la Chine ressemble à un torrent d'eau qui se précipite, en 1934, en seulement trois mois et demi, les sorties d'argent ont atteint 200 millions de yuans. Les États-Unis ont continué à acheter de l'argent, et en 1934, le prix de l'argent sur le marché de l'argent de Londres avait doublé par rapport à ce qu'il était auparavant ! Le résultat est inattendu, sortie d'argent, la monnaie chinoise "s'est appréciée", le déficit du commerce extérieur augmente, les marchandises étrangères inondent le marché chinois, les exportations chinoises sont de plus en plus difficiles. Les sorties d'argent ont également causé la déflation, le crédit bancaire a diminué, les taux d'intérêt ont augmenté, à cette époque à Shanghai était presque aussi élevé que le taux d'intérêt ne pouvait pas emprunter de l'argent. À la fin de 1934, le prix de l'argent a fortement chuté, et le prix du secteur locatif de Shanghai a chuté de 90% ! Les cœurs des gens flottent sur le marché, les retraits bancaires sont généralisés, et les banques et les banques d'argent font faillite. Cela a finalement contraint le gouvernement national à abandonner l'étalon-argent et à se tourner vers la livre sterling et le dollar américain pour émettre de la monnaie française sur la base du taux de change. Après le déclenchement de la guerre de résistance, afin de maintenir la stabilité du taux de change, seule la création d'un fonds d'égalisation des changes, la banque centrale et le pouvoir de gestion des changes ont été remis au Royaume-Uni et aux États-Unis, perdant à nouveau la haute frontière financière.

Cette fois, en forçant le yuan à s'apprécier, les États-Unis pourront-ils résoudre leur déficit commercial et leur crise du chômage ? La cause profonde du déficit commercial américain réside dans le défaut fatal inhérent à la conception du système international du dollar, qui rend impossible pour la monnaie de crédit souveraine américaine d'assumer les fonctions d'une monnaie mondiale de manière stable dans le temps. En fait, aucune monnaie de crédit souverain ne peut le faire. La monnaie mondiale assume principalement la fonction de transaction du commerce international, si les États-Unis ont un excédent commercial pendant une longue période, les États-Unis seront nécessairement des exportateurs nets de matières premières, le dollar mondial reviendra aux États-Unis. Par conséquent, le commerce international se contractera en raison de l'absence de monnaie d'échange, et toutes les économies connaîtront une récession. De même, le développement continu du commerce international exige objectivement que les États-Unis exportent des devises et importent des marchandises, de sorte que l'existence d'un déficit commercial américain est intrinsèquement prédéterminée, et la différence réside uniquement dans l'objet du déficit commercial.

Ainsi, il est peu probable que l'appréciation du renminbi change le problème structurel du déficit commercial américain, mais seulement qu'elle déplace la cible du déficit de la Chine vers l'Inde, le Mexique ou d'autres pays.

L'appréciation du yuan n'est pas non plus susceptible de résoudre le problème du chômage aux États-Unis. Si le renminbi s'appréciait de 200% et non de 20%, il ne serait jamais possible pour les États-Unis de se lancer dans la production de jouets, de vêtements, de quincaillerie et d'appareils électriques sur leur territoire, car le coût moyen de la main-d'œuvre aux États-Unis est plus de 10 fois supérieur à celui de la Chine !

Les décideurs politiques et les stratèges financiers américains en sont bien sûr parfaitement conscients, et l'objectif stratégique de la forte pression exercée pour forcer l'appréciation du yuan n'est jamais le commerce et l'emploi !

Si l'on se fie à l'histoire, cette action devrait être conforme aux exemples historiques : en 1840, l'Empire britannique a utilisé le commerce de l'opium pour attaquer l'argent du gouvernement Qing ; en 1935, les États-Unis ont utilisé la "vague d'argent" pour attaquer la monnaie française du gouvernement national ; et cette fois, les États-

Unis ont utilisé le commerce et le chômage comme prétexte pour attaquer le yuan chinois.

Le dilemme du RMB

> *"Une pensée économique erronée fait qu'il est difficile de voir où sont les intérêts de chacun. Par conséquent, ce qui est plus dangereux que les avantages, ce sont en fait les idées. "*
>
> — Keynes

Le mécanisme actuel d'émission du renminbi a connu des changements importants par rapport aux premières années de la création de l'État. À l'époque, le principe primordial de la stratégie financière de la Chine était l'indépendance et l'autonomie, sans rattachement au rouble soviétique ni au dollar américain, ni à l'or sous contrôle soviétique et occidental. Après 60 ans, l'économie chinoise est de plus en plus intégrée à l'économie mondiale, et dans ce contexte, il est inévitable que le mécanisme d'émission du RMB soit ajusté en conséquence.

Cependant, depuis 1994, la part croissante des devises étrangères dans la monnaie de base du renminbi a conduit à une domination croissante du renminbi par les devises étrangères, notamment le dollar. Jusqu'à présent, la part des devises étrangères est devenue le principal moyen de générer la monnaie de base du RMB. La soi-disant part de change comptabilisée, pour le dire clairement, est l'émission de renminbi garantie par le dollar américain, et par l'effet d'amplification du système bancaire, la grande majorité des 70 000 milliards de renminbi en circulation dans les "réserves d'émission" de la Chine sont en fait des actifs en dollars. Le dilemme actuel est que le yuan a été largement "dollarisé".

Dans le système actuel de monnaie de crédit, la valeur de l'argent dépend du respect de la parole donnée par la personne qui l'a créé. Et les États-Unis d'aujourd'hui sont confrontés à la pire crise du chômage depuis la Grande Dépression des années 30, à un endettement insupportable, à un taux de chômage réel de 18%, à un immobilier fortement dévalué, à des comptes de retraite en forte baisse, à 79 millions de "baby-boomers" qui prendront leur retraite au cours des dix ou vingt prochaines années (soit la moitié de la population active), la montée en flèche des futures dépenses publiques en matière de santé et de retraite, l'aggravation irrésistible du déficit budgétaire et l'augmentation continue de la dette nationale privée, autant de facteurs qui se traduisent par une augmentation sans précédent des défauts de paiement des Américains et une baisse sans précédent de la valeur de ces feuillets blancs qui ont créé le dollar. Les défauts de paiement peuvent être directs et manifestes, ou indirects et cachés, et le deuxième cycle d'"assouplissement quantitatif" monétaire mis en œuvre par les États-Unis appartient à cette dernière catégorie.

L'essence du dollar est une monnaie qui est émise contre une dette. Derrière chaque dollar en circulation se cache la dette de quelqu'un envers le système bancaire, et ce billet est en fait un reçu pour une dette, de sorte que toute personne qui détient des dollars est un créancier de la dette en dollars.

Lorsque les États-Unis ont commencé à imprimer de l'argent sous le nom "incroyable" d'"assouplissement quantitatif", la Réserve fédérale, par l'achat d'obligations du Trésor américain et d'obligations et de billets détenus par des institutions financières, a procédé à une "monétisation" à grande échelle de l'énorme dette des États-Unis. "L'assouplissement quantitatif" a deux significations : premièrement, il se fait à une échelle beaucoup plus grande que la normale, ce qui permet de diluer la dette ; et deuxièmement, la qualité des obligations "monétisées" est considérablement réduite, comme celles émises par les "deux maisons", qui sont déjà en grande partie en faillite. De cette façon, la grande quantité de dollars supplémentaires émis a grandement dilué le "contenu en or" des créances dans les mains des détenteurs initiaux du dollar, et en même temps, les "toxines d'actifs" dans les dollars nouvellement émis ont grandement augmenté, et le "nouveau dollar" issu de "l'assouplissement quantitatif" après le tsunami financier aux États-Unis en 2008 est une monnaie inférieure typique, ce qui est la raison principale pour laquelle l'or, une monnaie honnête a grimpé de 700 $ par once au moment de la crise financière en 2008 à 1400 $ actuels !

Comment l'ordre financier mondial ne peut-il pas être perturbé lorsque le "contenu en or" de ces créances est largement dilué et que la "toxine des actifs" est largement dépassée par la mauvaise qualité du dollar qui inonde le monde ? Comment les pays peuvent-ils rester les bras croisés et observer l'impact du "dollar toxique de mauvaise qualité" ?

Depuis 2008, les "dollars mauvais et toxiques" affluent en Chine, et le système bancaire chinois règle le commerce extérieur, les investissements directs et les autres dollars entrant en Chine en RMB, puis les vend à la Banque populaire de Chine. Et les renminbis émis contre eux correspondent à la réception de ces créances en dollars de qualité inférieure, qui se retrouvent dans les mains d'un grand nombre de détenteurs de renminbis. Le "virus du dollar" est "transmis" au yuan par la circulation monétaire. À première vue, les actifs de réserve en dollars appartiennent au gouvernement, mais les recettes finales de ces actifs sont entre les mains des détenteurs de renminbi, de sorte que les propriétaires réels de ces actifs en "dollars toxiques de mauvaise qualité" sont les Chinois, et le gouvernement ne fait que les "détenir pour le compte".

C'est à ce moment-là que les États-Unis ont commencé à montrer leurs muscles et à exiger fermement l'appréciation du yuan.

Si la Chine possède 2 000 milliards de dollars d'actifs en devises et que le RMB vaut 8:1 par rapport au dollar américain, alors 16 000 milliards de RMB ont été émis contre ces actifs et les recettes de ces actifs en dollars américains "surpondérés" ont été injectées dans l'économie chinoise et sont largement détenues par le public grâce à l'amplification du système bancaire. Que se passera-t-il si le yuan est contraint de s'apprécier à 6:1 sous la pression des États-Unis ? Pour faire une analogie, si 2 000 milliards de dollars peuvent être échangés contre 16 000 milliards de miches de pain sur le marché international, alors chaque reçu avant l'appréciation du yuan peut être échangé contre une miche de pain. Maintenant que le prix du pain est soudainement passé à 16 trillions de pains avec 12 trillions de nouveaux reçus, il semble que le pouvoir d'achat des nouveaux reçus ait augmenté du fait de l'appréciation, mais en fait, lorsque l'on utilise cette relation pour échanger du pain, on s'aperçoit soudain qu'après que les 12 trillions de reçus ont pris 16 trillions de pains, il reste 4 trillions de reçus qui ne peuvent être échangés contre rien. Au moment où le RMB s'est apprécié, le fait de forcer 12 trillions de "nouvelles" pièces à égaler 16 trillions de "vieilles" pièces signifiait que le pouvoir d'achat des "vieilles" pièces par rapport au stock d'actifs s'est effondré. Il s'agit là d'une privation de richesse pour les détenteurs de vieilles pièces, tout comme l'échange au 1:200 de Tchang Kaï-chek contre des pièces contrefaites dans la zone déchue et l'échange au 1:10 des vieux roubles soviétiques.

Pour aggraver les choses, en raison de la distribution sans discernement du dollar, qui a entraîné une hausse des prix internationaux des produits de base, 2 000 milliards de dollars pouvaient auparavant acheter 16 000 milliards de miches de pain, et si seulement 10 000 milliards de miches peuvent maintenant être achetées, le résultat est que la richesse réelle à laquelle peuvent prétendre les 16 000 milliards d'anciens reçus est tombée de 16 000 milliards de miches à 10 000 milliards de miches, ce qui signifie que le pouvoir d'achat réel des détenteurs de yuan avant la dépréciation s'est considérablement réduit.

C'est pourquoi le RMB s'apprécie "nominalement" à l'extérieur, alors que son pouvoir d'achat réel se déprécie à l'intérieur. Lorsque le renminbi est émis contre le dollar américain, la dépréciation du dollar américain est finalement transmise au détenteur du renminbi.

Alors que l'attention du public est attirée par des sujets tels que la balance commerciale ou la manipulation du taux de change, ce qui se passe réellement est une réévaluation de tous les actifs boursiers de la Chine au cours des 30 dernières années, suite à l'appréciation du yuan. L'appréciation du pouvoir d'achat nominal international du renminbi s'est accompagnée d'une dépréciation du pouvoir d'achat du renminbi par rapport à un large stock d'actifs. Ce processus va clairement provoquer des pressions inflationnistes en Chine, en particulier dans le domaine des prix des actifs. Le problème est encore aggravé par le fait que 16 000 milliards de dollars de recettes sont en monnaie de base, et lorsque le système bancaire les amplifie, le montant total du crédit entrant dans l'économie chinoise est encore plus important, avec des effets inflationnistes prévisibles.

Alors que les avantages de l'augmentation nominale du pouvoir d'achat international résultant de la forte appréciation du yuan ne se manifesteront que progressivement au cours des prochaines années, avec les importations et les investissements à l'étranger, la perte d'actifs de réserve en devises et les effets pernicieux de l'inflation des actifs induite par la réévaluation d'importants stocks d'actifs nationaux sont immédiats.

Le cœur du jeu de l'appréciation est que, tandis que le pouvoir d'achat nominal international du renminbi augmente, le pouvoir d'achat réel du stock de renminbi avant l'appréciation est réduit dans le pays, ce qui dilue effectivement le "contenu en or" des créances des détenteurs de renminbi sur le dollar américain. Il est important de souligner ici que ce n'est pas le gouvernement chinois qui est finalement propriétaire de la dette américaine, mais la grande majorité des détenteurs de renminbi, et donc la dernière personne à payer pour la dette américaine est le peuple chinois.

Sans aucun suspense, l'appréciation du yuan ne manquera pas de déclencher un afflux plus important d'argent chaud, ce qui renforcera encore les pressions inflationnistes. Si l'on se réfère à la grave bulle d'actifs provoquée par l'appréciation forcée du yen en 1985, ainsi qu'à la folle hausse des prix de l'immobilier et à la frénésie boursière déclenchées par l'augmentation de 20% du taux de change du yuan depuis juillet 2005, il n'est pas difficile de voir que le fait que les États-Unis forcent le yuan à s'apprécier de manière significative a pour effet de faire d'une pierre deux coups, l'un étant de réduire considérablement les engagements réels des États-Unis envers la Chine et l'autre de stimuler la bulle des prix des actifs en Chine. Plus le renminbi s'apprécie rapidement, plus les spéculateurs en renminbi seront tentés d'acheter des actifs en dollars. Lorsque les dettes toxiques des États-Unis portées par le "mauvais dollar toxique" seront plus ou moins digérées dans le monde, la bulle d'actifs de la Chine pourrait atteindre un état vicieux difficile à sauver. À ce moment-là, les États-Unis pourraient soudainement augmenter fortement les taux d'intérêt, brandissant l'étendard de la lutte contre l'inflation mondiale et faisant éclater d'un seul coup les bulles d'actifs de la Chine et d'autres pays.

Le temps est une variable clé dans la guerre, et les guerres monétaires le sont encore plus. Les Etats-Unis ont besoin de l'appréciation immédiate et significative des monnaies nationales pour utiliser l'énergie de la reprise économique dans les autres pays afin de les aider à diluer et à répartir la mauvaise dette attachée au "mauvais dollar toxique". Comment un tel acte égoïste de mendicité ne pourrait-il pas être combattu et combattu par les nations du monde !

Si la bulle d'actifs de la Chine est stimulée suffisamment, son éclatement sera suffisamment important pour produire une explosion équivalente. Alors, comment sauver l'économie chinoise ?

La crise du crédit souverain gréco-irlandais, qui se déroule dans la zone euro, est un "modèle". Les pays de la zone euro ont cédé le pouvoir d'émission monétaire à la BCE qui, notons-le, est une institution qui transcende les États souverains de l'Union européenne et qui n'est pas responsable devant le Parlement européen, ni devant les électeurs de chaque pays, sans parler des gouvernements, qui agiront selon leur volonté. À ce stade, la BCE aura le pouvoir de tuer ou de faire mourir les pays en crise de crédit souverain en imposant une série de conditions sévères sur les impôts fiscaux, les responsabilités nationales, la taille du budget, les pensions, les soins de santé, l'assurance retraite, etc., qu'elle obligera les pays à mettre en œuvre, et s'ils ne sont pas d'accord, ils n'obtiendront pas la monnaie euro !

Lorsque des problèmes surgiront en Chine, il est probable que le Fonds monétaire international (FMI), la future "banque centrale mondiale", interviendra. On peut imaginer les conditions de ce sauvetage : émission de monnaie "partagée", série de conditions d'émission de monnaie "inadmissibles", "supervision" du "taux de change" de la Chine et de la mise en œuvre de la politique fiscale, en d'autres termes, la nécessité de céder le contrôle de la haute frontière financière.

Cette situation, qui ressemble aujourd'hui à un scénario de science-fiction, ne sera jamais que de la science-fiction si elle est gérée correctement.

Norme de prix large : alternative au yuan

La situation difficile du RMB découle du désalignement de l'étalon monétaire. Le RMB devrait et doit prendre le développement économique de la Chine comme point de départ fondamental, et ni le dollar américain ni aucune autre devise étrangère ne devrait avoir un impact drastique sur la valeur monétaire du RMB. Si, dans les années 1930, la monnaie de la mer du Nord émise par la base de Shandong pouvait être utilisée comme réserve pour l'émission de monnaie et l'innovation financière, ce qui permettrait de stabiliser les prix, de faire prospérer l'économie et de renforcer considérablement la force économique de la base ; si, dans les années 1950, l'émission du RMB a pu être complètement libérée de tout lien avec une devise étrangère et que la "norme de prix" a été adoptée, ce qui a également permis d'atteindre un haut degré de stabilité des prix et une reprise économique rapide, alors il n'y a aucune raison pour que le RMB ne soit pas plus innovant aujourd'hui et ne suive pas une voie complètement différente de celle des États-Unis et de l'Occident.

Dans les années 1930, la monnaie française du gouvernement national a adopté une "norme de taux de change" de la livre sterling et du dollar américain, perdant ainsi le droit de fixer la monnaie. La banque centrale du gouvernement national ne pouvait que "lever les yeux vers la Grande-Bretagne et les États-Unis" et devait réserver de grandes quantités de livres sterling et de dollars américains pour assurer la stabilité du taux de change, ce qui s'est avéré être une voie irréalisable.

Le principe suprême de la norme monétaire d'un pays est d'assurer la "stabilité des prix" afin de servir les moyens de subsistance de la population et le développement stable de l'économie. Bien sûr, la stabilité des prix d'aujourd'hui est bien loin de celle des années 1950, lorsque les revenus salariaux et les ressources sociales étaient peu monétisés et que les prix qui comptaient pour la population étaient principalement le prix de base des aliments, du pétrole et du sel. Dans la société moderne, les revenus et les actifs de la population ont augmenté de façon spectaculaire, et les préoccupations de la population en matière de prix ont depuis longtemps cessé d'être les prix de la nourriture et des simples produits de première nécessité, pour s'intéresser davantage aux prix des actifs et des services sociaux tels que les soins de santé, l'éducation et la vieillesse. La nouvelle majeure partie de la masse monétaire, cependant, ne va pas directement au marché de la consommation pour des achats frénétiques ; elle va nécessairement au secteur des actifs ou des services sociaux, où l'argent aurait été investi s'il n'avait pas été consommé.

Un système monétaire qui prend en compte les intérêts et le bien-être du peuple à tout moment devrait adopter la stabilité des "prix larges" comme référence pour l'émission de la monnaie et la norme des "prix larges" du yuan. Ce n'est que lorsque les masses populaires verront que les prix du pain, du lait, des légumes et du porc sont aujourd'hui à peu près les mêmes que dans dix ans, et que les prix des actifs tels que l'immobilier, l'éducation, les soins de santé, les retraites et les services sociaux sont également essentiellement stables, que leurs intérêts seront effectivement garantis, et qu'une telle monnaie gagnera certainement la pleine confiance et l'affection authentique des masses populaires.

Les "prix larges" peuvent être échantillonnés par catégories et sous-régions sur la base des prix des actifs qui intéressent le plus la population (comme l'immobilier, les actions, l'or et l'argent, etc.), des services sociaux (soins médicaux, éducation, vieillesse, etc.) et de la vie quotidienne (comme l'IPC actuel, etc.), avec différents coefficients de pondération, qui sont régulièrement publiés par les offices statistiques. Les opérations monétaires de la banque centrale peuvent s'articuler finement autour de cet indice "large des prix".

Ce n'est qu'en traitant d'abord le principe du RMB que nous pourrons parler de l'éradication des autres problèmes.

L'un des grands problèmes créés par l'ancrage du yuan au dollar est l'importance des réserves de change. En fait, aucune "loi céleste" n'exige que les réserves de change soient émises en garantie du RMB. En coupant la relation directe entre les devises étrangères et l'émission de renminbi, la question des devises étrangères peut être complètement résolue, ce qui nécessite le courage et l'audace de l'innovation financière.

Si un "fonds d'égalisation des changes" est créé, qui émettra des "obligations en devises" spéciales sur le crédit national et lèvera des fonds en RMB pour remplacer le rôle de la banque centrale en tant qu'"acheteur en dernier ressort" de devises sur le marché bancaire chinois, il peut bloquer le canal des devises vers le bilan de la banque centrale et éliminer l'augmentation substantielle des investissements en monnaie de base dans le seul but d'acquérir des devises. Dans le même temps, ces "obligations en devises étrangères" peuvent également enrichir considérablement la variété du marché obligataire, pour les compagnies d'assurance, les banques, les fonds et autres institutions, afin de fournir de nouvelles options d'investissement.

Les principales responsabilités du "Fonds de péréquation des changes" sont les suivantes : intervention sur le marché en cas d'urgence en matière de change ; ajustement et stabilisation du taux de change en fonction de la demande commerciale ; et, en tant que plus grande concentration de devises, prêt aux institutions qui demandent des devises, tant que le produit des prêts dépasse le coût de l'émission d'"obligations en devises", le Fonds sera naturellement rentable. Le Fonds lui-même n'effectue pas d'investissements directs en devises, qui peuvent être confiés au CIC ou à d'autres institutions d'investissement en devises nouvellement créées, ni même ne procède à des appels d'offres institutionnels dans le monde entier ; il ne traite qu'avec des sociétés de gestion d'investissements en devises en tant que prêteur.

Quant à la part de la banque centrale dans les devises étrangères déjà existantes, elle peut être résolue progressivement par lots au moyen d'échanges d'actifs. Par exemple, pour que l'État développe vigoureusement les institutions médicales et sanitaires et améliore en profondeur la difficulté d'accès aux soins médicaux dans les villes et les villages de Chine, le ministère de la Santé peut demander au Fonds médical d'émettre des obligations médicales afin de lever des fonds pour développer vigoureusement les institutions médicales et sanitaires dans tout le pays ; De même, les nouveaux types d'obligations émises par l'État, telles que l'obligation nationale pour l'innovation, l'obligation pour la promotion de l'emploi, l'obligation pour la revitalisation des PME, l'obligation pour les logements à loyer modéré et l'obligation pour la réserve nationale de ressources, peuvent être utilisées pour remplacer les actifs en devises de la banque centrale par lots, et les devises gagnées peuvent être utilisées pour importer des équipements médicaux de pointe afin d'aider les institutions médicales et de santé, introduire des brevets technologiques pour aider l'innovation et l'emploi, et introduire des technologies respectueuses de l'environnement et économes en énergie pour améliorer la qualité des logements en termes d'économie d'énergie et de respect de l'environnement.

En outre, un plus grand nombre d'actifs en devises, après avoir été remplacés par des actifs similaires, ne doivent pas nécessairement aller à l'étranger pour investir dans des actifs financiers, ces devises peuvent être utilisées pour racheter des participations dans des entreprises étrangères qui sont très rentables en Chine. Depuis la réforme et l'ouverture, de nombreuses entreprises à capitaux étrangers ont formé un solide monopole dans des industries clés qui sont le moteur de l'économie chinoise, ce qui n'est en aucun cas une bénédiction pour la Chine à long terme. Plutôt que d'investir dans un pays étranger que vous ne connaissez pas, vous devriez investir dans une entreprise étrangère locale qui connaît ses racines, et il n'y a pas d'obstacles à l'environnement du marché, à la politique juridique ou à la réglementation gouvernementale. L'avantage est que ces entreprises à capitaux étrangers ont déjà formé un monopole de marché avec des bénéfices élevés, et l'investissement en actions dans ces entreprises aura une plus grande probabilité de succès, pour dire les choses clairement, elles partageront le pouvoir et les bénéfices, ce qui non seulement garantit la sécurité de l'investissement des réserves de change, mais réalise également l'effet de contrôle du monopole de marché des entreprises à capitaux étrangers, quant à savoir si ces entreprises sont prêtes à céder des actions, c'est la technique des négociations commerciales et de la persuasion du gouvernement. D'une manière générale, on ne peut pas se tordre le bras, et tant que le gouvernement est déterminé à le faire, il n'y a aucun accord qui ne puisse être conclu. Si le moment, l'emplacement, les personnes et toutes les circonstances de la situation ne peuvent pas faire un bon travail, alors les réserves de change pour investir dans des actions et des actifs financiers à l'étranger, l'idée du début à annuler, les bons actifs nationaux sont instables, dans le cas de l'étranger loin, pouvez-vous acheter de bons actifs ? Un petit remue-méninges vous dira que ce n'est pas bon.

Lorsque les réserves de change seront progressivement remplacées par les actifs de la banque centrale, les réserves d'émission du RMB seront progressivement remplacées par les actifs en dollars, qui se déprécient de plus en plus, au profit des industries clés de la Chine et de la forte productivité émergente des moyens de subsistance de la population, le RMB sera de plus en plus en phase avec le développement économique propre de la Chine, réalisant ainsi véritablement le principe suprême du RMB au service du peuple. Réduire progressivement la dépendance vis-à-vis des devises étrangères et parvenir à l'indépendance de l'émission du renminbi.

Caractéristiques importantes d'une bonne monnaie

L'argent est une chose à la fois familière et étrangère pour le commun des mortels. Familier parce que les gens utilisent l'argent tous les jours, étranger parce que les gens ne comprennent pas comment l'argent est créé. En termes simples, l'argent est un reçu pour la richesse, et il ne peut être émis qu'avec la richesse comme garantie. Mais qu'est-ce que la richesse ? La richesse est constituée des différents biens et services créés par le travail des personnes.

Les gens donnent à la société le produit de leur travail, et la société leur donne des reçus de richesse comme preuve. La raison de l'acceptation de ces reçus est que les gens peuvent les utiliser pour se rendre à la société lorsqu'ils en ont besoin pour racheter les fruits du travail des autres dont ils ont besoin.

La réception de cette richesse constitue le moyen de base pour échanger la propriété de la richesse dans la société. Ainsi, l'argent détermine la distribution et le flux des richesses dans la société. Si quelqu'un peut bricoler l'argent, il pourra changer la propriété de la richesse sans que cela ne soit remarqué, et manipuler la valeur de l'argent revient à transférer discrètement la richesse de la société.

C'est précisément parce que la monnaie est le moyen central de distribution de la richesse dans la société que le fondement le plus central de la monnaie est le principe moral de savoir à qui elle sert réellement. Dans la théorie monétaire occidentale, la question des principes moraux de la monnaie est éludée, ce qui est précisément le problème le plus inéluctable de la monnaie.

Sans le principe moral de l'argent, il n'y aurait aucune base pour une juste répartition des richesses dans la société. Une société qui ne dispose pas d'un système de distribution juste est condamnée à tolérer le vol et même le pillage des richesses. Peu de gens réalisent que la cause profonde de l'injustice sociale généralisée et des divisions entre riches et pauvres réside en fait dans des principes monétaires immoraux.

Sur la base du principe moral de l'argent, tout bon argent doit également remplir les conditions suivantes.

L'intégrité de la souveraineté monétaire.

— Un bon crédit monétaire.

— Haute disponibilité des devises.

— Bonne stabilité monétaire.

— Accès facile à la monnaie.

— Haute acceptation des devises.

La souveraineté monétaire est la capacité d'un pays à contrôler totalement sa propre politique monétaire, sur laquelle les monnaies des autres pays n'ont pas d'influence décisive, comme la livre sterling au XIXe siècle et le dollar au XXe siècle, et sur laquelle les autres pays n'ont pratiquement pas voix au chapitre.

Le crédit monétaire signifie que les émetteurs de monnaie ne reviennent jamais sur leur parole et que le public leur fait confiance. Un contre-exemple est l'"assouplissement quantitatif" du dollar des États-Unis, qui a été critiqué par tous les pays, mais qui continue à être non conventionnel, avec l'émission inconsidérée de dollars comme déguisement de mauvaises dettes. Et puis il y a les pièces françaises et les billets d'or de Chiang Kai-shek, qui n'ont pas tenu leur parole et ont trompé le public à plusieurs reprises, pour finalement aboutir à un destin d'abandon total, de destruction de la monnaie et de perte du pays.

L'utilisabilité de la monnaie se reflète dans sa capacité à acheter les biens dont elle a besoin, et une monnaie, quelle que soit la valeur qu'elle prétend avoir, n'a pas l'utilisabilité de la monnaie si elle ne peut pas acheter les choses dont elle a besoin. Si un consommateur a besoin d'acheter du pétrole, il peut l'acheter en dollars, mais pas en yens.

Moins la monnaie est restrictive pour l'achat de biens, plus elle est utilisable.

La stabilité d'une monnaie est la capacité d'une monnaie à préserver son pouvoir d'achat, comme la livre et le dollar à l'époque de l'étalon-or, qui ont tous deux été capables de maintenir leur pouvoir d'achat essentiellement stable pendant des centaines d'années, une livre en 1664 pouvant acheter la même quantité de bœuf 250 ans plus tard, et un dollar en 1800 pouvant acheter essentiellement la même quantité de pain en 1939, ce qui est un bon signe de stabilité du pouvoir d'achat. En 1971, le dollar a été découplé de l'or, et 39 ans plus tard, son pouvoir d'achat a considérablement diminué, un dollar ayant perdu environ 90% de son pouvoir d'achat.

La facilité d'accès à l'argent est également importante, et sans infrastructure financière adéquate, l'accès à l'argent sera relativement coûteux et long. Si une personne voyageant à l'étranger a besoin d'obtenir le RMB, c'est pratiquement impossible car toutes les banques ne disposent pas du RMB en stock et le temps et le coût pour l'obtenir seraient stupéfiants.

L'acceptabilité d'une monnaie est, par essence, l'étendue de la zone de circulation de la monnaie et l'étendue de la population qui est prête à l'accepter. Tenir un RMB en main n'est pas un gros problème à Hong Kong, et il est encore possible de marcher en Asie du Sud-Est, mais dans d'autres endroits, ce sera très difficile. C'est particulièrement vrai dans le domaine du commerce international. Les échanges de devises sont une bonne solution, mais le chemin à parcourir est encore long.

Si le yuan doit devenir une monnaie mondiale, les questions ci-dessus doivent être prises au sérieux. Certes, l'écart reste important. Outre le fait qu'il existe un écart énorme entre la force de la monnaie et la monnaie internationale, un autre facteur important est que la Chine manque cruellement de la mentalité nécessaire pour devenir une monnaie internationale. Cela est évident dans les échanges de taux de change entre la Chine et les États-Unis.

Créanciers minables et débiteurs arrogants

Le général Kim Il Nam de l'Université de la défense nationale a fait un jour une remarque impressionnante : "Que signifie la dissuasion stratégique ? Un, vous devez être fort, deux, vous devez être déterminé à utiliser cette force, et trois, vous devez convaincre vos adversaires que vous osez utiliser votre force ! "

L'objectif central de la guerre est le pillage des richesses, et la guerre monétaire est plus "civilisée" que la guerre traditionnelle dans la mesure où elle est réalisée par le biais du pillage des richesses sans effusion de sang. La seule façon d'arrêter les guerres monétaires est de convaincre la partie qui les a déclenchées que les coûts de leur déclenchement sont supérieurs à leurs avantages.

Le 13 octobre 2010, lors du World Knowledge Forum à Séoul, en Corée du Sud, deux universitaires de renommée mondiale, Paul Krugman et Neil Ferguson, ont engagé un débat animé sur la question de savoir si le marché des obligations du Trésor américain peut résister à une liquidation chinoise.

Selon M. Ferguson, professeur à Harvard, la pièce maîtresse du deuxième cycle d'impression monétaire de la Fed est une plus grande monétisation de la dette, et la plus grande crainte cachée est que les investisseurs en bons du Trésor américain perdent confiance en eux, ce qui déclencherait une liquidation.

Krugman, pour sa part, soutient que la clé du deuxième cycle d'impression monétaire est de forcer les épargnants à dépenser de l'argent pour stimuler la reprise économique, sinon ils devront subir les conséquences de l'érosion de la richesse. Quant aux créanciers des États-Unis, tels que la Chine, il n'y a pas lieu de s'en inquiéter, et le déficit budgétaire des États-Unis n'est pas un problème, affirme-t-il, car il est peu probable que les créanciers abandonnent la dette nationale des États-Unis. Il souligne même que même si ces pays vendent des bons du Trésor américain, la Réserve fédérale peut prendre tout cela en main.

Alors que Ferguson s'inquiétait de la possibilité que les créanciers se débarrassent des bons du Trésor américain, Krugman estimait que cela n'avait pas d'importance ; l'optimisme de Krugman tient-il vraiment la route ?

Aux États-Unis, la reprise économique n'a pas révélé un signal de danger clair, l'annonce soudaine de la politique du "deuxième cycle d'assouplissement monétaire quantitatif" semble vraiment très abrupte, quelle est la raison pour laquelle les États-Unis font un choc aussi grave pour le choix du marché mondial des changes ?

La cause profonde est l'effondrement de l'expansion du crédit aux États-Unis, où les consommateurs et les entreprises américains très endettés ont perdu 13 000 milliards de dollars de richesse depuis le tsunami financier de 2008, avec des taux de chômage officiels proches de 10% et des taux de chômage réels atteignant 18%. En 2009, le crédit du secteur privé américain s'est contracté de 1 800 milliards de dollars.

Si l'on compare l'économie à une énorme roue à aubes, l'expansion du crédit est l'eau qui fait tourner les engrenages économiques. Lorsque l'expansion du crédit stagne ou même se contracte, la rotation des engrenages économiques s'arrête ou s'inverse. Une rotation positive des engrenages économiques crée de la richesse, et une inversion est comme un hachoir à viande qui dévore la richesse.

L'expansion du crédit du secteur privé a commencé à s'effondrer, ce qui a déclenché la panique chez Bernanke, qui était lui-même un expert de la Grande Dépression des années 30 et avait clairement fait savoir qu'il ne resterait jamais les bras croisés devant le retour des "horreurs" de la déflation. Son vœu de longue date était que si un tel signe se produisait, sa réponse serait "d'emprunter de l'argent, d'imprimer de l'argent, de dépenser de l'argent" et même de disperser de l'argent depuis des hélicoptères pour inciter les gens à dépenser de l'argent et combattre "l'horrible déflation" par "l'horrible inflation", au point de lui valoir le surnom de "Bernanke sur un hélicoptère".

C'est cette logique qui a permis à l'économie américaine de continuer à croître en 2009, lorsque le crédit du secteur privé américain s'est contracté et que l'endettement des gouvernements fédéral et locaux a commencé à exploser, avec une expansion de 1 800 milliards de dollars qui a compensé l'effondrement du crédit du secteur privé. Cependant, la situation actuelle est que le stimulus de l'expansion du crédit gouvernemental est largement épuisé, que la force de la reprise économique américaine est à bout de souffle et que l'expansion violente de la dette publique n'a pas été efficace pour activer le redémarrage de l'expansion du crédit du secteur privé.

C'est là qu'intervient le deuxième cycle d'impression monétaire. En monétisant la dette, la Fed injecte à nouveau des stimulants à l'expansion du crédit dans l'économie.

La confiance de Krugman semble donc avoir du sens. Puisque la Réserve fédérale est déterminée à imprimer 600 milliards de dollars pour acheter des bons du Trésor en force, cela ne devrait pas être un choc majeur pour le marché des bons du Trésor si la Chine vend une partie de ses obligations. Mais la pensée de Ferguson est à plus long terme, le financement d'environ la moitié de la taille des obligations du

Trésor américain dépend des investisseurs étrangers, alors que la Chine détient près d'un tiers des réserves de change mondiales, la Chine étant l'un des plus gros acheteurs d'obligations du Trésor américain, son énorme force de capital et son potentiel psychologique, aura un impact significatif sur le climat d'investissement du marché du Trésor américain. En cas d'événement inattendu, le comportement de la Chine, et même les indices psychologiques, ont le potentiel de créer une réaction en chaîne incontrôlable qui pourrait déclencher une catastrophe sur le marché des obligations du Trésor.

En juin 2010, la dette totale du gouvernement fédéral américain a dépassé la barre des 13 000 milliards de dollars. La dette nationale américaine s'élève actuellement à 90% du PIB, et si elle devait atteindre 150% du PIB, il y aurait un risque important d'hyperinflation. Un rapport présenté au Congrès par le département du Trésor américain indique que la taille de la dette nationale américaine pourrait encore augmenter pour atteindre 19,6 billions de dollars d'ici 2015.

Certes, si les États-Unis devaient ajouter 6 600 milliards de dollars de dette nationale au cours des cinq prochaines années, 3 300 milliards de dollars devraient être financés par des investisseurs étrangers, et l'on peut s'attendre à ce que la Chine, qui détient près d'un tiers des réserves de change totales du monde, apporte sa part.

Il n'est pas nécessaire d'imaginer que la Chine vende des bons du Trésor américain, il suffit de spéculer sur les conséquences si la Chine cesse d'acheter des bons du Trésor américain, c'est-à-dire que les États-Unis devront compter sur un troisième, voire un quatrième cycle d'impression monétaire, et l'échelle sera plus grande que jamais. Si ce deuxième cycle d'impression monétaire a déjà frappé les marchés des changes du monde entier au point de déclencher des guerres de devises, peut-on imaginer à quoi ressemblera le prochain cycle ? À ce moment-là, y aura-t-il quelqu'un d'autre qui sera assez disposé ou courageux pour détenir des actifs en dollars ?

Entre la Chine et les États-Unis, une relation inversée créancier-débiteur s'est en fait formée, une relation rarement vue dans l'histoire du monde aussi déformée et distordue. Les plus grands débiteurs imposent une série de conditions sévères aux plus grands créanciers, et sont prompts à les menacer de sanctions.

La passivité du créancier n'était pas due à un manque de force, mais plutôt à un manque de détermination à utiliser cette force, du moins pas à en convaincre le débiteur.

Outre les facteurs liés à la monnaie elle-même et à sa mentalité, l'établissement et l'amélioration de l'infrastructure financière de base doivent être pris en compte dans la voie de l'internationalisation du RMB.

Le centre de compensation : le "routeur" du réseau financier

"Nous avons toujours imaginé que si vous vouliez paralyser l'économie américaine. Nous avons toujours envisagé que si vous vouliez paralyser l'économie américaine, vous deviez d'abord paralyser son système de paiement, les banques reviendraient à des opérations manuelles inefficaces de transfert d'argent, le commerce reviendrait à l'état primitif du troc et du débit, et le niveau d'activité économique de la nation chuterait comme une pierre en chute libre... Le système de paiement électronique de la Réserve fédérale transfère chaque jour jusqu'à 4 000 milliards de dollars en devises et en titres entre les banques et dans le monde entier... Je doute que les pirates de l'air du 11 septembre aient eu à l'esprit le pouvoir de perturber substantiellement le système financier (de compensation et de paiement) (le pouvoir). " [164]

— Greenspan.

Dans le monde de l'Internet, le routeur est un élément central de la circulation libre, ordonnée, précise et efficace des informations sur le réseau. Avec des millions d'ordinateurs qui envoient et reçoivent simultanément des informations les uns des autres, le flux d'informations présenterait un chaos complet sans le guidage du routeur.

Le flux d'argent à travers les nœuds du réseau financier nécessite également le "routeur" du réseau financier, qui est le système de compensation et de paiement.

Du "système de transfert" mis en place par la Ningbo Money Bank sous la dynastie Qing au système de "grande banque d'échange" mis en œuvre par la Shanghai Money Industry Association, du système de compensation de la banque centrale au système de paiement et de règlement du Federal Funds Transfer System (Fedwire) aux États-Unis,

---

[164] *The Age of Turbulence*, Alan Greenspan, The Penguin Press, p. 2.

de la "Global Interbank Financial Telecommunication Association" (SWIFT) et du "Pan-European Automatic Real-Time Gross Settlement Direct Transfer System" (TARGET) en Europe, de la carte de crédit Visa au centre de compensation des cartes bancaires de China UnionPay, la circulation de l'argent est aussi indissociable du fonctionnement des systèmes de compensation et de paiement.

La clé du système de compensation est que chaque transaction de fonds laissera une trace ici, si elle est suivie, grâce à la technologie actuelle d'exploration de données, sera en mesure de découvrir les lois du compte d'argent, les informations du propriétaire du compte, et même les habitudes de consommation, et ces informations ont une valeur significative.

Rothschild, qui avait présenté à Churchill en 1939 une analyse des achats de matériel stratégique de l'Allemagne, avait inauguré une manière peu orthodoxe mais très visionnaire de penser le militaire à travers une analyse du système financier. Les succursales de la banque de la famille Rothschild dans divers pays recueillent une grande variété d'informations sur les transactions financières, qui contiennent des données clés sur tous les types d'achats et de transactions en Allemagne. Tous les achats de biens par le gouvernement nazi, tant qu'ils sont effectués par le biais du système bancaire, sont sous le contrôle du système bancaire de la famille Rothschild. L'analyse méticuleuse de Rothschild de ces données financières a conduit à des informations clés telles que l'ampleur des achats allemands de matériel militaire et d'armement, concluant que les nazis réalisaient des plans d'expansion militaire. Le bureau de la guerre de Churchill applaudit les nouvelles idées de recherche du jeune homme. C'est ce rapport qui a conduit à l'entrée réussie de Rothschild dans le British Intelligence V Bureau, Part B, en 1940, principalement pour le travail de contre-espionnage commercial. [165]

C'est à l'aide des relevés de transactions bancaires et des données de compensation du réseau bancaire, ainsi que des informations pertinentes fournies par les propriétaires des comptes de trading, que la famille Law a analysé et recherché et estimé le moment et l'ampleur de la préparation de l'Allemagne à la guerre.

---

[165] *La guerre des monnaies 2 – Le pouvoir de l'or*, par Song Hongbing, Omnia Veritas Limited, 2021.

La puissance de l'"exploration des données" financières a en fait été prouvée il y a 70 ans, et lorsqu'elle est combinée aux superordinateurs d'aujourd'hui et à la technologie des logiciels d'exploration des données complexes et de grande envergure, les traces de l'activité financière laissées par les centres de compensation révéleront encore plus de secrets derrière l'argent.

C'est là que Visa et China UnionPay se disputent les droits de compensation ! Ce n'est pas seulement une question de profits commerciaux, c'est une question de secrets financiers nationaux fondamentaux !

En Chine, la loi interdit aux cartes de crédit étrangères de mettre en place leurs propres systèmes de paiement et de compensation. Il n'y a donc aucun moyen de préserver la confidentialité des données financières essentielles des clients en Chine. De telles dispositions légales rendent bien sûr les sociétés Whisky furieuses. Mais si elles sont autorisées à s'implanter profondément en Chine pour émettre des centaines de millions de cartes de crédit et construire leur propre système de compensation, l'argent ne sera pas cher, et l'essentiel est que les données seront disponibles sur chaque transaction par carte de crédit pour des centaines de millions de personnes en Chine, et les conséquences seront impensables. Imaginez qu'à chaque balayage que vous faites, votre compte bancaire, le magasin où vous achetez l'article, le montant de la transaction, l'heure de la transaction, etc. L'autre partie collecte ensuite vos informations bancaires, immobilières, boursières par d'autres canaux, lorsque ces informations sont épissées et analysées par de puissants outils d'exploration de données, des centaines de millions de secrets de propriété financière de personnes seront maîtrisés, même la marque de vin que vous aimez boire, la marque de cigarettes que vous fumez, le modèle de voiture que vous conduisez, la marque de vêtements que vous portez, vos endroits préférés pour voyager, les compagnies aériennes que vous aimez et d'autres informations seront divulguées. En un mot, quelle vie ce serait d'avoir tous les détails de votre vie potentiellement examinés et analysés ! Qu'il s'agisse de la vie privée d'une personne, de secrets d'État ou des activités commerciales d'une entreprise, rien ne peut résister à une telle "extraction" et "analyse". La valeur économique et stratégique de ces données pourrait être plus importante que le secret des armes nucléaires stratégiques !

Actuellement, la bataille entre Visa et UnionPay se concentre sur la question de savoir à quelle chambre de compensation les clients possédant une double carte s'adressent réellement pour leurs transactions à l'étranger. Si vous passez par le canal de compensation de Visa, les détails des transactions de tous les titulaires de cartes seront saisis par le réseau de compensation des données de Visa et déposés dans un immense centre de données "à la demande".

Si l'armée chinoise n'ose pas se fier au système de positionnement par satellite américain GPS ou au système européen Galileo pour naviguer et localiser ses propres missiles en cas de guerre, qui peut garantir qu'en cas de guerre ou de jeu financier, les données des transactions financières des clients chinois ne seront pas utilisées à d'autres fins par des centres de compensation en Europe et en Amérique ?

La construction d'une haute frontière financière doit inclure l'établissement d'un système de compensation et de paiement financier mondial indépendant et autonome, tout comme la Chine a développé de manière indépendante son propre système Beidou. Sans son propre "routeur" financier, lorsque l'argent de la Chine circule au-delà de ses frontières, il n'y a aucune garantie fiable de sécurité de l'information, et encore moins de dissimulation et de soudaineté des fonds dans la guerre commerciale. En fait, de nombreuses institutions financières nationales ont été vaincues dans des paris et des combats sur les marchés financiers étrangers, et devraient être considérées sous l'angle de la possibilité de fuite de fonds au cours des flux offshore.

L'internationalisation du renminbi ne signifie en aucun cas que tout ira bien si le renminbi est libéré, et la "circulation extracorporelle" de la monnaie doit renforcer la réglementation des fonds. Les États-Unis ont une très forte capacité de surveillance des transactions financières internationales, quel que soit le pays, quel que soit le compte utilisé, quelle que soit l'heure, tant qu'il y a des fonds sur des comptes bancaires de pays hostiles aux États-Unis, tant qu'il ne s'agit pas d'une transaction en espèces, cela peut difficilement échapper aux "yeux des États-Unis" ! C'est par le contrôle qu'ils exercent sur le système mondial de compensation que les États-Unis ont ouvert cet "œil juridique". Imaginez quels secrets d'État et commerciaux ne pourraient pas être découverts si cet "œil" ne se contentait pas de surveiller les comptes bancaires des États terroristes, mais s'intéressait à la surveillance des comptes bancaires de certains États ou entreprises ? Au moment de la crise financière asiatique de 1997, Mahathir s'était plaint que personne ne savait d'où venait l'argent des fonds spéculatifs et comment était lancée l'offensive contre les monnaies asiatiques. Cela est invisible pour la Malaisie. Comment les "yeux de la loi" des États-Unis peuvent-ils ne pas voir ?

Comment mener cette guerre si le système de compensation mondial n'est pas maîtrisé, et qu'en cas de guerre monétaire, l'autre camp, soutenu par le système de compensation, comme par des satellites espions, pourra voir clairement la disposition complète de ses troupes ?

Si le yuan sort du pays, si le centre de compensation n'est pas maîtrisé, il deviendra "libéré, invisible et ingérable", et le problème sera gênant. Toujours pendant la tourmente financière asiatique, le baht de la Thaïlande et le dollar de Hong Kong étaient tous deux des monnaies librement convertibles, la différence étant que le baht était fortement dispersé dans les pays d'Asie du Sud-Est, tandis que la monnaie de Hong Kong était concentrée uniquement à Hong Kong. Lorsque Soros a commencé à collecter discrètement le baht en Asie du Sud-Est, la Banque centrale de Thaïlande est passée inaperçue et finalement Soros a lancé une offensive soudaine et puissante et le baht a rapidement perdu.

À Hong Kong, Soros est prêt à refaire la même chose. Lorsqu'il a collecté une grande quantité de devises de Hong Kong, il a été rapidement découvert par la HKMA, qui a transformé l'attaque sournoise en une attaque forte. La HKMA a utilisé la tactique consistant à augmenter sensiblement le taux de prêt au jour le jour, ce qui a considérablement augmenté le coût de l'attaque de Soros contre le dollar de Hong Kong, et a finalement fait reculer le prédateur financier et préservé le dollar de Hong Kong. Une différence importante entre le baht thaïlandais et le dollar de Hong Kong est que la Thaïlande a été prise au dépourvu en ne pouvant pas surveiller les mouvements du baht circulant à l'étranger, alors que le dollar de Hong Kong est concentré à Hong Kong, qui est bien sous l'autorité des autorités et difficile à surprendre pour les prédateurs financiers.

L'étalon monétaire, la banque centrale, le réseau financier, le marché des changes, les institutions financières et les centres de compensation constituent ensemble un système stratégique de hautes frontières financières. Dans ce système, depuis le moment où la monnaie est créée par les banques centrales, jusqu'au moment où elle entre dans le réseau financier mondial, passe par les chambres de compensation du monde entier, est présente sur les marchés internationaux, change de mains entre les comptes des institutions financières nationales, et finalement revient aux banques centrales, chaque maillon de ce cycle monétaire doit être étroitement protégé et surveillé. L'organe directeur de la monnaie doit avoir une idée claire de l'état dans lequel se trouve la monnaie au cours du grand cycle international, qui est le demandeur final de la monnaie, comment il a l'intention de l'utiliser, par quels canaux et de quelle manière il l'utilise, si ces transactions entrent dans la sphère normale des affaires, qui sont ses contreparties, et d'autres informations importantes.

Si le RMB doit se mondialiser, il est impératif d'établir un système de compensation du RMB indépendant, solide, efficace et sécurisé, tout en soutenant fortement l'expansion mondiale des cartes UnionPay.

Le réseau financier mondial du RMB

> "Tout au long du 19ème siècle, les banquiers juifs, à partir de l'Allemagne, se sont rapidement jetés sur le monde, formant un conglomérat financier juif avec la famille Rothschild à son cœur, Ces familles ont formé une posture de guerre de groupe, avec les cornes des uns et des autres, les mariages mixtes et les intérêts imbriqués, formant progressivement un vaste et dense réseau financier, qui était de plus en plus difficile à percer pour les étrangers. " [166]

Il est clair que la Chine a perdu la meilleure occasion historique de construire un réseau financier à l'échelle mondiale. Bien que les banques d'État chinoises se classent parmi les institutions financières mondiales en termes de capitalisation boursière, les banques chinoises ont peu de succursales internationales. Sans un réseau financier mondial, il est impossible de construire un système de circulation financière qui relie les banques centrales qui créent le RMB avec l'aorte et les capillaires des clients finaux qui utilisent le RMB.

L'internationalisation du RMB ne se résume pas à ce que des universitaires en parlent autour d'eux, il s'agit simplement pour les banques centrales nationales d'augmenter leurs réserves de RMB ou d'utiliser le RMB pour le règlement des échanges. Cela est loin de permettre de contrôler les canaux de circulation du RMB, car les utilisateurs finaux du RMB ne peuvent être atteints et doivent s'appuyer

---

[166] Source : Ibid.

sur des réseaux financiers déjà fermement contrôlés par les groupes financiers internationaux.

Qu'est-ce qui permet à la Chine d'utiliser librement les ressources des canaux en ligne que les banquiers internationaux ont mis près de 300 ans à créer en se battant sur les marchés financiers ? L'entrée dans le canal de quelqu'un d'autre est payante. Chaque fois que de l'argent circule sur le réseau, il doit être payé et continuera à l'être pour les générations à venir. Si la stratégie chinoise de haute frontière financière ne s'étend pas au monde, le contrôle du domaine de circulation du renminbi reste entre les mains d'autres personnes.

Qui détient les canaux du crédit et des flux de capitaux dans le monde, qui est le vrai changeur de jeu ! Le canal est roi sur le marché financier est une vérité encore plus sanglante.

Les banques d'État chinoises ont de plus en plus de mal à aller à l'étranger pour créer des réseaux financiers mondiaux. Une insertion dans le réseau financier mondial établi serait inévitablement assiégée par des intérêts particuliers. Les gouvernements, sous la pression de ces groupes, ne manqueront pas de recourir à divers moyens de restriction, de prévention, de retardement, etc. pour empêcher la Chine de construire un réseau financier mondial. Les enjeux économiques sont énormes, mais les intérêts fondamentaux de la stratégie financière sont également en jeu. Les agitateurs occidentaux du libre-échange et de l'ouverture des marchés vont se régaler dans ce domaine clé.

À l'heure actuelle, il existe deux modèles de construction de réseaux mondiaux pour les banques d'État, l'un étant celui de la Bank of China et l'autre celui de l'ICBC. Forte de sa longue histoire, en particulier de son accumulation d'affaires internationales depuis près d'un siècle, la Bank of China possède plus de 30 succursales dans le monde, dont beaucoup existaient avant 1949. Néanmoins, les efforts déployés par les banques chinoises pour ouvrir davantage de succursales dans d'autres pays au cours des dernières années ne se sont pas déroulés sans heurts, car les ressources financières mondiales ont depuis longtemps terminé l'ère de la "course de chevaux", et ceux qui viendront après n'auront pas la tâche facile pour partager ce gros gâteau. Mais l'avantage du modèle bancaire chinois est de pouvoir contrôler totalement les opérations des succursales, et l'on peut faire confiance à 100% à ces nœuds de réseau. Le modèle de l'ICBC consiste à fusionner des banques d'autres pays à l'étranger, par exemple, l'acquisition de la Standard Bank d'Afrique du Sud peut être un modèle de réussite. Ces dernières années, l'ICBC a considérablement augmenté le nombre de ses succursales à l'étranger par le biais de fusions et d'acquisitions à l'étranger, avec une forte tendance à dominer et à écraser les banques chinoises. Ce modèle a l'avantage d'être "rapide". Son problème est de savoir comment intégrer efficacement les ressources de la banque locale pour mon usage, ce qui inclut la culture d'entreprise, les dispositions relatives au personnel, le règlement des dettes, l'adaptation aux lois et réglementations locales, etc. Quant à l'avenir des deux modèles, il est encore difficile d'en juger les mérites et les démérites, ce qui demandera du temps pour être testé.

Dans l'histoire du développement de la finance mondiale, la première chose à laquelle la finance sert est le commerce, et le financement et l'échange de commerce sont devenus un moyen important d'expansion financière. La HSBC a été établie en Chine pour avoir une "Banque d'Angleterre" coloniale, pour fournir des services financiers aux banques étrangères afin de commercer en Chine, et en fait pour exercer les pouvoirs d'une banque centrale.

Les marchandises chinoises d'aujourd'hui sont vendues depuis longtemps aux quatre coins du monde. La Chine est une superpuissance de classe mondiale à l'échelle du commerce extérieur, mais les institutions financières chinoises n'ont pas encore suivi le rythme du commerce international. Alors que les produits chinois sont sur les étagères des pays du monde entier, les institutions financières chinoises sont encore loin en Chine. Dans le processus d'expansion mondiale, les sociétés commerciales chinoises et toutes sortes d'entreprises n'ont pratiquement aucun accès aux services financiers locaux des institutions financières nationales, elles doivent s'en remettre aux banques locales ou aux banques multinationales pour gérer tous les services financiers, les échanges, le crédit, les dépôts et autres énormes bénéfices sont tombés dans la poche des autres. Au regard de l'ampleur totale des importations et des exportations de la Chine, l'énorme échelle de financement et les opportunités de profit qui en découlent constituent en effet un "lieu de passage obligé" pour les acteurs financiers.

Une autre voie de développement plus réaliste pour les grandes institutions financières publiques consiste à suivre le modèle des sociétés commerciales intégrées japonaises. Dans les sociétés de commerce général du Japon, les institutions financières telles que les banques et les compagnies d'assurance et les entreprises industrielles maintiennent une posture de combat synergique à espace ouvert, en se regroupant et en roulant le développement. La Chine doit suivre le principe de l'ouverture réciproque, et tous les pays ayant des institutions financières en Chine doivent être ouverts aux institutions financières chinoises, qui peuvent commencer par financer les entreprises et les sociétés commerciales chinoises à l'étranger et pénétrer progressivement dans les activités économiques locales.

Compte tenu de la rapidité et de l'efficacité avec lesquelles cette stratégie est mise en œuvre, il est à craindre que la tâche consistant à établir un réseau financier mondial ne soit pas efficace à court terme.

Outre le modèle de l'armée régulière, la guérilla joue également un jeu partisan, en développant des réseaux financiers sur le terrain "derrière les lignes ennemies", afin de sortir de l'impasse actuelle des réseaux financiers.

L'une des grandes forces de la Chine est la communauté mondiale des hommes d'affaires chinois qui ont porté les produits chinois aux quatre coins du monde. Encourager et soutenir les populations locales à créer diverses institutions financières, leur fournir un soutien en matière de crédit et utiliser leurs canaux commerciaux pour établir des canaux financiers a la même signification que lorsque la Shanxi Ticketing Company est née de la Shanxi Commercial Company. Étant donné que ces sociétés commerciales opèrent localement depuis longtemps, qu'elles connaissent bien l'environnement commercial et qu'elles disposent d'une solide clientèle, nombre d'entre elles ont la possibilité de se transformer en institutions financières, comme le grand patron de la Shanxi Rishengchang Ticketing Company, Lei Lütai. Tout comme dans les entreprises étrangères, les Juifs ouvrent des banques, les Coréens des centres commerciaux, les Chinois des restaurants, la foule des entrepreneurs peut souvent produire un effet de convergence, une fois qu'une personne réussit, il se forme immédiatement un effet de démonstration. Pouvez-vous être sûr que les Chinois n'ont pas le talent nécessaire pour créer des institutions financières locales ? Avec le bon soutien financier, ces entrepreneurs sont susceptibles de créer un nouveau modèle de réseau financier et de devenir le "Shanxi Ticket" contemporain, et de pouvoir "connecter le monde".

En fin de compte, ces réseaux financiers fourniront une variété de services financiers aux entreprises chinoises et aux locaux dans le pays et seront soumis à la réglementation financière du pays où ils sont situés. Ils peuvent offrir des prêts hypothécaires, des transferts de fonds commerciaux, des dépôts d'argent et d'autres activités intermédiaires aux locaux. Les institutions financières chinoises entretiennent des relations de crédit avec elles, à la fois pour entretenir ces vastes réseaux de tentacules financières à l'étranger et pour étendre les opérations financières, et pour rendre plus efficace le casse-tête national des réserves de change.

Depuis que cinq révolutionnaires, tels que Mao Zemin, qui n'avaient qu'une éducation primaire et aucune expérience financière, ont été capables de créer un miracle aussi incroyable que la Banque centrale rouge, aujourd'hui, parmi les hommes d'affaires chinois du monde entier, il y a à la fois des étudiants internationaux avec des doctorats et une expérience dans de grandes institutions financières, ainsi que de nombreux entrepreneurs travailleurs et assidus qui ont créé leur entreprise à partir de rien, la combinaison organique des deux peut créer un nouveau groupe — un grand groupe de banquiers chinois d'outre-mer qui n'a jamais été vu auparavant.

La diffusion de ce modèle pourrait aider la Chine à construire son propre réseau de circulation du RMB et à étendre ces tentacules financières aux quatre coins du monde.

Lorsque le capital excédentaire de la Chine commencera à se développer à l'échelle mondiale, faute d'opportunités d'investissement chez elle, des capitaux énormes et affamés chercheront dans le monde entier des mines, des forêts, des fermes, des ressources en eau, des technologies brevetées, des usines, des instituts de recherche ou des hautes technologies médicales, et un grand nombre de banquiers chinois locaux deviendront un grand trésor de ressources humaines.

Si le tennis de table chinois est si dominant, c'est parce que des centaines de millions de Chinois sont impliqués dans ce torrent. En tant que nouvelle frontière élevée pour le développement futur de la Chine, l'émergence d'un grand nombre d'entrepreneurs sera un maillon essentiel. Il est peut-être trop difficile d'ouvrir une banque en Chine, mais c'est relativement facile à l'étranger. Dans le domaine de l'entrepreneuriat financier, les Juifs sont des modèles chinois. Qui a dit que seuls les Juifs sous les cieux peuvent être dans la finance ? Une fois que le peuple chinois aura compris les énormes avantages de la finance, avec le soutien financier correspondant, il aura aussi le potentiel de "une étoile peut allumer un feu de prairie".

Un jour, lorsque les Chinois d'outre-mer parleront de la création d'une entreprise, ils diront : " J'ai trouvé un investissement, pourquoi n'ouvrons-nous pas une banque ? "

Le jour viendra tôt ou tard où la Chine deviendra une puissance financière mondiale !

Les dangers infrastructurels de la haute frontière financière

Dans la société contemporaine, où la technologie informatique est très avancée, les activités financières dépendent de plus en plus des technologies de l'information et des réseaux électroniques. Un grand nombre de risques de sécurité restent cachés dans cette infrastructure financière de base.

La technologie actuelle est suffisante pour activer à distance l'alimentation électrique et mettre le téléphone sur écoute alors que celui-ci est éteint ; la CIA peut lire les données du disque dur à travers l'unité centrale de l'ordinateur, en émettant de faibles ondes électromagnétiques qui peuvent intercepter et voler sans contact les données informatiques à quelques mètres de distance. Dans une société électronique aussi peu sûre, le système financier chinois est sans doute encore assez indifférent aux menaces potentielles pour la sécurité.

Presque toutes les institutions financières du pays utilisent actuellement des systèmes matériels hôtes et des logiciels de systèmes d'exploitation étrangers, et pour le stockage des données les plus essentielles, la plupart utilisent des logiciels de base de données étrangers, ce qui, même si toutes les applications sont développées de manière indépendante, est encore loin d'être suffisant pour garantir la sécurité des données financières. Ce n'est plus une nouvelle que Microsoft a laissé une porte sombre dans le système d'exploitation, et que suggère la surprenante sensibilité dont font preuve les États-Unis à l'égard de l'acquisition des ordinateurs portables IBM par Lenovo ? Lorsque la sécurité nationale devient à plusieurs reprises un obstacle clé à l'acquisition d'entreprises américaines par la Chine, les gens peuvent simplement rejeter ces affirmations comme un battage médiatique ou une rhétorique de protection du commerce et ne pas examiner sérieusement les raisons qui les sous-tendent.

Ce qui est parfaitement réalisable sur le plan technique, c'est d'ouvrir la porte dérobée du système matériel hôte et, en cas d'urgence et dans des cas particuliers, de l'activer ou de le fermer à distance. En ce qui concerne le logiciel du système d'exploitation hôte, il est encore plus possible d'avoir un impact important, en raison du secret du programme source, il est peu probable que les utilisateurs des institutions financières nationales soient conscients des divers "petits programmes" qui peuvent exister dans les programmes d'exécution du système sous-jacent. Le problème est encore plus grand avec la base de données, où sont conservées toutes les informations clés, telles que le nombre de dépôts sur le compte bancaire du client. Certains "chevaux de Troie" endormis peuvent être plantés à leur insu dans le programme source du logiciel de la base de données.

Si un événement irrésistible se produit un jour, ces "chevaux de Troie" dormants et ces portes sombres fermées peuvent se réveiller et s'ouvrir. Certains programmes peuvent soudainement devenir "fous" et supprimer toutes les données de dépôt des comptes bancaires, et les programmeurs peuvent ne pas être en mesure de dire si les comptes appartiennent à l'armée ou à des civils, à des entreprises ou à des particuliers, à des gouvernements ou à des institutions. Lorsque l'armée est sur le point d'envoyer des avions, des chars ou des voitures, elle s'aperçoit soudain que l'argent sur le compte a disparu et qu'elle ne peut pas payer le fonctionnement de la machine militaire ; lorsque les gens se réveillent la nuit pour aller à la banque retirer de l'argent, on leur dit qu'il n'y a pas d'argent sur le compte ; lorsque l'entreprise est prête à acheter des marchandises, le chèque est retourné ; lorsque le gouvernement paie le salaire, il n'est pas possible de pointer de l'argent sur les cartes des fonctionnaires. Peut-on imaginer comment répondre aux urgences de toutes sortes avec un système financier aussi effondré ?

Lorsqu'une institution financière lance un système de sauvegarde en cas d'urgence, elle constate que le système de sauvegarde utilise le même matériel, le même logiciel et la même base de données, et se retrouve avec les mêmes problèmes.

Il faut toujours commencer par ériger sa propre clôture, et la sécurité financière n'est pas qu'une phrase creuse : "On ne peut pas avoir le cœur à la peine, mais on ne peut pas avoir le cœur à la prévention". Il faut d'abord éliminer la maladie insidieuse avant qu'elle ne se déclare.

L'avènement de l'ère monétaire des "Printemps et Automnes et des États en guerre".

Toute l'activité de la société humaine consiste à faire deux choses, l'une étant de créer des richesses et l'autre de les distribuer. L'efficacité de la création de richesse et la distribution équilibrée de la richesse déterminent la trajectoire de la civilisation. Sans création de richesse, il n'y a pas de distribution de richesse.

Si l'économie réelle, centrée sur le travail, la production, la technologie, les ressources naturelles et le commerce, est la principale responsable de la création de richesses, la répartition des richesses prend deux formes : un système de répartition financière composé de la monnaie, du crédit, des taxes fiscales, des instruments financiers et des marchés financiers, et un système de répartition violente composé de la guerre, du pillage, de la fraude et de la colonisation.

Il y a deux façons de posséder des richesses, grandes pour l'État et petites pour l'individu, soit en les créant par son propre travail, soit en les partageant par le système de distribution. Une nation forte et une société harmonieuse doivent rechercher un équilibre stable dans la fixation des règles du jeu pour la création et la distribution des richesses.

En dernière analyse, la richesse est l'utilisation organisée et efficace des ressources naturelles par les êtres humains, par le biais du processus de travail, pour créer une variété de produits et de services qui répondent aux besoins finaux de la société.

Le travail maintient les gens dans de bonnes habitudes de vie et de travail ; le travail maintient l'excitation des gens autour de la façon de réduire les coûts de production, d'utiliser des technologies avancées et d'augmenter l'efficacité de la production afin de pouvoir produire plus de produits ; et le travail maintient et continue d'améliorer la capacité à créer de la richesse. En fait, la créativité de la richesse est bien plus importante que la possession de la richesse elle-même.

Aux 16e et 17e siècles, le puissant empire espagnol possédait 18 000 tonnes d'argent et plus de 200 tonnes d'or, soit 80% du total de l'or et de l'argent du monde, ce qui peut être considéré comme la plus grande richesse du monde. Le monde travaille pour l'Espagne. Lorsqu'un pays possède autant de richesses, les richesses elles-mêmes vont éroder la capacité de ce pays à créer des richesses.

En 1545, les fabricants espagnols avaient entre leurs mains un arriéré de six ans de commandes en provenance du Nouveau Monde. Sous la protection d'une puissante force militaire, ces commandes d'outre-mer ne pouvaient être produites que par l'Espagne, avec des bénéfices élevés à la clé. L'immense richesse que possédait l'Espagne avait privé ses fabricants de l'envie et de la pression de manger du travail dur et de s'engager dans des activités de production ardues.

L'industrie textile britannique, les constructeurs navals hollandais, les fermes italiennes et les bateaux de pêche nordiques ont tous commencé à s'engager dans une production de travail dur et sale.

Les fabricants espagnols, quant à eux, apposaient leurs propres marques sur leurs produits finis destinés à l'exportation vers divers pays, formant ainsi les premiers modèles de production OEM et externalisée. En conséquence, les Anglais, travailleurs et courageux, ont amélioré leur productivité, renforcé leur richesse et leur créativité, et ont fini par évincer du trône de la domination mondiale l'Empire espagnol, avec ses immenses richesses, ses extravagances, son expansion inconsidérée, sa production en baisse, sa faillite financière et son chômage.

À la fin du 19e siècle et au début du 20e siècle, l'Empire britannique, qui avait été fondé sur l'industrie manufacturière, a atteint une hégémonie maritime, militaire et financière mondiale sans précédent dans son histoire. En Afrique, la sphère d'influence de la Grande-Bretagne couvre la majeure partie du continent, avec pas moins de 21 pays assujettis à l'Empire britannique, et de vastes quantités de matières premières et de ressources naturelles à la disposition de la Grande-Bretagne ; au Moyen-Orient, la Grande-Bretagne contrôle la majeure partie de la région, de la Palestine et de l'Arabie saoudite à l'Iran et à l'Irak, et détient la source du pétrole au Moyen-Orient ; en Asie, la Grande-Bretagne règne sur de vastes régions allant de l'Inde (y compris le Pakistan), de la Malaisie (y compris Singapour) au Myanmar et à Hong Kong, en Chine, avec de vastes ressources humaines, des ressources naturelles et des corridors stratégiques tous sous contrôle britannique ; en Océanie, elle s'appuie sur les dépendances du Commonwealth telles que l'Australie et la Nouvelle-Zélande comme matières premières industrielles ; aux Amériques, le Canada, la Guyane, la Jamaïque, les Bahamas et d'autres fournissent à l'Empire britannique des approvisionnements stratégiques inépuisables, des bases navales aux ressources naturelles.

L'Empire britannique, l'hégémon mondial, a été une fois de plus confronté au même choix que l'Empire espagnol : continuer à créer des richesses par son propre travail ou utiliser son hégémonie militaire et financière pour "partager" les fruits du travail des autres. La richesse elle-même a une fois de plus corrompu la créativité de la richesse. Les riches Britanniques, fatigués de l'ennui et du dur labeur, ont commencé à investir massivement aux États-Unis, exportant la technologie de production industrielle, laissant les Américains faire le dur labeur, profitant des énormes retours sur leurs propres investissements, et commençant la "belle vie" du capitalisme à la recherche du profit. À cette époque, la Grande-Bretagne détermine le coût du capital dans le monde, monopolise les prix des ressources mondiales, contrôle le flux des commandes mondiales, divise la demande du marché mondial et protège les voies maritimes commerciales. Avec ces cinq points stratégiques élevés fermement en travers de la gorge des États-Unis, ces derniers seront toujours l'usine de production mondiale de l'Empire britannique, et les actionnaires qui contrôlent l'usine seront le capital britannique. En un mot, le Royaume-Uni se positionne comme l'organisateur du marché mondial, tandis que les États-Unis n'en sont que les producteurs. Tant qu'il n'y a pas de guerre à grande échelle pour subvertir le monde entier, la Grande-Bretagne n'a rien à craindre des États-Unis qui tenteraient d'"usurper le pouvoir".

En conséquence, les deux guerres mondiales ont complètement jeté au musée de l'histoire le rêve de l'Empire britannique d'un "soleil qui ne se couche jamais".

L'histoire est toujours étonnamment similaire. "En 1971, lorsque Nixon a annoncé la déliaison du dollar de l'or, les États-Unis disposaient d'une énorme hégémonie de richesse dont l'Espagne et la Grande-Bretagne ne pouvaient même pas rêver, et c'était la question du dollar ! L'Espagne, avec ses richesses, a dû voyager loin pour piller l'or et l'argent ; l'Empire britannique a dû investir dans des "livres honnêtes" afin d'obtenir le privilège du profit ; et les États-Unis ont aujourd'hui un accès facile aux ressources naturelles et aux produits de la main-d'œuvre riches et bon marché du monde, simplement en imprimant des billets de dollars. Cette hégémonie sans précédent de la richesse a un attrait irrésistible, elle a rendu tout travail honnête superflu, elle a stimulé l'expansion sans précédent du jeu de l'avidité pour la richesse, elle a renversé le système spirituel durement acquis des puritains qui ont fondé les États-Unis, elle a démantelé la base industrielle des États-Unis en tant que puissance, elle a exacerbé la division mondiale entre riches et pauvres, et elle est devenue la véritable source de la crise financière mondiale de 2008 !

Beaucoup pensent que les problèmes actuels de l'Amérique ne sont que techniques, que le système américain a une forte capacité d'autocorrection et que, comme les différentes crises de l'histoire américaine, l'Amérique a fini par s'en sortir. En fait, la crise des États-Unis n'est pas institutionnelle, mais plus grave, à savoir l'érosion progressive de toute une nation par une richesse immense et facilement acquise, avec pour conséquence une perte d'enthousiasme pour le travail et un dommage irréversible à la créativité de la richesse. Le long déficit commercial croissant, qui a commencé en 1971, a montré implacablement que les Américains produisent de moins en moins de produits pouvant être échangés avec d'autres pays, et les revenus fiscaux mondiaux faramineux de la frappe de monnaie et les énormes gains d'investissement qui accompagnent le privilège d'émettre le dollar ont permis aux États-Unis de continuer à exporter leur propre industrie, ce qui n'est pas sans rappeler le comportement de l'Espagne et de la Grande-Bretagne dans ces années-là. Les profits élevés ont été obtenus tout en démantelant la capacité de création de richesse de leurs populations.

Aux États-Unis, dans les années 1950 et 1960, les personnes les plus respectées de la société étaient les scientifiques et les ingénieurs ; dans les années 1970 et 1980, les médecins et les avocats ; et depuis les années 1990, les financiers de Wall Street. Si un bon étudiant qui entre à Wall Street gagne beaucoup plus d'argent qu'un scientifique ou un ingénieur, qui d'autre dans cette société veut travailler dur dans la recherche et mener une vie ennuyeuse en usine ? Les États-Unis peuvent-ils exporter des médecins, des financiers et des avocats dans d'autres pays ? Peut-être que oui, mais cela se traduit par une médecine coûteuse, des produits financiers de qualité inférieure et des services juridiques aux demandes prolongées.

Au fur et à mesure que le plomb s'envolait, le monde découvrait soudain que les États-Unis, qui avaient jadis joué le rôle de la carotte et du bâton, n'avaient plus qu'un simple bâton, peut-être 57 000 milliards de dollars de dettes diverses, et un manque à gagner potentiel de 100 000 milliards de dollars dans les fonds de Medicare et de la sécurité sociale, et que ces dettes impayables avaient formé un énorme "lagon de dettes". Le monde finira par se demander : que va faire une économie de 14 000 milliards de dollars pour rembourser ces énormes dettes qui sont dix fois supérieures ? Sans compter que ces reports de dettes augmentent à un rythme beaucoup plus rapide que la croissance de l'économie.

Comme l'a souligné Neil Ferguson, professeur à l'université de Harvard, dans l'article de couverture du magazine américain *Newsweek de* décembre 2009, intitulé "The Decline of Empire" : l'expérience historique montre que lorsque 20% des recettes fiscales d'un pays sont consacrées au service de la dette, les finances du pays sont en grave crise.

Espagne : Entre 1557 et 1696, une lourde charge de la dette a conduit à 14 défauts de paiement de la dette nationale.

France : en 1788, à la veille de la Révolution française, 62% des recettes fiscales étaient consacrées au service de la dette.

Empire ottoman : en 1875, 50% des recettes publiques étaient utilisées pour payer le service de la dette ; Empire britannique à la veille de la Seconde Guerre mondiale : 44% des recettes étaient utilisées pour payer le service de la dette.

Ces empires autrefois imbattables ont fini par tomber sous la croix du surendettement. Quelle est la cause du surendettement ? Cela se résume à un déclin de la créativité des richesses et à une augmentation du coût de maintien de l'existence de l'empire.

Plus la richesse d'une nation est facile à obtenir, moins elle a d'enthousiasme à la créer par un travail acharné, et la grande richesse corrompt la créativité, ce qui est peut-être la dialectique de l'histoire.

D'ici 2035, la dette nationale américaine, exprimée en pourcentage du PIB, atteindra 200%. À cette date, 46% des coffres américains seront consacrés au service de la dette, ce qui correspond à la situation de la Grande-Bretagne en 1939 ! C'est alors que l'Empire britannique a commencé sa descente vers le déclin.

À mesure que le problème de la dette américaine s'aggrave, le dollar finira par décliner. Avec l'avenir du dollar, "Zhou Tianzi" tombe peu à peu gravement malade, et avec lui va venir l'ère de la montée des devises "Cinq hégémons des Printemps et Automnes" et "Sept mâles des États en guerre". Une bataille mondiale pour la monnaie va progressivement s'engager au cours du prochain quart de siècle.

CHAPITRE X

La gloire et les rêves de l'argent

L'argent est synonyme de monnaie dans plus de 50 langues. L'argent était autrefois une monnaie importante dans de nombreux pays du monde. En plus de 50 ans, de la guerre de l'opium à la fin de la dynastie Qing, la Chine a été vaincue à plusieurs reprises dans diverses guerres, a signé plus de 1 000 traités inégaux, et les compensations cumulées s'élevaient à 1 milliard de taels d'argent. Pourquoi les Occidentaux, qui ont toujours aimé l'or, ne pillent-ils pas l'or de la Chine en premier lieu ? Dans les années 1930, les États-Unis ont acheté la plupart de l'argent du monde à des prix élevés. Dans les années 1960, alors qu'ils étaient au sommet de leurs réserves d'argent officielles et privées, les États-Unis ont soudainement commencé à abolir la fonction monétaire de l'argent, ce qui a valu à l'inexplicable président Kennedy d'être tué pour s'être opposé à l'abolition de la monnaie d'argent. Par la suite, le gouvernement américain a commencé à vendre de l'argent en gros. Après tant d'années de lutte, de dépenses, de vols et d'achats d'argent, il a rassemblé presque tout, mais a commencé à le vendre à bas prix comme un morceau de métal brisé. Jusqu'à la Fed, jusqu'à certaines des grandes banques font de l'argent vierge à une échelle massive de diverses manières pour maintenir désespérément le prix bas. Pourquoi exactement ?

Ce chapitre lèvera le voile sur les étonnants mystères qu'il recèle. En disséquant le passé, le présent et l'avenir de l'argent, vous serez non seulement en mesure de satisfaire votre curiosité et votre curiosité, mais vous pourrez également apprécier une opportunité d'investissement majeure que vous n'avez jamais rencontrée dans votre vie.

Les 20 prochaines années seront une période de changement radical dans le système monétaire mondial. C'est une époque où les deux plaques des monnaies d'emprunt, représentées par le dollar, et des monnaies honnêtes, représentées par l'or et l'argent réels, se heurtent violemment. À la suite de leur collision, l'une d'elles tombe progressivement, tandis que l'autre s'élève vers le ciel et prend de l'importance. Au milieu d'une violente collision entre le dollar et l'or et l'argent, le sage devrait placer son argent du côté de la hausse. Cela portera votre investissement au pinacle des rendements, tout comme la montée de l'Himalaya !

Le 18 septembre 2008, à 14 heures, le système financier mondial a failli s'effondrer !

En raison de l'asymétrie de l'information, les Chinois étaient presque totalement inconscients de la catastrophe qui menaçait la richesse des peuples du monde à ce moment-là. Oui, il ne s'agit pas de l'"espace de rêve" des superproductions de science-fiction, ni d'une répétition du désastre du système financier, mais d'un cauchemar financier qui se produit vraiment dans la réalité ! Le monde a été somnambule à travers le fantôme de l'effondrement du dollar, mais la grande majorité des gens ne le savent toujours pas !

C'est le plus horrible run de mégabanque de l'histoire moderne ! À ce jour, les détails de ce qui s'est passé ce jour-là sont gardés strictement confidentiels.

Le député démocrate américain Paul Kandrzynski a été le premier à révéler cette nouvelle choquante en février 2009, alors qu'il participait à un talk-show sur la chaîne de télévision C-SPAN aux États-Unis.

> *"Jeudi 18 septembre 2008, à 11 heures, la Réserve fédérale a découvert que des investisseurs internationaux avaient fait main basse sur près de 550 milliards de dollars sur le marché monétaire américain en l'espace de 1 à 2 heures.*
>
> *Le département du Trésor a ouvert la fenêtre de renflouement en urgence et a immédiatement injecté 105 milliards de dollars pour tenter d'endiguer la frénésie de la contrebande d'argent, mais il s'est rapidement rendu compte que cela n'allait tout simplement pas aider. Ce à quoi nous sommes confrontés, c'est à une course à la banque électronique.*
>
> *Le département du Trésor a décidé d'arrêter toutes les transactions, de geler d'urgence tous les comptes et de déclarer que le gouvernement américain garantissait la sécurité de 250 000 dollars de fonds sur chaque compte afin d'arrêter la propagation de la panique.*
>
> *S'ils ne prennent pas ces mesures, à 14 heures, la totalité des 5,5 trillions de dollars du marché monétaire américain aura été évincée et le système économique américain se sera*

complètement effondré, et dans les 24 heures, le système économique mondial se sera complètement effondré.

Si cela se produit, le paysage économique et le système politique des États-Unis tels que nous les connaissons seront bouleversés. "

Dans une interview radio à Tulsa, Oklahoma, le sénateur américain James Inhfe a mentionné que le secrétaire au Trésor de l'époque, M. Paulson, tout en exhortant les membres du Congrès à adopter les projets de loi relatifs au sauvetage de Wall Street, a même menacé que si les membres du Congrès votaient contre le projet de loi, il pourrait y avoir des troubles sociaux majeurs aux États-Unis et que le gouvernement devrait déclarer des règlements militaires.

Un contrôle militaire total de la société américaine ? C'est une scène qu'on ne peut pas du tout imaginer, j'en ai peur. Quel genre de crise conduirait la société à un tel désordre ? C'est la crise du dollar !

Pour comprendre qu'une ruée sur le marché monétaire américain conduira à une crise du dollar, il faut d'abord comprendre le rôle important du marché monétaire dans l'économie américaine.

Contrairement aux entreprises chinoises, les entreprises américaines se tournent rarement vers les banques pour des prêts à court terme, en raison de la lourdeur des procédures ou des frais élevés. Lorsque les entreprises ont besoin d'un emprunt à court terme de moins de 270 jours, elles utilisent souvent des billets de trésorerie à court terme pour se financer directement sur le marché monétaire. Ces billets de trésorerie sont un type de note de débit, généralement basée sur le crédit de l'entreprise, et sont simples et pratiques à émettre. Même si une entreprise a besoin d'argent le jour même, elle peut obtenir des liquidités dans l'après-midi en demandant aux négociants en papier commercial d'émettre des "notes de débit" tôt le matin. Par conséquent, les entreprises ont tendance à faire la distinction entre les coûts à court terme des salaires, de l'achat de matières premières, du transport et du stockage, du loyer, des services publics et d'autres dépenses liées au fonctionnement de l'entreprise, et les besoins financiers du développement à moyen et long terme de l'entreprise, les fonds à court terme reposant principalement sur le financement par papier commercial, les capitaux à long terme étant souvent investis sur le marché des capitaux avec des rendements plus élevés afin de mobiliser la pleine efficacité de chaque centime sur le compte de l'entreprise. On peut affirmer sans risque de se tromper que des millions d'entreprises aux États-Unis ne peuvent fonctionner un seul instant au quotidien sans les billets de trésorerie et les marchés monétaires. Outre les billets de trésorerie, les obligations d'État à court terme, les fonds fédéraux, les lettres de change, les accords de rachat, les grands récépissés de dépôt et d'autres types de papier à court terme dépendent du marché monétaire pour leurs échanges.

Si les 5 500 milliards de dollars du marché monétaire américain étaient complètement asséchés en quelques heures par une ruée folle des investisseurs internationaux, les flux de trésorerie de presque toutes les sociétés et entreprises, institutions financières, administrations fédérales et locales des États-Unis seraient complètement déconnectés en un instant, et dans les 24 heures, nous assisterions à un spectacle étonnant.

— Les marchés financiers des États-Unis se sont effondrés, les actions ont plongé, les prix des obligations ont chuté, les institutions financières de tout le pays ont été suspendues, les banques ne pouvaient plus fonctionner, les distributeurs automatiques de billets ont cessé de retirer de l'argent et les comptes des entreprises et des particuliers ont été complètement gelés.

Des foules paniquées se sont massées le long des banques, des clients en colère ont lancé des jurons et quelques militants ont commencé à détruire les distributeurs automatiques de billets.

Les systèmes de production, de logistique, de transport, d'approvisionnement et d'entreposage de nombreuses entreprises sont paralysés parce que les entreprises ne sont pas en mesure de payer les différents coûts.

Il y a une ruée vers l'argent liquide dans les grands supermarchés parce que les consommateurs ne peuvent pas glisser leur carte pour faire leurs achats.

Les fonctionnaires, les policiers et les masses descendent ensemble dans les rues et la circulation est pratiquement paralysée parce qu'ils ne peuvent pas être payés et que leurs voitures ne peuvent pas être alimentées en carburant. Les familles sans argent liquide sont incapables d'acheter de la nourriture et des médicaments. La foule en colère commence à se déchaîner.

— Les écoles, les hôpitaux, les immeubles de bureaux sont en situation de manque d'électricité et d'eau parce qu'ils ne peuvent pas payer l'électricité et l'eau, et les centrales électriques et les compagnies des eaux sont fermées parce qu'elles ne peuvent pas payer les matières premières qu'elles produisent.

Un grand nombre d'avions de chasse américains ne peuvent pas décoller, les navires de guerre ne peuvent pas naviguer, les chars et les voitures ne peuvent pas rouler parce que l'argent des comptes militaires est gelé en raison de la suspension du financement des obligations d'État à court terme.

— Le gouvernement américain a déclaré l'état de loi martiale dans le pays.

Vingt-quatre heures plus tard, la catastrophe a commencé à se propager dans le monde entier. Les marchés financiers du monde entier se sont ouverts les uns après les autres, et après avoir appris la nouvelle choquante en provenance des États-Unis, les prix de tous les produits financiers se sont effondrés sur toute la ligne. Les transactions financières et la liquidation des institutions financières de différents pays sont dans un chaos total, les exportateurs chinois ne peuvent pas obtenir l'argent et refusent d'expédier les marchandises, les exportations de pétrole du Moyen-Orient sont arrêtées par manque d'argent, on annonce la fin des exportations de produits alimentaires de la Russie, les centres d'appels indiens à l'étranger ne répondent pas au téléphone, la Banque centrale européenne a déclaré l'état d'urgence et a resserré la base monétaire, un certain nombre de refinancements d'obligations d'État européennes échouent et annonce le gel des salaires des fonctionnaires, les travailleurs européens font grève, les principales compagnies aériennes du monde ont annulé des vols...

Lorsque les marchés financiers mondiaux sont tombés dans la rêverie susmentionnée le 18 septembre, les institutions d'investissement ont immédiatement agi et, tout en essayant de saisir une lueur d'évasion, elles se sont instinctivement jetées sur l'"Arche de Noé" du désastre monétaire — l'or et l'argent !

Le 18 septembre, avant et après le souffle de l'once, l'or s'est envolé de près de 100 dollars, un record dans l'histoire du marché de l'or ; l'argent s'est envolé de plus de 20%, plongeant tous les investisseurs dans la stupeur. Alors que les autres matières premières, y compris les autres métaux précieux, étaient généralement plus faibles le même jour.

En d'autres termes, lorsqu'il y a une véritable crise majeure dans le système monétaire et financier mondial, l'instinct n'est pas de se saisir du pétrole, de l'acier, du cuivre ou du zinc, mais d'aller directement vers l'or et l'argent. Il ne fait aucun doute que l'or et l'argent présentent immédiatement leurs attributs monétaires depuis longtemps oubliés face à ce désastre monétaire !

Il va sans dire que l'or, depuis le tsunami financier, a fait l'objet d'une acceptation générale de ses propriétés monétaires. Ce qui est vraiment étonnant, c'est l'argent ! Comme l'or, l'argent est le véritable métal monétaire, même si ses propriétés monétaires n'étaient que de l'argent le 18 septembre 2008, mais avec le déclin du "fils de la semaine" qu'est le dollar, les propriétés monétaires de l'argent vont passer au premier plan, et sa lumière sera directement sur l'or éblouissant.

Le passé de l'argent n'est pas inconnu des Chinois, qui, en tant que plus grand pays à monnaie d'argent du monde, étaient autrefois au cœur du système économique et commercial mondial. Cependant, les compatriotes d'aujourd'hui n'ont qu'une vague idée des grandes opportunités stratégiques que l'avenir de l'argent apportera à la Chine.

Non seulement l'argent était autrefois la monnaie du monde, mais l'argent créera des opportunités stratégiques importantes pour la montée en puissance de la Chine !

L'argent : La monnaie mondiale du passé

En 1621, un marchand portugais écrivait : "L'argent a circulé dans le monde entier jusqu'à ce qu'il atteigne la Chine. Il y est resté, comme à son centre naturel. "

Aux XVIe et XVIIe siècles, la principale activité des Européens dans le commerce mondial consistait à vendre de l'argent, de l'or et des marchandises à l'envers, car ils n'avaient rien à vendre sur les marchés asiatiques florissants, principalement parce que leurs propres produits n'étaient pas compétitifs. [167]

La Chine utilise l'argent comme principale monnaie en circulation depuis la dynastie Ming, alors que la Chine elle-même n'était pas le

---

[167] *Silver Capital*, (allemand) Frank, traduit par Liu Beicheng, Central Compilation Press, 2008.

premier producteur d'argent au monde. Pourquoi la dynastie Ming a-t-elle choisi l'argent comme monnaie ? Et d'où vient l'argent chinois ?

L'argent est devenu la monnaie principale de la dynastie Ming, non par choix volontaire, mais parce que la situation était plus forte que l'homme. Avant la dynastie Ming, les Song, les Gold et les Yuan ont tous essayé de remplacer les métaux précieux par du papier-monnaie comme monnaie principale, et les résultats ont été étonnamment similaires. En raison de la loi d'airain de la cupidité humaine, une fois que l'argent est séparé de ses propriétés de marchandise, il perd sa contrainte rigide naturelle et l'accaparement des richesses par le papier-monnaie massif et sans discernement pour couvrir les déficits fiscaux se termine par une inflation vicieuse, un épuisement des impôts, un effondrement fiscal et un effondrement de l'empire. Les premières années de la dynastie Ming ont également tenté l'expérience du papier-monnaie de la dynastie précédente, ont émis des billets de banque Ming Bao, jusqu'en 1522, le papier-monnaie s'est déprécié jusqu'aux 2‰ d'origine, l'inflation était galopante, le mécontentement du public bouillonnait. Le gouvernement Ming a finalement été contraint d'abandonner le système de monnaie papier en faveur d'un retour au système de monnaie métallique. Après près de 500 ans d'expérimentation du système de papier-monnaie, des Song aux Ming, l'histoire est arrivée à la conclusion ultime : il n'est pas fiable.

La monnaie métallique devant la dynastie Ming dans le choix de l'or, de l'argent, du cuivre, l'or est trop cher, et le cuivre est trop bon marché, donc l'argent comme seul candidat, est devenu la véritable "monnaie du peuple".

La question est la suivante : où la Chine, en manque d'argent, peut-elle se procurer de l'argent en grande quantité pour l'utiliser comme monnaie ? La réponse est le commerce mondial.

Si l'on compare figurativement le système commercial mondial à un gigantesque système de roue à eau, la monnaie est le torrent qui actionne les engrenages de la roue à eau. Plus la masse monétaire est importante, plus les camions-citernes tournent vite et plus le commerce mondial prend de l'ampleur. Du 16e au 19e siècle, la monnaie qui animait le système commercial mondial était l'argent.

En 1581, la dynastie Ming, Zhang Juzheng dans le pays a commencé à mettre en œuvre "une loi de fouet", de la loi du service et le champ, du gouvernement pour s'assurer que le désir de servitude, progressivement l'accent du service de la maison à la mu champ, et le règlement final de la monnaie d'imposition est l'argent, créant ainsi une énorme demande publique d'argent.

Par coïncidence, la découverte d'énormes mines d'argent au Pérou et au Mexique par les Espagnols en 1545 et 1548 respectivement, ainsi que l'exportation d'argent du Japon, ont constitué une force puissante qui a fait tourner les roues du commerce mondial.

À l'époque, l'industrie la plus puissante de la Chine était le thé, la porcelaine et la soie, et il y avait peu de concurrents dignes de ce nom sur le marché mondial. Les exportations de porcelaine de la Chine vers l'Europe représentent 50% de toutes les exportations de porcelaine, à tel point que le nom de la Chine dans le monde est le mot anglais "China" pour "porcelaine". La soie est également un poids lourd des exportations chinoises, et "on exporte plus de soie de Chine qu'on ne le pense", a-t-il déclaré. Mille quintaux sont exportés chaque année vers les Indes portugaises et les Philippines, qui sont remplies par quinze grands navires, et d'innombrables soies sont envoyées au Japon..." [168]

Au début du 17e siècle, le rapport de prix entre l'or et l'argent était de 1:5,5 à 1:7 à Guangzhou et de 1:12,5 à 1:14 en Espagne, et le prix de l'argent en Chine était deux fois supérieur à celui de l'Espagne. Les marchands espagnols, qui venaient de découvrir une énorme mine d'argent aux Amériques, étaient ravis de découvrir cet énorme espace d'arbitrage monétaire, et des hordes de marchands européens ont embarqué sur des navires à destination de la Chine avec les énormes quantités d'argent qu'ils avaient pillées aux Amériques. C'est cette impulsion d'arbitrage argent-or qui a fait tourner à plein régime la gigantesque et incomparable roue du commerce mondial.

Bien que l'Europe ait entamé la révolution industrielle au 17e siècle et que la production mécanique ait considérablement réduit les coûts de production, son principal produit, le textile, n'était pas compétitif en Chine. D'une part, le transport maritime longue distance a considérablement augmenté les coûts de transport, et d'autre part, l'investissement soutenu et à long terme de la Chine dans le transport fluvial intérieur, en particulier le Grand Canal, a réduit efficacement les coûts de transport des produits locaux en Chine, augmentant ainsi considérablement leur compétitivité.

---

[168] Source : Ibid.

Plus important encore, l'industrie textile chinoise avait atteint une échelle de production considérable à la fin des dynasties Ming et au début des dynasties Qing, les missionnaires occidentaux estimant qu'à la fin du 17e siècle, il y avait jusqu'à 200 000 tisserands à Shanghai et dans ses environs, et jusqu'à 600 000 filateurs fournissant du fil. L'effet d'échelle industrielle et les faibles coûts de transport ont presque éliminé la possibilité pour les produits européens d'être compétitifs en Chine, un phénomène qui s'est poursuivi jusqu'au milieu ou à la fin du 19e siècle.

Dans cette situation, les navires marchands d'Europe transportaient principalement des marchandises : l'argent des Amériques, après être arrivés en Chine, ils échangeaient l'argent contre de la porcelaine chinoise, de la soie et du thé, et échangeaient "l'argent cher" contre "l'or bon marché", puis ils se rendaient en Inde pour acheter des marchandises indiennes, et enfin ils revenaient en Europe chargés de marchandises orientales et d'or, et gagnaient beaucoup d'argent.

Pendant près de 400 ans, entre le 16e et le 19e siècle, les Européens se sont principalement consacrés au pillage de l'argent américain et aux coulées internationales. Il n'est pas exagéré de dire que le pillage de l'argent américain a été le premier tonneau d'or dans le développement de l'Europe. Et le centre du commerce mondial à cette époque se trouvait clairement en Chine, qui exportait des marchandises et importait des devises, établissant ainsi un système monétaire basé sur l'argent. La preuve que la Chine était le centre du commerce mondial de l'époque est simple, l'argent n'a jamais quitté la Chine une fois arrivé et est devenu une partie importante de la masse monétaire chinoise jusqu'à ce que les Britanniques commencent à vendre de l'opium à la Chine.

On estime qu'entre la découverte de la mine d'argent américaine en 1545 et 1800, les Amériques ont produit un total de 133 000 tonnes d'argent, dont 75% (environ 100 000 tonnes) sont allés en Europe, qui a finalement envoyé 32 000 tonnes d'argent en Chine par le biais du commerce asiatique. Si l'on ajoute l'argent expédié directement en Chine depuis les Amériques et l'argent exporté du Japon vers la Chine, la Chine a gagné 48 000 tonnes d'argent grâce au commerce mondial.[169]Il est intéressant de noter que les 68 000 tonnes d'argent américain qui ont inondé l'Europe (moins les 32 000 tonnes expédiées en Chine) ont entraîné une période prolongée d'inflation, tandis que les 48 000 tonnes d'argent qui sont entrées en Chine n'ont pas provoqué l'inflation apparente des dynasties Ming et Qing, et ce pour une seule raison : l'économie chinoise de matières premières était à l'époque bien plus développée que celle de l'Europe, et l'augmentation de la monnaie a stimulé une augmentation substantielle de l'offre de matières premières, ce qui a effectivement compensé la pression inflationniste.

Après 1935, Chiang Kai-shek a aboli l'étalon-argent, la réforme monétaire française et l'émission de billets d'or ont déclenché une nouvelle super-inflation et ont finalement perdu le pouvoir.

Si l'on regarde l'histoire, s'il y a eu une monnaie au cours de ces 400 ans qui a pu être appelée la monnaie du monde et qui a ainsi propulsé les roues du commerce mondial, l'argent serait le seul candidat.

Les billets de banque peuvent-ils conserver leur valeur ?

Qu'est-ce que l'argent ? Qu'est-ce que la richesse ? Cette question est primordiale pour reconnaître la nature du dollar. Une caractéristique importante qui distingue les grands penseurs est leur sensibilité particulière et leur réflexion profonde sur des choses importantes, banales et ignorées par le commun des mortels. "La pomme tombe sur le sol", un phénomène si banal que les gens ne s'en sont pas souciés pendant des millénaires, a inspiré à Newton une épiphanie sur la gravité. Le concept de "temps", si banal qu'il ne pouvait l'être davantage, a résonné dans l'esprit d'Einstein et a finalement conduit à la naissance de la théorie de la relativité. Depuis des milliers d'années, les gens vivent dans une société d'argent, et beaucoup de gens qui ont été occupés toute leur vie à gagner de l'argent, combien de gens peuvent tranquillement prendre un regard sérieux et réfléchir profondément et soigneusement, qu'est-ce que "l'argent" ?

Il ne fait aucun doute qu'il y a vraiment beaucoup de personnes dans ce monde qui ont exploré la question de ce qu'est l'argent. Malheureusement, au lieu de produire de grandes théories financières

---

[169] Source : Ibid.

et monétaires qui rivalisent avec les lois de la gravité et de la relativité, ces explorations sont devenues de plus en plus confuses. En effet, contrairement aux concepts purement physiques de "temps" et de "gravité", l'argent est fortement influencé par la variable non mesurable de la cupidité humaine. Les savants ont élaboré diverses théories monétaires, incompatibles et contradictoires. Les banquiers, cependant, ont profité de l'occasion pour se débrouiller, faisant passer l'ensemble du système financier occidental de la théorie à la pratique et l'égarant progressivement, jusqu'à ce qu'il finisse par dérailler et entraîner le monde entier dans une énorme crise financière.

Le concept de monnaie au sens classique est assez clair. La monnaie est une marchandise spéciale qui existe déjà, qui a une valeur stable et qui peut être utilisée comme moyen d'échange. Elle présente les caractéristiques suivantes : quantité limitée, facile à mesurer, facile à échanger, difficile à contrefaire, acceptée par le marché et pouvant être stockée pendant une longue période. De nombreux biens qui répondent à ces caractéristiques peuvent devenir de la "monnaie". La marchandise qui correspond le mieux à ces définitions et caractéristiques est la meilleure "monnaie". L'or et l'argent sont l'incomparable et le meilleur "argent" que les gens de différents pays, cultures et régions, tant dans leur pays qu'à l'étranger, ont choisi après des milliers d'années de comparaison et de pratique répétées. Ils peuvent être utilisés comme moyen de stockage de valeur car ils ont tous une valeur intrinsèque spécifique en soi et sont étanches, ignifuges, résistants à la corrosion et durables. Parce qu'ils sont portables, faciles à transporter, à diviser et à mesurer, et difficiles à contrefaire, ils peuvent être le moyen d'échange de marchandises le plus pratique et le plus fiable. Parce qu'ils sont stables et faciles à mesurer, ils sont les mieux adaptés comme mesure de la valeur. Puisqu'il s'agit de produits de valeur réelle qui existent déjà, ils constituent la "monnaie" la plus fiable qui ne nécessite aucune garantie, ne requiert aucune coercition et ne sera pas invalidée par un cas de force majeure tel qu'un changement de gouvernement, un changement de loi, une crise économique, une catastrophe naturelle ou d'origine humaine, etc. De plus, plus la période de turbulence est importante, plus l'or et l'argent deviennent l'"Arche de Noé" des gens pour protéger leur richesse. Comme le dit le dicton, "les vicissitudes de la mer et les courants révèlent le vrai caractère du héros". Pour cette raison, l'or et l'argent sont la plus haute forme de "monnaie", est bien mérité, le peuple du "roi de l'argent".

Qu'est-ce que la richesse ? L'essence de la richesse est constituée des différents biens que les gens créent par leur travail. L'argent représente le "droit de revendication" des fruits de ce travail. Chaque membre de la société devrait avoir le "droit de réclamer" le fruit du travail des autres en vendant le fruit de son propre travail. Lorsque cette "revendication" est transférée, elle agit comme un "moyen de paiement" ; lorsqu'une certaine "revendication" est universellement acceptée, elle devient un "moyen d'échange" ; lorsque le détenteur de la "revendication" choisit de retarder son accomplissement, elle remplit la fonction d'une "réserve de richesse" ; et enfin, lorsque la "revendication" doit être accomplie, elle est capable d'obtenir intact le travail équivalent d'autrui, alors la "revendication" est une bonne "mesure de valeur". Ensemble, ces quatre facteurs forment une correspondance parfaite entre la monnaie et la richesse. En fait, parmi les quatre fonctions de la monnaie, la plus centrale est la fonction de "réserve de richesse". Plus la monnaie est intacte avec la capacité de retarder l'encaissement de la richesse, plus l'"échelle de valeur" sera importante, plus elle sera populaire sur le marché et plus elle sera liquide, devenant ainsi un "moyen d'échange" et un "moyen de paiement" de grande qualité. L'abolition complète des attributs de marchandise de la monnaie conduirait à une "réserve de richesse" dysfonctionnelle et non fonctionnelle. Toute monnaie, une fois soustraite à la loi d'airain de la nature de marchandise de l'argent, est finalement soumise à une dévaluation constante. L'or et l'argent représentent "l'argent au sens classique", le niveau le plus élevé de la poursuite monétaire.

Historiquement, les empires ont connu des cycles de montée en puissance, avec des économies développées, une puissance commerciale et militaire dynamique, des frontières impériales en expansion, un pouvoir d'achat monétaire stable, une circulation monétaire en expansion et de faibles taux d'intérêt sur les prêts. Avec le déclin de la classe dirigeante, les conflits internes à l'empire se sont intensifiés, la capacité de production a diminué, les conquêtes extérieures se sont poursuivies, les dépenses budgétaires ont augmenté de façon spectaculaire et les recettes fiscales ont progressivement diminué, ce qui a entraîné une augmentation du coût combiné pour maintenir l'empire à flot. À ce stade, les empires commencent souvent par dévaluer leur monnaie pour tenter d'alléger la pression fiscale. La monétisation des déficits fiscaux, qu'il s'agisse de la dilution de la teneur en or de la monnaie dans les temps anciens ou de l'"assouplissement quantitatif" de la monnaie dans les temps modernes, est la source de l'inflation.

L'"invention" la plus essentielle de la théorie monétaire occidentale contemporaine est le remplacement de l'or et de l'argent, l'argent réel qui ne perd pas sa valeur par défaut, par l'argent de crédit comme garantie de la dette. Ils ont aboli l'étalon-argent en commençant par piller l'argent des pays du monde où il était la principale monnaie, soit par la guerre, soit par le commerce de l'opium. Ils ont ensuite mis en place un système d'échange monétaire mondial en rattachant les monnaies du monde au dollar des États-Unis et le dollar à l'or. Puis en découplant le dollar de l'or, abolissant ainsi l'étalon-or. Que la monnaie française, représentée par le dollar américain, devienne la monnaie de réserve mondiale, non encombrée d'or et d'argent. Nous utilisons aujourd'hui le dollar américain, une monnaie sans aucune définition de valeur réelle, que l'on appelle en anglais "currency", dont le sens fondamental est la liquidité. Ce n'est qu'un moyen qui facilite la "circulation" des marchandises. Le support lui-même n'a pas de valeur. Il peut s'agir de papier-monnaie, d'un chèque ou même d'un chiffre dans un ordinateur. Il s'agit d'un bon qui est temporairement utilisé pour échanger de la valeur. Il s'agit essentiellement d'un titre de créance qui ne garantit pas qu'il sera effectivement remboursé à 100% de sa valeur initiale à l'avenir. Parce qu'il s'agit d'un titre de créance, le titre de créance devient un billet blanc si quelqu'un d'autre triche. De nos jours, alors que les gens ont progressivement oublié que l'or et l'argent sont la monnaie réelle la plus fiable depuis des milliers d'années, ils confondent souvent les deux concepts de monnaie de crédit, comme une note d'endettement, avec l'argent, pensant que cette note est de l'argent. Gagner de l'argent, c'est gagner ce type de dette, et économiser de l'argent, c'est économiser ce type de dette. En fait, dans le système de la monnaie de crédit, ces billets que l'on gagne et que l'on épargne et qui sont censés être honorés ont une valeur totale lorsqu'ils ne sont pas en défaut, une valeur partielle lorsqu'ils sont en défaut partiel, et rien lorsqu'ils sont en défaut total.

Les expériences avec le papier-monnaie pur donnent souvent des résultats étonnamment bons dans les premiers temps, mais ces billets finissent par être ramenés à leur valeur initiale, qui est le coût du papier ! Le système du papier-monnaie pur est, par sa nature même, une expérience qui teste la nature avide de l'homme. Que le pouvoir d'émettre de la monnaie soit entre les mains du gouvernement ou de particuliers, et quel que soit le système social du pays dans lequel la politique monétaire est mise en œuvre, cela ne change pas la nature du problème, qui est de savoir si la cupidité inhérente à la nature humaine est digne de confiance ou non ! Toute l'histoire de l'humanité a montré que la cupidité, la colère et la rage sont l'incapacité de la nature humaine à se transcender. Si nous examinons de près les manifestations des enfants en bas âge qui ne sont absolument pas contaminés par l'atmosphère sociale, nous constaterons que leur avidité, leur colère et leur rage sont en fait déjà à l'état embryonnaire.

C'est la cause profonde du fait que nous n'avons jamais été en mesure de trouver une sorte de monnaie papier qui préserve sa valeur dans l'histoire de la civilisation humaine.

De 1023 à 1160 après J.-C., sous la dynastie des Song du Nord, la réserve pour l'émission de monnaie est passée de 1/3 à 1/60, et à la fin de la dynastie des Song du Sud, l'inflation était 20 billions de fois plus élevée ! Les finances se sont complètement effondrées, la capacité du pays à se mobiliser pour la guerre s'est tarie, et la dynastie s'est effondrée.

La dynastie d'or a émis du papier-monnaie pendant plus de 70 ans, et les prix ont augmenté 60 millions de fois, jusqu'à ce que le cœur et l'esprit du peuple soient en émoi et que la création de richesse soit perdue.

À la fin de la dynastie des Yuan, le prix du riz a augmenté jusqu'à plus de 60 000 fois sa valeur initiale, et le système de billets de banque s'est complètement effondré. Le gouvernement des Yuan n'a pas pu contrôler les finances et les impôts, et le pays a décliné en force et a fini par périr.

L'expérience des Ming avec un système de monnaie purement papier a duré 150 ans de plus, et en 1522, les billets de banque Ming Bao étaient dévalués à 2% de leur valeur initiale, et l'inflation était galopante. Le gouvernement Ming a été contraint d'abandonner le système de monnaie papier et de rétablir la monnaie d'argent, et l'empire s'est maintenu jusqu'en 1644.

En 1716, la première expérience française de monnaie-papier menée par John Law a conduit à l'effondrement de la France quatre ans plus tard ; en 1790, la deuxième expérience de monnaie-papier après la Révolution française, avec une inflation de 13 000% cinq ans plus tard, a entraîné un bouleversement public qui a conduit à la montée au pouvoir de Napoléon ; et la troisième expérience de monnaie-papier pure en 1937, avec une dépréciation du franc de 99% 12 ans plus tard. Les Français n'ont que l'autodérision de dire que les Français ont deux traditions : l'une est que la capitulation est particulièrement rapide ; l'autre est que la monnaie se déprécie particulièrement rapidement.

L'expérience des marks de la monnaie papier de la République allemande de Weimar est arrivée à son terme en quatre ans, passant de 1 dollar pour 12 marks en 1919 à 4,2 trillions de marks pour 1 dollar en 1923.

Si la nature avide de l'humanité n'avait pas changé, le dollar d'aujourd'hui ne ferait que répéter l'histoire.

Le "plan magique" de la Fed : laisser l'or s'envoler

La Fed, comme toutes les banques centrales occidentales, aime opérer dans les coulisses. Elle se protège de l'intervention du gouvernement, elle déteste que le Congrès intervienne, elle déteste que le peuple connaisse les détails, et elle prétend garder une politique monétaire indépendante, comme si la monnaie de la société dans son ensemble était sa propriété privée et ne devait pas être convoitée par d'autres.

Le Federal Open Market Committee (FOMC) de la Réserve fédérale décide de la politique des taux d'intérêt, le mot "public" est vraiment ironique, car ils n'ont pas l'intention de divulguer le contenu des huit réunions par an, mais attendent cinq ans plus tard pour "déclassifier", et le contenu de ces réunions ont été filtrés ou "réparation" a été. Le United States Sunshine Act de 1976, qui exige explicitement que les organisations, y compris la Réserve fédérale, mettent immédiatement à la disposition du public les enregistrements sténographiques et originaux détaillés et non modifiés de toutes les réunions officielles, a trompé le Congrès pendant 17 ans, de 1976 à 1993, en prétendant que les procès-verbaux originaux étaient détruits et que seuls les procès-verbaux "réparés" étaient conservés. Ce n'est que cinq ans plus tard que le public a pu deviner les détails des discussions qui ont eu lieu au cours de la réunion à partir des procès-verbaux "filtrés".

En plus de se concentrer sur des questions telles que les taux d'intérêt, les grands pontes de la Fed s'intéressent à une chose, à savoir l'or.

(Procès-verbal du Comité de l'open market de la Réserve fédérale, 18 mai 1993)

Angell : *Je pense que c'est ainsi que les choses pourraient se passer. Je ne pense pas que nous devrions augmenter les taux de 300 points de base, mais si nous le faisons, je suis presque sûr que le prix de l'or commencera une (baisse) violente et rapide. Le prix de l'or va chuter si rapidement qu'il faudra aller sur l'écran du téléscripteur de l'or pour en être témoin. Si nous augmentons les taux d'intérêt de 100 points de base, le prix de l'or va sûrement baisser, à moins que la situation ne se détériore au-delà de ce que je peux imaginer. Si nous augmentons les taux d'intérêt de 50 points de base, je ne sais pas ce qu'il adviendra du prix de l'or, mais je suis sûr que je serai très curieux de le savoir (rires)... Les gens diront que le prix de l'or augmente parce que les Chinois commencent à acheter, ce qui est la vision la plus stupide. Le prix de l'or est largement déterminé par ceux qui n'ont pas confiance dans le système fiduciaire et qui possèdent de l'or pour échapper à la monnaie papier en cas de danger. Or, si la production et la consommation annuelles d'or ne représentent que 2% du stock total d'or, une variation de 10% de la production et des ventes d'or par an n'aura pas un impact trop important sur le prix de l'or. Toutefois, l'attitude à l'égard de l'inflation changera (prix de l'or).*

Greenspan : *Si nous avons affaire à la psychologie du marché, alors le thermomètre (à or) que nous utilisons, en mesurant la température (des attentes inflationnistes), change aussi la température elle-même. J'ai soulevé avec M. Mullins la question de savoir comment le marché réagirait si le Trésor vendait une petite quantité d'or sur le marché. C'est une expérience de pensée intéressante, et si le prix de l'or change, cela suggère que (l'or) ce thermomètre n'est pas seulement un outil pour mesurer (les attentes inflationnistes), mais qu'il va également changer la psychologie sous-jacente (des attentes du marché en matière d'inflation).*

(Procès-verbal de la réunion de décembre 1994 du Comité de l'open market de la Réserve fédérale)

Jordan : *Je pense que le principal problème auquel nous sommes confrontés actuellement est celui des anticipations d'inflation. Cela reflète clairement l'absence d'un point d'ancrage nominal (monétaire) pour notre (le dollar). Cela signifie que les revendications politiques visant à maintenir un dollar fort seront utiles. Si nous pouvons atteindre un véritable état d'étalon-or sans utiliser d'or de toute façon, alors nous devons faire en sorte que l'idée de la stabilité du pouvoir d'achat* *du dollar soit (profondément) ancrée dans l'esprit des gens. Avec le temps, les problèmes à court terme auxquels nous sommes actuellement confrontés (anticipations inflationnistes) deviendront plus faciles à gérer.*

(Compte rendu de la réunion de juillet 1995)

Greenspan : *Je crois que j'ai compris (rires) ! Vous m'avez dit que les DTS émis par le Trésor (au bilan de la Fed) compensaient leur dette (du Trésor) envers la Fed, qui était purement un échange d'actifs, de sorte que la dette du Trésor envers le public était réduite du même montant simultanément. Est-ce bien cela ? Ce qui, à son tour, résout le problème de M. Jordan en même temps (rires).*

Jordan : *Puis-je vous faire part de mon opinion à ce sujet ? (Dans les années 70) le même effet a été obtenu lorsque nous avons fait passer le prix de l'or de 35 dollars l'once à 38 dollars, puis à 42,22 dollars. À la suite de ces deux soi-disant "dévaluations" (du dollar), le ministère des Finances a reçu une manne de 1 à 1,2 milliard de dollars. Ma question est la suivante : lorsque nous monétiserons les DTS, à quel prix cela devrait-il être ? Vous dites que j'ai un actif dans mon bilan, mais je ne connais pas son prix.*

Greenspan : *(Le prix du DTS) est d'environ 42 dollars.*

Truman : *est de 42,22 $, ce qui correspond au prix officiel de l'or.*

Jordanie : *Utilisons-nous le cours officiel de l'or pour les DTS ?*

Greenspan : *Voulez-vous dire que nous pouvons augmenter le prix de l'or pour réduire la pression de la dette publique ? Cela conduirait en effet à une réduction significative de la dette publique.*

Jordan : *J'allais essayer de ne pas le mentionner, le public avait en fait peur que quelqu'un veuille le faire.*

Greenspan : *C'est dommage que ce soit trop tard, comme nous venons de le mentionner.*

Jordan : *Dans 5 ans (période de déclassification des procès-verbaux), le public sera au courant.*

Au vu du dialogue de ces gros bonnets de la Fed, on voit bien que l'or a toujours été une " maladie de cœur " des banquiers internationaux. Historiquement, le jeu avec le papier-monnaie passe inévitablement par trois étapes : jouer avec la force, jouer avec la confiance, et jouer au voyou ! Lorsque l'empire était fort et riche, et que la créativité de la richesse était suffisamment forte pour assurer le pouvoir d'encaissement des marchandises de la monnaie papier, celle-ci avait un fond. Lorsque la puissance excessive de l'empire ne parvient pas à suivre le rythme et que ses ressources financières s'amenuisent, les "acrobaties" de 10 bouteilles avec 5 bouchons doivent être jouées, le papier-monnaie ne peut plus encaisser totalement les marchandises, l'inflation commence, et l'étape du jeu de confiance commence. Au moment où les richesses de l'empire ont été vidées et qu'il ne reste plus qu'une étagère vide, la monnaie papier perd sa crédibilité et l'hyperinflation frappe, à ce moment-là l'empire n'a pas d'autre choix que de jouer les voyous.

De la fondation des États-Unis à 1971, le dollar joue la scène de la force, une fois représenté la moitié du PIB mondial de la forte capacité de production industrielle pour assurer le crédit du dollar, de sorte que le dollar ose se lier à l'or, parce que sa capacité d'exportation est suffisante pour regagner l'or dans d'autres parties du monde, tout comme la Chine à travers 400 ans de commerce mondial, une petite moitié de l'argent mondial sera absorbée par la Chine, la même, à ce moment l'or et l'argent comme monnaie honnête, dans l'économie de jouer un bon rôle dans la distribution rationnelle de la richesse, stimulant ainsi la poursuite du développement économique, le cycle économique dans un état vertueux.

1971 à 2008 tsunami financier, le dollar est entré dans la phase de jouer la confiance, 1971 est le point tournant du dollar, les États-Unis ne peuvent pas se permettre les pays du monde a lancé une attaque de compression de l'or, que d'abandonner le dollar et le lien de l'or, l'essence est le déficit commercial des États-Unis, la sortie de la richesse et la créativité de la baisse, les Américains ne peuvent pas produire suffisamment de biens nécessaires par d'autres pays pour équilibrer les importations énormes, au fil du temps, la surcharge financière, le dollar ne peut plus porter l'or honnête soutien de la monnaie. À ce stade, les banquiers internationaux sont les plus préoccupés par la soi-disant confiance dans le dollar. Ils ont inventé un système de "langage noir" économique pour modifier la nature du problème, comme les "anticipations inflationnistes", "l'assouplissement quantitatif de la politique monétaire", "la réinflation des actifs", etc. En fait, dans les mots des gens ordinaires, le dollar est "brut". Ce qui est encore plus bizarre, c'est qu'ils ont effectivement imaginé comment réaliser "l'étalon-or sans or", il semble que la Réserve fédérale ou le changement de s'engager dans la magie peut jouer leur spécialité. Cependant, en novembre 2010, le président de la Banque mondiale, M. Zoellick, a effectivement suggéré que le monde devrait envisager un retour à un "étalon-or modifié", un "étalon-or sans or", est-ce vraiment une "coïncidence" historique ?

En 2008, la crise financière mondiale qui a pris naissance aux États-Unis a marqué la troisième phase du dollar : jouer au voyou ! La caractéristique la plus importante de cette phase est que les États-Unis tentent de mentir sur la dette, en utilisant les moyens de forcer les monnaies des autres pays à s'apprécier fortement, au nom du "rééquilibrage économique mondial", accusant les autres pays de "manipuler le taux de change". Plus intéressant encore, Greenspan et d'autres envisagent de laisser le prix de l'or s'envoler et le dollar se déprécier fortement, ce qui "compenserait" la pression exercée sur la dette américaine. Ils ont compris depuis longtemps la vraie valeur de l'or, c'est-à-dire que l'or est la "monnaie honnête", en raison de ses enfants, le prix réel, donc dans le système monétaire porte le "moyen de paiement final". Cependant, ils ont promu la "théorie de l'inutilité de l'or" dans d'autres pays du monde, en procédant à un "lavage de cerveau" systématique et permanent dans les milieux universitaires, et en jouant à des jeux de mots sur le "dollar fort" avec les gens et les marchés, de manière à atteindre l'objectif de "l'idée de la stabilité du pouvoir d'achat du dollar (profondément ancrée dans l'esprit des gens)".

L'or et l'argent sont comme des manomètres qui mesurent les anticipations d'inflation, et dans le monde de la monnaie papier centrée sur le dollar, plus on imprime de billets, plus la pression inflationniste s'exerce dans la cocotte-minute du marché. Le prix de l'or et de l'argent, seul manomètre crédible, doit être "efficacement régulé", ce que les banques centrales occidentales font depuis les années 1990 pour supprimer les prix de l'or et de l'argent. Lorsque le marché de l'or et de l'argent agira comme la monnaie la plus honnête et la plus juste, il sera très difficile pour les banquiers de vouloir tricher. Et sans la retenue de l'or et de l'argent, les choses sont très différentes. Le dollar, par exemple, est maintenant émis par la Réserve fédérale et n'est pas seulement la monnaie française des États-Unis, mais aussi la première monnaie de réserve du monde. Mais sa politique monétaire est totalement irresponsable, elle émet autant qu'elle veut, sans avoir besoin de l'approbation du Conseil de sécurité de l'ONU ou du Congrès. Les intérêts des créanciers du monde entier ne sont pas pris en compte. Les banquiers ne sont soumis ni à des élections dites démocratiques, ni à l'examen de la presse, ni à des contraintes juridiques. Comme le dit l'adage, "Peu m'importe qui fait les lois, tant que je contrôle le droit d'émettre la monnaie d'un pays". "L'anarchie totale.

On dit souvent que "le pouvoir absolu mène à la corruption absolue". "En fait, la corruption n'est pas la pire des choses. Que peuvent faire quelques banquiers corrompus jour après jour, corrompus nuit après nuit, à la société entière ? Le plus effrayant dans le pouvoir absolu n'est pas qu'il rende les gens corrompus, il les rend fous ! L'ambition et l'appétit des prédateurs financiers du monopole de l'émission de la monnaie seront tellement gonflés que l'humanité entière en souffrira. Les banquiers ont été capables de tromper les peuples du monde avec toutes sortes de "discours noirs industriels", de contrôler l'émission de monnaie à volonté, de créer périodiquement toutes sortes de bulles et de crises économiques, d'effondrer les finances nationales par des guerres monétaires et, sur les ruines de l'économie mondiale, de reconstruire un nouveau système d'une monnaie mondiale unifiée contrôlée par une infime minorité, et finalement d'asservir toute l'humanité en contrôlant la monnaie mondiale.

Cependant, les banquiers internationaux ont également prévu le pire scénario, à savoir que tôt ou tard, la cocotte-minute va exploser, et qu'une fois que le couvercle de la cocotte-minute se sera soulevé avec un "bang", la flambée du prix de l'or réduira également de manière significative la dette de l'Occident, qui détient beaucoup d'or physique. En juin 2010, les réserves d'or combinées des banques centrales mondiales s'élevaient à 30 462,8 tonnes, dont un total de 21 898,5 tonnes pour l'Europe et les États-Unis (y compris le FMI sous contrôle européen et américain), ce qui représente 72% des réserves d'or totales.

L'idée fantaisiste de Greenspan de diluer la pression de la dette sur le dollar en laissant le prix de l'or s'envoler peut sembler plausible à première vue, mais je crains qu'ils ne sous-estiment le risque que "l'eau peut porter un bateau et le renverser". Une fois le prix de l'or complètement hors de contrôle, le prix des actifs en or libellés en dollars dans le bilan américain peut certainement monter en flèche, et la pression correspondante sur les passifs en monnaie papier est considérablement réduite. Mais le problème est que l'hyperinflation mondiale provoquée par la dépréciation spectaculaire du dollar va fondamentalement bouleverser le crédit du dollar, et qui veut continuer à détenir des obligations américaines et des actifs en dollars ? Les superpuissances que nous connaissons aujourd'hui peuvent-elles encore exister sans la capacité du dollar à mobiliser les ressources mondiales en général ?

En 1948, la réforme du Yuan d'or par Chiang Kai-shek, qui a finalement fait exploser le prix des actifs en or dans le bilan du gouvernement du Kuomintang, a été suivie par l'émission indiscriminée du Yuan d'or, ce qui a entraîné le rejet de la monnaie papier et la réintroduction des transactions "Yuan Da-tou" en divers endroits. En fin de compte, la super-inflation créée par l'émission inconsidérée de papier-monnaie a brutalement pillé les richesses du peuple, avec pour conséquence que le peuple a abandonné les bons d'or, ainsi que le gouvernement du Kuomintang qui les avait émis. Lorsque le Kuomintang s'est retiré à Taïwan, comme lorsque John Law s'est enfui de Paris cette année-là, il a emporté avec lui non pas du papier-monnaie finement imprimé, mais de l'or et de l'argent lourd !

Équilibrer le passif du dollar par un pic d'or serait un ultime acte de folie qui n'apporterait pas la stabilité du dollar, mais plutôt sa destruction.

Pendant ce temps, une autre variable clé est négligée dans l'équation magique de Greenspan, et c'est l'argent !

Structure historique super-stable en or et argent 1:16

Les anciens disaient : "Si l'or est le soleil, l'argent est comme la lune". "Dans de nombreuses civilisations anciennes, il y avait 13 mois dans l'année, 28 jours par mois. Ainsi, le rapport or/argent le plus ancien est de 1:13.

Au cours de 5 000 ans, le rapport entre l'or et l'argent est resté essentiellement stable, à 1:16. Le rapport entre les réserves d'or et d'argent dans la croûte terrestre est d'environ 1:17 et, par coïncidence mais sans surprise, l'intuition ancienne et le rapport entre l'or et l'argent qui s'est formé au cours de l'histoire sont assez similaires aux résultats des recherches scientifiques modernes.

Cette structure ultra-stable du ratio or-argent peut être expliquée efficacement à la fois en termes de géologie et d'offre et de demande du marché. Bien qu'il existe un certain degré d'espace d'arbitrage entre l'Europe et l'Asie dans le ratio or-argent, tout cela se présente sous la forme de la région asiatique "argent cher et or bon marché" formée par l'expression du flux de l'argent vers l'est et de l'or vers l'ouest. Entre cet équilibre dynamique, l'Europe préfère l'or, tandis que l'Asie préfère l'argent. Dans l'histoire de l'Europe, quiconque pouvait contrôler les canaux du commerce Est-Ouest pouvait profiter de la différence du rapport entre l'or et l'argent en Eurasie pour effectuer d'énormes transactions d'arbitrage de 50 à 100%, récoltant ainsi d'énormes profits commerciaux et dominant le destin du continent.

Avec la grande découverte de l'argent aux Amériques, l'énorme réserve de 133 000 tonnes d'argent a brièvement provoqué quelques fluctuations du rapport or-argent au cours de 250 ans, mais à mesure que le commerce mondial massif entre l'Est et l'Ouest était digéré, l'or et l'argent ont fini par revenir avec une inertie historique à l'équilibre magique de 1:16. Bien que les prix de l'argent et de l'or aient commencé à fluctuer fortement après le tournant du XXe siècle, cela est dû en grande partie à l'adoption de l'étalon-or dans la plupart des pays et à l'abandon des monnaies en argent, ce qui a entraîné un "excédent" d'argent pendant un certain temps. En tant que plus grand pays à étalon-argent du monde, la monnaie d'argent de la Chine a duré jusqu'en 1935 et la monnaie d'argent des États-Unis (billets et pièces d'argent du gouvernement américain) est restée en circulation jusqu'en 1965. En 1971, le rapport entre l'or et l'argent fluctuait autour de 1:23.

En 1971, les États-Unis ont annoncé unilatéralement le découplage du dollar et de l'or, et le "dollar" est devenu le "sans or". Il s'agissait de la première expérience majeure dans l'histoire de l'humanité, au cours de laquelle le monde entier s'est réuni pour entrer dans l'ère de la monnaie de papier pure, et cela continue jusqu'à ce jour. Le système de papier-monnaie pur a complètement aboli les propriétés de marchandise de la monnaie, et la fonction de stockage de la richesse, qui était l'élément central qui formait la monnaie, a été complètement perdue.

L'émission inconsidérée de dollars purement papier a entraîné des bouleversements de prix à l'échelle mondiale, y compris de graves distorsions dans le système comparatif or-argent. Le rapport or-argent a été gravement déformé, passant d'un rapport constant de 1:16 sur 5000 ans à 1:60 !

Est-ce qu'il y a moins d'or ?

Les stocks mondiaux d'or sont passés d'environ 30 000+ tonnes en 1940 à environ 150 000 tonnes aujourd'hui, soit environ cinq fois plus en 70 ans !

Est-ce qu'il y a plus d'argent ?

Les stocks mondiaux d'argent sont passés d'environ 300 000 tonnes en 1940 à environ 30 000+ tonnes aujourd'hui, soit 1/10de cette année-là !

Le stock actuel d'argent ne représente que 1/5 du stock d'or si on le mesure en poids, ce qui signifie que l'argent est beaucoup plus rare que l'or !

Cette énorme différence est due à la demande industrielle massive d'argent. À partir de 1942, la consommation industrielle d'argent a commencé à dépasser largement l'offre de production, et au fil des décennies, l'argent a maintenu un équilibre entre l'offre et la demande avec 5 000 ans de stocks accumulés. La demande dépasse actuellement l'offre d'environ 4 000 tonnes par an. Sur la base de la consommation nette actuelle d'argent, les plus de 30 000 tonnes de stocks d'argent existants ne suffiront que pour 7 à 8 ans, et l'argent au sol que l'humanité a accumulé pendant 5 000 ans sera dévoré par la demande industrielle !

Alors, combien d'argent reste-t-il dans le sol ?

En 2005, une enquête de l'U.S. Geological Survey a indiqué que l'argent serait le premier métal de l'histoire de l'humanité à ne pas être exploité pendant environ 12,3 ans. Étant donné que les deux tiers de la production actuelle d'argent proviennent de mines complémentaires telles que le cuivre, le plomb et le zinc, il est difficile d'augmenter sensiblement la production d'argent en raison des contraintes liées aux autres intrants miniers. S'il reste encore de l'argent à extraire de la croûte terrestre, il n'a de valeur minière qu'à un prix beaucoup plus élevé en raison de la technologie et du coût. À la fin de 2009, les dernières statistiques de l'USGS indiquent que les réserves mondiales d'argent s'élevaient à 400 000 tonnes. Si l'on se base sur la production minérale de 21 400 tonnes de l'année en cours, on peut l'exploiter pendant 18 ans. L'[170]argent fourni par les minéraux représentera la part du lion de l'offre totale, car l'argent fourni par les ventes gouvernementales et le recyclage des déchets a considérablement diminué ces dernières années. La demande mondiale totale d'argent est actuellement d'environ 27 700 000 tonnes par an,[171] et si elle est entièrement satisfaite par l'argent minéral, les réserves mondiales totales de 400 000 tonnes ne garantiront qu'un approvisionnement de 14 ans. Étant donné que l'industrie de l'argent étend rapidement ses applications, la consommation d'argent devrait augmenter fortement à

---

[170] U. S. Geological Survey, Mineral Commodity Summaries, janvier 2010. Argent.

[171] Silver Institute, Offre et demande en 2009.

l'avenir, et à ce moment-là, le délai d'exploitation de 12,3 ou 14 ans sera considérablement avancé.

Compte tenu du rapport historique entre le prix actuel de l'or (1350 $ l'once) et le prix de l'argent, le rapport devrait être de 1:16, c'est-à-dire 84 $ l'once, pour être considéré comme raisonnable. Et le rapport historique entre l'or et l'argent a été déterminé par leur quantité. Dans l'Égypte ancienne, l'argent était rare et son prix était comparable à celui de l'or. Plus tard, on a découvert davantage d'argent et l'or est devenu relativement rare. Les choses étant rares, l'or a plus de valeur. Avec cette analyse plus approfondie, il y a actuellement environ 400 000 tonnes de réserves exploitables d'argent dans le monde, et avec le stock existant d'environ 30 000 tonnes, la quantité totale d'argent n'est que d'environ 430 000 tonnes. Les stocks d'or augmentent car ils sont rarement consommés à des fins industrielles, et sont actuellement généralement estimés à 160 000 tonnes. Selon les statistiques de l'United States Geological Survey à la fin de l'année 2009, les réserves mondiales d'or récupérables sont d'environ 47 000 tonnes, la quantité totale des deux ensemble étant d'environ 207 000 tonnes d'or. Le rapport entre l'or total et l'argent total est de 20,7:40, soit environ 1:2. Cela signifie que la quantité totale d'argent est beaucoup moins importante que par le passé et qu'elle devrait être évaluée à la moitié du prix de l'or, et non à 1/16. Au prix actuel de l'or de 1350 dollars l'once, le prix de l'argent devrait être de 675 dollars l'once ! Et le prix actuel de l'argent sur le marché n'est que d'environ 25 dollars l'once. En d'autres termes, un petit peu de comptage sans bulle laisserait à l'argent 27 fois plus de possibilités de hausse à l'heure actuelle. Au fil du temps, l'argent diminuera encore, avec un rapport de 1:1 entre l'or et l'argent, et plus loin dans le temps, l'argent totalisera moins que l'or. Cela signifie que le potentiel d'appréciation de la valeur de l'argent au cours de la prochaine décennie environ est susceptible d'être extrêmement excitant !

L'argent à l'épaule : un métal à la fois monétaire et industriel

Les Phéniciens de l'Antiquité ont découvert très tôt la fonction miraculeuse de l'argent pour stériliser le vin, et ils mettaient le vin dans des bouteilles en argent pour préserver sa fraîcheur, un secret qui perdure dans les célèbres caves d'aujourd'hui. Les marins de l'Empire britannique mettaient des pièces d'argent dans leurs réservoirs d'eau potable pendant leurs longs voyages en mer pour empêcher l'eau de se décomposer. Les médecins de la Grèce antique ont découvert que l'argent avait un effet important sur la cicatrisation des plaies et pouvait prévenir les maladies. Les anciens monarques chinois utilisaient des baguettes en argent pour tester la toxicité de leurs aliments. L'argenterie était largement utilisée dans la vaisselle des aristocrates européens car les bactéries ne pouvaient pas survivre longtemps sur les surfaces en argent sterling, tandis que la vaisselle en bois était la préférée des bactéries et que la vaisselle en acier inoxydable ne pouvait pas résister à la croissance des bactéries. Malgré l'utilisation contemporaine généralisée des antibiotiques pour tuer les bactéries, le problème de la résistance bactérienne aux antibiotiques préoccupe depuis longtemps la communauté médicale.

Pendant longtemps, l'effet miraculeux de l'argent sur les bactéries et les virus n'a pas été étudié en profondeur. Ce n'est que récemment que l'on a compris le principe de l'argent qui tue les bactéries. L'argent dans l'eau peut former des traces d'ions d'argent qui adsorbent les bactéries, détruisant les enzymes dont elles dépendent, ce qui entraîne la mort rapide des bactéries. Selon les recherches, les ions d'argent peuvent tuer plus de 650 bactéries en quelques minutes, ce qui est 113 fois plus efficace que les antibiotiques ordinaires, et sans aucune résistance.

Dans le domaine des soins de santé, le nombre de personnes victimes d'infections croisées par des bactéries et des virus dans les seuls hôpitaux européens et américains se chiffre en millions chaque année, et les problèmes de résistance consécutifs à l'utilisation intensive d'antibiotiques suffisent à rendre le système d'assurance maladie insoutenable. Les hôpitaux du Royaume-Uni ont commencé à utiliser des nettoyants et des crèmes protectrices contenant des ions d'argent pour éviter le problème des infections croisées. Les hôpitaux des États-Unis ont également commencé à utiliser des gazes, des masques, des draps chirurgicaux et des intérieurs de chambre contenant des ions d'argent en grande quantité pour éviter la contamination croisée.

Au 21e siècle, la demande industrielle d'argent connaît une croissance encore plus explosive. Ces dernières années, la quantité d'argent utilisée dans les brevets technologiques dans le monde est plus importante que celle de tout autre métal.

Si les technologies vertes sont appelées à devenir le principal moteur du développement économique mondial au cours des prochaines décennies, la consommation d'argent dans ce domaine connaîtra une croissance fulgurante.

Application de l'argent dans le domaine des énergies nouvelles

L'argent possède la meilleure efficacité de réflexion de la lumière et le meilleur polissage de tous les métaux. C'est un composant de base essentiel dans les applications de concentrateurs solaires. Parallèlement, l'argent est un excellent catalyseur et, lorsqu'il est mélangé à des matériaux semi-conducteurs, l'efficacité de la conversion de l'énergie solaire en électricité peut être grandement améliorée, et la production d'énergie peut être augmentée de 12%. Le développement rapide de la technologie solaire va générer une demande d'argent de plusieurs milliers de tonnes chaque année dans le monde.

Les piles vont devenir l'élément central de l'ère verte, et les piles à l'argent seront le meilleur candidat pour remplacer les piles au lithium traditionnelles. Sa durée est supérieure de 40% à celle des piles au lithium, et il n'y a aucun risque d'explosion de ces dernières. 95% des pièces peuvent être entièrement recyclées, ce qui présente une valeur environnementale importante. Les piles à l'argent ont un très large éventail d'applications dans les ordinateurs, les téléphones portables, les appareils auditifs, les dispositifs médicaux et toute l'électronique mobile. Les applications dans les engins spatiaux, les détecteurs en eaux profondes, les torpilles, les missiles, les sous-marins, etc. sont très prometteuses.

L'utilisation civile généralisée des piles à l'argent n'en est encore qu'à ses débuts, mais elle représente la tendance future d'une nouvelle génération de technologies de piles respectueuses de l'environnement. Compte tenu de l'ampleur de l'utilisation généralisée de la technologie des piles, l'augmentation totale de la demande d'argent sera stupéfiante.

En 2017, 25,9 milliards de puces RFID utiliseront de l'argent.

L'expansion mondiale rapide de la technologie d'identification par radiofréquence (RFID) va faire passer les applications de l'argent à un tout autre niveau. La formidable utilisation de la technologie RFID pour le suivi et la localisation a été décrite dans l'introduction du chapitre 6 de La guerre des monnaies, dans laquelle un circuit microcouplé et une antenne sont intégrés dans la puce RFID pour recevoir les ondes électromagnétiques émises par le lecteur de cartes, et l'énergie transportée par les ondes électromagnétiques forme un courant dans la bobine de couplage et "lit" les informations d'identification uniques sur la puce, qui sont ensuite transmises au lecteur de cartes par l'antenne. De cette façon, un lecteur de cartes, situé à quelques centaines de mètres, est comme un radar de détection d'identité à distance qui peut confirmer que la puce se trouve dans sa zone de détection. Une fois que ces radars de détection d'identité à distance, formant un réseau aussi petit que des magasins et des écoles, aussi grand que des villes communautaires ou même le pays entier, le monde, alors l'existence de cet énorme réseau de tous les porteurs de puce RFID, sera localisée et suivie en temps réel, la technologie de l'Internet des objets est basée sur la technologie RFID.

En juillet 2010, Walmart a annoncé qu'il commençait à utiliser la RFID de manière intensive pour gérer ses stocks importants afin de réduire les coûts. Une fois que cela fonctionnera bien, Walmart aura adopté la RFID dans l'ensemble de ses 3 500 magasins américains, et ses fournisseurs mondiaux devront utiliser la même technologie pour s'interfacer avec le système d'inventaire de Walmart.

Selon la société américaine IDTechEx, les puces RFID vont connaître une croissance stupéfiante de 93% par an et une expansion rapide dans le monde entier. En 2017, la production annuelle mondiale de puces RFID atteindra le chiffre effarant de 25,9 milliards de pièces ! Et 10,9 milligrammes d'argent sont utilisés sur chaque puce, qui est totalement irrécupérable en raison de son contenu minuscule.

Le secteur américain de la protection du bois consommera à l'avenir 2 400 tonnes d'argent par an

Le 11 septembre 2003, la commission du Sénat américain chargée de la gestion des forêts et des terres publiques a présenté le Public Lands Output Study Act. Ce projet de loi vise à remplacer la technologie de préservation du bois contenant du cuivre, actuellement très répandue, qui produit des sels composés toxiques d'arséniate de cuivre et d'acétate de cuivre, si nocifs pour l'environnement qu'ils sont devenus une préoccupation croissante aux États-Unis. L'argent a un effet antiseptique naturel en tant que produit de préservation du bois qui résiste à l'infestation par les termites, à la croissance et à la pourriture des champignons spores, aux hôtes aquatiques et au parasitisme et à la reproduction d'autres insectes. La grande majorité des maisons aux États-Unis sont en bois, et une fois que cette technologie sera officiellement introduite sur le marché américain de la préservation du bois, le secteur américain de la préservation du bois consommera à lui seul 2 400 tonnes d'argent par an !

Les applications vestimentaires seront l'un des principaux besoins futurs de l'argenterie.

L'argent est un matériau antimicrobien inorganique naturel, le matériau antimicrobien inorganique d'argent a les caractéristiques de persistance, de longévité et de large spectre, une bonne résistance à la chaleur, une sécurité élevée, ne produit pas de résistance chimique.

Les matériaux argent-ioniques sont couramment utilisés dans les uniformes de combat dans le désert de l'armée américaine pour la stérilisation et la désodorisation. Il en va de même pour les vêtements de sport, car la grande quantité de bactéries présentes dans la sueur est une source majeure de toutes sortes d'odeurs et de lésions, et l'argent en tue la plupart. Les vêtements doublés d'argent conservent leur odeur fraîche et saine même lorsqu'ils transpirent abondamment lors de la pratique de sports de plein air éprouvants mais qui ne peuvent être nettoyés pendant de longues périodes. Dans le seul secteur de l'habillement, l'argent est devenu la plus grande application, consommant 1 200 tonnes d'argent par an.

Ce chiffre n'est que le début de l'entrée de l'argent dans le secteur de l'habillement. Imaginez la demande d'argent si 1,3 milliard de consommateurs de vêtements chinois commencent également à porter des vêtements sains contenant des ions d'argent et si 1 milliard d'Indiens rejoignent la tendance !

Dans le domaine de l'emballage alimentaire, les matériaux d'emballage des aliments, des boissons et du lait contenant des ions d'argent peuvent prolonger considérablement la durée de conservation. L'utilisation de matériaux de stérilisation aux ions d'argent dans les filtres à eau potable a également commencé, tandis que les piscines des États-Unis abandonnent la stérilisation au chlore gazeux, qui a de graves effets secondaires, au profit de matériaux de stérilisation à l'argent.

Actuellement, la consommation industrielle mondiale d'argent est d'environ 30 000 tonnes par an, et l'énorme marché émergent de la consommation d'argent commence tout juste à tirer le rideau.

Une différence majeure entre l'argent et l'or est que l'argent a un large éventail d'utilisations industrielles et, par conséquent, l'argent a une consommation industrielle beaucoup plus importante que l'or. Une autre caractéristique importante de l'argent réside dans ses diverses applications dans le domaine industriel, la grande majorité d'entre elles étant des applications à l'état de traces, comme les circuits intégrés des téléphones portables contenant plusieurs centimes d'argent à l'état de traces, les téléviseurs couleur à grand écran LCD sont également plaqués d'argent à l'état de traces, presque tous les appareils électroniques ménagers n'ont pas de mal à trouver des applications à l'état de traces. Ces applications de traces d'argent, même en cas de multiplication par 10 du prix de l'argent, n'auraient guère d'impact notable sur le prix de leur produit final.

En outre, les caractéristiques de l'argent utilisé à l'état de traces dans l'industrie ont fait que l'argent est perdu à jamais, car il ne peut être récupéré efficacement après des applications industrielles.

L'excellente variété de propriétés de l'argent et son immense champ d'application en font le métal dont le prix est le plus explosif !

Les personnes qui ne peuvent pas comprendre les propriétés monétaires de l'argent ont tendance à le qualifier de métal industriel, une désignation clairement trompeuse. Les gens changent-ils les propriétés monétaires de l'or lorsqu'ils découvrent qu'il peut être utilisé pour les dentiers ? Au lieu de nuire le moins du monde aux qualités rares et précieuses de l'argent, le grand nombre d'utilisations industrielles et les faibles quantités de consommation non recyclable sont des preuves importantes de sa plus grande valeur d'investissement. Le terme exact pour l'argent devrait être un métal monétaire rare qui a beaucoup d'utilisations industrielles.

Qu'a trouvé le prix ?

Ni le rapport historique entre l'or et l'argent, ni l'offre et la demande du marché, ni l'inflation, ne peuvent expliquer le fait que l'argent coûte aujourd'hui 25 dollars l'once, bien moins qu'en 1980, à 50 dollars ! Quelle sorte de force mystérieuse a été capable de déformer sérieusement le prix de l'argent dans la mesure où il l'est maintenant ?

Depuis longtemps, parce que l'or et l'argent ont une relation naturelle de lignée monétaire, sa valeur historique est plus stable que des milliers d'années, ce lien solide est depuis longtemps profondément ancré dans la mémoire de la civilisation, il traverse l'époque, traverse le pays, traverse la religion, traverse la géographie, traverse l'idéologie, bien plus durable que le "dollar fort" artificiel des banquiers internationaux dans l'esprit des gens. Il est connu que l'argent, comme l'or, est la meilleure qualité de "monnaie" et que l'argent est plus largement disponible que l'or. Parce que la vie quotidienne de l'habillement, la nourriture, le logement et le transport, la plupart du temps de petites transactions, tandis que l'or est généralement utilisé pour les très grandes transactions. L'argent n'est donc pas seulement de la vraie monnaie, mais il est meilleur que l'or en termes de liquidité. Afin de protéger les énormes avantages de l'émission du dollar, les banquiers devraient s'affranchir des monnaies d'or et d'argent, qui devraient être abolies. Si vous voulez abolir la monnaie d'or et d'argent, vous devez d'abord abolir l'argent, car l'argent est étroitement lié à la vie quotidienne des gens. Ainsi, la stratégie des banquiers internationaux est la suivante : pour conquérir l'argent, vous devez d'abord conquérir l'or ; pour conquérir l'or, vous devez d'abord conquérir l'argent !

De nos jours, bien que le dollar ait volontiers usurpé le "trône monétaire" de l'or et de l'argent, mais le "faux empereur" est après tout un faux, les banquiers internationaux sont toujours irréalistes, car dès qu'une crise se profile, les gens pensent immédiatement à l'or et à l'argent. Les banquiers internationaux "détestent vraiment l'or et l'argent au point d'en avoir une peur bleue". Sa mentalité est très similaire à celle de Wang Mang, qui a usurpé le trône dans l'histoire de la Chine et qui détestait tuer toutes les personnes portant le nom de Liu dans le monde. L'argent est comme le prince Liu Xiu, qui est traqué par le "Wang Mang du monde bancaire" depuis des décennies maintenant. Cette "chasse" est la suppression des prix, ils veulent que les gens considèrent l'argent comme un métal commun, un matériau industriel commun. Si nous ne pouvons pas oublier que l'argent a été le "roi de l'argent" comme l'or pendant des milliers d'années, les banquiers internationaux l'ont d'abord chassé du palais monétaire — les banques centrales. Le prix de l'argent a alors été délibérément et drastiquement déprimé, le réduisant au statut d'un "homme du commun" qui, avec le cuivre, le fer, le plomb et le zinc, parcourait les rues des biens communs.

Le marché de l'argent est beaucoup plus petit que le marché de l'or, par le biais de la "vente à découvert à nu" à grande échelle pour faire baisser le prix de l'argent, tout en utilisant la corde d'argent à bas prix pour tirer le rallye de l'or du cheval sauvage, est vraiment une stratégie de contrôle des prix à fort effet de levier et très efficace. Le simple fait de supprimer le prix de l'argent permettra aux casinos financiers mondiaux centrés sur les billets de dollars d'apporter des bénéfices exceptionnels perpétuels aux banquiers internationaux qui les dirigent !

De 1990 à 2003, le prix de l'argent a été de près de 50 dollars l'once ; de 1980, il est descendu jusqu'à seulement 4 à 5 dollars l'once. Au moment où l'argent était le plus déprimé, certaines personnes perspicaces ont vu l'opportunité d'investissement créée par la grave sous-évaluation de l'argent. Le fonds d'investissement géré par le célèbre "dieu des actions" Warren Buffett a acheté près de 130 millions d'onces d'argent par tranches entre 1997 et 1998. Cela représentait 1/4 de la production annuelle mondiale d'argent à l'époque, copiant essentiellement le fond de l'argent pour des décennies. On peut se demander pourquoi Buffett a prématurément vendu tout son argent en 2006. Son prix d'achat moyen est de 6 dollars l'once et son prix de vente de seulement 7,50 dollars. Buffett lui-même admet que l'affaire n'a pas été faite dans les règles de l'art. "J'ai acheté tôt et vendu tôt. C'était mon erreur. La spéculation est la plus folle au final. "Par pure coïncidence, peu de temps après que Buffett a vendu tout son argent, le premier fonds négocié en argent créé par Barclays a également reçu l'autorisation d'ouvrir sur une bourse américaine en 2006. La société est également membre du conseil des gouverneurs des États-Unis d'Amérique. La vente n'est pas sans suspicion. Quant à savoir quel genre de transactions louches Barclays a eu avec Warren Buffett, on ne le sait pas.

Ted Butler est une autre personne ayant un sens particulièrement aigu du marché de l'argent et une influence considérable. Butler est trader sur le marché à terme des matières premières depuis 1971, date à laquelle il travaillait pour Merrill Lynch. Au milieu des années 1980, l'un de ses clients lui a demandé : " Quelle est la raison pour laquelle le marché de l'argent est en pénurie, mais le prix de l'argent n'a pas augmenté depuis des années ? ". "Afin d'expliquer les raisons de cette situation à ses clients, Butler a commencé à étudier le marché à terme de l'argent. Mais il était également perplexe, il a appris que l'argent est vraiment en pénurie, mais ne peut pas expliquer pourquoi le prix de l'argent n'augmente tout simplement pas. Plus tard, grâce à ses années d'expérience sur le marché à terme des matières premières, il a découvert que la quantité d'argent vierge fabriquée sur le marché était toujours beaucoup plus importante que l'offre d'argent au comptant. Il s'avère qu'il existe des institutions qui font baisser artificiellement le prix de l'argent. Il a donc signalé cette manipulation du marché à la Commodity Futures Trading Commission (CFTC) américaine. Mais les autorités lui répondent qu'il n'y a pas de problème et l'ignorent. Butler est un homme têtu, il insiste pour faire ce qu'il pense être juste jusqu'au bout, et il s'obstine à en faire part aux autorités, en vain. Puis vint Internet, et à partir de 1996, Butler commença à utiliser Internet pour exposer la vérité, à savoir que le prix de l'argent avait été artificiellement supprimé. Il publie presque chaque semaine en ligne une analyse ou un commentaire détaillé sur le marché de l'argent. Grâce à ses longues années de recherches et de commentaires persistants sur le marché de l'argent, Butler est progressivement devenu l'autorité la plus influente dans ce domaine. Il considérait la manipulation du marché de l'argent comme "la pire conspiration du capital qui soit". En plus de poursuivre ses nombreuses pétitions auprès de la Commodity Futures Trading Commission américaine, il a également appelé les investisseurs en général à unir leurs forces pour lutter contre la manipulation du marché de l'argent. Après des années d'efforts, les crimes de plusieurs grands géants bancaires dans la suppression illégale du marché de l'argent (et aussi de l'or) sont de plus en plus exposés, suscitant une inquiétude générale dans le monde. Après près de deux ans, la Commodity Futures Trading Commission américaine a enfin ouvert une enquête à ce sujet.

En réponse à l'enquête de la CFTC, M. Butler a déclaré dans une interview exclusive que, malgré la volonté des personnes concernées de s'attaquer au problème, le problème de la manipulation du marché de l'argent est trop important. À tel point qu'il est difficile de trouver une solution qui ne provoque pas un énorme bouleversement.

Depuis deux décennies, les participants aux marchés mondiaux des métaux précieux transpirent à travers des procès et des débats publics sur la manipulation des prix de l'or et de l'argent. Comme indiqué dans *La guerre des monnaies I* :

> "Le 14 avril 2004, les Rothschild, qui avaient dominé le marché mondial de l'or pendant 200 ans, ont inopinément renoncé à leurs droits de fixation des prix sur le marché de l'or. Dans un geste sans précédent, le grand frère du marché de l'argent, AIG,

a volontairement renoncé à ses droits de fixation des prix sur le marché de l'argent le 1er juin. Les Rothschild sont-ils vraiment baissiers sur l'or ? Si c'est le cas, pourquoi ne pas avoir abandonné en 1999, lorsque les prix de l'or ont atteint leur plus bas niveau historique, mais plutôt en 2004, lorsque les prix de l'or et de l'argent étaient en plein essor ? L'autre possibilité est que le prix de l'or et de l'argent finisse par devenir incontrôlable... Mettez rapidement de côté toute relation avec l'or, et personne ne pourra blâmer les Rothschild si, dans 10 ans, le prix de l'or et de l'argent dérape terriblement."

Maintenant, le prix de l'or et de l'argent est vraiment "quelque chose", le prix de l'or continue à établir de nouveaux sommets historiques, a été proche de 1 400 dollars, tandis que l'argent a dépassé les sommets des 30 dernières années, plus de 25 dollars, par rapport à l'époque, les prix de l'or et de l'argent ont augmenté près de trois fois !

En effet, le grand frère du marché de l'argent, AIG, est la plus grande compagnie d'assurance au monde qui a été renflouée par le gouvernement américain lors du tsunami financier de 2008. Après AIG, le principal manipulateur du marché de l'argent est devenu Bear Stearns. Le jour même de l'effondrement de Bear Stearns, le 17 mars 2008, l'argent a atteint son prix le plus élevé depuis 1980 - 21 dollars.

Fondée en 1923, Bear Stearns est la cinquième banque d'investissement de Wall Street et l'une des principales sociétés de négociation de titres du pays. Le 15 mars 2008, cette banque d'investissement de 85 ans, qui a connu la Grande Dépression des années 30 et de nombreux soubresauts économiques, a soudainement annoncé un grave manque de liquidités. Ce jour-là, la Réserve fédérale et JP Morgan Chase ont uni leurs forces pour fournir une aide financière d'urgence à Bear Stearns. Le 14 mars 2008, le prix de l'argent est passé de 17 dollars l'once à près de 21 dollars après presque un mois de hausse. Le fait que Bear Stearns n'ait pas les moyens de couvrir ses positions pour résister est, je le crains, une autre raison importante pour laquelle elle a soudainement déclaré une grave pénurie de liquidités. La perspective d'être obligée de fermer des positions rendrait non seulement non rentable tout l'argent qu'elle a dépensé pour l'argent vierge, mais elle pourrait aussi rendre les prix de l'argent immédiatement incontrôlables et déclencher une flambée des prix de l'or et un plongeon du dollar. La Réserve fédérale voit une mauvaise situation et vient à la rescousse. Bear Stearns obtient un prêt de 28 jours, qui lui est accordé par la Réserve fédérale par l'intermédiaire de JP

Morgan Chase, mais le risque du prêt est supporté par la Réserve fédérale. C'était également la première fois depuis la Grande Dépression des années 1930 que la Réserve fédérale prêtait de cette manière. Le 16 mars 2008, JP Morgan Chase & Co. a annoncé l'acquisition de Bear Stearns après que la Réserve fédérale a accepté de "souscrire" un prêt de 30 milliards de dollars pour soutenir JP Morgan Chase & Co. le 16 mars 2008, sauvant ainsi la société d'une grave crise du prix de l'argent.

Immédiatement après l'acquisition de Bear Stearns par JP Morgan, un nouveau cycle de répression brutale des prix de l'argent a commencé, suivant la politique établie des banquiers internationaux pour supprimer les prix de l'argent. À partir du 18 mars, le lendemain de l'acquisition de Bear Stearns par JP Morgan Chase, le prix de l'argent a commencé à plonger soudainement. Le 20 mars, en trois jours seulement, le prix de l'argent était passé de 21 dollars l'once à 17,50 dollars l'once, et tout le gain d'un mois de l'argent avait été perdu. Depuis lors, JP Morgan Chase et HSBC ont uni leurs forces pour continuer à traquer l'argent, en août 2008, les deux détenaient un total de 85% de la position courte nette de l'argent, le marché de l'argent de ces deux banques a uni ses forces pour se battre jusqu'au bout, le 15 août est tombé sous les 13 dollars, de fin octobre à début décembre, il est étonnamment tombé à 9 dollars l'once environ, revenant au niveau de prix de 2006.

Tout cela n'échappe naturellement pas aux yeux de Butler, analyste du marché de l'argent. Pourquoi y a-t-il une augmentation significative des banques qui prennent des positions en blanc sur l'argent ? Butler a interrogé la CFTC et les membres du Congrès à ce sujet à plusieurs reprises, et finalement, l'explication qu'il a reçue était que c'était parce que JP Morgan Chase avait repris Bear Stearns. Jusque-là, Butler et tous les investisseurs en argent ne savaient pas exactement qui était le plus gros vendeur sur le marché de l'argent, car l'identité des négociants participants n'était pas divulguée dans les rapports sur les opérations à terme. Les rapports d'analyse du marché de Butler ont toujours été décrits de manière anonyme, et ce n'est qu'à ce moment-là que Butler a compris que Bear Stearns et JP Morgan Chase étaient les coupables de la suppression des prix de l'argent. La révélation par Butler de l'histoire de l'initié a provoqué une forte réaction sur le marché et a suscité l'indignation du public parmi les investisseurs en argent. Cela a conduit à l'enquête de la CFTC sur JP Morgan Chase, suivie d'un certain nombre de procès d'investisseurs contre JP Morgan Chase et HSBC pour leur manipulation illégale du marché de l'argent.

Dans la majorité des investisseurs sous une pression croissante, en Septembre 2010, JP Morgan Chase a annoncé que, afin de répondre aux exigences du nouveau projet de loi américain de réglementation financière "Dodd-Frank Wall Street Reform and Consumer Protection Act, arrêter le travail indépendant, le licenciement d'environ 20 négociants à terme de matières premières à Londres, ces personnes ont négocié dans la variété de l'argent, y compris l'argent, à la suite du marché de l'argent sonné, le prix a immédiatement dépassé 21 dollars américains, brisant le 17 Mars 2008, la chute de Bear Stearns fixer un point élevé. Depuis 1980, les prix de l'argent ont dépassé le record deux fois, à la fois et le principal manipulateur du marché de l'argent dans de gros problèmes, est l'histoire vraiment plein de coïncidences intéressantes ?

Il convient de noter qu'un grand nombre de mouvements importants sur le marché de l'argent ont été effectués depuis Londres, tout comme AIG et JP Morgan Chase, en grande partie pour éviter les problèmes avec les régulateurs américains.

La manipulation du prix de l'argent est bien connue avec le cas des magnats américains, les frères Hunt, qui ont thésaurisé l'argent dans les années 1970 et ont échoué lamentablement. À travers ce cas, les manuels scolaires enseignent sans cesse que la régulation du marché fonctionne, que la manipulation du marché à terme est terminée pour toujours et que quiconque veut manipuler à nouveau le prix de l'argent, les frères Hunt, est une leçon du passé.

En fait, la manipulation des prix de l'argent ne se limite pas à la thésaurisation des hausses de prix de l'argent, mais devrait inclure l'effet de suppression des prix de la "vente à découvert à nu" d'argent à grande échelle. Pour ce qui est de cette dernière, l'autorité américaine chargée de la négociation des contrats à terme n'a pas encore enquêté sérieusement à ce sujet. En d'autres termes, le gouverneur peut allumer des feux, mais le peuple ne peut pas allumer de lampes. Il est logique d'être un argent vierge, mais un argent long est indispensable !

Comme dans le cas de l'or, le pouvoir de fixation des prix sur le marché mondial de l'argent a toujours été entre les mains de l'axe Wall Street-Londres. Le New York Futures Exchange est responsable de la tarification de l'"argent papier", tandis que la London Bullion Market Association (LBMA) détermine la tarification de l'"argent physique", et grâce à la coopération des deux parties, les prix de l'argent ont toujours fait grise mine face à l'inflation. De cette façon, les soi-disant propriétés monétaires de l'argent ressemblent à une plaisanterie, même le métal le plus commun peut lutter efficacement contre l'inflation, l'argent n'a même pas cette capacité, comment pouvons-nous parler de propriétés monétaires ? L'argent a été complètement diabolisé en tant que métal industriel commun. Notez que dans l'esprit des gens, les métaux industriels et les métaux communs sont presque des équivalents.

C'est ce que les gens ordinaires trouvent inexplicable lorsqu'ils entendent parler d'investissement dans l'argent au premier abord ! Les banquiers internationaux ont habilement créé une faiblesse prolongée des prix de l'argent et ont pleinement profité de cet effet psychologique pour masquer la nature monétaire de l'argent, rendant ainsi le pari sur le système dollar plus grand et meilleur.

Les lois économiques de l'offre et de la demande qui déterminent les prix sont comme les trois lois newtoniennes de la physique, une loi de fer intouchable. La demande industrielle est un clou dans le cercueil, il est difficile d'avoir de la marge pour l'altérer, donc la suppression des prix de l'argent ne sera que de l'offre artificiellement augmentée pour résoudre le problème. La dépression des prix de l'argent peut effectivement freiner la demande d'investissement pour l'argent, et c'est la demande d'investissement potentielle qui sera déclenchée par les attributs monétaires de l'argent dans une écologie économique mondiale de plus en plus inflationniste qui sera au centre de l'offre et de la demande futures d'argent. Si l'offre d'argent physique est insuffisante, l'effet idéal d'une "offre excédentaire" d'argent peut également être obtenu en créant une offre incroyable d'"argent papier". Et c'est dans cette optique que l'axe Wall Street-Londres manipule les prix de l'argent.

Marché de l'argent : Le jeu d'un bouchon de bouteille et de 100 bouteilles

Le système de réserves fractionnaires était à l'origine un système d'"amplification" de l'argent utilisé par le secteur bancaire, selon lequel chaque dollar créé par la banque centrale, une fois déposé dans le système bancaire, peut être amplifié 10 fois par le système bancaire pour la production de crédit. Plus il y a de bouteilles avec un seul couvercle, plus il est difficile de jouer le jeu et plus il y a de chances que cela tourne mal. Au plus fou, ces institutions jouent avec l'idée qu'un seul couvercle doit couvrir 50 bouteilles, et le moindre accroc se retrouvera partout.

Si le jeu de couverture 1:50 a fini par entraîner une grave crise financière, le jeu du marché de l'argent contre l'or est encore plus fou, le rapport est de 1:100 !

Derrière chaque once d'argent physique sur le marché mondial actuel de l'argent, il y a 100 onces de contrats papier de toutes sortes qui prétendent le posséder ! Après une amplification de 100 fois, "l'argent physique" semble être à la fois l'offre et la demande, les échanges fréquents, le boom du marché, dans cette super bulle du marché de "l'argent physique", le prix a finalement été raisonnablement "découvert", c'est le prix extrêmement bas de l'argent, et il semble que l'offre d'argent peut sembler infinie. C'est une idée de génie que d'utiliser 99% de votre volume d'échange d'"argent papier" imaginaire pour échanger pleinement autour de 1% du prix de l'argent physique. Tant que 99% des personnes qui détiennent de l'"argent papier" ne viennent pas demander de l'argent physique, le jeu peut rester tranquille. Ce qui détermine en fin de compte le prix de l'argent, c'est l'interminable manque de dollars des banquiers internationaux, et non l'offre et la demande réelles d'argent.

Ironiquement, même sur le marché de l'or et de l'argent de Londres, où l'"argent physique" est négocié, la grande majorité des transactions ne sont pas livrées "physiquement", mais sont transférées par le biais de l'"argent papier", qui est "physique". Ces comptes ont un nom scientifique et sont appelés "comptes non-physiques". Selon la définition de la London Bullion Market Association : " C'est un compte sans bloc de métal spécifique auquel il correspond ; ce que le client a, c'est un engagement envers le bloc de métal… La transaction est livrée sur le compte par les parties emprunteuse et prêteuse sur la base du solde emprunté. Le titulaire du compte ne possède pas directement un bloc spécifique d'or ou d'argent métal, mais il est garanti par le stock de métal du négociant chez qui le compte a été ouvert. Le client est le propriétaire de (l'or et de l'argent) sans confirmation physique. "De toutes ces phrases, la dernière est la plus vraie, car le propriétaire du "papier et de l'argent" est en fait "le propriétaire de (l'or et de l'argent) sans confirmation physique".

Le 25 mars 2010, la Commodity Futures Trading Commission américaine a tenu une audience à Washington pour enquêter sur une éventuelle manipulation des prix sur le marché de l'argent, dont l'ampleur a été soulignée dans le procès-verbal.

(Les parties débattent de la question de savoir si le grand nombre de contrats de vente à découvert sur le marché à terme de l'argent aux États-Unis constitue une manipulation des prix).

O'MALLEY (Commissaire, U.S. Futures Trading Commission) : Pensez-vous que lorsque les contrats à terme sur l'argent expirent, si l'acheteur exige la livraison physique de l'argent, cela pose-t-il un problème pour les vendeurs à découvert ?

Klinsky *(ancien responsable de la recherche sur les matières premières chez Goldman Sachs) : Non, je ne suis pas du tout inquiet. Parce qu'il en a toujours été ainsi depuis des décennies. Une autre raison est qu'un autre mécanisme (lorsqu'une réclamation physique pour l'argent est honorée) peut être utilisé pour la livraison en espèces ; troisièmement, beaucoup de gens sont conscients que presque toutes les positions courtes sur les marchés de l'argent et de l'or étudiés aujourd'hui couvrent le risque, et les contrats à terme courts couvrent le risque d'acheter (de l'or et de l'argent physiques) sur le marché de gré à gré (physique de Londres). Je ne pense donc pas qu'il y ait de risque.*

Un problème ridicule se pose ici, lorsqu'un acheteur demande de l'argent comptant, et que le vendeur, qui n'a rien en nature entre les mains, demande s'il peut perdre de l'argent, ce qui est en soi une rupture de contrat ! Puisque le moment et le lieu de livraison ainsi que la couleur et la quantité de la marchandise sont spécifiés dans le contrat à terme, tout ce qui ne peut être fait conformément au contrat est une rupture de contrat, et Klimstchen ne considère pas cela comme un risque ! Ce qui est encore plus ridicule, c'est la logique de son premier, la précédente chaîne de Ponzi s'est déroulée sans problème, donc il n'y a pas de quoi s'inquiéter maintenant.

Immédiatement après, Douglas de l'association Gold Antitrust est entré sur le terrain.

Douglas *: Nous parlons de couvrir le risque du marché au comptant avec des contrats à terme, mais si nous regardons le marché au comptant, la London Bullion Market Association, ils échangent 20 millions d'onces d'or par jour sur une base nette, ce qui équivaut à 22 milliards de dollars, environ 5,4 trillions de dollars par an... Vous pouvez voir sur le site Web de la London Bullion Market Association qu'il n'y a aucune substance physique derrière ces échanges dits "en compte non physique". Ils sont négociés en préparation partielle et vous ne pouvez pas négocier à cette échelle car il n'y a pas autant d'or et d'argent*

sur la planète. Par conséquent, ceux qui sont à découvert sur le marché à terme américain couvrent en fait leur risque papier avec des morceaux de papier sur le marché de l'or et de l'argent à Londres.
(8 secondes de silence)

Ici, Douglas met le doigt sur le nœud du problème, à savoir pourquoi ceux qui négocient des contrats à terme sur l'argent à Wall Street se précipitent sur le marché physique de gré à gré (OTC) de Londres pour "couvrir" le soi-disant risque. La raison en est que le marché américain des contrats à terme est soumis à des réglementations claires et que toute personne qui vend de l'argent brut doit avoir une source au comptant identifiée à 90% ou être soupçonnée de manipulation du marché. Le marché de l'or et de l'argent de gré à gré de Londres, connu sous le nom de "marché physique", le commerce n'est pas un compte "physique", mais l'Association du marché de l'or et de l'argent de Londres est un organisme "d'autoréglementation", qui estime que tout le monde est "conscient", et qui n'exige donc pas de manière rigide que les participants sortent de l'or et de l'argent réels pour inspecter les marchandises, et le marché de gré à gré est un marché opaque, personne ne sait exactement quelles sont les choses dans la transaction, le prix de la transaction est de combien. Ainsi, les manipulateurs d'argent de Wall Street peuvent faire un grand jeu à Londres, ils utilisent les soi-disant "transactions physiques" du marché de Londres pour obtenir des régulateurs américains qu'ils expliquent pourquoi la grande vente à découvert de Wall Street est une couverture raisonnable, évitant ainsi la réglementation américaine, jouant le jeu de la couverture "raisonnable" du papier avec le risque de la pièce de papier.

Le marché dit de l'"argent physique" de Londres, où environ 125 millions d'onces d'argent sont échangées chaque jour, ne dispose que de 75 millions d'onces d'argent réel à livrer. Le marché à terme de New York est ouvert pour environ 800 millions d'onces de contrats d'argent, mais il ne dispose en fait que de 50 millions d'onces d'argent au comptant pour la livraison. Le volume physique total d'argent disponible pour la livraison sur les marchés de l'argent de Londres et de New York est d'environ 120 millions d'onces. Selon la Banque des règlements internationaux, en juin 2009, le solde des produits dérivés de la "catégorie des autres métaux précieux" (en grande majorité de l'argent) était de 203 milliards de dollars, soit l'équivalent de 12 milliards d'onces d'argent (environ 20 ans du total des minerais d'argent) !

Ce qui se déroule sous nos yeux, c'est un marché de l'argent super virtuel, un marché manipulé par les prix, un marché à fort effet de levier, un marché qui est déjà au bord d'un run spot !

Enquête sur la manipulation de l'argent

Le 25 mars 2010, l'audition de la Commission américaine des marchés à terme sur la manipulation du prix de l'argent a porté sur la manipulation des marchés de l'or et de l'argent depuis septembre 2008. Seize personnes ont été invitées à témoigner lors de cette audience, dont des régulateurs, des responsables de bourses, des banques, des négociants, des sociétés de courtage, des investisseurs et autres. Parmi les témoignages les plus percutants, celui du négociant en métaux précieux londonien Andrew McCall sur la manipulation des prix de l'argent par JP Morgan.

Le 26 mars, McCall et sa femme ont été "accidentellement" impliqués dans un accident de voiture à Londres, en Angleterre, et ont été admis à l'hôpital. Selon des témoins oculaires qui marchaient sur la route à ce moment-là, "une voiture a dévalé la route latérale et a percuté sa voiture (celle de McCall)". Lorsque le témoin a tenté d'arrêter le véhicule qui avait tenté de fuir, le conducteur a accéléré violemment et le témoin s'est précipité pour s'écarter du chemin et a failli être percuté, suivi par le véhicule qui a percuté deux autres véhicules en train de fuir. Au cours de la poursuite policière, un hélicoptère a également été appelé, ce qui a conduit à l'arrestation des auteurs, dont les détails n'ont pas encore été rendus publics.

Qui était McCall pour s'opposer à l'ombre de la manipulation de l'argent, et pourquoi est-il devenu la proie de cette situation ? La World Gold Antitrust Association (GATA) a rapporté le 23 mars 2010 que "Andrew McCall, négociant en métaux précieux à Londres, avait contacté Andry Douglas, directeur de la Gold Antitrust Association, et qu'un négociant (en argent) de JP Morgan Chase avait fourni à McCall des informations de première main sur la manipulation du marché des métaux précieux et s'était vanté auprès de lui de la manière dont JP Morgan Chase profitait de cette manipulation. "Après avoir obtenu ces informations, M. McCall a signalé le délit à la division chargée de l'application de la loi de la Commission américaine des marchés à terme en novembre 2009. Il décrit en détail comment JP Morgan Chase a envoyé des signaux au marché pour supprimer le prix de l'argent, et comment de nombreux traders sur le marché ont reconnu ces signaux et ont largement profité du processus de vente à découvert de l'argent avec JP Morgan Chase. Plus précisément, JP Morgan Chase choisit généralement des moments clés tels que les dates d'expiration des options, les dates de publication des données sur les emplois non agricoles, les dates de renouvellement des contrats d'argent sur le marché à terme américain et d'autres événements importants qui se produisent.

Dans un courriel daté du 26 janvier 2010, M. McCall a expliqué à l'U.S. Futures Trading Commission que lorsque JP Morgan Chase a commencé à faire de l'argent vierge, "nous, les traders, avons surveillé de près leurs "signaux" (de JP Morgan Chase) avant les mouvements majeurs. Le premier signal a été le plus petit volume (d'argent) qui est apparu en Asie. En tant que trader, nous avons réalisé un bénéfice exceptionnel, mais je ne voulais pas participer à un marché truqué et à une activité criminelle (pour gagner de l'argent). Par exemple, si vous regardez l'ouverture d'aujourd'hui, vous verrez qu'environ 1 500 contrats ont été vendus en même temps, alors que les acheteurs n'étaient que de 1/5 à 1/10 de pour cent. Vous pouvez peut-être vérifier par vous-même qui se cache derrière les vendeurs à découvert. Notez qu'en seulement 10 minutes, 2 800 lots du contrat ont instantanément écrasé le pouvoir d'achat. Il ne peut s'agir d'une négociation normale de matières premières à la recherche du meilleur prix. "

Pour illustrer davantage ses allégations, M. McCall avait envoyé le 3 février 2010 un courriel d'alerte à Erud Ramirez, enquêteur principal de la Division de l'application de la loi de la United States Futures Trading Commission, indiquant que le marché de l'argent serait " frappé " deux jours plus tard, le 5 février. Dans cet e-mail, McCall écrit : "Les négociants en métaux précieux à Londres savent que JP Morgan Chase a entamé des discussions en mars pour liquider autant de positions courtes que possible avant la limite (des positions courtes sur l'argent). Je suis désolé pour ceux qui ne sont pas dans la boucle que d'énormes quantités de richesse vont changer de mains ce jour-là, ce qui, à mon avis, est le résultat de la définition erronée de la Commission américaine du commerce des contrats à terme de la manipulation illégale du marché. "

Dans un courriel du 3 février, M. McCall a " prédit " à la Commission américaine des marchés à terme que le marché de l'argent apparaîtrait deux jours plus tard. "Les données sur les emplois non agricoles seront publiées à 8h30 ET. Il y aura deux scénarios à ce moment-là, de bonnes et de mauvaises données, avec des prix de l'argent (et de l'or) en forte baisse dans une opération massive de vente à découvert visant à briser les lignes de soutien technique. Bien que je n'aie aucun doute sur le fait que je profiterai de cette manipulation, cet exemple montre à quel point le marché peut être facilement manipulé par quelques traders lorsque des situations de positions très concentrées sont autorisées (par la Commission américaine des marchés à terme). Le premier scénario est que de mauvaises nouvelles sortent (mauvaises données sur l'emploi), ce qui est bon pour l'or et l'argent car les (mauvaises nouvelles économiques) affaibliront le dollar, les métaux précieux attireront les investisseurs et les prix (de l'or et de l'argent) augmenteront. Ce processus durera peu de temps (1 à 5 minutes), puis des milliers de nouveaux lots de vente à découvert apparaîtront, (attaques de vente à découvert) qui détruiront complètement les nouveaux contrats d'achat et feront chuter les prix des métaux précieux en dessous des principaux points de support technique. Le deuxième scénario est celui d'une bonne nouvelle (emploi meilleur que prévu), qui entraînerait une liquidation immédiate des contrats de vente à découvert massive et un plongeon immédiat des prix (de l'argent). Ceux qui se lancent dans la vente à découvert seront immédiatement touchés par la ligne d'arrêt des pertes et le prix tombera sous le point de support technique. Dans les deux cas, ce sont les deux principales sociétés de vente à découvert (JP Morgan Chase et HSBC) qui interviennent et récoltent la manne. Ceux d'entre nous qui seront " invités " à participer à la baisse (du cours de l'argent). "

Le sentiment du marché le 5 février était exactement conforme à la "prédiction" de McKell !

Le 9 mai 2010, le *New York Post*, un média grand public américain, a largement fait état de l'ouverture d'une double enquête pénale et civile par le gouvernement fédéral américain sur la manipulation du marché de l'argent par JP Morgan Chase, sous le titre "Federal Government begins investigation into JP Morgan Chase's silver trading". "La Futures Trading Commission est chargée des enquêtes sur les délits civils et le ministère de la Justice a commencé à enquêter sur les délits criminels, selon des sources qui ont souhaité rester anonymes. L'enquête a été de grande envergure, les fonctionnaires fédéraux examinant les registres de négociation de métaux précieux de JP Morgan Chase à la London Gold and Silver Exchange Association, un marché de négociation physique (de l'argent), ainsi que leur négociation de contrats à terme et de produits dérivés (d'argent) au New York Mercantile Exchange. Selon un rapport de l'Office of Monetary Control du département du Trésor, JP Morgan Chase a ajouté un total de 6,76 milliards de dollars en produits dérivés sur l'argent au cours des trois derniers mois de 2009, soit l'équivalent de 220 millions d'onces (environ 6 800 tonnes d'argent)... Il est allégué que dans l'opération de faire de l'argent en blanc, JP Morgan Chase a agi pour supprimer le prix de l'argent en vendant massivement à découvert des contrats d'option sur l'argent ou de l'argent physique. "

Le rapport du *New York Post a* fortement ébranlé le marché mondial de l'argent, le prix de l'argent ayant augmenté de 6,5% en une journée ! Quelques jours plus tard, JP Morgan Chase a publié une déclaration : " JP Morgan Chase ne fait pas l'objet d'une enquête du ministère de la Justice pour des opérations criminelles ou civiles sur l'argent. "

Si les frères Hunt ont thésaurisé 200 millions d'onces d'argent pour faire monter le prix de l'argent est un cas majeur, alors, dans le marché actuel des contrats à terme et des produits dérivés de l'argent à chaque tour 12 milliards d'onces devant le coup de maître, les frères Hunt ont seulement peur de faire un tel nom pour eux-mêmes et la honte difficile à être.

Curieusement, tout comme la nouvelle du quasi-effondrement du marché monétaire américain le 18 septembre 2008, l'affaire de manipulation du prix de l'argent du siècle ne semble pas avoir suscité beaucoup d'intérêt de la part des grands médias américains.

Le 26 octobre 2010, lors d'une audience de la Commodity Futures Trading Commission américaine, le président Clinton a déclaré : "Certains participants au marché continuent de recourir à des moyens frauduleux pour influencer et contrôler le prix de l'argent, et cette malhonnêteté, qui n'est pas de bon aloi, doit faire l'objet d'une enquête sévère". La commission mène actuellement une enquête de deux ans sur le marché de l'argent, qui a fait couler beaucoup d'encre.

Pendant ce temps, deux des plus grandes banques qui manipulent le marché de l'argent sont poursuivies en justice par des investisseurs, sur la base d'une multitude de preuves recueillies. Le 27 octobre 2010, les médias internationaux ont rapporté que JP Morgan Chase et HSBC étaient accusées d'avoir accumulé d'importantes positions courtes à court terme afin de manipuler les prix des contrats à terme sur l'argent. Des investisseurs prétendant négocier des contrats à terme et des options sur l'argent sur le New York Metal Exchange ont déclaré que les deux banques avaient conspiré pour déprimer les contrats à terme sur l'argent, s'informer mutuellement des transactions importantes et utiliser les positions importantes pour émettre des ordres afin d'influencer le marché. Ce monopole et cette manipulation du marché ont causé de graves dommages aux intérêts des investisseurs. Les investisseurs affirment que les deux banques ont également organisé ce que l'on appelle des simulacres d'ordres de négociation, dans lesquels des ordres importants sont soumis qui ne sont pas exécutés, mais qui, après avoir eu un impact sur les prix, sont retirés avant d'être exécutés. Les déclarations des investisseurs montrent que JP Morgan Chase et HSBC détenaient ensemble une position courte nette de 85% de l'argent en août 2008 et de 7,9 milliards de dollars en dérivés de métaux précieux au premier trimestre 2009.

Au 24 novembre 2010, au moins 25 actions en justice avaient été intentées contre les deux banques.

Il reste à voir si les deux grandes banques seront finalement traduites en justice. Comme nous le savons tous, le fléau de cette crise financière mondiale se trouve à Wall Street, ici même à la Réserve fédérale. Mais elles sont trop grandes pour tomber, trop grandes pour être liées par la loi, et le pouvoir doré de l'ère capitaliste et le pouvoir royal du féodalisme sont tous deux au-dessus des lois. JP Morgan Chase est l'une des plus grandes banques des États-Unis, avec des produits financiers dérivés d'une valeur énorme de 70 000 milliards de dollars. Sa chute aurait provoqué un choc bien pire que l'effondrement de la banque Lehman Brothers. Il n'est pas trop tard pour supplier qu'elle tombe. Comment osez-vous le servir avec de la torture ? Pourtant les lois du marché sont dures et impitoyables. Peu importe qui c'est, défier les lois du marché n'échappera pas à la punition finale. La suppression des marchés de l'argent et de l'or viole la loi de l'offre et de la demande. Dans un marché de l'argent où la demande augmente, l'offre diminue et les ressources s'épuisent, il est impossible d'être long ou court en toute impunité. Plus l'échelle est grande, plus le temps est long, plus la sanction est lourde.

Le marché de l'argent au bord d'une hausse massive

Bien qu'il ne faille pas se faire d'illusions sur la capacité des tribunaux américains à sanctionner des géants financiers comme JP Morgan Chase et HSBC, l'incident a poussé les investisseurs du monde entier à apprécier à nouveau la valeur de l'argent. Si le prix de l'argent est si bas, ce n'est pas parce qu'il va de pair avec le chou, mais parce qu'il est désespérément traqué par des géants financiers super lourds comme AIG, Bear Stearns, JP Morgan Chase et HSBC. L'argent est la Réserve fédérale à tout prix pour se débarrasser du "truc du dollar", dans le même temps, l'argent sera dans un avenir proche dans le marché de l'investissement pour briller dans le "Cendrillon". Lorsque les investisseurs du monde entier comprendront cela, l'argent, une "génération de fierté", attirera immédiatement "d'innombrables héros pour plier la taille" sur le marché.

Après l'entrée dans l'année 2009, l'argent et l'or ont uni leurs forces, tout comme l'Armée rouge soviétique de cette année-là, après avoir tenu Stalingrad avec ténacité, a finalement inauguré le moment d'une grande contre-attaque contre le dollar. Des hauts et des bas, de 9 dollars l'once à la fin de 2008, jusqu'à environ 18 dollars l'once en août 2010. À partir de la fin août 2010, le prix de l'argent a commencé à atteindre 18 dollars l'once, jusqu'à 30 dollars l'once. En moins de 3 mois, la hausse a atteint 61%, superposant un record sur 30 ans, attirant l'attention du monde entier.

Alors que de plus en plus d'investisseurs découvraient l'énorme valeur d'investissement de l'argent, les gens ont commencé à se disputer des ressources physiques en argent très limitées. Selon la World Silver Association, la production totale d'argent dans le monde en 2009 était d'environ 889 millions d'onces, et l'industrie manufacturière a dû utiliser environ 730 millions d'onces, et les 137 millions d'onces restantes ont été absorbées par les investisseurs après que les sociétés minières ont réduit leurs exigences en matière de couverture, et la demande d'investissement en 2009 a bondi de 184% par rapport aux 48 millions d'onces de 2008 ! Au vu des tendances actuelles, la demande d'investissement en argent augmentera davantage en 2010 qu'en 2009.

Le stock actuel d'argent disponible sur le marché mondial est d'environ 700 millions d'onces, ce qui représente une valeur totale d'environ 17,5 milliards de dollars au prix actuel de 25 dollars l'once. Avec l'assaut de l'argent mondial, un marché aussi tentant et aussi petit, une fois verrouillé, serait inévitable, et une flambée des prix serait inévitable.

Butler est bien plus perspicace et patient que Buffett lorsqu'il s'agit du potentiel de valeur ajoutée de l'argent. Butler affirme que c'est en raison du prix artificiellement bas de l'argent par quelques grandes banques que l'investisseur moyen a trouvé une opportunité d'investissement unique dans sa vie, et que l'offre et la demande du marché garantiront que les acheteurs d'argent finiront par l'emporter sur les grandes banques qui le vendent à découvert. L'évolution de la situation semble confirmer plusieurs des éventuelles augmentations explosives des prix de l'argent que Butler avait envisagées cette année-là.

Le premier scénario est l'effet que le dénouement forcé des contrats de vente à découvert par les grandes banques a sur le marché de l'argent. Lorsque le marché découvrira le potentiel d'augmentation de la valeur de l'argent, et que l'afflux d'acheteurs continuera à faire grimper le prix de l'argent physique, les contrats de vente à découvert des grandes banques seront soumis à une pression énorme. Elles seront obligées soit de payer l'argent physique à échéance, soit d'acheter un nombre égal de contrats que la vente à découvert, c'est-à-dire qu'elles seront obligées de fermer leurs positions. Actuellement, le montant total des contrats conclus sur le seul New York Futures Exchange pour l'argent vierge équivaut à 550 millions d'onces. Cela équivaut à vendre 79% de tout l'argent au comptant sur le marché mondial. Où les vendeurs à découvert vont-ils trouver une telle quantité d'argent au comptant à vendre sans vider les comptes ?

Le deuxième scénario est l'impact de la restitution forcée de l'argent loué sur le prix de l'argent. Depuis plus de 20 ans, de multiples banques centrales ont supprimé le prix de l'argent en mettant sur le marché de grandes quantités d'argent en le louant. Pourquoi y a-t-il un mouvement de location de l'argent ? Comme certaines mines d'argent ne sont pas en mesure de livrer à temps pour diverses raisons, elles louent d'abord l'argent à des banques de négoce d'or et d'argent au comptant pour garantir une livraison à temps. Lorsque l'argent est extrait par la suite, il est restitué au montant initial, majoré d'un intérêt de 1% ou moins. De la même manière, les banques de négoce d'or et d'argent au comptant peuvent également louer de l'argent aux banques centrales. La banque centrale, sous prétexte que l'argent entassé dans les entrepôts ne peut pas générer d'intérêt, loue volontiers de grandes réserves d'argent, au moins à 1% d'intérêt. Et les banques de négoce d'or et d'argent au comptant, après avoir loué l'argent au comptant, en ont déversé la plus grande partie sur le marché pour l'encaisser. Le produit de l'encaissement a ensuite été utilisé pour acheter des obligations d'État avec un rendement de 5%. Après avoir reversé 1% d'intérêts à la banque centrale, un solide 4% peut être gagné. De cette manière, la banque centrale et les banques de négoce d'or et d'argent au comptant ont supprimé les prix sur le marché de l'argent sans laisser de trace.

Butler estime que des centaines de millions, voire des milliards d'onces d'argent ont probablement afflué sur le marché au cours des 20 dernières années grâce à cette forme de location. Théoriquement, l'argent loué devrait finalement être rendu à la banque centrale. Cependant, la plupart de cet argent avait déjà été utilisé comme matériau industriel et ne pouvait être rendu sous sa forme originale. Une fois que le prix de l'argent a finalement été dépassé et a bondi, la banque centrale a commencé à exiger le retour du loueur, qui devait racheter une quantité égale d'argent physique sur le marché. Cet argent physique s'ajoute à l'autre grande réserve d'argent au comptant qui a été vendu à découvert sur le New York Mercantile Exchange. Le rachat de cet argent au comptant sera un coup dur pour les prix de l'argent. Si cela se produit, le prix de l'argent seul pourrait grimper jusqu'à 500 dollars l'once. C'est l'une des principales raisons pour lesquelles les banques de négoce d'or et d'argent au comptant qui louent l'argent tentent désespérément de supprimer le prix de l'argent.

Le troisième scénario est l'impact des réserves paniquées des utilisateurs industriels sur les prix de l'argent. L'argent est une matière première aux milliers d'utilisations. C'est un matériau essentiel dans de nombreux produits, mais en petites quantités, une caractéristique qui empêche la demande d'argent de baisser lorsque les prix augmentent, ce qu'on appelle la demande rigide. Avec l'augmentation de la demande d'investissement, plus de 30 000 tonnes de stocks seront rapidement épuisées, et le nouveau cycle minéral de l'argent de plusieurs années, mais aussi principalement associé à la mine, loin de l'eau pour étancher la soif proche. De cette façon, l'argent sera en rupture de stock, et pour une durée de plus en plus longue, de quelques jours à quelques semaines, et plus tard, peut-être jusqu'à quelques mois. La chaîne de production de l'usine ne peut pas être arrêtée à cause de la rupture de stock d'argent, l'entreprise doit donc être prête pour les jours de pluie, pour anticiper les réserves, ce qui entraînera inévitablement une flambée du prix de l'argent.

Si l'on considère la réalité des années qui ont suivi la crise financière de 2008, tant la déflation aux États-Unis et en Europe que l'inflation dans les pays asiatiques ont été favorables à l'or et à l'argent en général. Parce que l'or et l'argent sont libellés en dollars américains, la déflation aux États-Unis et dans les pays européens, peut laisser les populations asiatiques menacées par l'inflation acheter de l'or et de l'argent avec de grandes quantités d'argent dans leurs mains, à cette époque le prix de l'or et de l'argent a grimpé en flèche. D'autre part, afin de résister à la déflation, les pays américains et européens inciteront la Réserve fédérale à poursuivre son assouplissement quantitatif et à imprimer plus d'argent, affectés par la dépréciation du dollar, les prix de l'or et de l'argent continueront inévitablement à se précipiter vers le haut.

L'argent est une variété d'investissement fantastique, et en période de crise financière inflationniste ou déflationniste, il s'apprécie autant que l'or lorsque le dollar se déprécie. Après la reprise économique, l'argent présentera à nouveau ses caractéristiques de matière première industrielle en raison de la forte demande industrielle, qui s'appréciera avec la relation entre l'offre et la demande. Il s'agit d'un double avantage unique qu'aucune autre race d'investissement ne possède.

Aujourd'hui, le marché mondial de l'argent est étonnamment petit, avec seulement 30 000 tonnes de stocks d'argent en surface dans le monde entier, d'une valeur de seulement 120 milliards de yuans, bien moins que la taille du financement de la Banque agricole de Chine cotée en bourse. À l'heure actuelle, le marché mondial de l'argent, le ratio de l'argent physique et de "l'argent papier" disparité extrême à 1:100, 100 onces de "l'argent papier" derrière la transaction, seulement 1 once de soutien physique, si le marché financier 1:50 levier élevé a finalement conduit au tsunami financier balayant le monde, puis le marché de l'argent que ce ratio est double encore a atteint le bord du danger d'une course à tout moment.

Un marché de l'argent extrêmement faussé, à fort effet de levier et de très petite taille, qui a le pouvoir d'ébranler sérieusement le système financier mondial !

Lorsque Greenspan et al. ont exploré en 1995 que la montée en flèche du prix de l'or pourrait effectivement réduire la dette américaine, ils étaient certains de pouvoir gagner. Parce que les États-Unis et l'Europe contrôlent un total de banques centrales avec des réserves d'or de plus de 20 000 tonnes, ont le pouvoir incontestable de fixation des prix du marché de l'or physique, couplé avec l'axe Wall Street-Londres des contrats à terme sur l'or et d'autres marchés dérivés de l'or a un contrôle absolu, ils peuvent pleinement réaliser une hausse contrôlée du prix de l'or, et couvrir la retraite de "l'établissement" du dollar, dans une réduction substantielle de la dette publique, dans le même temps, continuer à maintenir le statut du dollar monnaie hégémonique mondiale, pour atteindre un atterrissage en douceur de la crise du dollar.

Cependant, ils négligent une variable importante, à savoir l'argent.

En raison de l'inertie historique des prix de l'or et de l'argent et de l'énorme énergie d'interaction psychologique du marché de l'or et de l'argent, si les prix mondiaux de l'argent augmentent soudainement et violemment, cela perturbera le rythme des prix de l'or, l'emballement des prix de l'argent inspiré par l'aversion au risque du marché financier mondial sera comme une montagne de formations de taureaux de feu, ce qui aura un impact direct sur les pieds du marché de l'or. À mesure que l'argent physique s'épuisera, le marché des contrats à terme sur l'argent de New York connaîtra des défauts de paiement généralisés et de graves retards de livraison, car les utilisateurs industriels d'argent commenceront à stocker d'urgence de l'argent brut, les clients investisseurs d'argent se précipiteront pour retirer leurs propres réserves du marché au comptant, et les détenteurs de contrats à terme sur l'argent paniqués se précipiteront pour demander la livraison de l'argent au comptant.

Les investisseurs qui recherchent désespérément de l'argent physique vont instantanément arracher 50 millions d'onces d'argent physique livrable sur le marché à terme de New York. Après avoir été complètement déçus par le marché de l'"argent papier" de New York, les gens ont immédiatement commencé à affluer en masse vers le marché de l'"argent physique" de Londres. Cependant, ils ont immédiatement découvert que le plus grand marché pour le soi-disant "argent physique", avec seulement 75 millions d'onces au comptant, s'est avéré être "sans compte physique", et que la grande majorité des propriétaires d'argent étaient simplement des "propriétaires (d'or et d'argent) non identifiés".

Pendant ce temps, les horribles nouvelles sur le marché de l'argent vont induire une ruée sur le marché de l'or, et n'oubliez pas, c'est aussi un superbe jeu de bouchons de bouteille à l'échelle 1:100.

Les marchés de l'argent et de l'or de New York et de Londres étant paralysés les uns après les autres, les marchés financiers mondiaux seraient immédiatement pris d'une véritable panique. Cette panique du cœur serait sans précédent. C'est à ce moment-là que le monde a soudainement découvert que l'or et l'argent d'origine étaient les pierres angulaires du gratte-ciel mondial de l'argent du crédit, profondément enfouies dans le sol, et qu'une fois que cette pierre angulaire s'ébranlerait, le marché obligataire, le marché boursier, le marché monétaire, le marché des changes et le marché des produits dérivés financiers de 50 000 milliards de dollars, encore plus grands, construits au-dessus de tout cela, trembleraient encore plus violemment !

À ce moment-là, les marchés financiers du monde entier ont commencé à réclamer le sauvetage des gouvernements.

À l'heure actuelle, les gouvernements européens et américains ne peuvent rien y faire, l'argent, après tout, ne peut pas obtenir un papier "d'assouplissement quantitatif" peut être changé. Les gouvernements européens et américains ont depuis longtemps vendu leurs stocks d'argent, qui étaient auparavant énormes, perdant ainsi la plus importante monnaie d'échange qui affecte directement les prix du marché. Même si les gouvernements européens et américains ordonnaient la confiscation forcée de l'argent privé, comme l'a fait le président Roosevelt en 1934 lorsqu'il a ordonné aux citoyens américains de rendre tout leur or, cela ne servirait à rien, car l'ensemble du stock d'argent au-dessus du sol ne représente rien de plus que 30 000 tonnes, ce qui est encore loin d'être suffisant pour faire face à l'ampleur de la ruée.

En cas d'urgence, il existe une autre astuce, à savoir l'extraction d'argent d'urgence pour mettre fin à la pénurie d'argent dans le monde. Cependant, lorsque le gouvernement a ordonné l'exploitation minière d'urgence de l'argent, il a fallu au moins cinq ans entre l'exploration des ressources, l'ajout d'équipement et l'expansion de la production pour obtenir une augmentation significative de l'offre totale, et les feuilles de concombre ont refroidi.

À ce stade, les yeux du monde entier seront tournés vers la Chine. Car le plus grand producteur et exportateur d'argent au monde aujourd'hui est la Chine ! Quel énorme levier politique et financier international ce serait ! Et quelle opportunité stratégique ce sera !

La guerre du peuple en argent

La Chine est aujourd'hui le plus grand producteur d'argent au monde, avec une production annuelle totale d'environ 10 000 tonnes, dont 5 000 tonnes sont utilisées pour générer des devises étrangères pour l'exportation. Jusqu'en 2008, la Chine avait une politique de remboursement des taxes à l'exportation pour encourager les exportations d'argent. Ces 5 000 tonnes d'argent suffisent à compenser la pénurie de 4 000 tonnes d'argent causée par la demande industrielle mondiale, ce qui permet à l'axe Wall Street-Londres du marché de l'or et de l'argent de poursuivre le tour de passe-passe de 1 bouchon de bouteille à 100 bouteilles !

Exporter de l'argent pour générer des devises étrangères ? C'est une idée ahurissante ! C'est comme échanger de l'argent réel contre de l'argent fictif, et il y a des subventions gouvernementales pour les remises de taxes à l'exportation ! Entre début 2009 et octobre 2010, le prix de l'argent a grimpé en flèche, passant de 11 à 23 dollars l'once, doublant ainsi la valeur de l'argent. Le pouvoir d'achat réel du dollar au cours de la même période a diminué, les "assouplissements quantitatifs" répétés sous le fleuve dollar jour après jour, les nuages de la deuxième récession sont à nouveau denses. En un an et neuf mois, 8000 tonnes d'exportations d'argent "récupérées" représentent près de 20 milliards de yuans de perte de richesse ! Il y a aussi plus de billets en dollars qui n'ont d'autre choix que d'acheter des bons du Trésor américain !

C'est faire preuve d'une extrême myopie stratégique que de traiter l'argent comme un produit d'exportation industriel général ! Échanger une monnaie en constante augmentation et de plus en plus rare, l'argent, contre la dévaluation quotidienne du papier-monnaie qui n'est jamais qu'un dollar, c'est perdre non seulement la richesse elle-même, mais aussi le point culminant de la stratégie financière des grandes puissances.

L'argent n'était pas seulement de l'argent, il en a toujours la fonction. Avec le risque croissant du dollar, de l'euro, du yen et d'autres monnaies papier aujourd'hui, l'argent a une couverture claire contre le risque de l'ensemble du système de crédit et de monnaie. C'est également la raison fondamentale pour laquelle les prix de l'argent ont grimpé de 20% par jour le 18 septembre 2008, lorsque le système du dollar a connu une crise d'effondrement.

Le 30 juillet 2008, la Chine a finalement supprimé la réduction de 5% de la taxe à l'exportation sur l'argent, une politique qui est sans aucun doute correcte, mais dont le point de départ est toujours d'atténuer la contradiction de l'excédent excessif du commerce extérieur chinois. Cela montre que les secteurs concernés ne réfléchissent pas dans une perspective financière lorsqu'ils formulent des politiques commerciales. En l'absence d'une stratégie financière nationale globale, des politiques contradictoires et non coordonnées sont inévitables.

Lorsqu'on envisage une stratégie pour l'argent, il faut le considérer au même niveau que l'or. Indépendamment de la façon dont le reste du monde considère aujourd'hui l'argent, le dollar américain, "le fils de la semaine", est en déclin dans le monde d'aujourd'hui, les monnaies nationales apparaîtront inévitablement dans une situation de "Printemps et Automne à cinq hégémons" et "États en guerre à sept mâles". L'argent sera une monnaie forte chaude à l'avenir, une tendance qui s'accentuera avec le déclin du dollar.

Si la Chine maximise la circulation du renminbi comme l'un des points forts de la construction d'une frontière financière solide, il est nécessaire de réexaminer en profondeur la grande valeur stratégique financière de l'argent et de l'or.

En fait, pour comprimer le marché international de l'argent, il n'est pas nécessaire d'atteindre l'échelle de 120 milliards de RMB. Tant que les investisseurs nationaux consomment les 5 000 tonnes d'argent que la Chine exporte chaque année pour générer des devises, 25 milliards de RMB suffisent. Cela suffit à secouer le système mondial des prix de l'argent. Le marché de l'argent disponible à New York et à Londres n'est rien de plus que 125 millions d'onces (environ 3 900 tonnes) d'argent, ce qui ne suffit en fait qu'à couvrir la différence entre l'offre et la demande pour une année de consommation industrielle, la livraison physique de l'argent sera très difficile et les défauts de paiement sur les contrats à terme seront difficiles à éviter.

Quel est le concept de 25 milliards de yuans ? C'est quelque chose que quelques fonds d'actions peuvent faire.

S'il y a 10 000 personnes, 2,5 millions de dollars d'argent seront achetés en nature par personne (environ 450 kg à 5,6 dollars le gramme).

Soit 1 million de personnes, qui ont chacune acheté 25 000 yuans d'argent en nature (environ 4,5 kg).

Soit 10 millions de personnes, chacune achetant 2 500 dollars d'argent en nature (environ 0,45 kg).

Le marché mondial de l'argent est susceptible de déclencher une réaction en chaîne d'exécutions.

Ce que les investisseurs doivent comprendre, c'est que vous n'achetez pas de l'argent, vous vendez des billets de banque ! L'argent est l'épargne, l'argent est l'investissement, l'argent est l'assurance fidèle de la richesse, l'argent est la monnaie du peuple ! Non seulement vous investissez pour les particuliers, mais vous mettez un veto à l'hégémonie financière mondiale ! C'est une riposte d'auto-défense contre les banquiers internationaux qui ont volé la richesse de la Chine ! Un tel investissement est bénéfique pour le pays, pour le peuple et pour soi-même !

L'or est un arc, l'argent est une corde tendue, la volonté du peuple est une flèche, et le point de mire est l'hégémonie monétaire internationale !

Si le peuple a une chance de changer le cours de l'histoire, si le peuple peut se soulever contre l'hégémonie financière mondiale, si le grand public n'est pas prêt à se laisser "tondre" dans les différentes crises, si le peuple est vraiment le moteur de l'histoire, alors les actes sont plus convaincants que les paroles !

L'enthousiasme tant attendu pour l'investissement dans l'argent en Chine est entré en éruption comme un volcan depuis l'ouverture progressive des canaux d'investissement dans l'argent en 2010. Après la récolte exceptionnelle de l'investissement dans l'or, l'investissement dans l'argent a connu un boom dans tout le pays.

De plus en plus de personnes sont conscientes de la valeur de l'argent, qui porte non seulement les gènes de l'histoire et de la culture chinoises, mais aussi le poids de la réalité. Il s'agit non seulement d'un outil fiable permettant au peuple de protéger sa richesse, mais aussi d'un moyen efficace de contrer l'hégémonie de la monnaie mondiale.

Silver, la plus grande opportunité de votre vie !

Remerciements et réflexions

L es nuits d'automne à Fragrant Hill sont calmes et fades. Sur la terrasse d'une maison de thé, le clair de lune coule et la brise est douce. Un groupe de jeunes gens partageant les mêmes idées, renonçant souvent aux vacances et aux week-ends, s'est réuni pour étudier et discuter de l'impact et du rôle de la finance en Chine sur divers domaines de la société au cours du siècle dernier. Ce groupe est constitué des membres du groupe d'étude et des volontaires de *La guerre des monnaies III*. Après une journée de travail de recherche intense, nous discutons souvent et trions nos pensées ici à l'aise.

Zheng Yingyan, la seule fille du groupe d'étude, est affectueusement surnommée "Petite Déesse". Ses sourcils sont si différents de ceux de la Terre du Milieu qu'ils rappellent souvent que son ancêtre était très probablement une princesse perse. Elle est un mélange d'humour, d'excentricité et de malice, et elle a un "dieu" dont on ne trouve jamais le bon équivalent en anglais. Sa connaissance des détails et son sens de la précision lui ont valu le titre de "La plus grande sélectionneuse de tous les temps". En discutant du projet initial, elle a dit sans hésiter : "Qu'est-ce que c'est ? Renversé et recommencé ! Je ne vais pas être capable de le lire, et le lecteur non plus ! Trop profond, trop obscur, trop d'indices, trop de noms, trop de termes à retenir, trop à comprendre ! Les gens ordinaires ne peuvent pas le lire, votre livre a-t-il encore une quelconque valeur ? "J'ai été surpris par sa réprimande du manuscrit au nom du lecteur, qui avait l'habitude d'écrire uniquement pour son propre plaisir et rarement pour les sentiments du lecteur. J'ai été profondément touché par sa conception de l'expérience de lecture du lecteur. Alors, deux fois, trois fois, quatre fois, ajuster la structure, changer le texte, raisonner les indices.

Yang Wei, qui ne se dispute jamais frontalement avec quiconque, a une personnalité de Gémeaux qui transparaît en lui. Il a toujours fait preuve d'euphémisme et de politesse dans l'expression de ses opinions. Lao Yang est un frère endurci avec lequel j'ai grandi, et nous étions presque tous ensemble depuis le jardin d'enfants jusqu'aux États-Unis, de l'autre côté de l'océan. Il est arrivé aux États-Unis un an avant moi et a une expérience d'apprentissage et de travail bien plus riche que les autres, de la biologie à l'informatique en passant par le MBA et la banque d'investissement. En particulier, son expérience à la Fuji Bank au Japon et chez Schroders à Hong Kong, en Chine, lui a donné une expérience directe des marchés financiers aux États-Unis et en Asie. Il a donc entrepris le lourd travail de filtrage et de validation croisée des données japonaises. Au cours des quatre derniers mois, il a également étudié en profondeur les problèmes financiers de l'Union soviétique, des zones frontalières et des zones libérées, puis Lao Yang a déclaré qu'après avoir étudié les innovations financières du Parti communiste chinois, il a été tellement impressionné qu'il a voulu déposer une demande d'adhésion.

Miao Gang, qui est typiquement connu pour froncer les sourcils et secouer la tête, dit : " Ces données ne sont pas forcément fiables, il faut trouver une source secondaire ". "Dès qu'il trouve un indice important, Miao Gang se transforme instantanément en une personne différente, tantôt fronçant les sourcils et dansant, tantôt parlant avec justesse des Trois Empereurs jusqu'au bout du monde, faisant preuve de l'étonnante éloquence d'un homme de Pékin. Nous avons toujours pensé qu'il devrait participer à l'équipe de débat de l'Université du peuple. Plus tard, la légende veut que Miao n'ait fait qu'étudier la finance à l'Université Columbia aux États-Unis de Mondale, mais qu'il ait également pratiqué un kan fu anglais acharné. En plus de son talent d'orateur, Miao Gang est également très sensible aux chiffres, et dans la partie "contrôle de la qualité" de son travail de gate-keeping, la relecture des données et les sources d'information ont été grandement améliorées.

Ce qui impressionne le plus chez Xue Xiaoming, c'est son absence de prétention et sa simplicité, qui sont caractéristiques des habitants du Nord-Ouest. Ce garçon au visage de poupée s'emporte contre son adversaire lorsque son point de vue est contesté et il devient émotif, mais souvent il ne l'emporte pas à cause de la lenteur de son discours. Cet étudiant diplômé de l'École des relations internationales, qui est un étudiant assidu, qui lit bien l'anglais et qui est passionné par la recherche financière et historique, a apporté une contribution importante à la collecte et au regroupement des documents.

La guerre des monnaies III examine les questions financières dans l'histoire récente de la Chine. De 1840 à 1949, il existe un vaste éventail de documents relatifs aux finances à consulter. Les archives de la cour impériale, l'approbation de l'empereur, les archives de la République, les journaux étrangers et provinciaux, les télégrammes secrets des missions étrangères, les registres d'émission d'obligations sur le marché financier international pendant la même période, les activités des grandes familles financières en Chine et à l'étranger, les statistiques de la dette extérieure, les droits de douane, la taxe sur le sel, les rapports statistiques sur les taux d'imposition, les dossiers déclassifiés de divers pays, les aveux et déclarations des parties concernées, et bien sûr, des centaines de livres d'histoire financière et monétaire et de biographies de personnes sont inévitables. À cette époque de l'année où les feuilles de la Colline odorante sont en pleine floraison, chacun oublie tous les problèmes du monde et se promène de tout son cœur dans le vaste océan de données historiques.

La plus grande contribution à ce livre est également apportée par le lectorat général. Dans mes tweets, d'innombrables blogueurs ont offert avec enthousiasme des suggestions et, bien sûr, beaucoup de critiques impartiales. Ce sont les formidables encouragements et l'anticipation de ces collègues et amis qui m'ont permis de persévérer au final.

J'ai toujours eu la conviction que la valeur d'une personne ne réside pas dans ce qui est identique aux autres, mais dans ce qui est différent des autres. Le processus de recherche et d'écriture de la série de livres "War on Money", qui a été difficile, ardu et frustrant, mais aussi passionné, édifiant et ouvert d'esprit, fait désormais partie intégrante de ma vie. Dans la fumée des guerres monétaires mondiales, j'aimerais être un fidèle enregistreur de l'histoire.

Je me suis toujours considérée comme une personne très chanceuse, et le fait d'avoir le soutien et l'aide de tant d'amis m'a souvent rendue passionnée. En même temps, je suis calme et objectif face à de nombreuses controverses. J'ai l'impression d'avoir trouvé la source de la plus grande valeur et de la plus grande créativité dans ma vie. Il n'est pas pénible de ne pas manger, boire ou dormir quand on fait ce pour quoi on est le plus doué, parce qu'on essaie d'apporter une valeur créative à la société. En fait, tout le monde naît avec une sorte de don, et le plus grand bonheur est de pouvoir découvrir son don le plus tôt possible. Le plus grand bonheur est de pouvoir découvrir son don le plus tôt possible. Et ce qui est triste avec la plupart des gens, c'est qu'ils ne savent pas ou qu'ils renoncent à leurs dons. Il me semble que le but de l'éducation, de la lecture, du travail et de la vie est de trouver son don, il est inné, immuable, et l'explorer et le découvrir sera la tâche de toute une vie.

Je tiens également à remercier ma femme et ma fille, sans votre soutien et vos encouragements constants et sans réserve, je ne serais pas celui que je suis aujourd'hui.

Enfin, je voudrais dédier ce livre à tous les lecteurs qui se sentent concernés par le sort de la Chine.

Auteur.

Fin 2010, Xiangshan, Pékin

Autres titres

OMNIA VERITAS
OMNIA VERITAS LTD PRÉSENTE :
LA GUERRE DES MONNAIES IV
SUR LE SENTIER DE LA GUERRE
par
SONG HONGBING
Le fondement de l'intérêt du partenariat économique "Chine-Amérique" est en train de se fracturer et de se désintégrer...
Le modèle de production chinoise, de bénéfice américain, d'épargne chinoise, et de consommation américaine touche à sa fin...

OMNIA VERITAS
OMNIA VERITAS LTD PRÉSENTE :
LA GUERRE DES MONNAIES V
LE PROCHAIN DÉLUGE
par
SONG HONGBING
Il existe deux tâches fondamentales, dont l'une est la création de richesses et l'autre la distribution de richesses, dont découlent toutes les autres activités.
Une avidité insatiable peut inspirer la tromperie, la spéculation, la fraude, les gains rapides et les extravagances...

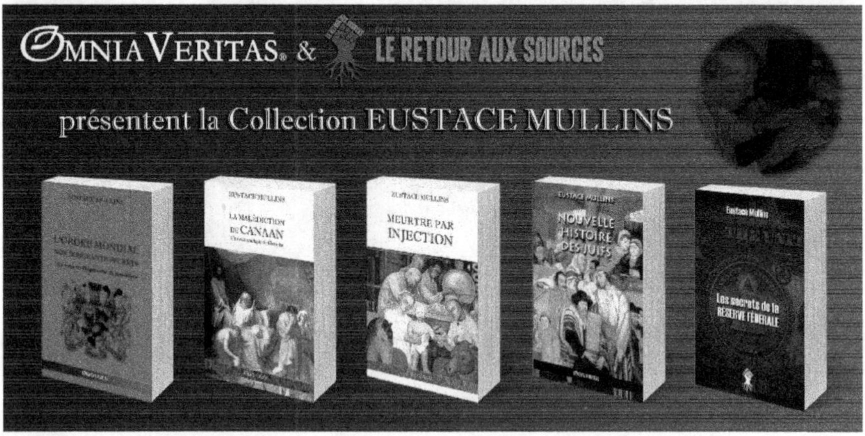
OMNIA VERITAS & LE RETOUR AUX SOURCES
présentent la Collection EUSTACE MULLINS
MEURTRE PAR INJECTION
NOUVELLE HISTOIRE DES JUIFS
Les secrets de la RÉSERVE FÉDÉRALE

www.ingramcontent.com/pod-product-compliance
Lightning Source LLC
Chambersburg PA
CBHW060322100426
42812CB00003B/849